教育的温度丛书

乡村振兴战略中乡村教师能力建设研究

卢尚建 ◎ 著

华东师范大学出版社
·上海·

图书在版编目(CIP)数据

乡村振兴战略中乡村教师能力建设研究/卢尚建著. —上海:华东师范大学出版社,2022
 ISBN 978 - 7 - 5760 - 3461 - 5

Ⅰ.①乡… Ⅱ.①卢… Ⅲ.①农村学校-师资培养-研究-中国 Ⅳ.①G451.2

中国版本图书馆 CIP 数据核字(2022)第 223673 号

教育的温度丛书
乡村振兴战略中乡村教师能力建设研究

著　　者	卢尚建
责任编辑	王丹丹
特约审读	陈雅慧
责任校对	李琳琳
装帧设计	卢晓红

出版发行	华东师范大学出版社
社　　址	上海市中山北路 3663 号　邮编 200062
网　　址	www.ecnupress.com.cn
电　　话	021 - 60821666　行政传真 021 - 62572105
客服电话	021 - 62865537　门市(邮购)电话 021 - 62869887
地　　址	上海市中山北路 3663 号华东师范大学校内先锋路口
网　　店	http://hdsdcbs.tmall.com
印 刷 者	浙江临安曙光印务有限公司
开　　本	787 毫米×1092 毫米　1/16
印　　张	27.75
字　　数	427 千字
版　　次	2022 年 12 月第 1 版
印　　次	2022 年 12 月第 1 次
书　　号	ISBN 978 - 7 - 5760 - 3461 - 5
定　　价	88.00 元

出版人　王　焰

(如发现本版图书有印订质量问题,请寄回本社客服中心调换或电话 021 - 62865537 联系)

本书获教育部人文社会科学研究年度规划一般项目
"乡村振兴战略中的乡村教师能力建设研究"(19YJA880041)资助

序

实施乡村振兴战略是党的十九大报告作出的重大战略决策。作为乡村知识分子群体的乡村教师,在乡村振兴实施中要肩负何种文化使命,承担何种文化责任?乡村振兴战略对乡村教师的能力有哪些新要求?乡村教师服务乡村振兴战略的能力水平现状如何?乡村教师服务乡村振兴战略能力建设的有效路径有哪些?乡村教师服务乡村振兴战略能力建设的创新机制如何构建?这些问题是新时代乡村振兴战略中乡村教师发展面临的主要问题,也是亟待我们研究与探索的重大问题。由于卢尚建博士对这些问题的深入思考,成功申报2019年教育部人文社会科学规划研究一般项目"乡村振兴战略中的乡村教师能力建设研究"。祝贺此课题的最终研究成果——专著交付华东师范大学出版社出版。

全书共八章。第一章主要阐述了乡村振兴战略中乡村教师能力的内涵、特征和结构,创造性地提出了乡村教师服务乡村振兴战略的能力结构框架。在此基础上,从第二章至第六章,展开了对我国东部、中部和西部具有代表性的三个样本省的实证调查,从心理学、社会学以及管理学的视角系统考察了乡村教师服务乡村振兴战略的能力,通过数理统计分析的方法,系统全面地剖析乡村教师服务乡村振兴战略能力的现状及问题。乡村教师服务乡村振兴战略能力主要分为服务乡村产业兴旺能力、服务生态宜居能力、服务乡风文明建设能力、服务乡村治理协助能力和服务村民生活改造能力五个方面。调查研究发现,乡村教师服务乡村振兴战略的五个方面能力与乡村教师的性别、年龄、学历、职称、家庭住址所在区域、任教学科、工作学校类型、青少年时期就读学校所在区域等存在相关性,同时发现,乡村教师服务乡村振兴战略的五方面能力均存在不足的问题。在此基础上,第七章提出了乡村教师服务乡村振兴战略能力建设的有效路径,主要分为乡村教师服务乡村振兴能力建设之角色意识定位路径、乡村教师服务乡村振兴能力建设之弘扬新乡土文化路径和乡村教师服务乡村振兴能力建设之本土化定向培养路径。最后一章,第八章构建了乡村教师服务乡村振兴战略的创新机制,主要分为两个机制:一是乡村教师服务乡村振兴战略角色认同机制,具体包括乡村教师自我角色和社会角色认同机制;二是乡村教师服务乡村振兴战略能力建设多方协同机制,具体包括乡村教师服务乡村振兴战略专家帮扶改善机制、乡村教师服务乡村振兴战略区域化研修运行机制、乡村教师服务乡村振兴战略制度保障机制。

  该书聚焦乡村教师服务乡村振兴战略能力建设这一研究主题,开展深入的实证调查,努力获取乡村振兴战略中乡村教师能力现状的大数据,积极寻绎乡村振兴战略中乡村教师能力建设的有效路径,系统提出乡村振兴战略中乡村教师能力建设的创新机制,为乡村教师服务乡村振兴战略提供新的理论指导和可行的操作建议。这对于认真贯彻与落实党的十九大精神,促进乡村教师热情投身于乡村振兴战略,积极履行新时代的文化使命,为乡村振兴提供强有力人才支撑,具有重要的应用价值。希望该书的出版能加强对乡村教师职业公共属性的重新认识,加强乡村教师与乡村社会互动,注重发挥乡村教师新乡贤角色的示范引领作用,塑造新时代文明乡风,促进乡村文化振兴,起到积极的学术引领作用。

  谨序!

肖正德
2022 年 8 月 8 日于杭州

目录

第一章 乡村教师服务乡村振兴战略能力的内涵特征与结构 / 1

第一节 乡村教师服务乡村振兴战略能力的内涵与特征 / 3
一、乡村教师能力内涵 / 4
二、乡村教师服务乡村振兴战略能力的特征 / 12

第二节 乡村教师服务乡村振兴战略能力的结构要素及其关系 / 14
一、乡村教师服务乡村振兴战略能力的结构要素 / 14
二、乡村教师服务乡村振兴战略能力的结构要素关系 / 19

第二章 乡村教师服务产业兴旺能力调查结果分析 / 23

第一节 乡村教师服务乡村产业人才培育能力调查结果分析 / 27
一、乡村教师性别年龄与是否了解乡村产业相关分析 / 27
二、乡村教师家庭住址所在区域与是否了解乡村产业相关分析 / 31
三、乡村教师任教学科与是否对乡村产业感兴趣相关分析 / 33
四、乡村教师工作学校类型与是否对乡村产业感兴趣相关分析 / 35
五、乡村教师青少年时期就读学校所在区域与是否对乡村产业感兴趣相关分析 / 37
六、乡村教师性别年龄学历职称与参与产业劳动或经营频度相关分析 / 42

第二节　乡村教师服务村民新技术掌握能力调查结果分析 / 46

　　一、乡村教师性别年龄与是否了解乡村新技术相关分析　/ 47

　　二、乡村教师任教学科与是否了解乡村新技术相关分析　/ 50

　　三、乡村教师工作学校类型与是否了解乡村新技术相关分析　/ 52

　　四、乡村教师家庭住址所在区域与是否对乡村新技术感兴趣相关分析　/ 54

　　五、乡村教师青少年时期就读学校与是否对乡村新技术感兴趣相关分析　/ 57

　　六、乡村教师性别年龄学历职称与开展乡村新技术培训授课频度相关分析　/ 62

第三节　乡村教师服务农产品市场营销策划能力调查结果分析 / 66

　　一、乡村教师性别年龄与是否了解乡村农产品市场营销相关分析　/ 66

　　二、乡村教师任教学科与是否了解乡村农产品市场营销相关分析　/ 70

　　三、乡村教师工作学校类型与是否了解乡村农产品市场营销相关分析　/ 72

　　四、乡村教师家庭住址所在区域与是否对乡村农产品市场营销感兴趣相关分析　/ 74

　　五、乡村教师青少年时期就读学校与是否对乡村农产品市场营销感兴趣相关分析　/ 76

　　六、乡村教师性别年龄学历职称与帮助村民通过网络销售本地产品频度相关分析　/ 82

第三章　乡村教师服务生态宜居能力调查结果分析　/ 87

第一节　乡村教师服务乡村生态文明教育能力调查结果分析 / 90

　　一、乡村教师性别年龄与是否了解乡村自然生态环境相关分析　/ 91

二、乡村教师家庭住址所在区域与是否了解乡村自然生态环境相关分析 / 94

三、乡村教师任教学科与是否对乡村自然景观感兴趣相关分析 / 97

四、乡村教师工作学校类型与将生态文明教育融入课堂教学频度相关分析 / 99

五、乡村教师青少年时期就读学校与将生态文明教育融入课堂教学频度相关分析 / 102

六、乡村教师性别年龄学历职称与在课外综合实践活动中进行生态文明教育频度相关分析 / 107

第二节 乡村教师服务自然景观设计能力调查结果分析 / 111

一、乡村教师性别年龄与是否了解乡村自然景观相关分析 / 112

二、乡村教师任教学科与是否了解乡村自然景观相关分析 / 115

三、乡村教师工作学校类型与是否对乡村自然景观感兴趣相关分析 / 117

四、乡村教师家庭住址所在区域与参与本地自然景观设计活动频度相关分析 / 120

五、乡村教师青少年时期就读学校与自然景观设计校本课程开发频度相关分析 / 122

六、乡村教师性别年龄学历职称与进行自然景观设计校本课程开发频度相关分析 / 129

第三节 乡村教师服务人文景观设计能力调查结果分析 / 132

一、乡村教师性别年龄与是否了解乡村人文景观相关分析 / 133

二、乡村教师任教学科与是否了解乡村人文景观相关分析 / 136

三、乡村教师工作学校类型与是否对乡村人文景观感兴趣相关分析 / 138

四、乡村教师家庭住址所在区域与参与本地人文景观设计活动频度相关分析 / 140

五、乡村教师青少年时期就读学校与人文景观设计校本课程开发频度相关分析 / 143

六、乡村教师性别年龄学历职称与进行人文景观设计校本课程开发频度相关

分析　/ 149

第四章　乡村教师服务乡风文明建设能力调查结果分析　/ 155

第一节　乡村教师服务文化教育建设能力调查结果分析　/ 158

一、乡村教师性别年龄与了解乡村风土人情相关分析　/ 159

二、乡村教师家庭住址所在区域与了解乡村风土人情相关分析　/ 162

三、乡村教师任教学科与对乡村风土人情感兴趣相关分析　/ 165

四、乡村教师工作学校类型与参与村民核心价值观培育活动频度相关分析　/ 168

五、乡村教师青少年时期就读学校与对乡村风土人情感兴趣相关分析　/ 171

六、乡村教师性别年龄学历职称与帮村民书写春联频度相关分析　/ 177

第二节　乡村教师服务公共文化活动能力调查结果分析　/ 180

一、乡村教师性别年龄与是否了解乡村公共文化活动场所相关分析　/ 181

二、乡村教师任教学科与是否了解乡村公共文化活动场所相关分析　/ 184

三、乡村教师工作学校类型与给村民讲解国家政策形势或国内外新闻频度

相关分析　/ 186

四、乡村教师家庭住址所在区域与给村民讲解国家政策形势或国内外新闻

频度相关分析　/ 189

五、乡村教师青少年时期就读学校与给村民讲解国家政策形势或国内外新闻

频度相关分析　/ 192

六、乡村教师性别年龄学历职称与给村民讲解国家政策形势或国内外新闻

频度相关分析　/ 198

第三节 乡村教师服务乡村优秀文化传承能力调查结果分析 / 202

一、乡村教师性别年龄与参与本地优秀文化传承活动频度相关分析 / 203

二、乡村教师任教学科与将乡村优秀传统文化融入课堂教学频度相关分析 / 206

三、乡村教师工作学校类型与将乡村优秀传统文化融入课堂教学频度相关分析 / 209

四、乡村教师家庭住址所在区域与在综合实践活动中进行乡村优秀传统文化教育频度相关分析 / 212

五、乡村教师青少年时期就读学校与在综合实践中进行乡村优秀传统文化传承频度相关分析 / 215

六、乡村教师性别年龄学历职称与进行乡村优秀传统文化传承校本课程开发频度相关分析 / 222

第五章 乡村教师服务乡村社会治理协助能力调查结果分析 / 227

第一节 乡村教师服务乡村法治协助能力调查结果分析 / 230

一、乡村教师性别年龄与是否了解乡村法治建设及满意度相关分析 / 231

二、乡村教师家庭住址所在区域与是否了解乡村法治建设及满意度相关分析 / 234

三、乡村教师任教学科与参与乡村法治建设宣传教育活动频度相关分析 / 238

四、乡村教师工作学校类型与参与乡村法治建设宣传教育活动频度相关分析 / 240

五、乡村教师青少年时期就读学校与参与乡村法治建设宣传教育活动频度相关
　　　　分析 / 243

　　六、乡村教师性别年龄学历职称与参与乡村法治建设宣传教育活动频度相关
　　　　分析 / 250

第二节　乡村教师服务乡村德治协助能力调查结果分析　/ 254

　　一、乡村教师性别年龄与是否了解乡村德治建设宣传教育活动频度相关
　　　　分析 / 255

　　二、乡村教师任教学科与了解乡村德治建设宣传教育活动频度相关分析　/ 258

　　三、乡村教师工作学校类型与参与乡村德治建设宣传教育活动频度相关
　　　　分析 / 261

　　四、乡村教师家庭住址所在区域与参与乡村德治建设宣传教育活动频度相关
　　　　分析 / 264

　　五、乡村教师青少年时期就读学校与参与乡村德治建设宣传教育活动频度相关
　　　　分析 / 267

　　六、乡村教师性别年龄学历职称与参与乡村德治建设宣传教育活动频度相关
　　　　分析 / 273

第三节　乡村教师服务乡村自治协助能力调查结果分析　/ 277

　　一、乡村教师性别年龄与是否了解乡村自治建设及满意度相关分析　/ 278

　　二、乡村教师任教学科与是否了解乡村自治建设及满意度相关分析　/ 281

　　三、乡村教师工作学校类型与帮村民起草合同或契约频度相关分析　/ 284

　　四、乡村教师家庭住址所在区域与帮村民解决日常纠纷频度相关分析　/ 287

　　五、乡村教师青少年时期就读学校与担任村主任支书胜任力相关分析　/ 290

　　六、乡村教师性别年龄学历职称与担任村主任支书胜任力相关分析　/ 297

第六章　乡村教师服务村民生活改造能力调查结果分析　/ 301

第一节　乡村教师服务观念现代化建设能力调查结果分析　/ 304

一、乡村教师性别年龄与是否了解村民生活状态相关分析　/ 305

二、乡村教师家庭住址所在区域与是否了解村民生活状态相关分析　/ 308

三、乡村教师任教学科与是否了解村民日常观念相关分析　/ 310

四、乡村教师工作学校类型与参与改变村民旧观念教育活动频度相关分析　/ 312

五、乡村教师青少年时期就读学校与参与改变村民旧观念教育活动频度相关分析　/ 315

六、乡村教师性别年龄学历职称与参与改变村民旧观念教育活动频度相关分析　/ 322

第二节　乡村教师服务村民物质条件现代化建设能力调查结果分析　/ 326

一、乡村教师性别年龄与了解村民物质条件相关分析　/ 327

二、乡村教师任教学科与了解村民生活物质条件相关分析　/ 330

三、乡村教师工作学校类型与协助村民使用现代化农用机械相关分析　/ 332

四、乡村教师家庭住址所在区域与引领或帮助村民使用现代化产品频度相关分析　/ 336

五、乡村教师青少年时期就读学校与引领或帮助村民使用现代化产品相关分析　/ 338

六、乡村教师性别年龄学历职称与引领或帮助村民使用现代化产品相关分析　/ 345

第三节　乡村教师服务村民信息素养建设能力调查结果分析　/ 348

一、乡村教师性别年龄与是否了解村民信息素养相关分析　/ 349

二、乡村教师任教学科与了解村民信息素养相关分析　/ 353

三、乡村教师工作学校类型与了解本地村民的信息素养相关分析　/ 355

四、乡村教师家庭住址所在区域与参与提升村民信息素养培训活动频度相关分析　/ 358

五、乡村教师青少年时期就读学校与参与提升村民信息素养培训活动频度相关分析　/ 361

六、乡村教师性别年龄学历职称与参与提升村民信息素养培训活动频度相关分析　/ 367

第七章　乡村教师服务乡村振兴战略能力建设路径探索　/ 373

第一节　乡村教师服务乡村振兴能力建设之角色意识定位路径　/ 375

一、乡村教师理应成为乡村振兴战略的解读者和传达者　/ 376

二、乡村教师乐于成为乡土民风民俗文化的传承者和交流者　/ 377

第二节　乡村教师服务乡村振兴能力建设之弘扬新乡土文化路径　/ 378

一、重拾耕读教育，实现乡土文化传承　/ 379

二、弘扬乡土精神，实现乡土文化创新　/ 380

第三节　乡村教师服务乡村振兴能力建设之本土化定向培养路径　/ 382

一、本土化培养录取方式　/ 383

二、创新师范生课程——本土化职前培养　/ 384

三、增强在职教师内生力——本土化职后培训　/ 385

第八章　乡村教师服务乡村振兴战略机制构建　/ 387

第一节　乡村教师服务乡村振兴战略角色认同机制构建　/ 389
  一、乡村教师角色认同机制构建的理论基础　/ 390
  二、"我是谁"——乡村教师服务乡村振兴战略的自我角色认同机制　/ 391
  三、"成为谁"——乡村教师服务乡村振兴战略的社会角色认同机制　/ 394

第二节　乡村教师服务乡村振兴战略能力建设多方协同机制构建　/ 399
  一、乡村教师服务乡村振兴战略专家帮扶改善机制　/ 400
  二、乡村教师服务乡村振兴战略区域化研修运行机制　/ 405
  三、乡村教师服务乡村振兴战略制度保障机制　/ 409

参考文献　/ 413
后记　/ 426

第一章

乡村教师服务乡村振兴战略能力的内涵特征与结构

第一章 乡村教师服务乡村振兴战略能力的内涵特征与结构

服务乡村振兴战略的能力是关涉新时代乡村社会中各行各业人才能力建设和发展所必须具备的重大能力，也是乡村振兴战略研究中的一大热点问题。在我国乡村社会，乡村教师作为德乡贤和文乡贤，在乡村建设中具有不可替代的作用，是服务乡村振兴战略的主体。因此，发挥乡村教师服务乡村振兴战略的能力成为助力乡村振兴战略全面推进的关键之举。然而，我国现行的乡村教师选拔和能力培养在要求和目标指向上仍存在许多问题，无法完全服务乡村振兴战略，同时队伍内部也面临着"为农"和"离农"两种价值取向的艰难选择，无法提供充足的师资力量融入服务乡村振兴战略的社会体系中。尽管，近年来学者已基于乡村教育改革和发展问题，依据乡村振兴战略的要求提出乡村教师应具备的发展服务乡村教育的能力，但笔者认为，这仍未完全挖掘出乡村教师建设乡村社会和服务乡村振兴战略的潜在能力，其服务社会的价值取向仅限于乡村学校教育场域，造成一批乡村教师固守一方的教育天地，不闻不问乡村建设，割裂了乡村学校与乡村社会相互联系的天然纽带。因此，本研究首先重点厘清乡村教师服务乡村振兴战略能力的内涵，审视新时代视野之下乡村教师这一特殊能力的时代特征，然后再从乡村振兴战略的五大要求指标视角，分析提出乡村教师服务乡村振兴战略的五大能力结构，阐明其在乡村振兴战略中的时代价值，为乡村教师服务乡村振兴战略能力建设提供理论基础。

第一节 乡村教师服务乡村振兴战略能力的内涵与特征

要准确理解和科学把握新时代乡村教师服务乡村社会的能力定位，就有必要先厘清能力、乡村教师能力、乡村教师服务乡村振兴战略能力等概念的基本内涵，这是准确理解和科学把握乡村教师服务乡村振兴战略的能力内涵与结构的逻辑起点。只有准确理解和科学把握乡村教师服务乡村振兴战略的能力内涵,才能系统地审视乡村教师这一特殊能力的时代特征,科学合理地分析乡村教师服务乡村振兴战略的五大能力结构,最终探索出乡村教师服务乡村振兴战略能力建设的路径和机制。

一 乡村教师能力内涵

(一) 能力概念检视

要对乡村教师能力内涵进行有效界定,必须对能力这一上位概念予以考察。由于能力的内涵在不同学术研究领域有不同的涵义,因而人们对能力内涵存在着多样化的认知。

从词源的角度看,《新牛津英语词典》(The New Oxford Dictionary of English)将"能力"(competence)解释为"成功或有效做某事的才能",通常和表现相对,既可指个人或群体的知识或才能的范围,也可指针对某一任务的具体技巧或才能。[1]

在汉语中,最初"能"与"力"是分开使用的。"能"本义为"熊",始见商代甲骨文,其古字形像熊一类的野兽,如《说文解字》中提到"能,熊属,足似鹿",后"能"被假借为能力、才能,如《书·大禹谟》所言"汝惟不矜,天下莫与汝争能",专用于借义。"力"本义为"耒",始见商代甲骨文及商代金文,其古字形像耒,即用耒耕作需有力,引申为气力,后泛指一般的能力、效能。

从心理学的角度看,能力是个性心理范畴的重要概念,一般可以解释为"直接影响人们活动效率,保证人们顺利完成某种活动所必需的个性心理特征"。当代心理学的研究进一步指出:一个人还拥有感受、理解、控制、运用、表达自己及他人情绪的能力,即情绪智能。它是个人调节自我心态、处理人际关系、适应社会生活所需要的能力,具有先天遗传性,其在现实生活中的表现是遗传和一定环境相互作用的结果,也具有个

---

[1] 戚万学,王夫艳.教师专业实践能力:内涵与特征[J].教育研究,2012,33(2).

体差异性,因此每个人的能力倾向存在着差异。①

从社会学的角度看,能力是一种适应、影响及改造社会的实践性本领,这种本领既跟先天性遗传因素有关,又跟后天学习和实践活动有关,是一种综合性能力,也可以称为社会能力。它大致包括学习能力、沟通交流合作能力、规划能力、文化理解能力、社会理解能力、创造创新能力、解决问题能力、现代技术运用能力、执行能力、抗压承受能力、反思能力等。根据现代社会的特点,知识和技能往往不是独立运行,而是与社会化过程有机结合在一起运行的。因此,社会能力对个人的成长和实现个人人生价值来说具有极其重要的作用。特别是随着社会的第一、第二产业不断地向第三产业演进融合,社会能力格外显得不可或缺。

从管理学的角度看,能力是一种在特定群体中进行计划、组织、实施、协调、监控以及反馈的活动效率、效益及效果高低好坏的特征指标。它大致包括谋划能力、统筹能力、组织能力、沟通协调能力、决策能力、激励能力、运筹能力、预测能力等。这些能力也可以称为管理能力。管理大师彼得·德鲁克认为:"在人类历史上,还很少有什么事比管理的出现和发展更为迅猛,对人类具有更为重大和更为激烈的影响。"②因此,管理能力对现代人来说也是极其重要的能力。

(二) 何谓乡村教师能力

1. 乡村教师对象界定

乡村教师队伍内部人员包括:村、乡、镇中小学及幼儿教师,村、乡、镇职高教师,乡镇社区学校教师。根据乡村教师职能情况,又可以划分为乡村基础教育教师、乡村职业教育教师、乡村社区学校教师。乡村基础教育教师精通语数英等某一专业领域,了解儿童身心发展、认知发展和道德发展规律。而乡村职业教育教师则擅长特定领域的技术和技能,具备较强的动手实践能力。乡村社区学校教师则直接面向村

---

① 王君普.心理学视野下的职业能力内涵再分析——概念辨析[J].商场现代化,2006,(21).
② 周三多,陈传明,鲁明泓.管理学——原理与方法(第四版)[M].上海:复旦大学出版社,2005.

民,了解乡村的实际处境,明白村民的根本需求,并建立了良好的乡村社会人际沟通网络。

2. 传统乡村教师能力内涵

传统乡村教师能力一般指乡村教师教育教学和组织管理的专业能力,同时也包括自身的核心素养和乡土文化素养。传统乡村教师对乡土文化教育未形成科学的教学体系,仅仅有部分乡土文化经验。这是因为在现代教师教育理论体系中,我国师范教育的城镇化倾向,形成了城市教育生活的心态和能力,注重的是对师范生规范化教学能力的培养,强调了教学技能对教师职业生活的准备,忽视了对真实乡村教育的理解,很少出现针对乡村文化和乡情素养的师范生课程规划和培养。至今为止,乡村教师教育没有形成独立的体系。现有的这种职业准备是基于教师教学要求而确立的一种胜任力,追求一种普适性的教育教学能力。当前,乡村教师的培养与我国乡村教育的国情和乡情没有密切的关联,乡村教师缺乏文化多样性的体验,难以适应当下的乡村生活,这极大地影响他们在乡村社会中扎下根来进行持续地创造。倘若乡村教师仅仅从教育教学专业工作者的角色开展教育实践,乡村社会自身发展文化、政治因素很难进入到教育教学体系之中。这样一来,教育教学很难有深耕乡村生活的本土实践,很难真正改造我国乡村教育实践。长此下去,乡村教育就可能被形形色色的理论所误导,缺乏来自乡村自身发展的声音。① 对于当下的很多乡村教师而言,大学教育接受的是一种在城市的教师教育,乡村生活对于他们而言是陌生的。很多年轻老师将乡村教学作为暂时过渡性工作,只是将眼下完成任务作为自己的工作目标,他们无暇关注乡村社会的传统文化,也很难真正融入乡村社会的政治建设。

乡村教师身处乡村,他们的工作学习生活沉浸在土地之中,他们在这片土地上的劳动是他们人生的底色,将自身的命运与乡村现代化及国家现代化进程紧密相连。乡村教师应对乡村社会给予极大的关注和热爱,要以乡村知识精英的角色服务村民、引

---

① 张金运,程良宏.走向文化政治工作者——新时代乡村教师的角色定位[J].当代教育与文化,2021,13(3).

导村民、影响村民。乡村教师之于乡村,不是传统意义的"教书匠"角色,他们能切身感受到村民跟自己之间的血肉联系,能发动村民组织、建设与塑造一个新的乡村精神,同时认识到教育生活对于乡村的积极价值。

因此,乡村教师服务乡村建设的能力要求从过往的空缺到成为教育教学能力的"附属",再到如今已然成为与教育教学能力齐头并进的地位,这充分体现出乡村教师能力内涵的历史性和时代性特征。

3. 乡村教师服务乡村振兴战略能力的内涵

(1) 乡村振兴战略

乡村振兴是乡村民众长期在生产生活过程中所期望达到的乡村建设的综合性目标,也是中国社会发展和民族复兴的关键战略,更为重要的是其在乡村民众精神塑造、力量凝聚以及生态文明建设方面发挥着历史性作用。因此,不论未来时代如何嬗变,只要有乡村社会存在,实施乡村振兴战略就是推动我国社会经济发展的一台动力强劲的"发动机"。党的十九大报告提出"产业兴旺、生态宜居、乡风文明、治理有效、生活富裕"的乡村振兴总要求。实施乡村振兴战略必须要围绕"产业兴旺、生态宜居、乡风文明、治理有效、生活富裕"这五个方面的总要求展开规划和布局。总要求包含了不同视角的不同维度,是一个相互联系、相辅相成的有机整体,其内容的各个方面息息相关、相互影响、相互呼应、缺一不可。乡村教师作为乡村建设的主力军,其能力建设应当充分遵循服务于乡村振兴战略的五大指标。其中,产业兴旺作为乡村振兴战略的经济之维,乡村教师应当具备服务产业兴旺的能力;生态宜居作为乡村振兴战略的生态之维,乡村教师应当具备服务生态宜居的能力;乡风文明作为乡村振兴战略的文化之维,乡村教师应当具备服务乡风文明建设的能力;治理有效作为乡村振兴战略的社会之维,乡村教师应当具备服务乡村社会治理的能力;生活富裕作为乡村振兴战略的民生之维,乡村教师应当具备服务村民生活改造的能力。这五大能力统称为乡村教师服务乡村振兴战略能力。

(2) 乡村教师服务乡村振兴战略能力

中国共产党从建国初期起就十分重视乡村社会和"三农"问题。21 世纪以来,中共中央已经出台了19个指导"三农"工作的中央一号文件。这就决定了改革开放以来中国共产党进行乡村建设,既是乡村振兴战略内在价值的逻辑延展,也是其长期乡村建设传统的品质传承,更是其建设使命意识与责任意识的自觉实践。

回溯百年历程,20世纪上半叶的中国社会内忧外患,民生凋敝,特别是广大乡村地区,农业生产力低下,教育医疗体系十分落后,文化普及低,乡风民俗衰败,这已成为民国时期乡村社会的普遍特征。随着官僚资本主义和帝国主义势力不间断地强压,小农经济从夹缝生存的窘境急转直下,逐渐"破产"。基于对乡村地区拥有全国八成以上的人口数量和以小农经济为主的经济结构的现实考量,当时的知识界认为乡村破产即国家破产,乡村富强则国家富强,乡村复兴即民族复兴,清醒地认识到乡村对国家和民族命运的生死存亡具有决定性的意义,并将中华民族救亡图存的道路探索从大城市转向了广大的乡村地区,提出要救活乡村和改造乡村,由此掀开了一场轰轰烈烈的以知识分子组织和广泛参与的乡村建设运动。乡村建设运动的内容包括社会调查、行政改革、基层自治、发展教育、推广科技、移风易俗、提倡合作、自卫保安、卫生保健、动植物知识科普等诸多方面,主要承担对当时的国民劣根性进行化性起伪和个体社会化改造。他们重视乡土文化的重建,试图连接起外来世界与广大乡村地区的精神联系,唤醒他们的民族命运共同体意识,这种不以居高临下的姿态对待村民,而是以"局内人"的身份积极地投身到乡村建设中的精神是十分难能可贵的。可见这一时期知识分子不仅具有教师专业化的教育教学能力,还具有直接对乡村社会进行改造的社会能力和浓厚的家国情怀,后者是支撑着乡建运动蓬勃发展的核心能力和强大动力,这对当代乡村教师服务乡村振兴战略能力建设的借鉴有着广泛而深刻的历史意义。

改革开放以来至今,我国经济社会飞速发展,在总体经济稳步增长、社会和谐稳定的背景下,党的十九大报告做出我国社会主要矛盾已经转化为人民日益增长的美好生活需要和不平衡不充分的发展之间的矛盾的重大论断。不平衡不充分的发展之中就存在着城乡发展不平衡这一矛盾体,具体表现为城乡人口结构失调,造成建设美丽乡村的年龄结构和素质结构不断恶化,导致乡村无法获得良好的内生需求;城乡的教育医疗资源和基础设施建设差距悬殊,大量的先进设施和高质量人才荟萃于城市,造成公共服务体系发展不均衡。张强和张怀超等认为城乡在教育、医疗、基础设施建设等方面的差距加速了乡村资源和要素的流失,引发了城市的"膨胀症"和乡村的"凋敝症",然而,乡村是需要同城市一起繁荣的[①]。与此同时,世纪疫情和不断严峻的国际安全局势使得城镇化的迅猛发展的势头大大减弱,也使得乡村区域发展失衡的矛盾更加突出,这种失衡不加以及时调整和干预可能会造成不可逆的态势,可能会对国民经济高质量稳定增长和社会和谐发展构成极大的威胁,这成了当下我国社会发展中急需解决的重大问题。因此,连续三年的中央一号文件强调实施乡村振兴战略迫在眉睫,是我国应对全球化挑战的压舱石,也是我国应对外部挑战的新方向。在全球疫情打击之下,中央明确以国内大循环为主体、国内国际双循环相互促进为新发展格局,使得改革开放初期盲目追随全球化的发展方针得到了根本性的调整,而国内经济循环的根在于乡村振兴。这指明了实施乡村振兴战略是破解城乡发展不平衡、农业乡村发展不充分的根本途径,这也表明振兴乡村是中华民族实现第二个百年奋斗目标的必不可少的一块建设蓝图。但乡村振兴战略不能光靠国家出台政策和当地政府推动宣传,必须要联系乡村建设运动中的每一个个体,而这些个体中乡村教师的战略定位就尤为重要。肖正德教授认为"乡村教师担当乡贤角色、承传知识文化、教化乡村民众、协助乡村治理,既是一种源远流长的乡村文化传统,也是新时代实施乡村振兴战略对乡村教师的重要期待"[②]。可见,新乡贤身份下的乡村教师是链接起乡村振兴与城市建设,形成城乡一体化治理体系纽带的关键人物。这恰恰指明了新时代赋予乡村教师服务乡村振兴战略既是历史使命和责任担当,也是古往今来的传统职责和一贯作风。而乡村教师服务乡村振兴战略能力具体指向服务于产业兴旺、生态宜居、乡风文明、社会治理、生活改造五个方面的综合能力,契合乡村振兴战略顶层设计下的产业兴旺、生态宜居、乡风文明、治理有效、生活富裕的总要求,也是对乡村教师能力建设在百年未有之大变局

---

① 张强,张怀超,刘占芳. 乡村振兴:从衰落走向复兴的战略选择[J]. 经济与管理,2018,32(1).
② 肖正德. 乡村振兴战略中乡村教师新乡贤角色的现实问题与建设策略[J]. 教育科学研究,2021,(12).

下作出的新时期历史性的要求,这无疑是乡村教师服务乡村振兴战略能力建设必要性的现实意义。

(3) 乡村教师服务乡村振兴能力三级指标体系的构建

根据党的十九大报告提出"产业兴旺、生态宜居、乡风文明、治理有效、生活富裕"的乡村振兴总要求,把这五个方面作为衡量乡村教师服务乡村振兴能力的一级指标,在一级指标的基础上,根据《中共中央 国务院关于实施乡村振兴战略的意见》《教育部等六部门关于加强新时代乡村教师队伍建设的意见》《中共中央 国务院关于加快推进乡村人才振兴的意见》等相关文件的精神和国内相关研究现状,提出若干二级指标和三级指标(见表1-1)。①②③一级指标和二级指标分别如下。一级指标:服务产业兴旺能力。相应二级指标:乡村产业人才培育能力、村民新技术培训能力、农产品市场营销策划能力。一级指标:服务生态宜居能力。相应二级指标:乡村生态文明教育能力、自然景观设计能力、人文景观设计能力。一级指标:服务乡风文明建设能力。相应二级指标:文化教育建设能力、公共文化活动能力、乡村优秀文化传承能力。一级指标:服务乡村社会治理能力。相应二级指标:乡村法治协助能力、乡村德治协助能力、乡村自治协助能力。一级指标:服务村民生活改造能力。相应二级指标:村民观念现代化建设能力、村民物质条件现代化建设能力、村民信息素养建设能力。三级指标的设计从一、二级指标的内涵出发,包含乡村教师对乡村振兴内容的了解、参与乡村振兴的情况等维度。④

---

① 中共中央,国务院. 中共中央 国务院关于实施乡村振兴战略的意见[EB/OL]. (2018-02-06)[2021-03-11]. http://www.gov.cn/xinwen/2018-02/06/content_5264358.htm.
② 教育部,中央组织部,中央编办,等. 教育部等六部门关于加强新时代乡村教师队伍建设的意见[EB/OL]. (2020-08-28)[2021-03-11]. http://www.moe.gov.cn/srcsite/A10/s3735/202009/t20200903_484941.html.
③ 中共中央,国务院. 中共中央 国务院关于加快推进乡村人才振兴的意见[EB/OL]. (2021-02-23)[2021-03-11]. http://www.moe.gov.cn/jyb_xxgk/moe_1777/moe_1778/202102/t20210224_514648.html.
④ 卢尚建. 乡村教师服务乡村振兴能力现状实证研究[J]. 成都师范学院学报,2021,37(5).

表 1-1 乡村教师服务乡村振兴能力三级指标体系

一级指标	二级指标	三级指标
服务产业兴旺能力	乡村产业人才培育能力	了解本地产业现状
		参与本地产业劳动或经营活动
	村民新技术培训能力	了解本地新技术应用现状
		参与本地乡村产业人才或村民新技术培训
	农产品市场营销策划能力	了解本地商业产品现状
		帮助本地村民网络销售商品
服务生态宜居能力	乡村生态文明教育能力	了解本地自然生态环境受破坏情况
		将生态文明教育融入课堂教学和课外实践活动
	自然景观设计能力	了解本地自然景观遭受破坏情况
		参与或指导本地自然景观设计
	人文景观设计能力	了解本地人文景观遭受破坏情况
		参与或指导本地人文景观设计
服务乡风文明建设能力	文化教育建设能力	了解本地风土人情
		参与村民文化活动或本地村民核心价值观培育活动
	公共文化活动能力	为村民讲解国家政策形势或国内外新闻
		参与本地公共文化活动
	乡村优秀文化传承能力	了解乡村优秀传统文化
		将乡村优秀传统文化融入课堂教学或课外实践
服务乡村社会治理能力	乡村法治协助能力	了解本地的法治建设现状
		参与本地法治建设宣传教育
	乡村德治协助能力	了解本地开展德治建设宣传教育情况
		参与本地德治建设宣传教育
	乡村自治协助能力	协助本地村民自治
		担任本地村干部
服务村民生活改造能力	村民观念现代化建设能力	了解本地村民的观念
		参与改变村民旧观念的活动
	村民物质条件现代化建设能力	了解本地群众的生活物质条件
		引领或帮助村民使用现代化产品
	村民信息素养建设能力	了解本地村民的信息素养现状
		参与提升村民信息素养的培训活动

当前,科教兴国战略和乡村振兴战略这两大战略处在相遇、交汇和融合的特殊时期,而乡村教师处在其相互融合的关键之口上,具有重要的历史使命,这不仅仅是教育使命,更是社会、国家和民族的复兴使命,也使得乡村教师能力内涵必须得与时俱进,进行扩充,获得了新的质的规定性,既符合科教兴国战略对教师队伍建设的要求,又体现出乡村教师服务乡村振兴战略全面推进的一致性。

乡村教师服务乡村振兴战略能力的特征

乡村教师服务乡村振兴战略能力是乡村教师在新时期乡村振兴战略背景下必须具备的一项特殊社会能力。乡村教师在乡村社会中要适应不同地域和乡情,能够协调好学校教育教学工作和社会服务的关系,找到一套利于自身能力发展的路径和机制体系。因此,乡村教师服务乡村振兴战略能力与传统乡村教师能力、城市教师能力相比,有其自身特定的能力特征:乡土性、社会性、政治性。

(一)乡村教师服务乡村振兴战略能力的乡土性特征

乡土性是乡村教师服务乡村振兴战略能力的显著特征。因为乡村教师本身就具备村民性特征,衣食住行无一不体现地方乡土特色,其乡土文化气息被深深地厚植在他们的言行举止中,所以乡村教师队伍建设必须重视乡村教师服务乡村振兴战略能力的乡土性特征,以适应乡土社会,融入乡土生活。此外,乡村教师作为乡土社会的行动研究者,是村民们爱戴的乡土文化传播大使,其对乡土文化的理解和传承能力是很强的。例如,乡村教师要具备服务产业兴旺能力和乡风文明建设能力,就需要他们积极参与具有浓厚的乡土特色的产业文化活动和乡土风情交流会,努力在教育教学中融入特色乡土性元素等。

(二)乡村教师服务乡村振兴战略能力的社会性特征

社会性是乡村教师服务乡村振兴战略能力的重要特征。乡村教师广泛参与乡社会生活，协助乡镇企业、乡村能人和行业专家等社会多方力量共同服务产业兴旺，参与乡风文明建设和生态环境治理，肩负着乡土文化个性化和乡土文化社会化的传承使命，所以乡村教师队伍建设必须充分考虑到乡村教师服务乡村振兴战略能力的社会性特征，保证他们有充足的时间来认识和理解乡村生活，研究乡土文化，开展一系列厚植乡村人民乡情素养的社会性活动，进而改造乡村生活，肩负起为乡村社会谋振兴，为乡村百姓谋幸福的重任。因此，作为村民心目中高度认可的"乡村社会活动家"，乡村教师服务社会的实践能力应该是很强的。例如，乡村教师要具备服务乡村社会治理能力和村民生活改造能力，就需要他们积极参与乡村事务管理，参与协助乡村"德治、法治、自治"活动，努力在乡土文化交流中联系乡村群众实际，为民请愿，替民分忧解难。

（三）乡村教师服务乡村振兴战略能力的政治性特征

政治性是乡村教师服务乡村振兴战略能力的关键特征。当下的乡村发展是相当滞后的，离实现共同富裕还有很长的一段路要走，需要乡村百姓齐心协力，凝聚成一股绳子。而乡村教师作为实现乡村振兴战略的中流砥柱，这要求他们必须保持高度的政治站位和厚植强烈的乡土情怀。这也充分彰显出乡村教师服务乡村振兴战略能力的政治性特征，从某种意义上说，乡村教师能力的政治性特征堪比城市教师能力的政治性特征，甚至其特征更为突出。因为"乡村不振兴，民族就不可能振兴"，这是基于中华民族伟大复兴的时代背景下提出来的，已然上升到国家的政治高度，所以乡村教师队伍建设必须坚守住乡村教师服务乡村振兴战略的政治底线，这也是符合乡村教师服务乡村振兴战略能力建设中坚定政治正确要求的关键红线，否则将导致历史虚无主义，开历史的倒车。因此，作为有志气有情怀的中国人要找准政治站位，站稳政治站位，提高政治站位，始终在政治立场、政治方向、政治原则、政治道路上同党中央保持一致，防范应对乡村振兴战略推进中的各类风险挑战，在工作实践的各项环节中始终保持与人民群众心连心、同呼吸、共命运。

第二节　乡村教师服务乡村振兴战略
能力的结构要素及其关系

依据乡村教师服务乡村振兴战略能力的五大指标,划分成不同视野下多维度的服务乡村振兴战略能力的五大方面,形成相互联系、密不可分的能力结构网络,这五大方面的能力合称为乡村教师服务乡村振兴战略能力。但要准确和科学把握乡村教师服务乡村振兴战略能力的结构,必须要明确乡村教师服务乡村振兴战略能力的结构要素以及各要素与服务乡村振兴战略能力之间的关系。

一　乡村教师服务乡村振兴战略能力的结构要素

(一) 乡村教师服务乡村产业兴旺能力

乡村振兴,产业兴旺是重点。必须坚持质量兴农、绿色兴农,以农业供给侧结构性改革为主线,加快构建现代农业产业体系、生产体系、经营体系,提高农业创新力、竞争力和全要素生产率,加快实现由农业大国向农业强国转变。这需要发挥乡村教师服务乡村产业兴旺的能力,助力乡村优化农业从业者结构,加快建设知识型、技能型、创新型农业经营者队伍。同时,乡村教师凭借自身的技术习得优势和人脉资源,联合当地乡贤会和乡镇机构,为建设具有广泛性的促进乡村电子商务发展的基础设施出谋划策,鼓励村民积极探索各类市场主体创新,发展基于互联网的新型农业产业模式,协同当地物流企业和电商平台深入实施电子商务进乡村,大力发展数字农业,实施智慧农业,加快推进乡村流通现代化。最后,乡村教师应当积极助力产业兴村强县行动,向乡镇企业和村民宣传和推行标准化生产,培育农产品品牌,保护地理标志农产品,加强农产品产后分级、包装、营销,延长产业链、提升价值链、完善利益链,打造一村一品、一县一业,促进乡村一二三产业融合发展。①

因此,要实现乡村教师服务乡村产业兴旺能力建设,就必须对其能力结构要素进行细化,按照乡村振兴战略中产业兴旺的现实需求,具体可以划分成乡村产业人才培育能力、村民新技术培训能力、农产品市场营销策划能力这三个方面。乡村产业人才培育能力旨在让乡村教师自觉了解本地产业现状,积极参与本地产业活动或经营活动;村民新技术培训能力旨在让乡村教师主动了解本地新技术应用状况,对自身的技术习得能力保持自信,展开系统而科学的实地研究考察,参与本地产业人才或村民新技术的培训活动;农产品市场营销策划能力旨在让乡村教师自发了解本地商业产品现状,有意识、有目的、有组织地帮助本地村民通过网络销售商品。

(二) 乡村教师服务乡村生态宜居能力

乡村振兴,生态宜居是关键。良好生态环境是乡村的优势和宝贵财富。振兴乡村必须尊重自然、顺应自然、保护自然,推动乡村自然资本加快增值,实现百姓富、生态美的统一。这需要发挥乡村教师服务乡村生态宜居的能力,在脑海中厚植把山水林田湖草作为一个生命共同体的生态理念,密切关注乡镇地区生态环境状况,重视河湖水系连通和乡村河塘清淤整治问题,积极向村民宣传加强农业面源污染防治,开展农业绿色发展行动,助力乡村社会实现投入品减量化、生产清洁化、废弃物资源化、产业模式生态化。同时,乡村教师可以有意识地改造乡村自然景观,推进有机肥替代化肥、畜禽粪污处理、废弃农膜回收、病虫害绿色防控,加强乡村水环境治理和乡村饮用水水源保护,实施乡村生态清洁小流域建设,打造"小桥流水人家"的乡土风貌,促使人与自然更加和谐统一。最后,乡村教师应当积极认识到正确处理开发与保护生态统一协调的迫切性,发挥自身现代科技习得能力和联系群众能力,为发展森林草原旅游、河湖湿地观

---

① 中共中央,国务院. 中共中央 国务院关于实施乡村振兴战略的意见[EB/OL]. (2018-02-06)[2021-03-11]. http://www.gov.cn/xinwen/2018-02/06/content_5264358.htm.

光、冰雪海上运动、野生动物驯养观赏等产业出谋划策,积极为观光农业、游憩休闲、健康养生、生态教育等服务业进行实地考察,设计符合当地特色的人文景观创意方案,将乡村生态优势转化为发展生态经济的优势,提供更多更好的绿色生态产品和服务,促进生态和经济良性循环,从而加快创建一批特色生态旅游示范村镇和精品线路,打造绿色生态环保的乡村生态旅游产业链。①

因此,要实现乡村教师服务乡村生态宜居能力建设,就需要对其能力结构要素进行细化,按照乡村振兴战略中生态宜居的现实需求,具体可以划分成乡村生态文明教育能力、自然景观设计能力、人文景观设计能力这三个方面。乡村生态文明教育能力旨在让乡村教师自觉了解本地自然生态环境受破坏情况,将生态文明教育融入课堂教学和课外实践活动;自然景观设计能力旨在让乡村教师主动了解本地自然景观遭受破坏情况,参与或指导本地自然景观设计;人文景观设计能力旨在让乡村教师了解本地人文景观遭受破坏情况,参与或指导本地人文景观设计。

(三) 乡村教师服务乡风文明建设能力

乡村振兴,乡风文明是保障,必须坚持物质文明和精神文明一起抓,提升村民精神风貌,培育文明乡风、良好家风、淳朴民风,不断提高乡村社会文明程度。这需要发挥乡村教师服务乡村乡风文明建设的能力,加强乡村思想道德建设。乡村教师要坚持以社会主义核心价值观为引领,坚持教育引导、实践养成、制度保障三管齐下,采取符合乡村特点的有效方式,深化中国特色社会主义和中国梦宣传教育,大力弘扬民族精神和时代精神。同时,乡村教师必须加强爱国主义、集体主义、社会主义教育,深化民族团结进步教育,挖掘乡村传统道德教育资源,强化村民的社会责任意识、规则意识、集体意识、主人翁意识,有意识地传承发展提升乡村优秀传统文化。此外,乡村教师要深

---

① 中共中央,国务院. 中共中央 国务院关于实施乡村振兴战略的意见[EB/OL]. (2018 – 02 – 06)[2021 – 03 – 11]. http://www.gov.cn/xinwen/2018-02/06/content_5264358.htm.

入挖掘农耕文化蕴含的优秀思想观念、人文精神、道德规范,积极参与乡村地区优秀戏曲曲艺、少数民族文化、民间文化等传承交流活动,鼓励乡村教师进行"三农"题材文艺创作生产,推出反映村民生产生活尤其是乡村振兴实践的优秀文艺作品,充分展示新时代乡村村民的精神面貌。最后,乡村教师要培育挖掘乡土文化本土人才,积极宣讲国内外时事热点和解读国家政策,开展文化结对帮扶,丰富村民群众精神文化生活,抵制封建迷信活动,加强乡村科普工作,提高村民科学文化素养,引导社会各界人士投身乡村文化建设。①

因此,要实现乡村教师服务乡村乡风文明建设能力,就需要对其能力结构要素进行细化,按照乡村振兴战略中乡风文明的现实需求,具体可以划分成文化教育建设能力、公共文化活动能力、乡村优秀文化传承能力这三个方面。文化教育建设能力旨在让乡村教师自觉了解本地风土人情,参与村民文化活动或本地村民核心价值观培育活动;公共文化活动能力旨在让乡村教师主动为村民讲解国家政策形势或国内外新闻,参与本地公共文化活动;乡村优秀文化传承能力旨在让乡村教师了解乡村优秀传统文化,将乡村优秀传统文化融入课堂教学或课外实践。

(四) 乡村教师服务乡村社会治理能力

乡村振兴,治理有效是基础,必须把夯实基层基础治理作为固本之策,建立健全党委领导、政府负责、社会协同、公众参与、法治保障的现代乡村社会治理体制,坚持自治、法治、德治相结合,确保乡村社会充满活力、和谐有序。这需要发挥乡村教师服务乡村社会治理的能力。乡村教师可以助力乡村带头人队伍整体优化提升行动,协助高校毕业生、村民工、机关企事业单位优秀党员干部到村任职工作,协助乡村地区选优配强村党组织书记的进程。同时,乡村教师要发挥自治章程、村规民约的积极作用,为全面建立健全村务监督委员会和推行村级事务阳光工程献计献策。此外,乡村教师可以

---

① 中共中央,国务院.中共中央 国务院关于实施乡村振兴战略的意见[EB/OL].(2018-02-06)[2021-03-11]. http://www.gov.cn/xinwen/2018-02/06/content_5264358.htm.

积极参与村民会议、村民代表会议、村民议事会、村民理事会、村民监事会等，形成民事民议、民事民办、民事民管的多层次基层协商格局，积极发挥新乡贤作用。乡村教师还可以大力培育服务性、公益性、互助性乡村社会组织，积极发展乡村社会工作和志愿服务，向村民宣传依法治理理念，强化法律在维护村民权益、规范市场运行、农业支持保护、生态环境治理、化解乡村社会矛盾等方面的权威地位，增强基层干部法治观念、法治为民意识。最后，乡村教师要深入挖掘乡村熟人社会蕴含的道德规范，结合时代要求进行创新，强化道德教化作用，引导村民向上向善、孝老爱亲、重义守信、勤俭持家。建立道德激励约束机制，引导村民自我管理、自我教育、自我服务、自我提高，实现家庭和睦、邻里和谐、干群融洽。同时，深入宣传道德模范、身边好人的典型事迹，弘扬真善美，传播正能量。①

因此，要实现乡村教师服务乡村社会治理能力建设，就需要对其能力结构要素进行细化，按照乡村振兴战略中治理有效的现实需求，具体可以划分成乡村法治协助能力、乡村德治协助能力、乡村自治协助能力这三个方面。乡村法治协助能力旨在让乡村教师自觉了解本地的法治建设现状，参与本地法治建设宣传教育；乡村德治协助能力旨在让乡村教师主动了解本地开展德治建设宣传教育情况，参与本地德治建设宣传教育；乡村自治协助能力旨在让乡村教师协助本地村民自治，也可以在本地担任特定职位的村干部。

（五）乡村教师服务村民生活改造能力

乡村振兴，生活富裕是根本。要坚持人人尽责、人人享有，按照抓重点、补短板、强弱项的要求，围绕村民群众最关心最直接最现实的利益问题，一件事情接着一件事情办，一年接着一年干，把乡村建设成为幸福美丽新家园。乡村教师要高度重视发展乡村义务教育，协助多方社会力量大规模开展职业技能培训，促进村民工多渠道转移就

---

① 中共中央，国务院. 中共中央　国务院关于实施乡村振兴战略的意见[EB/OL]. (2018-02-06)[2021-03-11]. http://www.gov.cn/xinwen/2018-02/06/content_5264358.htm.

业,提高就业质量,加强引导服务,实施乡村就业创业促进行动,发展文化、科技、旅游、生态等乡村特色产业,振兴和传承传统工艺。同时,乡村教师可以协同实施数字乡村振兴战略,做好整体规划设计,推动远程教育等应用普及,弥合城乡数字鸿沟。乡村教师也要积极关心和参与健全乡村留守儿童和妇女、老年人以及困境儿童关爱服务体系建设的活动,重视乡村残疾人服务和乡村公共生活服务,向乡村地区宣传优生优育,深入开展乡村爱国卫生运动。乡村教师要协同乡村社会能人积极参与乡村人居环境整治三年行动计划,以乡村垃圾、污水治理和村容村貌提升为主攻方向,整合各种资源,总结推广适用不同地区的乡村污水治理模式,发挥自身技术支撑和指导的作用。最后,乡村教师要积极保护乡村风貌,参与田园建筑示范活动,讲好乡村传统建筑名匠的故事,落实乡村绿化行动,全面保护古树名木,为持续推进宜居宜业的美丽乡村建设打好坚实的基础。①

因此,要实现乡村教师服务村民生活改造能力建设,就需要对其能力结构要素进行细化,按照乡村振兴战略中生活富裕的现实需求,具体可以划分成观念现代化建设能力、村民物质条件现代化建设能力、村民信息素养建设能力这三个方面。观念现代化建设能力旨在让乡村教师自觉了解本地村民的观念,参与改变村民旧观念的活动;村民物质条件现代化建设能力旨在让乡村教师主动了解本地村民的生活条件,引领或帮助村民使用现代化产品;村民信息素养建设能力旨在让乡村教师了解本地村民的信息素养现状,积极参与提升村民信息素养的培训活动。

  乡村教师服务乡村振兴战略能力的结构要素关系

乡村教师服务乡村振兴战略能力具有多个维度多个方面,其中以乡村教师服务村

---

① 中共中央,国务院. 中共中央 国务院关于实施乡村振兴战略的意见[EB/OL]. (2018-02-06)[2021-03-11]. http://www.gov.cn/xinwen/2018-02/06/content_5264358.htm.

民生活改造能力为核心能力,以乡村教师服务乡风文明建设能力为根本能力,以乡村教师服务生态宜居能力为关键能力,以乡村教师服务产业兴旺能力和乡村教师服务乡村社会治理能力为重要能力,它们建构起多维能力空间结构,它们相互制约,相互协调,形成有机统一的整体。

  其中,乡村教师服务乡村振兴战略的核心能力是乡村教师服务乡村社会,最终帮助村民实现生活富裕的能力,它在乡村教师能力结构和社会竞争中处于优势地位,是有别于城市教师的一种特有能力。生活富裕是乡村振兴战略的民生之维,没有生活富裕,何谈乡村振兴,实现共同富裕?因此,乡村教师服务村民生活改造能力是乡村教师能力结构的核心能力,乡村教师服务产业兴旺、生态宜居、乡风文明、乡村社会治理四大能力的逻辑终点指向于乡村教师服务村民生活改造的能力,落实到人的身上。乡村教师服务乡村振兴战略的根本能力是乡村教师服务乡村社会,传承好乡土文化的基本能力,它在乡村教师能力结构和乡土文化建设中处在根本地位,比城市教师的乡土性能力特征更加显著。乡风文明是乡村振兴战略的文化之维,文化是民族之根,因而乡村教师服务乡风文明建设能力是乡村教师服务乡村振兴战略的根本能力。乡村教师服务乡村振兴战略的关键能力是乡村教师服务生态资源型乡村文明社会,实现美丽乡村的决定性能力。生态宜居是乡村振兴战略的生态之维,没有生态,一切都没办法持续下去,因而乡村教师服务生态宜居能力是乡村教师服务乡村振兴战略能力的关键能力。乡村教师服务乡村振兴战略的重要能力是乡村教师服务乡村社会,拉动乡村经济发展,稳步提高乡村治理水平的首要能力。产业兴旺和治理有效是乡村振兴战略的经济之维和社会之维,没有经济基础,上层建筑就没有物质依托,生态宜居构建、乡风文明建设和乡村有效治理就得不到保障,因而乡村教师服务产业兴旺能力是乡村教师服务乡村振兴战略的重要能力,也是乡村教师服务乡村振兴战略的实践基础。同时,乡村治理体系不科学,组织管理混乱,就无法高效地开展服务乡村振兴战略产业兴旺、生态宜居、乡风文明和改造村民生活的活动,因而乡村教师服务乡村社会治理能力也是乡村教师服务乡村振兴战略的重要能力,它们在其能力结构中处于重要地位。上述乡村教师服务乡村振兴战略能力结构要素的逻辑关系可以用

图1-1表示。

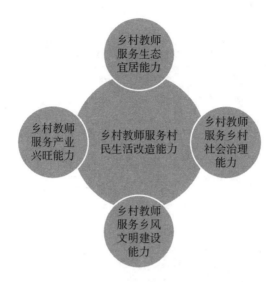

图1-1 乡村教师服务乡村振兴战略能力的结构逻辑关系

第二章

乡村教师服务产业兴旺能力调查结果分析

第二章 乡村教师服务产业兴旺能力调查结果分析

乡村振兴战略明确指出,要坚持农业乡村优先发展,按照产业兴旺、生态宜居、乡风文明、治理有效、生活富裕的总要求,建立健全城乡融合发展体制机制和政策体系,加快推进农业乡村现代化。[①] 在这一伟大的时代背景下,乡村教师作为乡村社会的"公共知识分子"和"新乡贤"代表,要义不容辞地承担起历史和时代赋予的责任和使命,热情服务于乡村振兴中的各项社会工作。乡村教师除了应具备服务乡村振兴的意愿,还要具备服务乡村振兴的能力,这是乡村教师履行振兴乡村义务的前提。本研究把"产业兴旺、生态宜居、乡风文明、治理有效、生活富裕"这五个方面作为衡量乡村教师服务乡村振兴战略能力的一级指标,即乡村教师服务产业兴旺能力、服务生态宜居能力、服务乡风文明建设能力、服务乡村社会治理能力和服务村民生活改造能力。针对服务产业兴旺能力这个一级指标,根据《中共中央 国务院关于实施乡村振兴战略的意见》《教育部等六部门关于加强新时代乡村教师队伍建设的意见》《中共中央 国务院关于加快推进乡村人才振兴的意见》等相关文件意见的精神和国内相关研究现状,提出三个二级指标和六个三级指标。[②③④] 乡村教师服务乡村产业兴旺能力下面的三个二级指标是:乡村产业人才培育能力、村民新技术培训能力和农产品市场营销策划能力。三级指标问题的设计从一、二级指标的内涵出发,包含乡村教师对乡村产业是否了解、是否感兴

[①] 习近平.决胜全面建成小康社会夺取新时代中国特色社会主义伟大胜利——在中国共产党第十九次全国代表大会上的报告[EB/OL].(2017-10-27)[2021-03-11].http://www.xinhuanet.com//politics/19cpcnc/2017-10/27/c_1121867529.htm.

[②] 中共中央,国务院.中共中央 国务院关于实施乡村振兴战略的意见[EB/OL].(2018-02-06)[2021-03-11].http://www.gov.cn/xinwen/2018-02/06/content_5264358.htm.

[③] 教育部,中央组织部,中央编办,等.教育部等六部门关于加强新时代乡村教师队伍建设的意见[EB/OL].(2020-08-28)[2021-03-11].http://www.moe.gov.cn/srcsite/A10/s3735/202009/t20200903_484941.html.

[④] 中共中央,国务院.中共中央 国务院关于加快推进乡村人才振兴的意见[EB/OL].(2021-02-23)[2021-03-11].http://www.moe.gov.cn/jyb_xxgk/moe_1777/moe_1778/202102/t20210224_514648.html.

趣、参与乡村产业劳动经营等实际行动的维度展开。具体指标体系见表2-1。①

表2-1 乡村教师服务乡村产业兴旺能力三级指标体系

一级指标	二级指标	三级指标
服务产业兴旺能力	乡村产业人才培育能力	了解本地产业现状
		参与本地产业劳动或经营活动
	村民新技术培训能力	了解本地新技术应用现状
		参与本地乡村产业人才或村民新技术培训
	农产品市场营销策划能力	了解本地商业产品现状
		帮助本地村民通过网络销售商品

从教师一般能力和乡村教师服务乡村振兴战略特殊能力的内涵及影响能力发展的要素出发,本研究提取了乡村教师的性别、年龄、学历、职称、家庭住址所在区域、工作学校类型、任教学科、青少年时期就读学校所在地等要素作为考察乡村教师服务乡村产业兴旺能力指标的影响因子,设计了《乡村教师服务乡村振兴能力的现状调查问卷》,按照我国地理区域和经济发展水平,采用整群抽样和分层抽样相结合的办法,调查对象选取我国东部的浙江省、中东部的河北省和西北部的甘肃省作为样本省,选取15个县若干学校的乡村教师进行了网络问卷调查,共收到9 484份有效问卷,其中男教师4 599名,女教师4 885名。研究采用的工具主要有《乡村教师服务乡村振兴能力的现状调查问卷》、访谈提纲和SPSS24.0统计软件。由于问卷调查设计的变量性质为定类和定序变量,故采用卡方检验对乡村教师服务乡村振兴的能力水平与乡村教师不同属性维度进行相关性统计分析。利用SPSS24.0统计软件对调查数据进行统计分析发现,克隆巴赫系数为0.943,内部一致性达到高信度,表明调查数据可靠性非常好。本研究在调查基础上发现乡村振兴战略中乡村教师服务乡村产业兴旺能力严重不足。以下从乡村产业人才培育能力、村民新技术培训能力和农产品市场营销策划能力三个方面分别展开分析。

---

① 卢尚建.乡村教师服务乡村振兴能力现状实证研究[J].成都师范学院学报,2021,37(5).

第一节　乡村教师服务乡村产业人才培育能力调查结果分析

乡村教师服务乡村产业人才培育能力是乡村教师服务乡村产业兴旺能力一级指标下面的二级指标之一，乡村教师服务乡村产业人才培育能力指标分解为两个三级指标：了解本地产业现状和参与本地产业劳动或经营活动。两个三级指标下面分别设计是否了解乡村产业、是否对乡村产业感兴趣以及参与产业劳动或经营频度等调查问题，对回收的问卷数据分析后发现，乡村教师的性别、年龄、学历、职称、家庭住址所在区域、工作学校类型、任教学科、青少年时期就读学校所在地等要素与按照乡村教师服务乡村产业培育能力指标所设计的问题存在不同程度的相关性。限于篇幅，以下选取了六个角度进行分析：乡村教师性别年龄与是否了解乡村产业相关分析、乡村教师家庭住址所在区域与是否了解乡村产业相关分析、乡村教师任教学科与是否对乡村产业感兴趣相关分析、乡村教师工作学校类型与是否对乡村产业感兴趣相关分析、乡村教师青少年时期就读学校所在区域与是否对乡村产业感兴趣相关分析、乡村教师性别年龄学历职称与参与产业劳动或经营频度相关分析。

一　乡村教师性别年龄与是否了解乡村产业相关分析

乡村教师了解乡村产业是乡村教师服务乡村产业人才培育能力的先决条件，性别和年龄是影响人的一般能力的自然属性，本研究选择对乡村教师性别年龄与是否了解乡村产业分别作卡方检验。

从表2-1-1和表2-1-3可见，在对乡村教师是否了解乡村产业的调查中在"不了解"和"了解"上的选择数量占乡村教师被调查群体总数量的比例分别为54.4%和45.6%，即超过半数的乡村教师不了解乡村产业。

从表2-1-1性别来看，男教师和女教师在"不了解""了解"选项上的选择数量占各自性别群体的比例分布趋势不一致,男教师的选择比例与总体分布趋势不一致,女教师的选择比例与总体分布趋势一致。男教师在"了解"选项上的选择数量占乡村男教师群体的比例高于女教师,男教师选择"了解"的比例超过男教师群体的一半,女教师选择"了解"的比例不到女教师群体的一半。

从表2-1-3年龄段来看,"25岁及以下"至"56岁及以上",选择"了解"的数量占各自年龄段群体的比例依次上升。

从表2-1-2和表2-1-4可见,Pearson卡方、似然比卡方以及线性和线性组合的双侧显著性检验P值均小于0.01,达到极显著性水平。由此,在统计学上推断,乡村教师是否了解乡村产业的调查数据分布特征与乡村教师的性别和年龄段存在相关性,男教师对乡村产业了解数量的比例比女教师高一些,随着年龄段增大,乡村教师在各自年龄段里边对乡村产业了解比例依次增加,处于"46—55岁"和"56岁及以上"的乡村教师选择"了解"的数量占各自群体的比例已经超过了一半,分别为54.8%和75.5%。

根据以上分析,有理由认为多数乡村教师已经脱离了乡村产业,假如让不了解乡村产业的乡村教师去培育乡村产业人才,显然是难以胜任这个工作的。换言之,多数乡村教师服务乡村产业人才培育能力严重不足。

表2-1-1 性别×您了解乡村产业吗交叉表

			您了解乡村产业吗		合计
			不了解	了解	
性别	男	计数	1 929	2 670	4 599
		"性别"中的占比	41.9%	58.1%	100.0%
		"您了解乡村产业吗"中的占比	37.4%	61.7%	48.5%
		总数的占比	20.3%	28.2%	48.5%
	女	计数	3 226	1 659	4 885
		"性别"中的占比	66.0%	34.0%	100.0%
		"您了解乡村产业吗"中的占比	62.6%	38.3%	51.5%
		总数的占比	34.0%	17.5%	51.5%

(续表)

		您了解乡村产业吗		合计
		不了解	了解	
合计	计数	5 155	4 329	9 484
	"性别"中的占比	54.4%	45.6%	100.0%
	"您了解乡村产业吗"中的占比	100.0%	100.0%	100.0%
	总数的占比	54.4%	45.6%	100.0%

表2-1-2 性别×您了解乡村产业吗交叉表卡方检验

	值	df	渐进 Sig.（双侧）	精确 Sig.（双侧）	精确 Sig.（单侧）
Pearson 卡方	554.315[a]	1	0.000		
连续校正[b]	553.345	1	0.000		
似然比	559.538	1	0.000		
Fisher 的精确检验				0.000	0.000
线性和线性组合	554.257	1	0.000		
有效案例中的 N	9 484				

a. 0 单元格(0.0%)的期望计数少于5。最小期望计数为2 099.23。
b. 仅对 2×2 表计算。

表2-1-3 年龄×您了解乡村产业吗交叉表

			您了解乡村产业吗		合计
			不了解	了解	
年龄	25 岁及以下	计数	446	199	645
		"年龄"中的占比	69.1%	30.9%	100.0%
		"您了解乡村产业吗"中的占比	8.7%	4.6%	6.8%
		总数的占比	4.7%	2.1%	6.8%
	26—35 岁	计数	2 256	1 454	3 710
		"年龄"中的占比	60.8%	39.2%	100.0%
		"您了解乡村产业吗"中的占比	43.8%	33.6%	39.1%

(续表)

			您了解乡村产业吗		合计
			不了解	了解	
年龄	26—35 岁	总数的占比	23.8%	15.3%	39.1%
	36—45 岁	计数	1 540	1 414	2 954
		"年龄"中的占比	52.1%	47.9%	100.0%
		"您了解乡村产业吗"中的占比	29.9%	32.7%	31.1%
		总数的占比	16.2%	14.9%	31.1%
	46—55 岁	计数	830	1 006	1 836
		"年龄"中的占比	45.2%	54.8%	100.0%
		"您了解乡村产业吗"中的占比	16.1%	23.2%	19.4%
		总数的占比	8.8%	10.6%	19.4%
	56 岁及以上	计数	83	256	339
		"年龄"中的占比	24.5%	75.5%	100.0%
		"您了解乡村产业吗"中的占比	1.6%	5.9%	3.6%
		总数的占比	0.9%	2.7%	3.6%
合计		计数	5 155	4 329	9 484
		"年龄"中的占比	54.4%	45.6%	100.0%
		"您了解乡村产业吗"中的占比	100.0%	100.0%	100.0%
		总数的占比	54.4%	45.6%	100.0%

表 2-1-4 年龄×您了解乡村产业吗卡方检验

	值	df	渐进 Sig.(双侧)
Pearson 卡方	308.893[a]	4	0.000
似然比	314.620	4	0.000
线性和线性组合	292.636	1	0.000
有效案例中的 N	9 484		

a. 0 单元格(0.0%)的期望计数少于 5。最小期望计数为 154.74。

二 乡村教师家庭住址所在区域与是否了解乡村产业相关分析

乡村教师了解乡村产业是乡村教师服务乡村产业人才培育能力的先决条件,乡村教师家庭住址所在区域是乡村教师基本的生活环境要素之一。本研究选择对乡村教师家庭住址所在区域与是否了解乡村产业开展了卡方检验。

从表2-1-5可见,乡村教师选择"了解"乡村产业的数量占乡村教师被调查群体总数量的比例为45.6%,选择"了解"的这部分乡村教师在家庭住址所在区域为"本乡(镇)""外乡(镇)""县城""地级市"和"省城"选择项上的数量占乡村教师被调查群体总数量的比例分别为15.9%、7.8%、18.1%、3.7%和0.3%。

乡村教师家庭住址所在区域在"本乡(镇)"和"外乡(镇)"的数量占乡村教师被调查群体总数量的比例分别为29.9%和17.0%,两者总和为46.9%,即乡村教师家庭住址所在区域在乡村的总数量不到一半。

乡村教师是否了解乡村产业在"了解"选项上的数量占乡村教师家庭住址所在区域群体的比例随着家庭住址的分布呈现出一定的特征。乡村教师选择"了解"乡村产业的数量在乡村教师家庭住址所在区域为"本乡(镇)""外乡(镇)""县城""地级市"和"省城"选择项上占各自家庭住址所在区域群体的比例依次为53.1%、45.8%、41.9%、39.5%、34.8%,其中"本乡(镇)"和"外乡(镇)"选择项上的群体比例超过一半或接近一半。

从表2-1-6可见,Pearson卡方、似然比卡方以及线性和线性组合的双侧显著性检验P值均小于0.01,达到极显著性水平。由此,在统计学上推断,乡村教师是否了解乡村产业的调查数据分布特征与乡村教师家庭住址所在区域存在相关性,即乡村教师对乡村产业的了解比例随着家庭住址所在区域行政级别升高而依次降低。

根据以上分析,有理由认为多数乡村教师的生活环境已经脱离了乡村产业的氛围,而且发现生活环境脱离乡村产业氛围越多越不了解乡村产业的情况,这也是符合常识的。假如让脱离了乡村产业氛围的乡村教师去培育乡村产业人才,显然是难以胜任这个工作的。换言之,多数乡村教师由于生活环境脱离了乡村产业的氛围导致服务乡村产业人才培育能力严重不足。

表2-1-5 家庭住址所在区域×您了解乡村产业吗交叉表

			您了解乡村产业吗		合计
			不了解	了解	
家庭住址所在区域	本乡(镇)	计数	1 332	1 507	2 839
		"家庭住址所在区域"中的占比	46.9%	53.1%	100.0%
		"您了解乡村产业吗"中的占比	25.8%	34.8%	29.9%
		总数的占比	14.0%	15.9%	29.9%
	外乡(镇)	计数	875	738	1 613
		"家庭住址所在区域"中的占比	54.2%	45.8%	100.0%
		"您了解乡村产业吗"中的占比	17.0%	17.0%	17.0%
		总数的占比	9.2%	7.8%	17.0%
	县城	计数	2 370	1 712	4 082
		"家庭住址所在区域"中的占比	58.1%	41.9%	100.0%
		"您了解乡村产业吗"中的占比	46.0%	39.5%	43.0%
		总数的占比	25.0%	18.1%	43.0%
	地级市	计数	533	348	881
		"家庭住址所在区域"中的占比	60.5%	39.5%	100.0%
		"您了解乡村产业吗"中的占比	10.3%	8.0%	9.3%
		总数的占比	5.6%	3.7%	9.3%
	省城	计数	45	24	69
		"家庭住址所在区域"中的占比	65.2%	34.8%	100.0%
		"您了解乡村产业吗"中的占比	0.9%	0.6%	0.7%
		总数的占比	0.5%	0.3%	0.7%
合计		计数	5 155	4 329	9 484
		"家庭住址所在区域"中的占比	54.4%	45.6%	100.0%
		"您了解乡村产业吗"中的占比	100.0%	100.0%	100.0%
		总数的占比	54.4%	45.6%	100.0%

表2-1-6　家庭住址所在区域×您了解乡村产业吗卡方检验

	值	df	渐进 Sig.（双侧）
Pearson 卡方	102.567ª	4	0.000
似然比	102.576	4	0.000
线性和线性组合	98.217	1	0.000
有效案例中的 N	9484		

a. 0 单元格（0.0%）的期望计数少于 5。最小期望计数为 31.50。

三　乡村教师任教学科与是否对乡村产业感兴趣相关分析

乡村教师对乡村产业感兴趣是乡村教师服务乡村产业人才培育能力的关键条件，乡村教师任教学科是影响乡村教师选择性注意或兴趣倾向的重要因素之一。本研究选择对乡村教师任教学科与是否对乡村产业感兴趣开展卡方检验。

按照我国中小学、职业高中及社区学校开设的课程情况，乡村教师任教学科有：语文、数学、英语、科学、社会思政、音乐或美术、体育、职业技术类以及其他。卡方检验统计结果发现是否任教语文、音乐或美术、职业技术类以及其他学科的乡村教师与是否对乡村产业感兴趣均没有达到显著性差异；是否任教数学、英语、科学、社会思政和体育学科的乡村教师与是否对乡村产业感兴趣均达到极显著性差异。限于篇幅，以下以数学学科为例进行说明。从表2-1-7和表2-1-8可见，乡村教师选择对乡村产业"不感兴趣"和"感兴趣"的数量占乡村教师被调查群体总数量的比例分别为76.6%和23.4%，即对乡村产业感兴趣的比例不到四分之一。

从表2-1-7可见，乡村教师对乡村产业"感兴趣"选项上的数量占数学学科和非数学学科的比例分别为27.4%和21.4%。从表2-1-8可见，Pearson卡方、似然比卡方以及线性和线性组合的渐进双侧显著性检验 P 值均小于 0.01，达到极显著性水平。由此，在统计学上推断，乡村教师是否任教数学学科与是否对乡村产业感兴趣存在相关性,任教数学学科的乡村教师群体对乡村产业感兴趣的比例更高。

根据以上分析,大多数乡村教师对乡村产业不感兴趣,这与半数以上乡村教师对乡村产业不了解的调查结果具有一致性,一般来说,对一个事物不了解往往也就不感兴趣。同时,任教数学、英语、科学、社会思政和体育学科的乡村教师相对于任教语文、音乐或美术、职业技术类等学科更加表现出对乡村产业的兴趣。然而,语文学科是大学科,任教语文学科的乡村教师人数应该具有很高比例,职业技术类学科跟乡村产业应该具有很高的相关性,遗憾的是这些乡村教师对乡村产业兴趣不高。假如让对乡村产业不感兴趣的乡村教师去培育乡村产业人才,显然是勉为其难的。由此,就有比较充分的理由怀疑这些乡村教师服务乡村产业人才培育的能力是否足够。

表2-1-7 是否任教数学学科×您对乡村产业感兴趣吗交叉表

			您对乡村产业感兴趣吗		合计
			不感兴趣	感兴趣	
是否任教数学学科	是	计数	2 334	880	3 214
		"是否任教数学学科"中的占比	72.6%	27.4%	100.0%
		"您对乡村产业感兴趣吗"中的占比	32.1%	39.7%	33.9%
		总数的占比	24.6%	9.3%	33.9%
	否	计数	4 931	1 339	6 270
		"是否任教数学学科"中的占比	78.6%	21.4%	100.0%
		"您对乡村产业感兴趣吗"中的占比	67.9%	60.3%	66.1%
		总数的占比	52.0%	14.1%	66.1%
合计		计数	7 265	2 219	9 484
		"是否任教数学学科"中的占比	76.6%	23.4%	100.0%
		"您对乡村产业感兴趣吗"中的占比	100.0%	100.0%	100.0%
		总数的占比	76.6%	23.4%	100.0%

表 2-1-8 是否任教数学学科×您对农业产业感兴趣吗卡方检验

	值	df	渐进 Sig.（双侧）	精确 Sig.（双侧）	精确 Sig.（单侧）
Pearson 卡方	43.029[a]	1	0.000		
连续校正[b]	42.694	1	0.000		
似然比	42.316	1	0.000		
Fisher 的精确检验				0.000	0.000
线性和线性组合	43.024	1	0.000		
有效案例中的 N	9 484				

a. 0 单元格（0.0%）的期望计数少于 5。最小期望计数为 751.99。
b. 仅对 2×2 表计算。

四 乡村教师工作学校类型与是否对乡村产业感兴趣相关分析

乡村教师对乡村产业感兴趣是乡村教师服务乡村产业人才培育能力的关键条件，由于我国不同的乡村学校类型承担着不同的教育任务和职能以及不同的教育对象，进而教育的内容和性质也有所不同。因此，乡村教师工作学校类型不同是影响乡村教师选择性注意或兴趣倾向的重要因素之一。乡村教师工作学校类型有：小学、初中、普通高中、职业高中、社区成人学校及其他类型学校。本研究对乡村教师工作学校类型与是否对乡村产业感兴趣进行卡方检验。

从表 2-1-9 可见，乡村教师选择对乡村产业"感兴趣"占相同工作学校类型群体中的比例分别为：小学 23.8%、初中 23.6%、普通高中 24.9%、职业高中 22.2%、社区成人学校 27.3%、其他类型学校 18.3%。其中社区成人学校教师选择感兴趣的比例最高，为 27.3%。其次是普通高中学校教师，为 24.9%。

从表 2-1-10 可见，Pearson 卡方检验值 P=0.054，大于 0.05，没有达到显著性水平。由此，在统计学上推断，乡村教师是否对乡村产业感兴趣的调查数据分布特征与乡村教师工作学校类型没有存在相关性。但是，选择"不感兴趣"占总数量的比例高达76.6%,假如让对乡村产业不感兴趣的乡村教师去培育乡村产业人才,显然是勉为其难的。所以,乡村教师服务乡村产业人才培育能力有待提高。

表2-1-9 工作的学校类型×您对乡村产业感兴趣吗交叉表

			您对乡村产业感兴趣吗		合计
			不感兴趣	感兴趣	
工作的学校类型	小学	计数	3 912	1 224	5 136
		"工作的学校类型"中的占比	76.2%	23.8%	100.0%
		"您对乡村产业感兴趣吗"中的占比	53.8%	55.2%	54.2%
		总数的占比	41.2%	12.9%	54.2%
	初中	计数	2 147	662	2 809
		"工作的学校类型"中的占比	76.4%	23.6%	100.0%
		"您对乡村产业感兴趣吗"中的占比	29.6%	29.8%	29.6%
		总数的占比	22.6%	7.0%	29.6%
	普通高中	计数	428	142	570
		"工作的学校类型"中的占比	75.1%	24.9%	100.0%
		"您对乡村产业感兴趣吗"中的占比	5.9%	6.4%	6.0%
		总数的占比	4.5%	1.5%	6.0%
	职业高中	计数	260	74	334
		"工作的学校类型"中的占比	77.8%	22.2%	100.0%
		"您对乡村产业感兴趣吗"中的占比	3.6%	3.3%	3.5%
		总数的占比	2.7%	0.8%	3.5%
	社区成人学校	计数	8	3	11
		"工作的学校类型"中的占比	72.7%	27.3%	100.0%
		"您对乡村产业感兴趣吗"中的占比	0.1%	0.1%	0.1%
		总数的占比	0.1%	0%	0.1%
	其他类型学校	计数	510	114	624
		"工作的学校类型"中的占比	81.7%	18.3%	100.0%
		"您对乡村产业感兴趣吗"中的占比	7.0%	5.1%	6.6%
		总数的占比	5.4%	1.2%	6.6%

(续表)

		您对乡村产业感兴趣吗		合计
		不感兴趣	感兴趣	
合计	计数	7 265	2 219	9 484
	"工作的学校类型"中的占比	76.6%	23.4%	100.0%
	"您对乡村产业感兴趣吗"中的占比	100.0%	100.0%	100.0%
	总数的占比	76.6%	23.4%	100.0%

表 2-1-10 工作的学校类型×您对乡村产业感兴趣吗卡方检验

	值	df	渐进 Sig.（双侧）
Pearson 卡方	10.851[a]	5	0.054
似然比	11.369	5	0.045
线性和线性组合	7.287	1	0.007
有效案例中的 N	9 484		

a. 1 单元格(8.3%)的期望计数少于 5。最小期望计数为 2.57。

五 乡村教师青少年时期就读学校所在区域与是否对乡村产业感兴趣相关分析

乡村教师对乡村产业感兴趣是乡村教师服务乡村产业人才培育能力的关键条件，乡村教师青少年时期就读学校所在区域是乡村教师从孩童到成人的成长历程中的重要环境，是乡村教师成长史当中的重要的社会因素。乡村教师青少年时期读书阶段可以划分为三个阶段：小学、初中、高中或中专。乡村教师青少年时期就读学校所在区域有：村庄、乡/镇政府所在地、县城、地级市、省城。本研究对乡村教师青少年时期就读学校所在区域与是否对乡村产业感兴趣开展卡方检验。

从表 2-1-11、表 2-1-13、表 2-1-15 可见，乡村教师小学、初中、高中或中专阶段是否对乡村产业感兴趣的选项在"感兴趣"上的选择数量占各自就读学校所在区域类型群体的比例总体分布趋势一致,即就读学校在"村庄""乡/镇政府所在地""县城""地级市""省城"不同的地理空间,乡村教师选择"感兴趣"的比例基本上都是依次降低的。以初中就读学校所在区域为例,在"村庄""乡/镇政府所在地""县城""地级市""省城"类型的群体里边选择"感兴趣"的比例分别为:28.6%、24.7%、17.3%、16.8%、15.1%。

从表2-1-12、表2-1-14、表2-1-16可见,Pearson卡方、似然比卡方以及线性和线性组合的渐进双侧显著性检验P值均小于0.01,达到极显著性水平。由此,在统计学上推断,乡村教师是否对乡村产业感兴趣的调查数据分布特征与青少年时期就读学校所在区域存在相关性,感兴趣比例随着青少年时期就读学校在"村庄""乡/镇政府所在地""县城""地级市""省城"类型学校的次序而降低。

根据以上分析,青少年时期在乡村学校成长起来的乡村教师对乡村产业更感兴趣,随着就读学校区域行政级别的升高,乡村教师对乡村产业感兴趣程度会降低。换言之,就有比较充分的理由推测那些青少年时期在远离乡村的学校里成长起来的乡村教师服务乡村产业人才培育的能力是不足的。

表2-1-11 小学就读的学校所在地区域×您对乡村产业感兴趣吗交叉表

			您对乡村产业感兴趣吗		合计
			不感兴趣	感兴趣	
小学就读的学校所在地区域	村庄	计数	4 202	1 470	5 672
		"小学就读的学校所在地区域"中的占比	74.1%	25.9%	100.0%
		"您对乡村产业感兴趣吗"中的占比	57.8%	66.2%	59.8%
		总数的占比	44.3%	15.5%	59.8%
	乡/镇政府所在地	计数	1 805	536	2 341
		"小学就读的学校所在地区域"中的占比	77.1%	22.9%	100.0%
		"您对乡村产业感兴趣吗"中的占比	24.8%	24.2%	24.7%
		总数的占比	19.0%	5.7%	24.7%

(续表)

			您对乡村产业感兴趣吗		合计
			不感兴趣	感兴趣	
小学就读的学校所在地区域	县城	计数	1 026	171	1 197
		"小学就读的学校所在地区域"中的占比	85.7%	14.3%	100.0%
		"您对乡村产业感兴趣吗"中的占比	14.1%	7.7%	12.6%
		总数的占比	10.8%	1.8%	12.6%
	地级市	计数	201	35	236
		"小学就读的学校所在地区域"中的占比	85.2%	14.8%	100.0%
		"您对乡村产业感兴趣吗"中的占比	2.8%	1.6%	2.5%
		总数的占比	2.1%	0.4%	2.5%
	省城	计数	31	7	38
		"小学就读的学校所在地区域"中的占比	81.6%	18.4%	100.0%
		"您对乡村产业感兴趣吗"中的占比	0.4%	0.3%	0.4%
		总数的占比	0.3%	0.1%	0.4%
合计		计数	7 265	2 219	9 484
		"小学就读的学校所在地区域"中的占比	76.6%	23.4%	100.0%
		"您对乡村产业感兴趣吗"中的占比	100.0%	100.0%	100.0%
		总数的占比	76.6%	23.4%	100.0%

表2-1-12 小学就读的学校所在地区域×您对乡村产业感兴趣吗交叉表卡方检验

	值	df	渐进 Sig.(双侧)
Pearson 卡方	86.051[a]	4	0.000
似然比	93.091	4	0.000
线性和线性组合	75.559	1	0.000
有效案例中的 N	9 484		

a. 0 单元格(0.0%)的期望计数少于5。最小期望计数为8.89。

表2-1-13 初中就读的学校所在地区域×您对乡村产业感兴趣吗交叉表

			您对乡村产业感兴趣吗		合计
			不感兴趣	感兴趣	
初中就读的学校所在地区域	村庄	计数	992	397	1 389
		"初中就读的学校所在地区域"中的占比	71.4%	28.6%	100.0%
		"您对乡村产业感兴趣吗"中的占比	13.7%	17.9%	14.6%
		总数的占比	10.5%	4.2%	14.6%
	乡/镇政府所在地	计数	4 328	1 419	5 747
		"初中就读的学校所在地区域"中的占比	75.3%	24.7%	100.0%
		"您对乡村产业感兴趣吗"中的占比	59.6%	63.9%	60.6%
		总数的占比	45.6%	15.0%	60.6%
	县城	计数	1 647	344	1 991
		"初中就读的学校所在地区域"中的占比	82.7%	17.3%	100.0%
		"您对乡村产业感兴趣吗"中的占比	22.7%	15.5%	21.0%
		总数的占比	17.4%	3.6%	21.0%
	地级市	计数	253	51	304
		"初中就读的学校所在地区域"中的占比	83.2%	16.8%	100.0%
		"您对乡村产业感兴趣吗"中的占比	3.5%	2.3%	3.2%
		总数的占比	2.7%	0.5%	3.2%
	省城	计数	45	8	53
		"初中就读的学校所在地区域"中的占比	84.9%	15.1%	100.0%
		"您对乡村产业感兴趣吗"中的占比	0.6%	0.4%	0.6%
		总数的占比	0.5%	0.1%	0.6%
合计		计数	7 265	2 219	9 484
		"初中就读的学校所在地区域"中的占比	76.6%	23.4%	100.0%
		"您对乡村产业感兴趣吗"中的占比	100.0%	100.0%	100.0%
		总数的占比	76.6%	23.4%	100.0%

表 2-1-14 初中就读的学校所在地区域×您对乡村产业感兴趣吗卡方检验

	值	df	渐进 Sig.（双侧）
Pearson 卡方	77.273[a]	4	0.000
似然比	80.010	4	0.000
线性和线性组合	69.987	1	0.000
有效案例中的 N	9 484		

a. 0 单元格(0.0%)的期望计数少于 5。最小期望计数为 12.40。

表 2-1-15 高中或中专就读的学校所在地区域×您对乡村产业感兴趣吗交叉表

			您对乡村产业感兴趣吗		合计
			不感兴趣	感兴趣	
高中或中专就读的学校所在地区域	村庄	计数	98	33	131
		"高中或中专就读的学校所在地区域"中的占比	74.8%	25.2%	100.0%
		"您对乡村产业感兴趣吗"中的占比	1.3%	1.5%	1.4%
		总数的占比	1.0%	0.3%	1.4%
	乡/镇政府所在地	计数	1 508	566	2 074
		"高中或中专就读的学校所在地区域"中的占比	72.7%	27.3%	100.0%
		"您对乡村产业感兴趣吗"中的占比	20.8%	25.5%	21.9%
		总数的占比	15.9%	6.0%	21.9%
	县城	计数	4 111	1 221	5 332
		"高中或中专就读的学校所在地区域"中的占比	77.1%	22.9%	100.0%
		"您对乡村产业感兴趣吗"中的占比	56.6%	55.0%	56.2%
		总数的占比	43.3%	12.9%	56.2%
	地级市	计数	1 381	369	1 750
		"高中或中专就读的学校所在地区域"中的占比	78.9%	21.1%	100.0%

(续表)

			您对乡村产业感兴趣吗		合计
			不感兴趣	感兴趣	
高中或中专就读的学校所在地区域	地级市	"您对乡村产业感兴趣吗"中的占比	19.0%	16.6%	18.5%
		总数的占比	14.6%	3.9%	18.5%
	省城	计数	167	30	197
		"高中或中专就读的学校所在地区域"中的占比	84.8%	15.2%	100.0%
		"您对乡村产业感兴趣吗"中的占比	2.3%	1.4%	2.1%
		总数的占比	1.8%	0.3%	2.1%
合计		计数	7 265	2 219	9 484
		"高中或中专就读的学校所在地区域"中的占比	76.6%	23.4%	100.0%
		"您对乡村产业感兴趣吗"中的占比	100.0%	100.0%	100.0%
		总数的占比	76.6%	23.4%	100.0%

表2-1-16　高中或中专就读的学校所在地区域×您对乡村产业感兴趣吗交叉表卡方检验

	值	df	渐进 Sig.（双侧）
Pearson 卡方	31.062[a]	4	0.000
似然比	31.312	4	0.000
线性和线性组合	27.164	1	0.000
有效案例中的 N	9484		

a. 0 单元格(0.0%)的期望计数少于 5。最小期望计数为 30.65。

乡村教师性别年龄学历职称与参与产业劳动或经营频度相关分析

乡村教师参与乡村产业劳动或经营是乡村教师服务乡村产业人才培育能力的直

接的现实指标,性别和年龄是影响人的一般能力的自然属性,学历职称是乡村教师学术专业水准的重要标志。本研究选择对乡村教师性别年龄学历职称与参与产业劳动或经营频度分别作卡方检验。卡方检验结果发现,乡村教师性别年龄学历与参与产业劳动或经营频度存在相关性,乡村教师职称与参与产业劳动或经营频度没有存在相关性。限于篇幅,以下以性别和年龄为例进行说明。

从表2-1-17和表2-1-19可见,乡村教师参与产业劳动或经营活动的选项在"偶尔"和"没有"上的数量占乡村教师群体的比例分别为18.9%和48.3%,累计高达67.2%,即超过半数的乡村教师很少或没有参与产业劳动或经营活动。

从表2-1-17性别来看,男教师和女教师在"非常多""比较多""一般""偶尔"和"没有"选项上的选择数量占各自性别群体的比例分布趋势一致,与总体分布趋势也一致。但是,男教师在"非常多"和"比较多"选项上的选择数量占乡村男教师群体的比例高于女教师。从表2-1-19年龄段来看,"25岁及以下"至"56岁及以上","非常多"和"比较多"两项选择数之和占各自年龄段群体的比例依次增加。

从表2-1-18和表2-1-20可见,Pearson卡方、似然比卡方以及线性和线性组合的渐进双侧显著性检验P值均小于0.01,达到极显著性水平。由此,在统计学上推断,乡村教师参与产业劳动或经营的调查数据分布特征与乡村教师的性别和年龄段存在相关性,男教师比女教师参与程度高一些,随着年龄段增大,乡村教师在各自年龄段里边的参与比例依次增加,处于"56岁及以上"的乡村教师选择"非常多"和"比较多"两项数量之和比例最高,为23.3%。

根据以上分析,表明多数乡村教师已经脱离了乡村产业的劳动或经营,俗话说,"拳不离手曲不离口",假如让长期脱离乡村产业劳动或经营的乡村教师去指导村民的产业生产或经营,显然是难以胜任的。而且,多数乡村女教师和多数年轻乡村教师服务乡村产业人才培育能力更待提升。[1]

---

[1] 卢尚建.乡村教师服务乡村振兴战略的能力结构问题调查研究[J].当代教育文化,2021,13(3).

表 2-1-17 性别×您有参与产业劳动或经营活动吗交叉表

			您有参与产业劳动或经营活动吗					合计
			非常多	比较多	一般	偶尔	没有	
性别	男	计数	214	567	1043	834	1941	4599
		"性别"中的占比	4.7%	12.3%	22.7%	18.1%	42.2%	100.0%
		"您有参与产业劳动或经营活动吗"中的占比	68.2%	70.2%	52.5%	46.6%	42.3%	48.5%
		总数的占比	2.3%	6.0%	11.0%	8.8%	20.5%	48.5%
	女	计数	100	241	945	956	2643	4885
		"性别"中的占比	2.0%	4.9%	19.3%	19.6%	54.1%	100.0%
		"您有参与产业劳动或经营活动吗"中的占比	31.8%	29.8%	47.5%	53.4%	57.7%	51.5%
		总数的占比	1.1%	2.5%	10.0%	10.1%	27.9%	51.5%
合计		计数	314	808	1988	1790	4584	9484
		"性别"中的占比	3.3%	8.5%	21.0%	18.9%	48.3%	100.0%
		"您有参与产业劳动或经营活动吗"中的占比	100.0%	100.0%	100.0%	100.0%	100.0%	100.0%
		总数的占比	3.3%	8.5%	21.0%	18.9%	48.3%	100.0%

表 2-1-18 性别×您有参与产业劳动或经营活动吗卡方检验

	值	df	渐进 Sig.(双侧)
Pearson 卡方	285.204[a]	4	0.000
似然比	290.161	4	0.000
线性和线性组合	254.707	1	0.000
有效案例中的 N	9484		

a. 0 单元格(0.0%)的期望计数少于 5。最小期望计数为 152.27。

表2-1-19 年龄×您有参与产业劳动或经营活动吗交叉表

			您有参与产业劳动或经营活动吗					合计
			非常多	比较多	一般	偶尔	没有	
年龄	25岁及以下	计数	26	36	165	131	287	645
		"年龄"中的占比	4.0%	5.6%	25.6%	20.3%	44.5%	100.0%
		"您有参与产业劳动或经营活动吗"中的占比	8.3%	4.5%	8.3%	7.3%	6.3%	6.8%
		总数的占比	0.3%	0.4%	1.7%	1.4%	3.0%	6.8%
	26—35岁	计数	96	287	789	694	1844	3710
		"年龄"中的占比	2.6%	7.7%	21.3%	18.7%	49.7%	100.0%
		"您有参与产业劳动或经营活动吗"中的占比	30.6%	35.5%	39.7%	38.8%	40.2%	39.1%
		总数的占比	1.0%	3.0%	8.3%	7.3%	19.4%	39.1%
	36—45岁	计数	114	257	550	569	1464	2954
		"年龄"中的占比	3.9%	8.7%	18.6%	19.3%	49.6%	100.0%
		"您有参与产业劳动或经营活动吗"中的占比	36.3%	31.8%	27.7%	31.8%	31.9%	31.1%
		总数的占比	1.2%	2.7%	5.8%	6.0%	15.4%	31.1%
	46—55岁	计数	61	166	413	343	853	1836
		"年龄"中的占比	3.3%	9.0%	22.5%	18.7%	46.5%	100.0%
		"您有参与产业劳动或经营活动吗"中的占比	19.4%	20.5%	20.8%	19.2%	18.6%	19.4%
		总数的占比	0.6%	1.8%	4.4%	3.6%	9.0%	19.4%
	56岁及以上	计数	17	62	71	53	136	339
		"年龄"中的占比	5.0%	18.3%	20.9%	15.6%	40.1%	100.0%
		"您有参与产业劳动或经营活动吗"中的占比	5.4%	7.7%	3.6%	3.0%	3.0%	3.6%
		总数的占比	0.2%	0.7%	0.7%	0.6%	1.4%	3.6%
合计		计数	314	808	1988	1790	4584	9484
		"年龄"中的占比	3.3%	8.5%	21.0%	18.9%	48.3%	100.0%
		"您有参与产业劳动或经营活动吗"中的占比	100.0%	100.0%	100.0%	100.0%	100.0%	100.0%
		总数的占比	3.3%	8.5%	21.0%	18.9%	48.3%	100.0%

表 2-1-20　年龄×您有参与产业劳动或经营活动吗卡方检验

	值	df	渐进 Sig.（双侧）
Pearson 卡方	90.250[a]	16	0.000
似然比	81.887	16	0.000
线性和线性组合	15.145	1	0.000
有效案例中的 N	9 484		

a. 0 单元格(0.0%)的期望计数少于 5。最小期望计数为 11.22。

第二节　乡村教师服务村民新技术掌握能力调查结果分析

乡村教师服务村民新技术掌握能力是乡村教师服务乡村产业兴旺能力一级指标下面的二级指标之一，乡村教师服务村民新技术掌握能力指标分解为两个三级指标：了解本地新技术应用现状和参与本地乡村产业人才或村民新技术培训。两个三级指标下面分别设计是否了解本地新技术应用、是否对本地新技术应用感兴趣以及参与本地乡村产业人才或村民新技术培训等调查问题，对回收的问卷数据进行分析后发现，乡村教师的性别、年龄、学历、职称、家庭住址所在区域、工作学校类型、任教学科、青少年时期就读学校所在地等要素与乡村教师服务村民新技术掌握能力指标的上述设计的问题存在不同程度的相关性。限于篇幅，以下选取了六个角度进行分析：乡村教师性别年龄与是否了解乡村新技术相关分析、乡村教师任教学科与是否了解乡村新技术相关分析、乡村教师工作学校类型与是否了解乡村新技术相关分析、乡村教师家庭住址所在区域与是否对乡村新技术感兴趣相关分析、乡村教师青少年时期就读学校与是否对乡村新技术感兴趣相关分析、乡村教师性别年龄学历职称与开展乡村新技术培训授课频度相关分析。

一　乡村教师性别年龄与是否了解乡村新技术相关分析

乡村教师了解乡村新技术是乡村教师服务村民新技术掌握能力的先决条件,性别和年龄是影响人的一般能力的自然属性,本研究选择对乡村教师性别年龄与是否了解乡村新技术分别作卡方检验。

从表2-2-1和表2-2-3可见,乡村教师是否了解乡村新技术的调查问题选项在"不了解"和"了解"上的选择数量占乡村教师被调查群体总数量的比例分别为88.3%和11.7%,即大部分的乡村教师不了解乡村新技术。

从表2-2-1性别来看,男教师和女教师在"不了解""了解"选项上的选择数量占各自性别群体的比例分布趋势一致,选择"不了解"的比例均远大于选择"了解"的比例。但是,男教师在"了解"选项上的选择数量占乡村男教师群体的比例高于女教师,男教师和女教师选择"了解"的比例分别为16.9%和6.8%。

从表2-2-3年龄段来看,"25岁及以下"至"56岁及以上",选择"了解"的数量占各自年龄段群体的比例依次上升。

从表2-2-2和表2-2-4可见,Pearson卡方、似然比卡方以及线性和线性组合的双侧显著性检验P值均小于0.01,达到极显著性水平。由此,在统计学上推断,乡村教师是否了解乡村新技术的调查数据分布特征与乡村教师的性别和年龄段存在相关性,男教师比女教师对乡村新技术了解数量比例高一些,随着年龄段增大,乡村教师在各自年龄段里边对乡村新技术了解比例依次增加,处于"46—55岁"和"56岁及以上"的乡村教师选择"了解"的数量占各自群体的比例分别为16.3%和30.4%。

根据以上分析,有理由认为多数乡村教师已经脱离了乡村新技术,假如让不了解乡村新技术的乡村教师去培育乡村新技术人才,显然是难以胜任这个工作的。换言之,多数乡村教师服务新技术掌握能力严重不足。

表 2-2-1 性别×您了解农业新技术吗交叉表

			您了解农业新技术吗		合计
			不了解	了解	
性别	男	计数	3 820	779	4 599
		"性别"中的占比	83.1%	16.9%	100.0%
		"您了解农业新技术吗"中的占比	45.6%	70.0%	48.5%
		总数的占比	40.3%	8.2%	48.5%
	女	计数	4 551	334	4 885
		"性别"中的占比	93.2%	6.8%	100.0%
		"您了解农业新技术吗"中的占比	54.4%	30.0%	51.5%
		总数的占比	48.0%	3.5%	51.5%
合计		计数	8 371	1 113	9 484
		"性别"中的占比	88.3%	11.7%	100.0%
		"您了解农业新技术吗"中的占比	100.0%	100.0%	100.0%
		总数的占比	88.3%	11.7%	100.0%

表 2-2-2 性别×您了解农业新技术吗卡方检验

	值	df	渐进 Sig.(双侧)	精确 Sig.(双侧)	精确 Sig.(单侧)
Pearson 卡方	233.342[a]	1	0.000		
连续校正[b]	232.368	1	0.000		
似然比	238.282	1	0.000		
Fisher 的精确检验				0.000	0.000
线性和线性组合	233.318	1	0.000		
有效案例中的 N	9 484				

a. 0 单元格(0.0%)的期望计数少于 5。最小期望计数为 539.72。
b. 仅对 2×2 表计算。

表2-2-3 年龄×您了解农业新技术吗交叉表

年龄			您了解农业新技术吗		合计
			不了解	了解	
年龄	25岁及以下	计数	596	49	645
		"年龄"中的占比	92.4%	7.6%	100.0%
		"您了解农业新技术吗"中的占比	7.1%	4.4%	6.8%
		总数的占比	6.3%	0.5%	6.8%
	26—35岁	计数	3 395	315	3 710
		"年龄"中的占比	91.5%	8.5%	100.0%
		"您了解农业新技术吗"中的占比	40.6%	28.3%	39.1%
		总数的占比	35.8%	3.3%	39.1%
	36—45岁	计数	2 608	346	2 954
		"年龄"中的占比	88.3%	11.7%	100.0%
		"您了解农业新技术吗"中的占比	31.2%	31.1%	31.1%
		总数的占比	27.5%	3.6%	31.1%
	46—55岁	计数	1 536	300	1 836
		"年龄"中的占比	83.7%	16.3%	100.0%
		"您了解农业新技术吗"中的占比	18.3%	27.0%	19.4%
		总数的占比	16.2%	3.2%	19.4%
	56岁及以上	计数	236	103	339
		"年龄"中的占比	69.6%	30.4%	100.0%
		"您了解农业新技术吗"中的占比	2.8%	9.3%	3.6%
		总数的占比	2.5%	1.1%	3.6%
合计		计数	8 371	1 113	9 484
		"年龄"中的占比	88.3%	11.7%	100.0%
		"您了解农业新技术吗"中的占比	100.0%	100.0%	100.0%
		总数的占比	88.3%	11.7%	100.0%

表2-2-4 年龄×您了解农业新技术吗卡方检验

	值	df	渐进 Sig.（双侧）
Pearson 卡方	199.766[a]	4	0.000
似然比	171.194	4	0.000
线性和线性组合	161.821	1	0.000
有效案例中的 N	9 484		

a. 0 单元格(0.0%)的期望计数少于 5。最小期望计数为 39.78。

二 乡村教师任教学科与是否了解乡村新技术相关分析

乡村教师了解乡村新技术是乡村教师服务村民新技术掌握能力的关键条件。而乡村教师任教学科是影响乡村教师选择性注意或兴趣倾向的重要因素之一。因此，本研究选择对乡村教师任教学科与是否了解乡村新技术作卡方检验。

按照我国中小学、职业高中及社区学校开设的课程情况，乡村教师任教学科背景有：语文、数学、英语、科学、社会思政、音乐或美术、体育、职业技术类及其他。卡方检验统计结果发现是否任教音乐或美术以及其他学科的乡村教师与是否了解乡村新技术没有达到显著性差异；是否任教语文、英语、职业技术类学科的乡村教师与是否了解乡村新技术均达到显著性差异；是否任教数学、科学、社会思政、体育学科的乡村教师与是否了解乡村新技术均达到极显著性差异。限于篇幅，以下以数学学科为例进行说明。

从表 2-2-5 可见，乡村教师选择对乡村新技术"不了解"和"了解"的数量占乡村教师被调查群体总数量的比例分别为 88.3% 和 11.7%，即大部分乡村教师不了解乡村新技术。

从表 2-2-5 可见，乡村教师对乡村新技术"了解"选项上的数量占数学学科和非数学学科背景上的比例分别为 13.8% 和 10.7%，从表 2-2-6 可见，Pearson 卡方、似然比卡方以及线性和线性组合的渐进双侧显著性检验 P 值均小于 0.01，达到极显著性水平。由此，从统计学上推断，乡村教师是否任教数学学科背景与是否了解乡村新技术存在相关性，任教数学学科的乡村教师群体了解乡村新技术的比例更高。

根据以上分析，大多数乡村教师不了解乡村新技术。同时，任教数学、科学、社会、体育学科的乡村教师相对于任教音乐或美术以及其他学科的乡村教师表现出对乡村新技术更深层次的理解和运用。由此，有足够的理由推断不同学科类型的乡村教师对乡村新技术的了解水平存在差异性，而且，乡村教师对新技术理解和运用的能力不足。

表 2-2-5 是否任教数学学科×您了解农业新技术吗交叉表

			您了解农业新技术吗		合计
			不了解	了解	
是否任教数学学科	是	计数	2 769	445	3 214
		"是否任教数学学科"中的占比	86.2%	13.8%	100.0%
		"您了解农业新技术吗"中的占比	33.1%	40.0%	33.9%
		总数的占比	29.2%	4.7%	33.9%
	否	计数	5 602	668	6 270
		"是否任教数学学科"中的占比	89.3%	10.7%	100.0%
		"您了解农业新技术吗"中的占比	66.9%	60.0%	66.1%
		总数的占比	59.1%	7.0%	66.1%
合计		计数	8 371	1 113	9 484
		"是否任教数学学科"中的占比	88.3%	11.7%	100.0%
		"您了解农业新技术吗"中的占比	100.0%	100.0%	100.0%
		总数的占比	88.3%	11.7%	100.0%

表 2-2-6 是否任教数学学科×您了解农业新技术吗卡方检验

	值	df	渐进 Sig.（双侧）	精确 Sig.（双侧）	精确 Sig.（单侧）
Pearson 卡方	20.898[a]	1	0.000		
连续校正[b]	20.591	1	0.000		

(续表)

	值	df	渐进 Sig.（双侧）	精确 Sig.（双侧）	精确 Sig.（单侧）
似然比	20.437	1	0.000		
Fisher 的精确检验				0.000	0.000
线性和线性组合	20.895	1	0.000		
有效案例中的 N	9 484				

a. 0 单元格(0.0%)的期望计数少于 5。最小期望计数为 377.18。
b. 仅对 2×2 表计算。

三　乡村教师工作学校类型与是否了解乡村新技术相关分析

乡村教师了解乡村新技术是乡村教师服务村民新技术掌握能力的关键条件，由于我国不同的乡村学校类型承担着不同的教育任务和职能以及不同的教育对象，进而教育的内容和性质也有所不同，因此，乡村教师工作学校类型是影响乡村教师选择性注意或兴趣倾向的重要因素之一。乡村教师工作学校类型有：小学、初中、普通高中、职业高中、社区成人学校及其他类型学校。本研究对乡村教师工作学校类型与是否了解乡村新技术作卡方检验。

从表 2-2-7 可见，乡村教师选择对乡村新技术"了解"占相同工作学校类型群体中的比例分别为：小学 12.0%、初中 11.6%、普通高中 11.2%、职业高中 12.3%、社区成人学校 27.3%、其他类型学校 10.4%。其中社区成人学校教师选择了解的比例最高，为 27.3%，其次是职业高中学校教师，为 12.3%。

从表 2-2-8 可见，Pearson 卡方、似然比卡方以及线性和线性组合的渐进双侧显著性检验 P 值均大于 0.05，没有达到显著差异。由此，在统计学上推断，乡村教师是否了解乡村新技术的调查数据分布特征与乡村教师工作学校类型没有相关性。

根据以上分析，有理由认为在学校类型占比最大的小学和初中学校里的大多数乡村教师对乡村新技术不了解。同时,占据一定比例的职业学校里的大多数乡村教师也对乡村新技术不了解,而这些学校的乡村教师本应更好地担负着直接服务乡村振兴的重任,遗憾的是不了解的比例反而相对较高。假如让不了解乡村新技术的乡村教师去培育新技术掌握人才,显然是很难有效果的。由此,就有比较充分的理由推测这些乡村教师服务村民新技术掌握的能力是不够的。

表2-2-7 工作的学校类型×您了解农业新技术吗交叉表

			您了解农业新技术吗		合计
			不了解	了解	
工作的学校类型	小学	计数	4 522	614	5 136
		"工作的学校类型"中的占比	88.0%	12.0%	100.0%
		"您了解农业新技术吗"中的占比	54.0%	55.2%	54.2%
		总数的占比	47.7%	6.5%	54.2%
	初中	计数	2 483	326	2 809
		"工作的学校类型"中的占比	88.4%	11.6%	100.0%
		"您了解农业新技术吗"中的占比	29.7%	29.3%	29.6%
		总数的占比	26.2%	3.4%	29.6%
	普通高中	计数	506	64	570
		"工作的学校类型"中的占比	88.8%	11.2%	100.0%
		"您了解农业新技术吗"中的占比	6.0%	5.8%	6.0%
		总数的占比	5.3%	0.7%	6.0%
	职业高中	计数	293	41	334
		"工作的学校类型"中的占比	87.7%	12.3%	100.0%
		"您了解农业新技术吗"中的占比	3.5%	3.7%	3.5%
		总数的占比	3.1%	0.4%	3.5%
	社区成人学校	计数	8	3	11
		"工作的学校类型"中的占比	72.7%	27.3%	100.0%
		"您了解农业新技术吗"中的占比	0.1%	0.3%	0.1%
		总数的占比	0.1%	0.0%	0.1%

(续表)

			您了解农业新技术吗		合计
			不了解	了解	
工作的学校类型	其他类型学校	计数	559	65	624
		"工作的学校类型"中的占比	89.6%	10.4%	100.0%
		"您了解农业新技术吗"中的占比	6.7%	5.8%	6.6%
		总数的占比	5.9%	0.7%	6.6%
合计		计数	8 371	1 113	9 484
		"工作的学校类型"中的占比	88.3%	11.7%	100.0%
		"您了解农业新技术吗"中的占比	100.0%	100.0%	100.0%
		总数的占比	88.3%	11.7%	100.0%

表2-2-8 工作的学校类型×您了解农业新技术吗卡方检验

	值	df	渐进 Sig.(双侧)
Pearson 卡方	4.131[a]	5	0.531
似然比	3.565	5	0.614
线性和线性组合	0.838	1	0.360
有效案例中的 N	9 484		

a. 1 单元格(8.3%)的期望计数少于5。最小期望计数为1.29。

四 乡村教师家庭住址所在区域与是否对乡村新技术感兴趣相关分析

乡村教师对乡村新技术感兴趣是乡村教师服务乡村新技术人才培育能力的关键条件，乡村教师家庭住址所在区域是乡村教师基本的生活环境要素之一。本研究选择对乡村教师家庭住址所在区域与是否对乡村新技术感兴趣作卡方检验。

从表2-2-9可见，乡村教师选择对乡村新技术"感兴趣"的数量占乡村教师被调查群体总数量的比例为21.3%，选择"感兴趣"的这部分乡村教师在家庭住址所在区域为"本乡(镇)""外乡(镇)""县城""地级市"和"省城"选择项上的数量占乡村教师被调查群体总数量的比例分别为7.3%、3.6%、8.5%、1.9%和0.1%。乡村教师家庭住址所在区域在"本乡(镇)"和"外乡(镇)"的数量占乡村教师被调查群体总数量的比例分别为29.9%和17.0%，两者总和为46.9%，即乡村教师家庭住址所在区域在乡村的总数量不到一半。

乡村教师是否对乡村新技术感兴趣在"感兴趣"选项上的数量占乡村教师家庭住址所在区域群体的比例随着家庭住址所在地行政级别高低呈现出一定的特征。乡村教师选择"感兴趣"的数量在家庭住址所在区域为"本乡(镇)""外乡(镇)""县城""地级市"和"省城"选择项上占各自家庭住址所在区域群体的比例依次为24.3%、21.0%、19.7%、20.1%和11.6%，其中"本乡(镇)"和"外乡(镇)"选择项上的群体比例相对比较高。

从表2-2-10可见，Pearson卡方、似然比卡方以及线性和线性组合的双侧显著性检验P值均小于0.01，达到极显著性水平。由此，从统计学上推断，乡村教师是否对乡村新技术感兴趣的调查数据分布特征与乡村教师家庭住址所在区域存在相关性，即乡村教师对乡村新技术感兴趣的比例随着家庭住址所在区域与乡村地理距离的增大而依次降低。

根据以上分析，有理由认为多数乡村教师的生活环境已经脱离了乡村社会，选择城市文化。其中，有一部分离农性较高的乡村教师，其生活环境缺少对乡土文化和乡村实际的了解，因而对乡村新技术不感兴趣，这也是符合常识的。假如让脱离了乡土实情的乡村教师去培育乡村新技术人才，显然是难以胜任这个工作的。换言之，乡村教师由于生活环境脱离了乡村社会导致其服务乡村新技术人才培育的能力欠缺。

表2-2-9 家庭住址所在区域×您对农业新技术感兴趣吗交叉表

			您对农业新技术感兴趣吗		合计
			不感兴趣	感兴趣	
家庭住址所在区域	本乡(镇)	计数	2 149	690	2 839
		"家庭住址所在区域"中的占比	75.7%	24.3%	100.0%
		"您对农业新技术感兴趣吗"中的占比	28.8%	34.2%	29.9%
		总数的占比	22.7%	7.3%	29.9%

(续表)

			您对农业新技术感兴趣吗		合计
			不感兴趣	感兴趣	
家庭住址所在区域	外乡(镇)	计数	1 275	338	1 613
		"家庭住址所在区域"中的占比	79.0%	21.0%	100.0%
		"您对农业新技术感兴趣吗"中的占比	17.1%	16.8%	17.0%
		总数的占比	13.4%	3.6%	17.0%
	县城	计数	3 279	803	4 082
		"家庭住址所在区域"中的占比	80.3%	19.7%	100.0%
		"您对农业新技术感兴趣吗"中的占比	43.9%	39.8%	43.0%
		总数的占比	34.6%	8.5%	43.0%
	地级市	计数	704	177	881
		"家庭住址所在区域"中的占比	79.9%	20.1%	100.0%
		"您对农业新技术感兴趣吗"中的占比	9.4%	8.8%	9.3%
		总数的占比	7.4%	1.9%	9.3%
	省城	计数	61	8	69
		"家庭住址所在区域"中的占比	88.4%	11.6%	100.0%
		"您对农业新技术感兴趣吗"中的占比	0.8%	0.4%	0.7%
		总数的占比	0.6%	0.1%	0.7%
合计		计数	7 468	2 016	9 484
		"家庭住址所在区域"中的占比	78.7%	21.3%	100.0%
		"您对农业新技术感兴趣吗"中的占比	100.0%	100.0%	100.0%
		总数的占比	78.7%	21.3%	100.0%

表2-2-10 家庭住址所在区域×您对农业新技术感兴趣吗卡方检验

	值	df	渐进Sig.(双侧)
Pearson卡方	26.532[a]	4	0.000
似然比	26.722	4	0.000
线性和线性组合	22.017	1	0.000
有效案例中的N	9 484		

a. 0 单元格(0.0%)的期望计数少于5。最小期望计数为14.67。

五 乡村教师青少年时期就读学校与是否对乡村新技术感兴趣相关分析

乡村教师对乡村新技术感兴趣是乡村教师服务村民新技术掌握能力的关键条件。乡村教师青少年时期就读学校所在区域是乡村教师从孩童到成人的成长历程中的重要环境,是乡村教师成长史当中的重要的社会因素。乡村教师青少年读书时期可以划分为三个阶段:小学、初中、高中或中专。乡村教师青少年时期就读学校所在区域有:村庄、乡/镇政府所在地、县城、地级市、省城。本研究对乡村教师青少年时期就读学校所在区域与是否对乡村新技术感兴趣作卡方检验。

从表2-2-11、表2-2-13、表2-2-15可见,乡村教师小学、初中、高中或中专阶段是否对乡村新技术感兴趣的选项在"感兴趣"上的选择数量占各自就读学校所在区域类型群体的比例总体分布趋势一致,即就读学校在"村庄""乡/镇政府所在地"的地理空间,乡村教师选择"感兴趣"的比例基本上都是较大的。以初中就读学校所在区域为例,在"村庄""乡/镇政府所在地""县城""地级市""省城"类型的群体里边选择"感兴趣"的比例分别为:24.2%、22.1%、17.7%、15.5%、17.0%。

从表2-2-12、表2-2-14可见,Pearson卡方、似然比卡方以及线性和线性组合的渐进双侧显著性检验P值均小于0.01,达到极显著性水平。由此,在统计学上推断,乡村教师是否对乡村产业感兴趣的调查数据分布特征与青少年时期就读学校所在区域存在相关性,青少年时期就读学校在"村庄""乡/镇政府所在地"类型学校的感兴趣比例较大。

根据以上分析,有理由认为青少年时期在乡村学校成长起来的乡村教师对乡村新技术更感兴趣,那些青少年时期在远离乡村的学校里成长起来的乡村教师对乡村新技术不太感兴趣。换言之,就有比较充分的理由推测那些青少年时期在远离乡村的学校里成长起来的乡村教师服务村民新技术掌握的能力是不足的。

表 2-2-11 小学就读的学校所在地区域×您对农业新技术感兴趣吗交叉表

			您对农业新技术感兴趣吗		合计
			不感兴趣	感兴趣	
小学就读的学校所在地区域	村庄	计数	4 393	1 279	5 672
		"小学就读的学校所在地区域"中的占比	77.5%	22.5%	100.0%
		"您对农业新技术感兴趣吗"中的占比	58.8%	63.4%	59.8%
		总数的占比	46.3%	13.5%	59.8%
	乡/镇政府所在地	计数	1 846	495	2 341
		"小学就读的学校所在地区域"中的占比	78.9%	21.1%	100.0%
		"您对农业新技术感兴趣吗"中的占比	24.7%	24.6%	24.7%
		总数的占比	19.5%	5.2%	24.7%
	县城	计数	1 000	197	1 197
		"小学就读的学校所在地区域"中的占比	83.5%	16.5%	100.0%
		"您对农业新技术感兴趣吗"中的占比	13.4%	9.8%	12.6%
		总数的占比	10.5%	2.1%	12.6%
	地级市	计数	197	39	236
		"小学就读的学校所在地区域"中的占比	83.5%	16.5%	100.0%
		"您对农业新技术感兴趣吗"中的占比	2.6%	1.9%	2.5%
		总数的占比	2.1%	0.4%	2.5%
	省城	计数	32	6	38
		"小学就读的学校所在地区域"中的占比	84.2%	15.8%	100.0%
		"您对农业新技术感兴趣吗"中的占比	0.4%	0.3%	0.4%
		总数的占比	0.3%	0.1%	0.4%
合计		计数	7 468	2 016	9 484
		"小学就读的学校所在地区域"中的占比	78.7%	21.3%	100.0%
		"您对农业新技术感兴趣吗"中的占比	100.0%	100.0%	100.0%
		总数的占比	78.7%	21.3%	100.0%

表2-2-12 小学就读的学校所在地区域×您对农业新技术感兴趣吗交叉表卡方检验

	值	df	渐进 Sig.（双侧）
Pearson 卡方	25.983[a]	4	0.000
似然比	27.182	4	0.000
线性和线性组合	23.114	1	0.000
有效案例中的 N	9484		

a. 0 单元格(0.0%)的期望计数少于5。最小期望计数为8.08。

表2-2-13 初中就读的学校所在地区域×您对农业新技术感兴趣吗交叉表

			您对农业新技术感兴趣吗		合计
			不感兴趣	感兴趣	
初中就读的学校所在地区域	村庄	计数	1053	336	1389
		"初中就读的学校所在地区域"中的占比	75.8%	24.2%	100.0%
		"您对农业新技术感兴趣吗"中的占比	14.1%	16.7%	14.6%
		总数的占比	11.1%	3.5%	14.6%
	乡/镇政府所在地	计数	4475	1272	5747
		"初中就读的学校所在地区域"中的占比	77.9%	22.1%	100.0%
		"您对农业新技术感兴趣吗"中的占比	59.9%	63.1%	60.6%
		总数的占比	47.2%	13.4%	60.6%
	县城	计数	1639	352	1991
		"初中就读的学校所在地区域"中的占比	82.3%	17.7%	100.0%
		"您对农业新技术感兴趣吗"中的占比	21.9%	17.5%	21.0%
		总数的占比	17.3%	3.7%	21.0%
	地级市	计数	257	47	304
		"初中就读的学校所在地区域"中的占比	84.5%	15.5%	100.0%
		"您对农业新技术感兴趣吗"中的占比	3.4%	2.3%	3.2%
		总数的占比	2.7%	0.5%	3.2%
	省城	计数	44	9	53
		"初中就读的学校所在地区域"中的占比	83.0%	17.0%	100.0%
		"您对农业新技术感兴趣吗"中的占比	0.6%	0.4%	0.6%
		总数的占比	0.5%	0.1%	0.6%

(续表)

		您对农业新技术感兴趣吗		合计
		不感兴趣	感兴趣	
合计	计数	7 468	2 016	9 484
	"初中就读的学校所在地区域"中的占比	78.7%	21.3%	100.0%
	"您对农业新技术感兴趣吗"中的占比	100.0%	100.0%	100.0%
	总数的占比	78.7%	21.3%	100.0%

表2-2-14 初中就读的学校所在地区域×您对农业新技术感兴趣吗交叉表卡方检验

	值	df	渐进 Sig.（双侧）
Pearson 卡方	31.680[a]	4	0.000
似然比	32.628	4	0.000
线性和线性组合	29.061	1	0.000
有效案例中的 N	9 484		

a. 0 单元格(0.0%)的期望计数少于5。最小期望计数为11.27。

表2-2-15 高中或中专就读的学校所在地区域×您对农业新技术感兴趣吗交叉表

			您对农业新技术感兴趣吗		合计
			不感兴趣	感兴趣	
高中或中专就读的学校所在地区域	村庄	计数	101	30	131
		"高中或中专就读的学校所在地区域"中的占比	77.1%	22.9%	100.0%
		"您对农业新技术感兴趣吗"中的占比	1.4%	1.5%	1.4%
		总数的占比	1.1%	0.3%	1.4%
	乡/镇政府所在地	计数	1 592	482	2 074
		"高中或中专就读的学校所在地区域"中的占比	76.8%	23.2%	100.0%
		"您对农业新技术感兴趣吗"中的占比	21.3%	23.9%	21.9%
		总数的占比	16.8%	5.1%	21.9%

(续表)

			您对农业新技术感兴趣吗		合计
			不感兴趣	感兴趣	
高中或中专就读的学校所在地区域	县城	计数	4 210	1 122	5 332
		"高中或中专就读的学校所在地区域"中的占比	79.0%	21.0%	100.0%
		"您对农业新技术感兴趣吗"中的占比	56.4%	55.7%	56.2%
		总数的占比	44.4%	11.8%	56.2%
	地级市	计数	1 408	342	1 750
		"高中或中专就读的学校所在地区域"中的占比	80.5%	19.5%	100.0%
		"您对农业新技术感兴趣吗"中的占比	18.9%	17.0%	18.5%
		总数的占比	14.8%	3.6%	18.5%
	省城	计数	157	40	197
		"高中或中专就读的学校所在地区域"中的占比	79.7%	20.3%	100.0%
		"您对农业新技术感兴趣吗"中的占比	2.1%	2.0%	2.1%
		总数的占比	1.7%	0.4%	2.1%
合计		计数	7 468	2 016	9 484
		"高中或中专就读的学校所在地区域"中的占比	78.7%	21.3%	100.0%
		"您对农业新技术感兴趣吗"中的占比	100.0%	100.0%	100.0%
		总数的占比	78.7%	21.3%	100.0%

表2-2-16 高中或中专就读的学校所在地区域×您对农业新技术感兴趣吗交叉表卡方检验

	值	df	渐进 Sig.(双侧)
Pearson 卡方	8.409[a]	4	0.078
似然比	8.365	4	0.079
线性和线性组合	7.299	1	0.007
有效案例中的 N	9 484		

a. 0 单元格(0.0%)的期望计数少于5。最小期望计数为27.85。

六　乡村教师性别年龄学历职称与开展乡村新技术培训授课频度相关分析

乡村教师进行乡村新技术培训授课是乡村教师服务村民新技术掌握能力的直接的现实指标，性别和年龄是影响人的一般能力的自然属性，学历职称是乡村教师学术专业水准的重要标志。本研究选择对乡村教师性别年龄学历职称与开展乡村新技术培训授课频度分别作卡方检验。卡方检验结果发现，乡村教师性别学历职称与参与产业劳动或经营频度存在相关性，乡村教师年龄与参与产业劳动或经营频度没有存在相关性。限于篇幅，以下以性别和学历为例进行说明。

从表2-2-17和表2-2-19可见，乡村教师开展乡村新技术培训授课频度的选项在"偶尔"和"没有"上的数量占乡村教师群体的比例分别为14.1％和71.3％，累计高达85.4％，即超过半数的乡村教师很少或没有参与开展乡村新技术培训授课活动。

从表2-1-17性别来看，男教师和女教师在"非常多""比较多""一般""偶尔"和"没有"选项上的选择数量占各自性别群体的比例分布趋势一致，与总体分布趋势也一致。但是，男教师在"非常多"和"比较多"选项上的选择数量占乡村男教师群体的比例高于女教师。从表2-2-19学历来看，学历在"高中以下"的"偶尔"和"没有"两项选择数之和占各自年龄段群体的比例总计为55.8％，学历在"中专或高中"的"偶尔"和"没有"两项选择数之和占各自年龄段群体的比例总计为78.5％，学历在"大专"的"偶尔"和"没有"两项选择数之和占各自年龄段群体的比例总计为85.1％，学历在"大学本科"的"偶尔"和"没有"两项选择数之和占各自年龄段群体的比例总计为86.0％，学历在"硕士研究生及以上"的"偶尔"和"没有"两项选择数之和占各自年龄段群体的比例总计为79.8％。

从表2-2-18和表2-2-20可见，Pearson卡方、似然比卡方以及线性和线性组合的渐进双侧显著性检验P值均小于0.01，达到极显著性水平。由此，在统计学上推断，乡村教师参与产业劳动或经营的调查数据分布特征与乡村教师的性别和学历存在相关性，男教师比女教师的参与程度高一些；基本上，随着学历的提升，乡村教师在各自年龄段里边的参与比例依次降低。

根据以上分析,有理由认为多数乡村教师已经脱离了乡村产业的劳动或经营。假如让长期脱离乡村产业劳动或经营的乡村教师去指导村民的产业生产或经营,显然是难以胜任的。换言之,多数乡村女教师和多数学历比较高的乡村教师服务村民新技术掌握能力可能存在不足。①

表2-2-17 性别×您有到乡村产业人才或村民新技术培训班上授课吗交叉表

			您有到乡村产业人才或村民新技术培训班上授课吗					合计
			非常多	比较多	一般	偶尔	没有	
性别	男	计数	66	188	573	702	3 070	4 599
		"性别"中的占比	1.4%	4.1%	12.5%	15.3%	66.8%	100.0%
		"您有到乡村产业人才或村民新技术培训班上授课吗"中的占比	53.7%	64.6%	59.3%	52.4%	45.4%	48.5%
		总数的占比	0.7%	2.0%	6.0%	7.4%	32.4%	48.5%
	女	计数	57	103	394	638	3 693	4 885
		"性别"中的占比	1.2%	2.1%	8.1%	13.1%	75.6%	100.0%
		"您有到乡村产业人才或村民新技术培训班上授课吗"中的占比	46.3%	35.4%	40.7%	47.6%	54.6%	51.5%
		总数的占比	0.6%	1.1%	4.2%	6.7%	38.9%	51.5%
合计		计数	123	291	967	1 340	6 763	9 484
		"性别"中的占比	1.3%	3.1%	10.2%	14.1%	71.3%	100.0%
		"您有到乡村产业人才或村民新技术培训班上授课吗"中的占比	100.0%	100.0%	100.0%	100.0%	100.0%	100.0%
		总数的占比	1.3%	3.1%	10.2%	14.1%	71.3%	100.0%

---

① 卢尚建.乡村教师服务乡村振兴战略的能力结构问题调查研究[J].当代教育文化,2021,13(3).

表2-2-18 性别×您有到乡村产业人才或村民新技术培训班上授课吗卡方检验

	值	df	渐进Sig.（双侧）
Pearson 卡方	110.544a	4	0.000
似然比	111.083	4	0.000
线性和线性组合	96.735	1	0.000
有效案例中的N	9 484		

a. 0 单元格(0.0%)的期望计数少于5。最小期望计数为59.65。

表2-2-19 学历×您有到乡村产业人才或村民新技术培训班上授课吗交叉表

			您有到乡村产业人才或村民新技术培训班上授课吗					合计
			非常多	比较多	一般	偶尔	没有	
学历	高中以下	计数	5	0	10	6	13	34
		"学历"中的占比	14.7%	0.0%	29.4%	17.6%	38.2%	100.0%
		"您有到乡村产业人才或村民新技术培训班上授课吗"中的占比	4.1%	0.0%	1.0%	0.4%	0.2%	0.4%
		总数的占比	0.1%	0.0%	0.1%	0.1%	0.1%	0.4%
	中专或高中	计数	3	12	53	61	188	317
		"学历"中的占比	0.9%	3.8%	16.7%	19.2%	59.3%	100.0%
		"您有到乡村产业人才或村民新技术培训班上授课吗"中的占比	2.4%	4.1%	5.5%	4.6%	2.8%	3.3%
		总数的占比	0%	0.1%	0.6%	0.6%	2.0%	3.3%
	大专	计数	17	57	230	308	1 429	2 041
		"学历"中的占比	0.8%	2.8%	11.3%	15.1%	70.0%	100.0%
		"您有到乡村产业人才或村民新技术培训班上授课吗"中的占比	13.8%	19.6%	23.8%	23.0%	21.1%	21.5%
		总数的占比	0.2%	0.6%	2.4%	3.2%	15.1%	21.5%

(续表)

			您有到乡村产业人才或村民新技术培训班上授课吗					合计
			非常多	比较多	一般	偶尔	没有	
学历	大学本科	计数	97	218	663	956	5 079	7 013
		"学历"中的占比	1.4%	3.1%	9.5%	13.6%	72.4%	100.0%
		"您有到乡村产业人才或村民新技术培训班上授课吗"中的占比	78.9%	74.9%	68.6%	71.3%	75.1%	73.9%
		总数的占比	1.0%	2.3%	7.0%	10.1%	53.6%	73.9%
	硕士研究生及以上	计数	1	4	11	9	54	79
		"学历"中的占比	1.3%	5.1%	13.9%	11.4%	68.4%	100.0%
		"您有到乡村产业人才或村民新技术培训班上授课吗"中的占比	0.8%	1.4%	1.1%	0.7%	0.8%	0.8%
		总数的占比	0%	0%	0.1%	0.1%	0.6%	0.8%
合计		计数	123	291	967	1 340	6 763	9 484
		"学历"中的占比	1.3%	3.1%	10.2%	14.1%	71.3%	100.0%
		"您有到乡村产业人才或村民新技术培训班上授课吗"中的占比	100.0%	100.0%	100.0%	100.0%	100.0%	100.0%
		总数的占比	1.3%	3.1%	10.2%	14.1%	71.3%	100.0%

表2-2-20 学历×您有到乡村产业人才或村民新技术培训班上授课吗卡方检验

	值	df	渐进 Sig.(双侧)
Pearson 卡方	109.644[a]	16	0.000
似然比	73.448	16	0.000
线性和线性组合	18.682	1	0.000
有效案例中的 N	9 484		

a. 7 单元格(28.0%)的期望计数少于 5。最小期望计数为 0.44。

第三节　乡村教师服务农产品市场营销策划能力调查结果分析

乡村教师服务农产品市场营销策划能力是乡村教师服务乡村产业兴旺能力一级指标下面的二级指标之一，可分解为两个三级指标：了解本地商业产品现状和帮助本地村民网络销售商品。两个三级指标下面分别设计是否了解本地商业产品、是否对本地商业产品感兴趣以及帮助本地村民网络销售商品等调查问题，从回收的问卷数据分析发现，乡村教师的性别、年龄、学历、职称、家庭住址所在区域、工作学校类型、任教学科、青少年时期就读学校所在地等要素与乡村教师服务农产品市场营销策划能力指标的上述设计的问题存在不同程度的相关性。限于篇幅，以下选取了六个角度进行分析：乡村教师性别年龄与是否了解乡村农产品市场营销相关分析、乡村教师任教学科与是否了解乡村农产品市场营销相关分析、乡村教师工作学校类型与是否了解乡村农产品市场营销相关分析、乡村教师家庭住址所在区域与是否对乡村农产品市场营销感兴趣相关分析、乡村教师青少年时期就读学校与是否对乡村农产品市场营销感兴趣相关分析、乡村教师性别年龄学历职称与帮助村民通过网络销售本地产品频度相关分析。

一　乡村教师性别年龄与是否了解乡村农产品市场营销相关分析

乡村教师了解乡村农产品市场营销是乡村教师服务农产品市场营销策划能力的先决条件，性别和年龄是影响人的一般能力的自然属性，本研究选择对乡村教师性别年龄与是否了解乡村农产品市场营销分别作卡方检验。

从表2-3-1和表2-3-3可见，在对乡村教师是否了解乡村农产品市场营销的调查中选项在"不了解"和"了解"上的选择数量占乡村教师被调查群体总数量的比例分别为71.6%和28.4%，即超过半数的乡村教师不了解乡村农产品市场营销。

从表2-3-1性别来看,男教师和女教师在"不了解""了解"选项上的选择数量占各自性别群体的比例分布趋势一致。但是,男教师在"了解"选项上的选择数量占乡村男教师群体的比例高于女教师,分别为33.8%和23.3%。

从表2-3-3年龄段来看,"25岁及以下"至"56岁及以上",选择"了解"的数量占各自年龄段群体的比例依次上升。

从表2-3-2和表2-3-4可见,Pearson卡方、似然比卡方以及线性和线性组合的双侧显著性检验P值均小于0.01,达到极显著性水平。由此,从统计学上推断,乡村教师是否了解乡村农产品市场营销的调查数据分布特征与乡村教师的性别和年龄段存在相关性,男教师比女教师对乡村农产品市场营销了解数量比例高一些,随着年龄段增大,乡村教师在各自年龄段里边对乡村农产品市场营销了解比例依次增加,处于"46—55岁"和"56岁及以上"的乡村教师选择"了解"的数量占各自群体的比例分别为36.9%和41.6%。

根据以上分析,有理由认为多数乡村教师已经脱离了乡村农产品市场营销,他们去培育乡村农产品市场营销人才,显然是难以胜任的。换言之,多数乡村教师服务农产品市场营销策划的能力不足。

表2-3-1 性别×您了解农产品市场营销吗交叉表

			您了解农产品市场营销吗		合计
			不了解	了解	
性别	男	计数	3 045	1 554	4 599
		"性别"中的占比	66.2%	33.8%	100.0%
		"您了解农产品市场营销吗"中的占比	44.8%	57.7%	48.5%
		总数的占比	32.1%	16.4%	48.5%
	女	计数	3 747	1 138	4 885
		"性别"中的占比	76.7%	23.3%	100.0%
		"您了解农产品市场营销吗"中的占比	55.2%	42.3%	51.5%
		总数的占比	39.5%	12.0%	51.5%

(续表)

		您了解农产品市场营销吗		合计
		不了解	了解	
合计	计数	6 792	2 692	9 484
	"性别"中的占比	71.6%	28.4%	100.0%
	"您了解农产品市场营销吗"中的占比	100.0%	100.0%	100.0%
	总数的占比	71.6%	28.4%	100.0%

表2-3-2 性别×您了解农产品市场营销吗卡方检验

	值	df	渐进 Sig.（双侧）	精确 Sig.（双侧）	精确 Sig.（单侧）
Pearson 卡方	128.334[a]	1	0.000		
连续校正[b]	127.818	1	0.000		
似然比	128.604	1	0.000		
Fisher 的精确检验				0.000	0.000
线性和线性组合	128.320	1	0.000		
有效案例中的 N	9 484				

a. 0 单元格(0.0%)的期望计数少于 5。最小期望计数为 1 305.41。
b. 仅对 2×2 表计算。

表2-3-3 年龄×您了解农产品市场营销吗交叉表

			您了解农产品市场营销吗		合计
			不了解	了解	
年龄	25 岁及以下	计数	523	122	645
		"年龄"中的占比	81.1%	18.9%	100.0%
		"您了解农产品市场营销吗"中的占比	7.7%	4.5%	6.8%
		总数的占比	5.5%	1.3%	6.8%
	26—35 岁	计数	2 851	859	3 710
		"年龄"中的占比	76.8%	23.2%	100.0%
		"您了解农产品市场营销吗"中的占比	42.0%	31.9%	39.1%
		总数的占比	30.1%	9.1%	39.1%

(续表)

			您了解农产品市场营销吗		合计
			不了解	了解	
年龄	36—45岁	计数	2 062	892	2 954
		"年龄"中的占比	69.8%	30.2%	100.0%
		"您了解农产品市场营销吗"中的占比	30.4%	33.1%	31.1%
		总数的占比	21.7%	9.4%	31.1%
	46—55岁	计数	1 158	678	1 836
		"年龄"中的占比	63.1%	36.9%	100.0%
		"您了解农产品市场营销吗"中的占比	17.0%	25.2%	19.4%
		总数的占比	12.2%	7.1%	19.4%
	56岁及以上	计数	198	141	339
		"年龄"中的占比	58.4%	41.6%	100.0%
		"您了解农产品市场营销吗"中的占比	2.9%	5.2%	3.6%
		总数的占比	2.1%	1.5%	3.6%
合计		计数	6 792	2 692	9 484
		"年龄"中的占比	71.6%	28.4%	100.0%
		"您了解农产品市场营销吗"中的占比	100.0%	100.0%	100.0%
		总数的占比	71.6%	28.4%	100.0%

表2-3-4 年龄×您了解农产品市场营销吗卡方检验

	值	df	渐进Sig.（双侧）
Pearson卡方	178.185[a]	4	0.000
似然比	177.206	4	0.000
线性和线性组合	176.340	1	0.000
有效案例中的N	9 484		

a. 0单元格(0.0%)的期望计数少于5。最小期望计数为96.22。

二　乡村教师任教学科与是否了解乡村农产品市场营销相关分析

乡村教师了解乡村农产品市场营销是乡村教师服务农产品市场营销策划能力的先决条件。而乡村教师任教学科是影响乡村教师选择性注意或兴趣倾向的重要因素之一。因此,本研究选择对乡村教师任教学科与是否了解乡村农产品市场营销作卡方检验。

按照我国中小学、职业高中及社区学校开设的课程情况,乡村教师任教学科背景有:语文、数学、英语、科学、社会思政、音乐或美术、体育、职业技术类以及其他。卡方检验统计结果发现是否任教语文、数学、科学、音乐或美术、职业技术类以及其他学科的乡村教师与是否了解乡村农产品市场营销没有达到显著性差异;是否任教英语、体育学科的乡村教师与是否了解乡村农产品市场营销均达到显著性差异;是否任教社会思政学科的乡村教师与是否了解乡村农产品市场营销达到极显著性差异。限于篇幅,以下以社会思政学科为例进行说明。从表2-3-5可见,乡村教师选择对乡村农产品市场营销"不了解"和"了解"的数量占乡村教师被调查群体总数量的比例分别为71.6%和28.4%,即对乡村农产品市场营销了解的比例不到三分之一。

从表2-3-5可见,乡村教师对乡村农产品市场营销"了解"选项上的数量占社会思政学科和非社会思政学科背景上的比例分别为33.2%和27.6%。

从表2-3-6可见,Pearson卡方、似然比卡方以及线性和线性组合的渐进双侧显著性检验P值均小于0.01,达到极显著性水平。由此,在统计学上推断,乡村教师是否任教社会思政学科背景与是否了解乡村农产品市场营销存在相关性,任教社会思政学科的乡村教师群体对乡村农产品市场营销了解的比例更高。

根据以上分析,大多数乡村教师对乡村农产品市场营销不了解。同时,任教社会思政、英语、体育学科的乡村教师相对于任教语文、数学、科学、音乐或美术、职业技术类以及其他等学科的乡村教师更加表现出对乡村农产品市场营销的兴趣。然而,语文学科和数学学科是主科,任教语文学科和数学学科的乡村教师人数应该具有很高比例,职业技术类学科跟乡村农产品市场营销应该具有很高的相关性,遗憾的是这些乡村教师对乡村农产品市场营销的了解不够。假如让对乡村农产品市场营销不了解的乡村教师去培育乡村农产品市场营销人才,显然是勉为其难的。由此,就有比较充分的理由怀疑这些乡村教师服务农产品市场营销策划能力是否足够。

表2-3-5 是否任教社会思政学科×您了解农产品市场营销吗交叉表

			您了解农产品市场营销吗		合计
			不了解	了解	
是否任教社会思政学科	是	计数	934	464	1 398
		"是否任教社会思政学科"中的占比	66.8%	33.2%	100.0%
		"您了解农产品市场营销吗"中的占比	13.8%	17.2%	14.7%
		总数的占比	9.8%	4.9%	14.7%
	否	计数	5 858	2 228	8 086
		"是否任教社会思政学科"中的占比	72.4%	27.6%	100.0%
		"您了解农产品市场营销吗"中的占比	86.2%	82.8%	85.3%
		总数的占比	61.8%	23.5%	85.3%
合计		计数	6 792	2 692	9 484
		"是否任教社会思政学科"中的占比	71.6%	28.4%	100.0%
		"您了解农产品市场营销吗"中的占比	100.0%	100.0%	100.0%
		总数的占比	71.6%	28.4%	100.0%

表2-3-6 是否任教社会思政学科×您了解农产品市场营销吗卡方检验

	值	df	渐进 Sig.(双侧)	精确 Sig.(双侧)	精确 Sig.(单侧)
Pearson 卡方	18.628[a]	1	0.000		
连续校正[b]	18.352	1	0.000		
似然比	18.157	1	0.000		
Fisher 的精确检验				0.000	0.000
线性和线性组合	18.626	1	0.000		
有效案例中的 N	9 484				

a. 0 单元格(0.0%)的期望计数少于 5。最小期望计数为 396.82。
b. 仅对 2×2 表计算。

三　乡村教师工作学校类型与是否了解乡村农产品市场营销相关分析

乡村教师了解乡村农产品市场营销是乡村教师服务农产品市场营销策划能力的关键条件,由于我国不同的乡村学校类型承担着不同的教育任务和职能以及不同的教育对象,进而教育的内容和性质也有所不同,因此,乡村教师工作学校类型不同是影响乡村教师选择性注意或兴趣倾向的重要因素之一。乡村教师工作学校类型有:小学、初中、普通高中、职业高中、社区成人学校及其他类型学校。本研究对乡村教师工作学校类型与是否了解乡村农产品市场营销作卡方检验。

从表2-3-7可见,乡村教师选择对乡村农产品市场营销"了解"占相同工作学校类型群体中的比例分别为:小学27.0%、初中30.8%、普通高中31.2%、职业高中27.8%、社区成人学校36.4%、其他类型学校26.6%。其中社区成人学校教师选择了解的比例最高,为36.4%。其次是普通高中学校教师,为31.2%。

从表2-3-8可见,由于是分类变量,Pearson卡方、似然比卡方的渐进双侧显著性检验P值均小于0.01,达到极显著性水平。由此,在统计学上推断,乡村教师是否了解乡村农产品市场营销的调查数据分布特征与乡村教师工作学校类型存在相关性,即乡村教师是否了解乡村农产品市场营销比例从高到低依次为:社区成人学校、普通高中、初中、职业高中、小学、其他类型学校。

根据以上分析,有理由认为在学校类型中占比最大的小学和初中学校里的大多数乡村教师对乡村农产品市场营销不了解。同时,占据一定比例的职业学校里边的大多数乡村教师也对乡村农产品市场营销不了解。然而,这些学校的乡村教师由于没有直接面临升学压力,本应更好地担负着直接服务乡村振兴的重任,遗憾的是"不了解"的比例相对较高。假如让不了解乡村农产品市场营销的乡村教师去培育农产品市场营销策划人才,显然是不胜任的。由此,就有比较充分的理由推测这些乡村教师服务村民农产品市场营销策划的能力是不够的。

表 2-3-7 工作的学校类型×您了解农产品市场营销吗交叉表

			您了解农产品市场营销吗		合计
			不了解	了解	
工作的学校类型	小学	计数	3 751	1 385	5 136
		"工作的学校类型"中的占比	73.0%	27.0%	100.0%
		"您了解农产品市场营销吗"中的占比	55.2%	51.4%	54.2%
		总数的占比	39.6%	14.6%	54.2%
	初中	计数	1 943	866	2 809
		"工作的学校类型"中的占比	69.2%	30.8%	100.0%
		"您了解农产品市场营销吗"中的占比	28.6%	32.2%	29.6%
		总数的占比	20.5%	9.1%	29.6%
	普通高中	计数	392	178	570
		"工作的学校类型"中的占比	68.8%	31.2%	100.0%
		"您了解农产品市场营销吗"中的占比	5.8%	6.6%	6.0%
		总数的占比	4.1%	1.9%	6.0%
	职业高中	计数	241	93	334
		"工作的学校类型"中的占比	72.2%	27.8%	100.0%
		"您了解农产品市场营销吗"中的占比	3.5%	3.5%	3.5%
		总数的占比	2.5%	1.0%	3.5%
	社区成人学校	计数	7	4	11
		"工作的学校类型"中的占比	63.6%	36.4%	100.0%
		"您了解农产品市场营销吗"中的占比	0.1%	0.1%	0.1%
		总数的占比	0.1%	0%	0.1%
	其他类型学校	计数	458	166	624
		"工作的学校类型"中的占比	73.4%	26.6%	100.0%
		"您了解农产品市场营销吗"中的占比	6.7%	6.2%	6.6%
		总数的占比	4.8%	1.8%	6.6%
合计		计数	6 792	2 692	9 484
		"工作的学校类型"中的占比	71.6%	28.4%	100.0%
		"您了解农产品市场营销吗"中的占比	100.0%	100.0%	100.0%
		总数的占比	71.6%	28.4%	100.0%

表 2-3-8 工作的学校类型×您了解农产品市场营销吗卡方检验

	值	df	渐进 Sig.（双侧）
Pearson 卡方	16.975[a]	5	0.005
似然比	16.846	5	0.005
线性和线性组合	0.552	1	0.457
有效案例中的 N	9484		

a. 1 单元格(8.3%)的期望计数少于 5。最小期望计数为 3.12。

四 乡村教师家庭住址所在区域与是否对乡村农产品市场营销感兴趣相关分析

乡村教师对乡村农产品市场营销感兴趣是乡村教师服务农产品市场营销策划能力的关键条件,而乡村教师家庭住址所在区域是乡村教师基本的生活环境要素之一。因此,本研究选择对乡村教师家庭住址所在区域与是否对乡村农产品市场营销感兴趣作卡方检验。

从表 2-3-9 可见,乡村教师选择对乡村农产品市场营销感兴趣的数量占乡村教师被调查群体总数量的比例为 23.5%,选择"感兴趣"的这部分乡村教师在家庭住址所在区域为"本乡(镇)""外乡(镇)""县城""地级市"和"省城"选择项上的数量占乡村教师被调查群体总数量的比例分别为 7.8%、3.7%、10.0%、1.9%和 0.2%。乡村教师家庭住址所在区域在"本乡(镇)"和"外乡(镇)"的数量占乡村教师被调查群体总数量的比例分别为 29.9%和 17.0%,两者总和为 46.9%,即乡村教师家庭住址所在区域在乡村的总数量不到一半。

乡村教师是否对乡村农产品市场营销感兴趣的调查显示在"感兴趣"选项上的数量占乡村教师家庭住址所在区域群体的比例随着家庭住址所在地行政级别高低呈现出一定的特征。乡村教师选择"感兴趣"的数量在家庭住址所在区域为"本乡(镇)""外乡(镇)""县城

"地级市"和"省城"选择项上占各自家庭住址所在区域群体的比例依次为 26.0%、21.6%、23.2%、20.7%和 21.7%,其中"本乡(镇)"和"县城"选择项上的群体比例相对比较高。

从表 2-3-10 可见,Pearson 卡方、似然比卡方以及线性和线性组合的双侧显著性检验 P 值均小于 0.01,达到极显著性水平。由此,在统计学上推断,乡村教师是否对乡村农产品市场营销感兴趣的调查数据分布特征与乡村教师家庭住址所在区域存在相关性,即乡村教师对乡村农产品市场营销感兴趣的比例随着家庭住址所在区域行政级别升高而依次降低。

根据以上分析,有理由认为多数乡村教师的生活环境已经脱离了乡村社会,而且发现其生活环境脱离乡土实际越多,越对乡村农产品市场营销不感兴趣,这也是符合常识的。假如让脱离了乡土社会的乡村教师去培育乡村产品市场营销人才,显然是难以胜任这个工作的。换言之,多数乡村教师由于生活环境脱离了乡村氛围导致服务农产品市场营销策划能力不足。

表 2-3-9 家庭住址所在区域×您对农产品市场感兴趣吗交叉表

			您对农产品市场感兴趣吗		合计
			不感兴趣	感兴趣	
家庭住址所在区域	本乡(镇)	计数	2 102	737	2 839
		"家庭住址所在区域"中的占比	74.0%	26.0%	100.0%
		"您对农产品市场感兴趣吗"中的占比	29.0%	33.0%	29.9%
		总数的占比	22.2%	7.8%	29.9%
	外乡(镇)	计数	1 265	348	1 613
		"家庭住址所在区域"中的占比	78.4%	21.6%	100.0%
		"您对农产品市场感兴趣吗"中的占比	17.4%	15.6%	17.0%
		总数的占比	13.3%	3.7%	17.0%
	县城	计数	3 134	948	4 082
		"家庭住址所在区域"中的占比	76.8%	23.2%	100.0%
		"您对农产品市场感兴趣吗"中的占比	43.2%	42.5%	43.0%
		总数的占比	33.0%	10.0%	43.0%

(续表)

			您对农产品市场感兴趣吗		合计
			不感兴趣	感兴趣	
家庭住址所在区域	地级市	计数	699	182	881
		"家庭住址所在区域"中的占比	79.3%	20.7%	100.0%
		"您对农产品市场感兴趣吗"中的占比	9.6%	8.2%	9.3%
		总数的占比	7.4%	1.9%	9.3%
	省城	计数	54	15	69
		"家庭住址所在区域"中的占比	78.3%	21.7%	100.0%
		"您对农产品市场感兴趣吗"中的占比	0.7%	0.7%	0.7%
		总数的占比	0.6%	0.2%	0.7%
合计		计数	7 254	2 230	9 484
		"家庭住址所在区域"中的占比	76.5%	23.5%	100.0%
		"您对农产品市场感兴趣吗"中的占比	100.0%	100.0%	100.0%
		总数的总比	76.5%	23.5%	100.0%

表2-3-10 家庭住址所在区域×您对农产品市场感兴趣吗卡方检验

	值	df	渐进 Sig.(双侧)
Pearson 卡方	17.123[a]	4	0.002
似然比	17.099	4	0.002
线性和线性组合	10.192	1	0.001
有效案例中的 N	9 484		

a. 0 单元格(0.0%)的期望计数少于5。最小期望计数为16.22。

五 乡村教师青少年时期就读学校与是否对乡村农产品市场营销感兴趣相关分析

乡村教师对乡村农产品市场营销感兴趣是乡村教师服务农产品市场营销策划

能力的关键条件。而乡村教师青少年时期就读学校所在区域是乡村教师从孩童到成人的成长历程中的重要环境,是乡村教师成长史当中的重要的社会因素。乡村教师青少年读书时期可以划分为三个阶段:小学、初中、高中或中专。乡村教师青少年时期就读学校所在区域有:村庄、乡/镇政府所在地、县城、地级市、省城。本研究对乡村教师青少年时期就读学校所在区域与是否对乡村农产品市场营销感兴趣作卡方检验。

从表2-3-11、表2-3-13、表2-3-15可见,对乡村教师小学、初中、高中或中专阶段是否对乡村农产品市场营销感兴趣的调查显示在"感兴趣"上选择数量占各自就读学校所在区域类型群体的比例总体分布趋势一致,即就读学校在"村庄""乡/镇政府所在地""县城""地级市""省城"不同的地理空间距离上面,乡村教师选择"感兴趣"的比例基本上都是依次降低。以小学就读学校所在区域为例,在"村庄""乡/镇政府所在地""县城""地级市""省城"类型的群体里边选择"感兴趣"比例分别为:24.6%、23.6%、20.0%、16.1%、15.8%。

从表2-3-12、表2-3-14可见,Pearson卡方、似然比卡方以及线性和线性组合的渐进双侧显著性检验P值均小于0.01,达到极显著性水平。由此,在统计学上推断,乡村教师是否对乡村农产品市场营销感兴趣的调查数据分布特征与青少年时期就读学校所在区域存在相关性,感兴趣比例随着青少年时期就读学校在"村庄""乡/镇政府所在地""县城""地级市""省城"类型学校的次序而降低。

根据以上分析,有理由认为青少年时期在乡村学校成长起来的乡村教师对乡村农产品市场营销更感兴趣,而那些青少年时期在远离乡村的学校里成长起来的乡村教师对乡村农产品市场营销不太感兴趣。换言之,就有比较充分的理由推测那些青少年时期在远离乡村的学校里成长起来的乡村教师服务农产品市场营销策划的能力是不足的。

表 2-3-11 小学就读的学校所在地区域×您对农产品市场感兴趣吗交叉表

			您对农产品市场感兴趣吗		合计
			不感兴趣	感兴趣	
小学就读的学校所在地区域	村庄	计数	4 278	1 394	5 672
		"小学就读的学校所在地区域"中的占比	75.4%	24.6%	100.0%
		"您对农产品市场感兴趣吗"中的占比	59.0%	62.5%	59.8%
		总数的占比	45.1%	14.7%	59.8%
	乡/镇政府所在地	计数	1 789	552	2 341
		"小学就读的学校所在地区域"中的占比	76.4%	23.6%	100.0%
		"您对农产品市场感兴趣吗"中的占比	24.7%	24.8%	24.7%
		总数的占比	18.9%	5.8%	24.7%
	县城	计数	957	240	1 197
		"小学就读的学校所在地区域"中的占比	79.9%	20.1%	100.0%
		"您对农产品市场感兴趣吗"中的占比	13.2%	10.8%	12.6%
		总数的占比	10.1%	2.5%	12.6%
	地级市	计数	198	38	236
		"小学就读的学校所在地区域"中的占比	83.9%	16.1%	100.0%
		"您对农产品市场感兴趣吗"中的占比	2.7%	1.7%	2.5%
		总数的占比	2.1%	0.4%	2.5%
	省城	计数	32	6	38
		"小学就读的学校所在地区域"中的占比	84.2%	15.8%	100.0%
		"您对农产品市场感兴趣吗"中的占比	0.4%	0.3%	0.4%
		总数的占比	0.3%	0.1%	0.4%
合计		计数	7 254	2 230	9 484
		"小学就读的学校所在地区域"中的占比	76.5%	23.5%	100.0%
		"您对农产品市场感兴趣吗"中的占比	100.0%	100.0%	100.0%
		总数的占比	76.5%	23.5%	100.0%

表2-3-12 小学就读的学校所在地区域×您对农产品市场感兴趣吗交叉表卡方检验

	值	df	渐进 Sig.（双侧）
Pearson 卡方	20.025[a]	4	0.000
似然比	21.043	4	0.000
线性和线性组合	17.958	1	0.000
有效案例中的 N	9484		

a. 0 单元格(0.0%)的期望计数少于 5。最小期望计数为 8.94。

表2-3-13 初中就读的学校所在地区域×您对农产品市场感兴趣吗交叉表

			您对农产品市场感兴趣吗		合计
			不感兴趣	感兴趣	
初中就读的学校所在地区域	村庄	计数	1033	356	1389
		"初中就读的学校所在地区域"中的占比	74.4%	25.6%	100.0%
		"您对农产品市场感兴趣吗"中的占比	14.2%	16.0%	14.6%
		总数的占比	10.9%	3.8%	14.6%
	乡/镇政府所在地	计数	4340	1407	5747
		"初中就读的学校所在地区域"中的占比	75.5%	24.5%	100.0%
		"您对农产品市场感兴趣吗"中的占比	59.8%	63.1%	60.6%
		总数的占比	45.8%	14.8%	60.6%
	县城	计数	1585	406	1991
		"初中就读的学校所在地区域"中的占比	79.6%	20.4%	100.0%
		"您对农产品市场感兴趣吗"中的占比	21.9%	18.2%	21.0%
		总数的占比	16.7%	4.3%	21.0%
	地级市	计数	251	53	304
		"初中就读的学校所在地区域"中的占比	82.6%	17.4%	100.0%
		"您对农产品市场感兴趣吗"中的占比	3.5%	2.4%	3.2%
		总数的占比	2.6%	0.6%	3.2%

(续表)

			您对农产品市场感兴趣吗		合计
			不感兴趣	感兴趣	
初中就读的学校所在地区域	省城	计数	45	8	53
		"初中就读的学校所在地区域"中的占比	84.9%	15.1%	100.0%
		"您对农产品市场感兴趣吗"中的占比	0.6%	0.4%	0.6%
		总数的占比	0.5%	0.1%	0.6%
合计		计数	7 254	2 230	9 484
		"初中就读的学校所在地区域"中的占比	76.5%	23.5%	100.0%
		"您对农产品市场感兴趣吗"中的占比	100.0%	100.0%	100.0%
		总数的占比	76.5%	23.5%	100.0%

表2-3-14 初中就读的学校所在地区域×您对农产品市场感兴趣吗交叉表卡方检验

	值	df	渐进 Sig.(双侧)
Pearson 卡方	25.584[a]	4	0.000
似然比	26.500	4	0.000
线性和线性组合	22.961	1	0.000
有效案例中的 N	9 484		

a. 0 单元格(0.0%)的期望计数少于5。最小期望计数为12.46。

表2-3-15 高中或中专就读的学校所在地区域×您对农产品市场感兴趣吗交叉表

			您对农产品市场感兴趣吗		合计
			不感兴趣	感兴趣	
高中或中专就读的学校所在地区域	村庄	计数	87	44	131
		"高中或中专就读的学校所在地区域"中的占比	66.4%	33.6%	100.0%
		"您对农产品市场感兴趣吗"中的占比	1.2%	2.0%	1.4%
		总数的占比	0.9%	0.5%	1.4%

(续表)

			您对农产品市场感兴趣吗		合计
			不感兴趣	感兴趣	
高中或中专就读的学校所在地区域	乡/镇政府所在地	计数	1 557	517	2 074
		"高中或中专就读的学校所在地区域"中的占比	75.1%	24.9%	100.0%
		"您对农产品市场感兴趣吗"中的占比	21.5%	23.2%	21.9%
		总数的占比	16.4%	5.5%	21.9%
	县城	计数	4 114	1 218	5 332
		"高中或中专就读的学校所在地区域"中的占比	77.2%	22.8%	100.0%
		"您对农产品市场感兴趣吗"中的占比	56.7%	54.6%	56.2%
		总数的占比	43.4%	12.8%	56.2%
	地级市	计数	1 340	410	1 750
		"高中或中专就读的学校所在地区域"中的占比	76.6%	23.4%	100.0%
		"您对农产品市场感兴趣吗"中的占比	18.5%	18.4%	18.5%
		总数的占比	14.1%	4.3%	18.5%
	省城	计数	156	41	197
		"高中或中专就读的学校所在地区域"中的占比	79.2%	20.8%	100.0%
		"您对农产品市场感兴趣吗"中的占比	2.2%	1.8%	2.1%
		总数的占比	1.6%	0.4%	2.1%
合计		计数	7 254	2 230	9 484
		"高中或中专就读的学校所在地区域"中的占比	76.5%	23.5%	100.0%
		"您对农产品市场感兴趣吗"中的占比	100.0%	100.0%	100.0%
		总数的占比	76.5%	23.5%	100.0%

表 2-3-16 高中或中专就读的学校所在地区域×您对农产品市场感兴趣吗交叉表卡方检验

	值	df	渐进 Sig.(双侧)
Pearson 卡方	11.837[a]	4	0.019
似然比	11.250	4	0.024
线性和线性组合	4.988	1	0.026
有效案例中的 N	9484		

a. 0 单元格(0.0%)的期望计数少于 5。最小期望计数为 30.80。

六 乡村教师性别年龄学历职称与帮助村民通过网络销售本地产品频度相关分析

乡村教师帮助村民通过网络销售本地产品频度是乡村教师服务农产品市场营销策划能力的直接的现实指标,性别和年龄是影响人的一般能力的自然属性,学历职称是乡村教师学术专业水准的重要标志。本研究选择对乡村教师性别年龄学历职称与帮助村民通过网络销售本地产品频度分别作卡方检验。卡方检验结果发现,乡村教师性别年龄学历职称与帮助村民通过网络销售本地产品频度存在相关性。限于篇幅,以下以性别和年龄为例进行说明。

从表 2-3-17 和表 2-3-19 可见,乡村教师帮助村民通过网络销售本地产品频度的选项在"偶尔"和"没有"上的数量占乡村教师群体的比例分别为 19.5% 和 15.1%,累计高达 34.6%,即三分之一的乡村教师很少或没有帮助村民通过网络销售本地产品。

从表 2-3-17 性别来看,男教师和女教师在"非常多""比较多""一般""偶尔"和"没有"选项上的选择数量占各自性别群体的比例分布趋势一致,与总体分布趋势也一致。但是,女教师在"非常多"和"比较多"选项上的选择数量占乡村女教师群体的比例高于男教师。从表 2-3-19 年龄段来看,"25 岁及以下"

至"36—45岁","非常多"和"比较多"两项选择数之和占各自年龄段群体的比例依次增加。

从表2-3-18和表2-3-20可见,Pearson卡方、似然比卡方以及线性和线性组合的渐进双侧显著性检验P值均小于0.01,达到极显著性水平。由此,从统计学上推断,乡村教师帮助村民通过网络销售本地产品频度的调查数据分布特征与乡村教师的性别和年龄段存在相关性,女教师比男教师参与程度高一些;基本上,随着年龄段增大,乡村教师在各自年龄段里边的参与比例依次增加,处于"36—45岁"的乡村教师选择"非常多"和"比较多"两项数量之和比例最高,为29.5%。

根据以上分析,可以推测乡村教师服务农产品市场营销策划的能力可能不足。

表2-3-17 性别×帮助村民通过网络销售本地产品交叉表

			帮助村民通过网络销售本地产品					合计
			非常多	比较多	一般	偶尔	没有	
性别	男	计数	235	907	1 812	956	689	4 599
		"性别"中的占比	5.1%	19.7%	39.4%	20.8%	15.0%	100.0%
		"帮助村民通过网络销售本地产品"中的占比	40.3%	45.7%	49.9%	51.6%	48.1%	48.5%
		总数的占比	2.5%	9.6%	19.1%	10.1%	7.3%	48.5%
	女	计数	348	1 077	1 820	896	744	4 885
		"性别"中的占比	7.1%	22.0%	37.3%	18.3%	15.2%	100.0%
		"帮助村民通过网络销售本地产品"中的占比	59.7%	54.3%	50.1%	48.4%	51.9%	51.5%
		总数的占比	3.7%	11.4%	19.2%	9.4%	7.8%	51.5%
合计		计数	583	1 984	3 632	1 852	1 433	9 484
		"性别"中的占比	6.1%	20.9%	38.3%	19.5%	15.1%	100.0%
		"帮助村民通过网络销售本地产品"中的占比	100.0%	100.0%	100.0%	100.0%	100.0%	100.0%
		总数的占比	6.1%	20.9%	38.3%	19.5%	15.1%	100.0%

表 2-3-18 性别×帮助村民通过网络销售本地产品卡方检验

	值	df	渐进 Sig.（双侧）
Pearson 卡方	31.946[a]	4	0.000
似然比	32.073	4	0.000
线性和线性组合	13.298	1	0.000
有效案例中的 N	9484		

a. 0 单元格(0.0%)的期望计数少于 5。最小期望计数为 282.71。

表 2-3-19 年龄×帮助村民通过网络销售本地产品交叉表

			帮助村民通过网络销售本地产品					合计
			非常多	比较多	一般	偶尔	没有	
年龄	25岁及以下	计数	27	103	247	117	151	645
		"年龄"中的占比	4.2%	16.0%	38.3%	18.1%	23.4%	100.0%
		"帮助村民通过网络销售本地产品"中的占比	4.6%	5.2%	6.8%	6.3%	10.5%	6.8%
		总数的占比	0.3%	1.1%	2.6%	1.2%	1.6%	6.8%
	26—35岁	计数	247	726	1426	679	632	3710
		"年龄"中的占比	6.7%	19.6%	38.4%	18.3%	17.0%	100.0%
		"帮助村民通过网络销售本地产品"中的占比	42.4%	36.6%	39.3%	36.7%	44.1%	39.1%
		总数的占比	2.6%	7.7%	15.0%	7.2%	6.7%	39.1%
	36—45岁	计数	204	669	1110	572	399	2954
		"年龄"中的占比	6.9%	22.6%	37.6%	19.4%	13.5%	100.0%
		"帮助村民通过网络销售本地产品"中的占比	35.0%	33.7%	30.6%	30.9%	27.8%	31.1%
		总数的占比	2.2%	7.1%	11.7%	6.0%	4.2%	31.1%

(续表)

			帮助村民通过网络销售本地产品					合计
			非常多	比较多	一般	偶尔	没有	
年龄	46—55岁	计数	92	408	732	399	205	1 836
		"年龄"中的占比	5.0%	22.2%	39.9%	21.7%	11.2%	100.0%
		"帮助村民通过网络销售本地产品"中的占比	15.8%	20.6%	20.2%	21.5%	14.3%	19.4%
		总数的占比	1.0%	4.3%	7.7%	4.2%	2.2%	19.4%
	56岁及以上	计数	13	78	117	85	46	339
		"年龄"中的占比	3.8%	23.0%	34.5%	25.1%	13.6%	100.0%
		"帮助村民通过网络销售本地产品"中的占比	2.2%	3.9%	3.2%	4.6%	3.2%	3.6%
		总数的占比	0.1%	0.8%	1.2%	0.9%	0.5%	3.6%
合计		计数	583	1 984	3 632	1 852	1 433	9 484
		"年龄"中的占比	6.1%	20.9%	38.3%	19.5%	15.1%	100.0%
		"帮助村民通过网络销售本地产品"中的占比	100.0%	100.0%	100.0%	100.0%	100.0%	100.0%
		总数的占比	6.1%	20.9%	38.3%	19.5%	15.1%	100.0%

表2-3-20 年龄×帮助村民通过网络销售本地产品卡方检验

	值	df	渐进 Sig.（双侧）
Pearson 卡方	111.670[a]	16	0.000
似然比	110.323	16	0.000
线性和线性组合	20.639	1	0.000
有效案例中的 N	9 484		

a. 0单元格(0.0%)的期望计数少于5。最小期望计数为20.84。

第三章

乡村教师服务
生态宜居能力
调查结果分析

第三章 乡村教师服务生态宜居能力调查结果分析

根据乡村振兴战略的总要求,本研究把"产业兴旺、生态宜居、乡风文明、治理有效、生活富裕"这五个方面作为衡量乡村教师服务乡村振兴能力的一级指标,即乡村教师服务产业兴旺能力、服务生态宜居能力、服务乡风文明建设能力、服务乡村社会治理能力和服务村民生活改造能力。针对服务生态宜居能力这个一级指标,根据《中共中央 国务院关于实施乡村振兴战略的意见》《教育部等六部门关于加强新时代乡村教师队伍建设的意见》《中共中央 国务院关于加快推进乡村人才振兴的意见》等相关文件意见的精神和国内相关研究现状,提出三个二级指标和六个三级指标。①②③ 乡村教师服务乡村生态宜居能力下面的三个二级指标是:乡村生态文明教育能力、自然景观设计能力和人文景观设计能力。三级指标问题的设计从一、二级指标的内涵出发,包含乡村教师对乡村生态宜居是否了解、是否感兴趣、参与乡村生态宜居改造等实际行动的维度展开。具体指标体系见表3-1。④

表3-1 乡村教师服务生态宜居能力三级指标体系

一级指标	二级指标	三级指标
服务生态宜居能力	乡村生态文明教育能力	了解本地自然生态环境受破坏情况
		将生态文明教育融入课堂教学和课外实践活动

---

① 中共中央,国务院. 中共中央 国务院关于实施乡村振兴战略的意见[EB/OL]. (2018-02-06)[2021-03-11]. http://www.gov.cn/xinwen/2018-02/06/content_5264358.htm.
② 教育部,中央组织部,中央编办,等. 教育部等六部门关于加强新时代乡村教师队伍建设的意见[EB/OL]. (2020-08-28)[2021-03-11]. http://www.moe.gov.cn/srcsite/A10/s3735/202009/t20200903_484941.html.
③ 中共中央,国务院. 中共中央 国务院关于加快推进乡村人才振兴的意见[EB/OL]. (2021-02-23)[2021-03-11]. http://www.moe.gov.cn/jyb_xxgk/moe_1777/moe_1778/202102/t20210224_514648.html.
④ 卢尚建. 乡村教师服务乡村振兴能力现状实证研究[J]. 成都师范学院学报,2021,37(5).

(续表)

一级指标	二级指标	三级指标
服务生态宜居能力	自然景观设计能力	了解本地自然景观遭受破坏情况
		参与或指导本地自然景观设计
	人文景观设计能力	了解本地人文景观遭受破坏情况
		参与或指导本地人文景观设计

从教师一般能力和乡村教师服务乡村振兴战略特殊能力的内涵及影响能力发展的要素出发，本研究提取了乡村教师的性别、年龄、学历、职称、家庭住址所在区域、工作学校类型、任教学科、青少年时期就读学校所在地等要素作为考察乡村教师服务乡村生态宜居能力指标的影响因子，设计了《乡村教师服务乡村振兴能力的现状调查问卷》和访谈提纲，具体调查对象与实施办法已在第二章的开始部分中介绍，此处不再赘述。利用SPSS24.0统计软件对调查数据进行统计分析发现，克隆巴赫系数为0.943，内部一致性达到高信度，表明调查数据可靠性非常好。本研究在调查基础上发现乡村振兴战略中乡村教师服务乡村生态宜居能力偏弱。以下从乡村生态文明教育能力、自然景观设计能力和人文景观设计能力三个方面分别展开分析。

第一节　乡村教师服务乡村生态文明教育能力调查结果分析

乡村教师服务乡村生态文明教育能力是乡村教师服务乡村产业兴旺能力一级指标下面的二级指标之一，可分解为两个三级指标：了解本地自然生态环境受破坏情况、将生态文明教育融入课堂教学和课外实践活动。两个三级指标下面分别设计是否了解本地自然生态环境受破坏情况、是否对本地自然生态环境受破坏情况感兴趣以及将生态文明教育融入课堂教学和课外实践活动等调查问题，对回收的问卷数据分析后发现，乡村教师的性别、年龄、学历、职称、家庭住址所在区域、工作学校类型、任教学科、青少年时期就读学校所在地等要素与乡村教师服务乡村生态文明教育能力指标的上述设计的问题存在不同程度的相关性。限于篇幅,以下选取了六个角度进行分析:乡村教师性别年龄与是否了解乡村自然生态环境相关分析、乡村教师家庭住址所在区域与是否了解乡村自然生态环境相关分析、乡村教师任教学科与是否对乡村自然景观感兴趣相关分析、乡村教师工作学校类型与将生态文明教育融入课堂教学频度相关分析、乡村教师青少年时期就读学校与将生态文明教育融入课堂教学频度相关分析、乡村教师性别年龄学历职称与在课外综合实践活动中进行生态文明教育频度相关分析。

一 乡村教师性别年龄与是否了解乡村自然生态环境相关分析

乡村教师了解乡村自然生态环境是乡村教师服务乡村生态文明教育能力的先决条件,性别和年龄是影响人的一般能力的自然属性,本研究选择对乡村教师性别年龄与是否了解乡村自然生态环境分别作卡方检验。

从表3-1-1和表3-1-3可见,乡村教师是否了解乡村自然生态环境的调查问题选项在"不了解"和"了解"上的选择数量占乡村教师被调查群体总数量的比例分别为52.1%和47.9%,即超过半数的乡村教师不了解乡村自然生态环境。

从表3-1-1性别来看,男教师和女教师在"不了解""了解"选项上的选择数量占各自性别群体的比例分布趋势不一致,男教师的选择比例与总体分布趋势不一致,女教师的选择比例与总体分布趋势一致。男教师在"了解"选项上的选择数量占乡村男教师群体的比例高于女教师,男教师选择"了解"的比例超过男教师群体的一半,女教师选择"了解"的比例不到一半。

从表3-1-3年龄段来看,"25岁及以下"至"56岁及以上",选择"了解"的数量占各自年龄段群体的比例依次上升。

从表3-1-2和表3-1-4可见,Pearson卡方、似然比卡方以及线性和线性组合的双侧显著性检验P值均小于0.01,达到极显著性水平。由此,从统计学上推断,乡村教师是否了解乡村自然生态环境的调查数据分布特征与乡村教师的性别和年龄段存在相关性,男教师比女教师对乡村自然生态环境了解的数量比例高一些;随着年龄段增大,乡村教师在各自年龄段里边对乡村自然生态环境了解比例依次增加,处于"46—55岁"和"56岁及以上"的乡村教师选择"了解"的数量占各自群体的比例开始超过了一半,分别为53.1%和55.5%。

根据以上分析,有理由认为多数乡村教师已经脱离了乡村自然生态环境,假如让不了解乡村自然生态环境的乡村教师去培育乡村自然生态环境人才,显然是难以胜任这个工作的。换言之,多数乡村教师服务乡村生态文明教育的能力严重不足。

表3-1-1 性别×您了解自然生态环境吗交叉表

			您了解自然生态环境吗		合计
			不了解	了解	
性别	男	计数	2068	2531	4599
		"性别"中的占比	45.0%	55.0%	100.0%
		"您了解自然生态环境吗"中的占比	41.9%	55.7%	48.5%
		总数的占比	21.8%	26.7%	48.5%
	女	计数	2870	2015	4885
		"性别"中的占比	58.8%	41.2%	100.0%
		"您了解自然生态环境吗"中的占比	58.1%	44.3%	51.5%
		总数的占比	30.3%	21.2%	51.5%
合计		计数	4938	4546	9484
		"性别"中的占比	52.1%	47.9%	100.0%
		"您了解自然生态环境吗"中的占比	100.0%	100.0%	100.0%
		总数的占比	52.1%	47.9%	100.0%

表3-1-2 性别×您了解自然生态环境吗卡方检验

	值	df	渐进 Sig.(双侧)	精确 Sig.(双侧)	精确 Sig.(单侧)
Pearson 卡方	180.365[a]	1	0.000		
连续校正[b]	179.813	1	0.000		
似然比	180.905	1	0.000		

(续表)

	值	df	渐进 Sig.（双侧）	精确 Sig.（双侧）	精确 Sig.（单侧）
Fisher 的精确检验				0.000	0.000
线性和线性组合	180.346	1	0.000		
有效案例中的 N	9 484				

a. 0 单元格（0.0%）的期望计数少于 5。最小期望计数为 2 204.46。
b. 仅对 2×2 表计算。

表3-1-3 年龄×您了解自然生态环境吗交叉表

			您了解自然生态环境吗		合计
			不了解	了解	
年龄	25 岁及以下	计数	385	260	645
		"年龄"中的占比	59.7%	40.3%	100.0%
		"您了解自然生态环境吗"中的占比	7.8%	5.7%	6.8%
		总数的占比	4.1%	2.7%	6.8%
	26—35 岁	计数	2 051	1 659	3 710
		"年龄"中的占比	55.3%	44.7%	100.0%
		"您了解自然生态环境吗"中的占比	41.5%	36.5%	39.1%
		总数的占比	21.6%	17.5%	39.1%
	36—45 岁	计数	1 489	1 465	2 954
		"年龄"中的占比	50.4%	49.6%	100.0%
		"您了解自然生态环境吗"中的占比	30.2%	32.2%	31.1%
		总数的占比	15.7%	15.4%	31.1%
	46—55 岁	计数	862	974	1 836
		"年龄"中的占比	46.9%	53.1%	100.0%
		"您了解自然生态环境吗"中的占比	17.5%	21.4%	19.4%
		总数的占比	9.1%	10.3%	19.4%
	56 岁及以上	计数	151	188	339
		"年龄"中的占比	44.5%	55.5%	100.0%
		"您了解自然生态环境吗"中的占比	3.1%	4.1%	3.6%
		总数的占比	1.6%	2.0%	3.6%

(续表)

		您了解自然生态环境吗		合计
		不了解	了解	
合计	计数	4 938	4 546	9 484
	"年龄"中的占比	52.1%	47.9%	100.0%
	"您了解自然生态环境吗"中的占比	100.0%	100.0%	100.0%
	总数的占比	52.1%	47.9%	100.0%

表 3-1-4 年龄×您了解自然生态环境吗卡方检验

	值	df	渐进 Sig.(双侧)
Pearson 卡方	60.610[a]	4	0.000
似然比	60.746	4	0.000
线性和线性组合	59.661	1	0.000
有效案例中的 N	9 484		

a. 0 单元格(0.0%)的期望计数少于 5。最小期望计数为 162.49。

二 乡村教师家庭住址所在区域与是否了解乡村自然生态环境相关分析

乡村教师了解乡村自然生态环境是乡村教师服务乡村生态文明教育能力的先决条件,乡村教师家庭住址所在区域是乡村教师基本的生活环境要素之一。本研究选择对乡村教师家庭住址所在区域与是否了解乡村自然生态环境作卡方检验。

从表 3-1-5 可见,乡村教师选择"了解"乡村自然生态环境的数量占乡村教师被调查群体总数量的比例为 47.9%,选择"了解"的这部分乡村教师在家庭住址所在区域为"本乡(镇)""外乡(镇)""县城""地级市"和"省城"选择项上的数量占乡村教师被调查群体总数量的比例分别为 13.6%、7.7%、21.4%、4.9%和 0.4%。

乡村教师家庭住址在"本乡(镇)"和"外乡(镇)"的数量占乡村教师被调查群体总数量的比例分别为 29.9%和 17.0%,两者总和为 46.9%,即乡村教师家庭住址在乡村的总数量不到一半。

乡村教师是否了解乡村自然生态环境在"了解"选项上的数量占乡村教师家庭住址群体的比例随着家庭住址所在地行政级别高低呈现出一定的特征。乡村教师选择"了解"乡村自然生态环境的数量在乡村教师家庭住址为"本乡(镇)""外乡(镇)""县城""地级市"和"省城"选择项上占各自家庭住址群体的比例依次为 45.3%、45.3%、49.8%、52.2%、52.2%,其中"县城""地级市"和"省城"选择项上的群体比例超过一半或接近一半。

从表 3-1-5 可见,Pearson 卡方、似然比卡方以及线性和线性组合的双侧显著性检验 P 值均小于 0.01,达到极显著性水平。由此,从统计学上推断,乡村教师是否了解乡村自然生态环境的调查数据分布特征与乡村教师家庭住址存在相关性,生活在地市级以下行政区域的乡村教师对乡村自然生态环境的了解比例反而不如地市级及省城的乡村教师。

根据以上分析,有理由认为多数乡村教师的生活环境已经脱离了乡村自然生态环境的氛围,但发现其生活环境脱离乡村自然生态气息越多,越了解乡村自然生态环境的情况,反而是未脱离乡村自然生态环境氛围的乡村教师,缺乏对乡村自然生态环境的了解。由此可见,随着生态文明建设的推进,城镇中的乡村教师更能意识到乡村自然生态环境保护和建设的重要性,而未脱离乡村自然生态环境的乡村教师则缺乏对乡村自然环境的了解和重视。

表 3-1-5 家庭住址所在区域×您了解自然生态环境吗交叉表

			您了解自然生态环境吗		合计
			不了解	了解	
家庭住址所在区域	本乡(镇)	计数	1553	1286	2839
		"家庭住址所在区域"中的占比	54.7%	45.3%	100.0%
		"您了解自然生态环境吗"中的占比	31.4%	28.3%	29.9%
		总数的占比	16.4%	13.6%	29.9%
	外乡(镇)	计数	883	730	1613
		"家庭住址所在区域"中的占比	54.7%	45.3%	100.0%
		"您了解自然生态环境吗"中的占比	17.9%	16.1%	17.0%
		总数的占比	9.3%	7.7%	17.0%

(续表)

			您了解自然生态环境吗		合计
			不了解	了解	
家庭住址所在区域	县城	计数	2 048	2 034	4 082
		"家庭住址所在区域"中的占比	50.2%	49.8%	100.0%
		"您了解自然生态环境吗"中的占比	41.5%	44.7%	43.0%
		总数的占比	21.6%	21.4%	43.0%
	地级市	计数	421	460	881
		"家庭住址所在区域"中的占比	47.8%	52.2%	100.0%
		"您了解自然生态环境吗"中的占比	8.5%	10.1%	9.3%
		总数的占比	4.4%	4.9%	9.3%
	省城	计数	33	36	69
		"家庭住址所在区域"中的占比	47.8%	52.2%	100.0%
		"您了解自然生态环境吗"中的占比	0.7%	0.8%	0.7%
		总数的占比	0.3%	0.4%	0.7%
合计		计数	4 938	4 546	9 484
		"家庭住址所在区域"中的占比	52.1%	47.9%	100.0%
		"您了解自然生态环境吗"中的占比	100.0%	100.0%	100.0%
		总数的占比	52.1%	47.9%	100.0%

表3-1-6 家庭住址所在区域×您了解自然生态环境吗卡方检验

	值	df	渐进 Sig.（双侧）
Pearson 卡方	25.369[a]	4	0.000
似然比	25.381	4	0.000
线性和线性组合	22.435	1	0.000
有效案例中的 N	9 484		

a. 0 单元格(0.0%)的期望计数少于 5。最小期望计数为 33.07。

三 乡村教师任教学科与是否对乡村自然景观感兴趣相关分析

乡村教师对乡村自然景观感兴趣是乡村教师服务乡村生态文明教育能力的关键条件,乡村教师任教学科是影响乡村教师选择性注意或兴趣倾向的重要因素之一。本研究选择对乡村教师任教学科与是否对乡村自然景观感兴趣作卡方检验。

按照我国中小学、职业高中及社区学校开设的课程情况,乡村教师任教学科有:语文、数学、英语、科学、社会思政、音乐或美术、体育、职业技术类及其他。卡方检验统计结果发现是否任教语文、数学、英语、体育、职业技术类以及其他学科的乡村教师与是否对乡村产业感兴趣没有达到显著性差异;是否任教科学、社会思政以及音乐或美术学科的乡村教师与是否对乡村产业感兴趣均达到极显著性差异。限于篇幅,以下以科学学科为例进行说明。从表3-1-7可见,乡村教师选择对乡村自然景观"不感兴趣"和"感兴趣"的数量占乡村教师被调查群体总数量的比例分别为46.7%和53.3%,即对乡村产业感兴趣的比例达到一半。

从表3-1-7可见,乡村教师对乡村自然景观"感兴趣"选项上的数量占科学学科和非科学学科上的比例分别为56.8%和52.7%。从表3-1-8可见,Pearson卡方、似然比卡方以及线性和线性组合的渐进双侧显著性检验P值均小于0.01,达到极显著性水平。由此,从统计学上推断,乡村教师是否任教科学学科与是否对乡村自然景观感兴趣存在相关性,任教科学学科的乡村教师群体对乡村自然景观感兴趣的比例更高。

根据以上分析,大多数乡村教师对乡村自然景观感兴趣,这与半数以上乡村教师对乡村自然景观了解的调查结果具有一致性,一般来说,对一个事物不了解往往也就不感兴趣。同时,任教科学、社会思政以及音乐或美术学科的乡村教师相对于任教语文、数学、英语、体育、职业技术类以及其他等学科更加表现出对乡村自然景观的兴趣。然而,语文学科是大学科,任教语文学科的乡村教师人数应该具有很高比例,职业技术类学科跟乡村自然景观应该具有很高的相关性,遗憾的是这些乡村教师对乡村自然景观的兴趣不高。假如让对乡村自然景观不感兴趣的乡村教师去培育乡村生态文明人才,显然是勉为其难的。由此,就有比较充分的理由怀疑这些乡村教师服务乡村生态文明教育的能力是否足够。

表 3-1-7 是否任教科学学科×您对乡村自然景观感兴趣吗交叉表

			您对乡村自然景观感兴趣吗		合计
			不感兴趣	感兴趣	
是否任教科学学科	是	计数	564	743	1 307
		"是否任教科学学科"中的占比	43.2%	56.8%	100.0%
		"您对乡村自然景观感兴趣吗"中的占比	12.7%	14.7%	13.8%
		总数的占比	5.9%	7.8%	13.8%
	否	计数	3 865	4 312	8 177
		"是否任教科学学科"中的占比	47.3%	52.7%	100.0%
		"您对乡村自然景观感兴趣吗"中的占比	87.3%	85.3%	86.2%
		总数的占比	40.8%	45.5%	86.2%
合计		计数	4 429	5 055	9 484
		"是否任教科学学科"中的占比	46.7%	53.3%	100.0%
		"您对乡村自然景观感兴趣吗"中的占比	100.0%	100.0%	100.0%
		总数的占比	46.7%	53.3%	100.0%

表 3-1-8 是否任教科学学科×您对乡村自然景观感兴趣吗卡方检验

	值	df	渐进 Sig.(双侧)	精确 Sig.(双侧)	精确 Sig.(单侧)
Pearson 卡方	7.664[a]	1	0.006		
连续校正[b]	7.500	1	0.006		
似然比	7.690	1	0.006		
Fisher 的精确检验				0.006	0.003
线性和线性组合	7.663	1	0.006		
有效案例中的 N	9 484				

a. 0 单元格(0.0%)的期望计数少于 5。最小期望计数为 610.37。
b. 仅对 2×2 表计算。

四 乡村教师工作学校类型与将生态文明教育融入课堂教学频度相关分析

乡村教师将生态文明教育融入课堂教学是乡村教师服务乡村生态文明教育能力的重要条件,由于我国不同的乡村学校类型承担着不同的教育任务和职能以及面对着不同的教育对象,进而教育的内容和性质也有所不同,因此,乡村教师工作学校类型不同是影响乡村教师选择性注意或兴趣倾向的重要因素之一。乡村教师工作学校类型有:小学、初中、普通高中、职业高中、社区成人学校及其他类型学校。本研究对乡村教师工作学校类型与是否将生态文明教育融入课堂教学作卡方检验。

从表3-1-9可见,乡村教师在将生态文明教育融入课堂教学的有关调查中选择"非常多"的占相同工作学校类型群体中的比例分别为:小学13.3%、初中14.1%、普通高中9.8%、职业高中7.2%、社区成人学校18.2%、其他类型学校9.8%。选择"比较多"的比例分别为:小学40.2%、初中36.5%、普通高中37.5%、职业高中25.4%、社区成人学校54.5%、其他类型学校38.0%。选择"非常多"和"比较多"两项之和比例分别为:小学53.5%、初中50.6%、普通高中47.3%、职业高中32.6%、社区成人学校72.7%、其他类型学校47.8%。其中社区成人学校教师选择将生态文明教育融入课堂教学的比例最高,为72.7%,其次是小学学校教师,为53.5%。

从表3-1-10可见,Pearson卡方检验、似然比卡方以及线性和线性组合的渐进双侧显著性检验P值均小于0.01,达到极显著性水平。由此,在统计学上推断,乡村教师是否将生态文明教育融入课堂教学的调查数据分布特征与乡村教师工作学校类型存在相关性,即乡村教师对将生态文明教育融入课堂教学频度比例从高到低依次为:社区成人学校、小学、初中、其他类型学校、普通高中、职业高中。

根据以上分析,有理由认为在学校类型中占比最大的小学和初中学校里的部分乡村教师没有选择将生态文明教育融入课堂教学,职业学校和社区成人学校里边的部分乡村教师也没有将生态文明教育融入课堂教学,但是,这些学校的乡村教师本应该可以更好地担负着直接服务乡村生态文明教育的重任。因此,在不同工作学校类型中的乡村教师服务乡村生态文明教育的能力仍然还有提升空间。

表3-1-9 工作的学校类型×您有将生态文明教育融入课堂教学吗交叉表

工作的学校类型			您有将生态文明教育融入课堂教学吗					合计
			非常多	比较多	一般	偶尔	没有	
工作的学校类型	小学	计数	684	2066	1332	848	206	5136
		"工作的学校类型"中的占比	13.3%	40.2%	25.9%	16.5%	4.0%	100.0%
		"您有将生态文明教育融入课堂教学吗"中的占比	55.9%	56.9%	53.2%	49.7%	49.3%	54.2%
		总数的占比	7.2%	21.8%	14.0%	8.9%	2.2%	54.2%
	初中	计数	397	1024	748	516	124	2809
		"工作的学校类型"中的占比	14.1%	36.5%	26.6%	18.4%	4.4%	100.0%
		"您有将生态文明教育融入课堂教学吗"中的占比	32.4%	28.2%	29.9%	30.2%	29.7%	29.6%
		总数的占比	4.2%	10.8%	7.9%	5.4%	1.3%	29.6%
	普通高中	计数	56	214	133	130	37	570
		"工作的学校类型"中的占比	9.8%	37.5%	23.3%	22.8%	6.5%	100.0%
		"您有将生态文明教育融入课堂教学吗"中的占比	4.6%	5.9%	5.3%	7.6%	8.9%	6.0%
		总数的占比	0.6%	2.3%	1.4%	1.4%	0.4%	6.0%
	职业高中	计数	24	85	124	81	20	334
		"工作的学校类型"中的占比	7.2%	25.4%	37.1%	24.3%	6.0%	100.0%
		"您有将生态文明教育融入课堂教学吗"中的占比	2.0%	2.3%	5.0%	4.7%	4.8%	3.5%
		总数的占比	0.3%	0.9%	1.3%	0.9%	0.2%	3.5%

(续表)

			您有将生态文明教育融入课堂教学吗					合计
			非常多	比较多	一般	偶尔	没有	
工作的学校类型	社区成人学校	计数	2	6	2	0	1	11
		"工作的学校类型"中的占比	18.2%	54.5%	18.2%	0%	9.1%	100.0%
		"您有将生态文明教育融入课堂教学吗"中的占比	0.2%	0.2%	0.1%	0%	0.2%	0.1%
		总数的占比	0%	0.1%	0%	0%	0%	0.1%
	其他类型学校	计数	61	237	165	131	30	624
		"工作的学校类型"中的占比	9.8%	38.0%	26.4%	21.0%	4.8%	100.0%
		"您有将生态文明教育融入课堂教学吗"中的占比	5.0%	6.5%	6.6%	7.7%	7.2%	6.6%
		总数的占比	0.6%	2.5%	1.7%	1.4%	0.3%	6.6%
合计		计数	1 224	3 632	2 504	1 706	418	9 484
		"工作的学校类型"中的占比	12.9%	38.3%	26.4%	18.0%	4.4%	100.0%
		"您有将生态文明教育融入课堂教学吗"中的占比	100.0%	100.0%	100.0%	100.0%	100.0%	100.0%
		总数的占比	12.9%	38.3%	26.4%	18.0%	4.4%	100.0%

表 3-1-10　工作的学校类型 × 您有将生态文明教育融入课堂教学吗卡方检验

	值	df	渐进 Sig.（双侧）
Pearson 卡方	97.996[a]	20	0.000
似然比	100.307	20	0.000
线性和线性组合	35.696	1	0.000
有效案例中的 N	9 484		

a. 5 单元格(16.7%)的期望计数少于 5。最小期望计数为 0.48。

五 乡村教师青少年时期就读学校与将生态文明教育融入课堂教学频度相关分析

乡村教师将生态文明教育融入课堂教学频度是乡村教师服务乡村生态文明教育能力的直接的现实指标,乡村教师青少年时期就读学校所在区域是乡村教师从孩童到成人的成长历程中的重要环境,是乡村教师成长史当中的重要的社会因素。乡村教师青少年读书时期可以划分为三个阶段:小学、初中、高中或中专。乡村教师青少年时期就读学校所在区域有:村庄、乡/镇政府所在地、县城、地级市、省城。本研究选择对乡村教师青少年时期就读学校与将生态文明教育融入课堂教学频度分别作卡方检验。卡方检验结果发现,乡村教师青少年时期就读学校与将生态文明教育融入课堂教学频度存在相关性。

从表3-1-11、表3-1-13、表3-1-15可见,乡村教师小学、初中、高中或中专阶段是否将生态文明教育融入课堂教学的选项在"比较多"上选择数量较多,即就读学校在"村庄""乡/镇政府所在地""县城""地级市""省城"不同的地理空间,"比较多"的比例基本上都是较大的。以初中就读学校所在区域为例,在"村庄""乡/镇政府所在地""县城""地级市""省城"类型的群体里边选择"比较多"的比例分别为:38.3%、40.1%、34.2%、31.6%、39.6%。

从表3-1-12、表3-1-14和表3-1-16可见,Pearson卡方、似然比卡方以及线性和线性组合的渐进双侧显著性检验P值均小于0.01,达到极显著性水平。由此,从统计学上推断,乡村教师青少年时期就读学校与将生态文明教育融入课堂教学频度存在相关性,就读学校在"村庄""乡/镇政府所在地""县城""地级市""省城"与乡村不同的地理空间距离上面,"比较多"的比例基本上都是较大的。

据以上分析,有理由认为大多数乡村教师将生态文明教育融入课堂教学,换言之,乡村教师服务乡村生态文明教育能力水平较高。

表 3-1-11 小学就读的学校所在地区域×您有将生态文明教育融入课堂教学吗交叉表

			您有将生态文明教育融入课堂教学吗					合计
			非常多	比较多	一般	偶尔	没有	
小学就读的学校所在地区域	村庄	计数	777	2 281	1 411	987	216	5 672
		"小学就读的学校所在地区域"中的占比	13.7%	40.2%	24.9%	17.4%	3.8%	100.0%
		"您有将生态文明教育融入课堂教学吗"中的占比	63.5%	62.8%	56.3%	57.9%	51.7%	59.8%
		总数的占比	8.2%	24.1%	14.9%	10.4%	2.3%	59.8%
	乡/镇政府所在地	计数	257	879	682	421	102	2 341
		"小学就读的学校所在地区域"中的占比	11.0%	37.5%	29.1%	18.0%	4.4%	100.0%
		"您有将生态文明教育融入课堂教学吗"中的占比	21.0%	24.2%	27.2%	24.7%	24.4%	24.7%
		总数的占比	2.7%	9.3%	7.2%	4.4%	1.1%	24.7%
	县城	计数	164	393	327	238	75	1 197
		"小学就读的学校所在地区域"中的占比	13.7%	32.8%	27.3%	19.9%	6.3%	100.0%
		"您有将生态文明教育融入课堂教学吗"中的占比	13.4%	10.8%	13.1%	14.0%	17.9%	12.6%
		总数的占比	1.7%	4.1%	3.4%	2.5%	0.8%	12.6%
	地级市	计数	23	66	73	55	19	236
		"小学就读的学校所在地区域"中的占比	9.7%	28.0%	30.9%	23.3%	8.1%	100.0%
		"您有将生态文明教育融入课堂教学吗"中的占比	1.9%	1.8%	2.9%	3.2%	4.5%	2.5%
		总数的占比	0.2%	0.7%	0.8%	0.6%	0.2%	2.5%
	省城	计数	3	13	11	5	6	38
		"小学就读的学校所在地区域"中的占比	7.9%	34.2%	28.9%	13.2%	15.8%	100.0%
		"您有将生态文明教育融入课堂教学吗"中的占比	0.2%	0.4%	0.4%	0.3%	1.4%	0.4%
		总数的占比	0%	0.1%	0.1%	0.1%	0.1%	0.4%
合计		计数	1 224	3 632	2 504	1 706	418	9 484
		"小学就读的学校所在地区域"中的占比	12.9%	38.3%	26.4%	18.0%	4.4%	100.0%
		"您有将生态文明教育融入课堂教学吗"中的占比	100.0%	100.0%	100.0%	100.0%	100.0%	100.0%
		总数的占比	12.9%	38.3%	26.4%	18.0%	4.4%	100.0%

表 3-1-12 小学就读的学校所在地区域×您有将生态文明教育融入课堂教学吗交叉表卡方检验

	值	df	渐进 Sig.（双侧）
Pearson 卡方	88.412[a]	16	0.000
似然比	82.739	16	0.000
线性和线性组合	47.245	1	0.000
有效案例中的 N	9484		

a. 2 单元格(8.0%)的期望计数少于 5。最小期望计数为 1.67。

表 3-1-13 初中就读的学校所在地区域×您有将生态文明教育融入课堂教学吗交叉表

			您有将生态文明教育融入课堂教学吗					合计
			非常多	比较多	一般	偶尔	没有	
初中就读的学校所在地区域	村庄	计数	186	532	362	244	65	1389
		"初中就读的学校所在地区域"中的占比	13.4%	38.3%	26.1%	17.6%	4.7%	100.0%
		"您有将生态文明教育融入课堂教学吗"中的占比	15.2%	14.6%	14.5%	14.3%	15.6%	14.6%
		总数的占比	2.0%	5.6%	3.8%	2.6%	0.7%	14.6%
	乡/镇政府所在地	计数	756	2302	1490	993	206	5747
		"初中就读的学校所在地区域"中的占比	13.2%	40.1%	25.9%	17.3%	3.6%	100.0%
		"您有将生态文明教育融入课堂教学吗"中的占比	61.8%	63.4%	59.5%	58.2%	49.3%	60.6%
		总数的占比	8.0%	24.3%	15.7%	10.5%	2.2%	60.6%
	县城	计数	243	681	549	398	120	1991
		"初中就读的学校所在地区域"中的占比	12.2%	34.2%	27.6%	20.0%	6.0%	100.0%
		"您有将生态文明教育融入课堂教学吗"中的占比	19.9%	18.8%	21.9%	23.3%	28.7%	21.0%
		总数的占比	2.6%	7.2%	5.8%	4.2%	1.3%	21.0%

(续表)

			您有将生态文明教育融入课堂教学吗					合计
			非常多	比较多	一般	偶尔	没有	
初中就读的学校所在地区域	地级市	计数	36	96	88	64	20	304
		"初中就读的学校所在地区域"中的占比	11.8%	31.6%	28.9%	21.1%	6.6%	100.0%
		"您有将生态文明教育融入课堂教学吗"中的占比	2.9%	2.6%	3.5%	3.8%	4.8%	3.2%
		总数的占比	0.4%	1.0%	0.9%	0.7%	0.2%	3.2%
	省城	计数	3	21	15	7	7	53
		"初中就读的学校所在地区域"中的占比	5.7%	39.6%	28.3%	13.2%	13.2%	100.0%
		"您有将生态文明教育融入课堂教学吗"中的占比	0.2%	0.6%	0.6%	0.4%	1.7%	0.6%
		总数的占比	0%	0.2%	0.2%	0.1%	0.1%	0.6%
合计		计数	1 224	3 632	2 504	1 706	418	9 484
		"初中就读的学校所在地区域"中的占比	12.9%	38.3%	26.4%	18.0%	4.4%	100.0%
		"您有将生态文明教育融入课堂教学吗"中的占比	100.0%	100.0%	100.0%	100.0%	100.0%	100.0%
		总数的占比	12.9%	38.3%	26.4%	18.0%	4.4%	100.0%

表3-1-14 初中就读的学校所在地区域×您有将生态文明教育融入课堂教学吗卡方检验

	值	df	渐进 Sig.(双侧)
Pearson 卡方	64.997[a]	16	0.000
似然比	61.560	16	0.000
线性和线性组合	24.573	1	0.000
有效案例中的 N	9 484		

a. 1 单元格(4.0%)的期望计数少于 5。最小期望计数为 2.34。

表 3-1-15 高中就读的学校所在地区域×您有将生态文明教育融入课堂教学吗交叉表

			您有将生态文明教育融入课堂教学吗					合计
			非常多	比较多	一般	偶尔	没有	
高中或中专就读的学校所在地区域	村庄	计数	21	42	40	16	12	131
		"高中或中专就读的学校所在地区域"中的占比	16.0%	32.1%	30.5%	12.2%	9.2%	100.0%
		"您有将生态文明教育融入课堂教学吗"中的占比	1.7%	1.2%	1.6%	0.9%	2.9%	1.4%
		总数的占比	0.2%	0.4%	0.4%	0.2%	0.1%	1.4%
	乡/镇政府所在地	计数	241	833	564	349	87	2 074
		"高中或中专就读的学校所在地区域"中的占比	11.6%	40.2%	27.2%	16.8%	4.2%	100.0%
		"您有将生态文明教育融入课堂教学吗"中的占比	19.7%	22.9%	22.5%	20.5%	20.8%	21.9%
		总数的占比	2.5%	8.8%	5.9%	3.7%	0.9%	21.9%
	县城	计数	689	2 016	1 396	994	237	5 332
		"高中或中专就读的学校所在地区域"中的占比	12.9%	37.8%	26.2%	18.6%	4.4%	100.0%
		"您有将生态文明教育融入课堂教学吗"中的占比	56.3%	55.5%	55.8%	58.3%	56.7%	56.2%
		总数的占比	7.3%	21.3%	14.7%	10.5%	2.5%	56.2%
	地级市	计数	247	667	450	319	67	1 750
		"高中或中专就读的学校所在地区域"中的占比	14.1%	38.1%	25.7%	18.2%	3.8%	100.0%
		"您有将生态文明教育融入课堂教学吗"中的占比	20.2%	18.4%	18.0%	18.7%	16.0%	18.5%
		总数的占比	2.6%	7.0%	4.7%	3.4%	0.7%	18.5%
	省城	计数	26	74	54	28	15	197
		"高中或中专就读的学校所在地区域"中的占比	13.2%	37.6%	27.4%	14.2%	7.6%	100.0%

(续表)

			您有将生态文明教育融入课堂教学吗					合计
			非常多	比较多	一般	偶尔	没有	
高中或中专就读的学校所在地区域	省城	"您有将生态文明教育融入课堂教学吗"中的占比	2.1%	2.0%	2.2%	1.6%	3.6%	2.1%
		总数的占比	0.3%	0.8%	0.6%	0.3%	0.2%	2.1%
合计		计数	1 224	3 632	2 504	1 706	418	9 484
		"高中或中专就读的学校所在地区域"中的占比	12.9%	38.3%	26.4%	18.0%	4.4%	100.0%
		"您有将生态文明教育融入课堂教学吗"中的占比	100.0%	100.0%	100.0%	100.0%	100.0%	100.0%
		总数的占比	12.9%	38.3%	26.4%	18.0%	4.4%	100.0%

表3-1-16　高中就读的学校所在地区域×您有将生态文明教育融入课堂教学吗卡方检验

	值	df	渐进 Sig.（双侧）
Pearson 卡方	30.799[a]	16	0.014
似然比	28.848	16	0.025
线性和线性组合	0.222	1	0.638
有效案例中的 N	9 484		

a. 0 单元格(0.0%)的期望计数少于 5。最小期望计数为 5.77。

乡村教师性别年龄学历职称与在课外综合实践活动中进行生态文明教育频度相关分析

乡村教师在课外综合实践活动中进行生态文明教育是其服务乡村生态文明教育能力的直接的现实指标，性别和年龄是影响人的一般能力的自然属性，学历职称是乡村教师学术专业水准的重要标志。本研究选择对乡村教师性别、年龄、学历、职称与在课外综合实践活动中进行生态文明教育频度分别作卡方检验。卡方检验结果发现,乡村教师性别、年龄、学历、职称与在课外综合实践活动中进行生态文明教育频度存在相关性。限于篇幅,以下以性别和年龄为例进行说明。

从表3-1-17和表3-1-19可见,乡村教师在课外综合实践活动中进行生态文明教育频度的选项在"偶尔"和"没有"上的数量占乡村教师群体的比例分别为18.7%和8.1%,累计高达26.8%,即不到三分之一的乡村教师很少或没有参与在课外综合实践活动中进行生态文明教育。

从表3-1-17性别来看,男教师和女教师在"非常多""比较多""一般""偶尔"和"没有"选项上的选择数量占各自性别群体的比例分布趋势一致,与总体分布趋势也一致。但是,男教师在"非常多"和"比较多"选项上的选择数量占乡村男教师群体的比例高于女教师。从表3-1-19年龄段来看,"25岁及以下"至"56岁及以上","非常多"和"比较多"两项选择数之和占各自年龄段群体的比例依次增加。

从表3-1-18和表3-1-20可见,Pearson卡方、似然比卡方以及线性和线性组合的渐进双侧显著性检验P值均小于0.01,达到极显著性水平。由此,在统计学上推断,乡村教师在课外综合实践活动中进行生态文明教育频度的调查数据分布特征与乡村教师的性别和年龄段存在相关性,男教师比女教师参与程度高一些,随着年龄段增大,乡村教师在各自年龄段里边的参与比例依次增加,处于"56岁及以上"的乡村教师选择"非常多"和"比较多"两项数量之和比例最高,为61.3%。

根据以上分析,有理由认为大多数乡村教师经常性地在课外综合实践活动中进行生态文明教育。同时,也发现具有较大发展潜力的年轻教师群体在课外综合实践活动中进行生态文明教育的频度不高。因此,乡村女教师和乡村年轻教师服务乡村生态文明教育的能力有待提高。

表 3-1-17 性别×课外综合实践活动中您有进行生态文明教育吗交叉表

			课外综合实践活动中您有进行生态文明教育吗					合计
			非常多	比较多	一般	偶尔	没有	
性别	男	计数	558	1 653	1 398	716	274	4 599
		"性别"中的占比	12.1%	35.9%	30.4%	15.6%	6.0%	100.0%
		"课外综合实践活动中您有进行生态文明教育吗"中的占比	55.5%	54.1%	48.5%	40.4%	35.6%	48.5%
		总数的占比	5.9%	17.4%	14.7%	7.5%	2.9%	48.5%
	女	计数	447	1 402	1 486	1 055	495	4 885
		"性别"中的占比	9.2%	28.7%	30.4%	21.6%	10.1%	100.0%
		"课外综合实践活动中您有进行生态文明教育吗"中的占比	44.5%	45.9%	51.5%	59.6%	64.4%	51.5%
		总数的占比	4.7%	14.8%	15.7%	11.1%	5.2%	51.5%
合计		计数	1 005	3 055	2 884	1 771	769	9 484
		"性别"中的占比	10.6%	32.2%	30.4%	18.7%	8.1%	100.0%
		"课外综合实践活动中您有进行生态文明教育吗"中的占比	100.0%	100.0%	100.0%	100.0%	100.0%	100.0%
		总数的占比	10.6%	32.2%	30.4%	18.7%	8.1%	100.0%

表 3-1-18 性别×课外综合实践活动中您有进行生态文明教育吗卡方检验

	值	df	渐进 Sig.（双侧）
Pearson 卡方	155.487[a]	4	0.000
似然比	156.699	4	0.000
线性和线性组合	147.411	1	0.000
有效案例中的 N	9 484		

a. 0 单元格(0.0%)的期望计数少于 5。最小期望计数为 372.90。

表 3-1-19 年龄×课外综合实践活动中您有进行生态文明教育吗交叉表

			课外综合实践活动中您有进行生态文明教育吗					合计
			非常多	比较多	一般	偶尔	没有	
年龄	25岁及以下	计数	52	166	240	124	63	645
		"年龄"中的占比	8.1%	25.7%	37.2%	19.2%	9.8%	100.0%
		"课外综合实践活动中您有进行生态文明教育吗"中的占比	5.2%	5.4%	8.3%	7.0%	8.2%	6.8%
		总数的占比	0.5%	1.8%	2.5%	1.3%	0.7%	6.8%
	26—35岁	计数	354	1 080	1 146	757	373	3 710
		"年龄"中的占比	9.5%	29.1%	30.9%	20.4%	10.1%	100.0%
		"课外综合实践活动中您有进行生态文明教育吗"中的占比	35.2%	35.4%	39.7%	42.7%	48.5%	39.1%
		总数的占比	3.7%	11.4%	12.1%	8.0%	3.9%	39.1%
	36—45岁	计数	364	992	845	524	229	2 954
		"年龄"中的占比	12.3%	33.6%	28.6%	17.7%	7.8%	100.0%
		"课外综合实践活动中您有进行生态文明教育吗"中的占比	36.2%	32.5%	29.3%	29.6%	29.8%	31.1%
		总数的占比	3.8%	10.5%	8.9%	5.5%	2.4%	31.1%
	46—55岁	计数	184	660	569	329	94	1 836
		"年龄"中的占比	10.0%	35.9%	31.0%	17.9%	5.1%	100.0%
		"课外综合实践活动中您有进行生态文明教育吗"中的占比	18.3%	21.6%	19.7%	18.6%	12.2%	19.4%
		总数的占比	1.9%	7.0%	6.0%	3.5%	1.0%	19.4%
	56岁及以上	计数	51	157	84	37	10	339
		"年龄"中的占比	15.0%	46.3%	24.8%	10.9%	2.9%	100.0%
		"课外综合实践活动中您有进行生态文明教育吗"中的占比	5.1%	5.1%	2.9%	2.1%	1.3%	3.6%
		总数的占比	0.5%	1.7%	0.9%	0.4%	0.1%	3.6%

(续表)

		课外综合实践活动中您有进行生态文明教育吗					合计
		非常多	比较多	一般	偶尔	没有	
合计	计数	1 005	3 055	2 884	1 771	769	9 484
	"年龄"中的占比	10.6%	32.2%	30.4%	18.7%	8.1%	100.0%
	"课外综合实践活动中您有进行生态文明教育吗"中的占比	100.0%	100.0%	100.0%	100.0%	100.0%	100.0%
	总数的占比	10.6%	32.2%	30.4%	18.7%	8.1%	100.0%

表3-1-20 年龄×课外综合实践活动中您有进行生态文明教育吗卡方检验

	值	df	渐进 Sig.（双侧）
Pearson 卡方	160.319[a]	16	0.000
似然比	164.605	16	0.000
线性和线性组合	102.152	1	0.000
有效案例中的 N	9 484		

a. 0 单元格(0.0%)的期望计数少于5。最小期望计数为27.49。

第二节 乡村教师服务自然景观设计能力调查结果分析

乡村教师服务自然景观设计能力是乡村教师服务乡村产业兴旺能力一级指标下面的二级指标之一，可分解为两个三级指标：了解本地自然景观遭受破坏情况和参与或指导本地自然景观设计。两个三级指标下面分别设计是否了解本地自然景观遭受破坏情况、是否对本地自然景观遭受破坏情况感兴趣以及参与或指导本地自然景观设计等调查问题，对回收的问卷数据分析后发现，乡村教师的性别、年龄、学历、职称、家庭住址所在区域、工作学校类型、任教学科、青少年时期就读学校所在地等要素与乡村教师服务自然景观设计能力指标的上述设计的问题存在不同程度的相关性。限于篇幅,以下选取了六个角度进行分析:乡村教师性别年龄与是否了解乡村自然景观相关分析、乡村教师任教学科与是否了解乡村自然景观相关分析、乡村教师工作学校类型与是否对乡村自然景观感兴趣相关分析、乡村教师家庭住址所在区域与参与本地自然景观设计活动频度相关分析、乡村教师青少年时期就读学校与关于自然景观设计校本课程开发频度相关分析、乡村教师性别年龄学历职称与进行关于自然景观设计校本课程开发频度相关分析。

一 乡村教师性别年龄与是否了解乡村自然景观相关分析

乡村教师了解乡村自然景观是乡村教师服务乡村自然景观设计能力的先决条件,性别和年龄是影响人的一般能力的自然属性,本研究选择对乡村教师性别年龄与是否了解乡村自然景观分别作卡方检验。

从表3-2-1和表3-2-3可见,乡村教师是否了解乡村自然景观的调查问题选项在"不了解"和"了解"上的选择数量占乡村教师被调查群体总数量的比例分别为47.2%和52.8%,即接近半数的乡村教师不了解乡村自然景观。

从表3-2-1性别来看,男教师和女教师在"不了解""了解"选项上的选择数量占各自性别群体的比例分布趋势不一致,男教师的选择比例与总体分布趋势一致,女教师的选择比例与总体分布趋势不一致。男教师在"了解"选项上的选择数量占乡村男教师群体的比例高于女教师,男教师选择"了解"的比例超过男教师群体的一半,女教师选择"了解"的比例刚好是女教师群体的一半。

从表3-2-3年龄段来看,"25岁及以下"至"56岁及以上",选择"了解"的数量占各自年龄段群体的比例基本上依次上升。

从表3-2-2和表3-2-4可见,Pearson卡方、似然比卡方以及线性和线性组合的双侧显著性检验P值均小于0.01,达到极显著性水平。由此,在统计学上推断,乡村教师是否了解乡村自然景观的调查数据分布特征与乡村教师的性别和年龄段存在相关性,男教师比女教师对乡村自然景观了解数量比例高一些,随着年龄段增大,乡村教师在各自年龄段里边对乡村自然景观了解比例基本上依次增加,处于"46—55岁"和"56岁及以上"的乡村教师选择"了解"的数量占各自群体的比例分别为56.7%和59.6%,明显超过了一半。

根据以上分析,有理由认为比较多乡村教师不了解乡村自然景观,假如让不了解乡村自然景观的乡村教师去培育乡村自然景观人才,显然是难以胜任这个工作的。换言之,比较多乡村教师服务乡村自然景观设计的能力不足。

表3-2-1 性别×您了解乡村自然景观吗交叉表

			您了解乡村自然景观吗		合计
			不了解	了解	
性别	男	计数	2 037	2 562	4 599
		"性别"中的占比	44.3%	55.7%	100.0%
		"您了解乡村自然景观吗"中的占比	45.5%	51.2%	48.5%
		总数的占比	21.5%	27.0%	48.5%
	女	计数	2 442	2 443	4 885
		"性别"中的占比	50.0%	50.0%	100.0%
		"您了解乡村自然景观吗"中的占比	54.5%	48.8%	51.5%
		总数的占比	25.7%	25.8%	51.5%
合计		计数	4 479	5 005	9 484
		"性别"中的占比	47.2%	52.8%	100.0%
		"您了解乡村自然景观吗"中的占比	100.0%	100.0%	100.0%
		总数的占比	47.2%	52.8%	100.0%

表3-2-2 性别×您了解乡村自然景观吗卡方检验

	值	df	渐进 Sig.(双侧)	精确 Sig.(双侧)	精确 Sig.(单侧)
Pearson 卡方	30.854[a]	1	0.000		
连续校正[b]	30.626	1	0.000		

(续表)

	值	df	渐进 Sig.（双侧）	精确 Sig.（双侧）	精确 Sig.（单侧）
似然比	30.875	1	0.000		
Fisher 的精确检验				0.000	0.000
线性和线性组合	30.850	1	0.000		
有效案例中的 N	9 484				

a. 0 单元格(0.0%)的期望计数少于 5。最小期望计数为 2 171.97。
b. 仅对 2×2 表计算。

表 3-2-3 年龄×您了解乡村自然景观吗交叉表

			您了解乡村自然景观吗		合计
			不了解	了解	
年龄	25 岁及以下	计数	316	329	645
		"年龄"中的占比	49.0%	51.0%	100.0%
		"您了解乡村自然景观吗"中的占比	7.1%	6.6%	6.8%
		总数的占比	3.3%	3.5%	6.8%
	26—35 岁	计数	1 874	1 836	3 710
		"年龄"中的占比	50.5%	49.5%	100.0%
		"您了解乡村自然景观吗"中的占比	41.8%	36.7%	39.1%
		总数的占比	19.8%	19.4%	39.1%
	36—45 岁	计数	1 357	1 597	2 954
		"年龄"中的占比	45.9%	54.1%	100.0%
		"您了解乡村自然景观吗"中的占比	30.3%	31.9%	31.1%
		总数的占比	14.3%	16.8%	31.1%
	46—55 岁	计数	795	1 041	1 836
		"年龄"中的占比	43.3%	56.7%	100.0%
		"您了解乡村自然景观吗"中的占比	17.7%	20.8%	19.4%
		总数的占比	8.4%	11.0%	19.4%

(续表)

| | | | 您了解乡村自然景观吗 | | 合计 |
			不了解	了解	
年龄	56岁及以上	计数	137	202	339
		"年龄"中的占比	40.4%	59.6%	100.0%
		"您了解乡村自然景观吗"中的占比	3.1%	4.0%	3.6%
		总数的占比	1.4%	2.1%	3.6%
合计		计数	4 479	5 005	9 484
		"年龄"中的占比	47.2%	52.8%	100.0%
		"您了解乡村自然景观吗"中的占比	100.0%	100.0%	100.0%
		总数的占比	47.2%	52.8%	100.0%

表3-2-4 年龄×您了解乡村自然景观吗卡方检验

	值	df	渐进 Sig.(双侧)
Pearson 卡方	36.514[a]	4	0.000
似然比	36.585	4	0.000
线性和线性组合	31.411	1	0.000
有效案例中的 N	9 484		

a. 0 单元格(0.0%)的期望计数少于 5。最小期望计数为 160.10。

二 乡村教师任教学科与是否了解乡村自然景观相关分析

乡村教师了解乡村自然景观是乡村教师服务乡村自然景观设计能力的先决条件，乡村教师任教学科是影响乡村教师选择性注意或兴趣倾向的重要因素之一。本研究选择对乡村教师任教学科与是否了解乡村自然景观作卡方检验。

按照我国中小学、职业高中及社区学校开设的课程情况，乡村教师任教学科背景有：语文、数学、英语、科学、社会思政、音乐或美术、体育、职业技术类及其他。卡方检验统计结果发现是否任教语文、数学、英语、体育、职业技术类以及其他学科的乡村教师与是否了解乡村自然景观没有达到显著性差异;是否任教科学、社会思政、音乐或美术学科的乡村教师与是否了解乡村自然景观达到极显著性差异。限于篇幅,以下以社会思政学科为例进行说明。从表3-2-5可见,乡村教师选择对乡村自然景观"不了解"和"了解"的数量占乡村教师被调查群体总数量的比例分别为47.2%和52.8%,即对不了解乡村自然景观的比例接近达到一半。

从表3-2-5可见,乡村教师对乡村自然景观"了解"选项上的数量占社会思政学科和非社会思政学科背景上的比例分别为59.9%和51.5%。从表3-2-6可见,Pearson卡方、似然比卡方以及线性和线性组合的渐进双侧显著性检验P值均小于0.01,达到极显著性水平。由此,在统计学上推断,乡村教师是否任教社会思政学科背景与是否了解乡村自然景观存在相关性,任教社会思政学科的乡村教师群体对了解乡村自然景观的比例更高。

根据以上分析,将近半数的乡村教师对乡村自然景观不了解。同时,任教科学、社会思政、音乐或美术学科的乡村教师相对于任教语文、数学、英语、体育、职业技术类以及其他等学科更加表现出对乡村自然景观的兴趣。然而,语文学科和数学学科是大学科,任教语文学科和数学学科的乡村教师人数应该具有很高比例,职业技术类学科跟乡村自然景观应该具有很高的相关性,遗憾的是这些乡村教师对乡村自然景观了解不够。假如让对乡村自然景观不了解的乡村教师去服务乡村自然景观设计,显然是勉为其难的。由此,就有比较充分的理由怀疑这些乡村教师服务乡村自然景观设计能力是否足够。

表3-2-5 是否任教社会思政学科×您了解乡村自然景观吗交叉表

			您了解乡村自然景观吗		合计
			不了解	了解	
是否任教社会思政学科	是	计数	560	838	1398
		"是否任教社会思政学科"中的占比	40.1%	59.9%	100.0%
		"您了解乡村自然景观吗"中的占比	12.5%	16.7%	14.7%
		总数的占比	5.9%	8.8%	14.7%

（续表）

			您了解乡村自然景观吗		合计
			不了解	了解	
是否任教社会思政学科	否	计数	3 919	4 167	8 086
		"是否任教社会思政学科"中的占比	48.5%	51.5%	100.0%
		"您了解乡村自然景观吗"中的占比	87.5%	83.3%	85.3%
		总数的占比	41.3%	43.9%	85.3%
合计		计数	4 479	5 005	9 484
		"是否任教社会思政学科"中的占比	47.2%	52.8%	100.0%
		"您了解乡村自然景观吗"中的占比	100.0%	100.0%	100.0%
		总数的占比	47.2%	52.8%	100.0%

表3-2-6 是否任教社会思政学科×您了解乡村自然景观吗卡方检验

	值	df	渐进 Sig.（双侧）	精确 Sig.（双侧）	精确 Sig.（单侧）
Pearson 卡方	33.819[a]	1	0.000		
连续校正[b]	33.483	1	0.000		
似然比	34.072	1	0.000		
Fisher 的精确检验				0.000	0.000
线性和线性组合	33.816	1	0.000		
有效案例中的 N	9 484				

a. 0 单元格(0.0%)的期望计数少于 5。最小期望计数为 660.23。
b. 仅对 2×2 表计算。

三 乡村教师工作学校类型与是否对乡村自然景观感兴趣相关分析

乡村教师对乡村自然景观感兴趣是乡村教师服务乡村自然景观设计能力的关键条件，由于我国不同的乡村学校类型承担着不同的教育任务和职能以及面对着不同的教育对象，进而教育的内容和性质也有所不同，因此，乡村教师工作学校类型不同是影响乡村教师选择性注意或兴趣倾向的重要因素之一。乡村教师工作学校类型有：小学、初中、普通高中、职业高中、社区成人学校及其他类型学校。本研究对乡村教师工作学校类型与是否对乡村自然景观感兴趣作卡方检验。

从表3-2-7可见，乡村教师选择对乡村自然景观"感兴趣"占相同工作学校类型群体中的比例分别为：小学52.5%、初中54.6%、普通高中53.0%、职业高中55.1%、社区成人学校18.2%、其他类型学校54.3%。其中职业高中教师选择了解的比例最高，为55.1%；其次是初中学校教师，为54.6%。

从表3-2-8可见，Pearson卡方、似然比卡方以及线性和线性组合的渐进双侧显著性检验P值均大于0.05，没有达到显著差异。由此，在统计学上推断，乡村教师是否对乡村自然景观感兴趣的调查数据分布特征与乡村教师工作学校类型没有相关性。但是，不感兴趣的选择项数量占被调查群体总数量的比例高达46.7%，假如让对乡村自然景观不感兴趣的乡村教师去服务乡村自然景观设计工作，显然是勉为其难的。由此，就有比较充分的理由推测乡村教师服务乡村自然景观设计的能力是不够的。

表3-2-7 工作的学校类型×您对乡村自然景观感兴趣吗交叉表

			您对乡村自然景观感兴趣吗		合计
			不感兴趣	感兴趣	
工作的学校类型	小学	计数	2 442	2 694	5 136
		"工作的学校类型"中的占比	47.5%	52.5%	100.0%
		"您对乡村自然景观感兴趣吗"中的占比	55.1%	53.3%	54.2%
		总数的占比	25.7%	28.4%	54.2%
	初中	计数	1 275	1 534	2 809
		"工作的学校类型"中的占比	45.4%	54.6%	100.0%
		"您对乡村自然景观感兴趣吗"中的占比	28.8%	30.3%	29.6%
		总数的占比	13.4%	16.2%	29.6%

(续表)

			您对乡村自然景观感兴趣吗		合计
			不感兴趣	感兴趣	
工作的学校类型	普通高中	计数	268	302	570
		"工作的学校类型"中的占比	47.0%	53.0%	100.0%
		"您对乡村自然景观感兴趣吗"中的占比	6.1%	6.0%	6.0%
		总数的占比	2.8%	3.2%	6.0%
	职业高中	计数	150	184	334
		"工作的学校类型"中的占比	44.9%	55.1%	100.0%
		"您对乡村自然景观感兴趣吗"中的占比	3.4%	3.6%	3.5%
		总数的占比	1.6%	1.9%	3.5%
	社区成人学校	计数	9	2	11
		"工作的学校类型"中的占比	81.8%	18.2%	100.0%
		"您对乡村自然景观感兴趣吗"中的占比	0.2%	0%	0.1%
		总数的占比	0.1%	0%	0.1%
	其他类型学校	计数	285	339	624
		"工作的学校类型"中的占比	45.7%	54.3%	100.0%
		"您对乡村自然景观感兴趣吗"中的占比	6.4%	6.7%	6.6%
		总数的占比	3.0%	3.6%	6.6%
合计		计数	4 429	5 055	9 484
		"工作的学校类型"中的占比	46.7%	53.3%	100.0%
		"您对乡村自然景观感兴趣吗"中的占比	100.0%	100.0%	100.0%
		总数的占比	46.7%	53.3%	100.0%

表3-2-8 工作的学校类型×您对乡村自然景观感兴趣吗卡方检验

	值	df	渐进 Sig.（双侧）
Pearson 卡方	9.584[a]	5	0.088
似然比	9.928	5	0.077
线性和线性组合	1.087	1	0.297
有效案例中的 N	9 484		

a. 0 单元格(0.0%)的期望计数少于5。最小期望计数为5.14。

四 乡村教师家庭住址所在区域与参与本地自然景观设计活动频度相关分析

乡村教师参与本地自然景观设计活动是乡村教师服务乡村自然景观设计能力的直接的现实指标,乡村教师家庭住址所在区域是乡村教师基本的生活环境要素之一。因此,本研究选择对乡村教师家庭住址所在区域与参与本地自然景观设计活动作卡方检验。

从表3-2-9可见,乡村教师参与本地自然景观设计活动的选项在"偶尔"和"没有"上的数量占乡村教师群体的比例分别为24.5%和55.2%,累计高达79.7%,即超过半数的乡村教师很少或没有参与本地自然景观设计活动。选择参与本地自然景观设计活动的乡村教师在家庭住址所在区域为"本乡(镇)""外乡(镇)""县城""地级市"和"省城"选择项上的数量占乡村教师被调查群体总数量的比例分别为13.7%、8.0%、18.6%、4.2%和0.2%。乡村教师家庭住址所在区域在"本乡(镇)"和"外乡(镇)"的数量占乡村教师被调查群体总数量的比例分别为29.9%和17.0%,两者总和为46.9%,即乡村教师家庭住址所在区域在乡村的总数量不到一半。

乡村教师参与本地自然景观设计活动的数量在家庭住址所在区域为"本乡(镇)""外乡(镇)""县城""地级市"和"省城"选择项上占各自家庭住址所在区域群体的比例依次为45.7%、47.2%、43.4%、45.1%和33.3%,其中"省城"选择项上的群体比例相对比较低。

从表3-2-10可见,Pearson卡方、似然比卡方以及线性和线性组合的渐进双侧显著性检验P值依次为0.064、0.062、0.066,均大于0.05。由此,在统计学上推断,乡村教师参与本地自然景观设计活动的数据分布特征与乡村教师的家庭住址所在区域无相关性。但是,选择"没有"的数量占总量的比例高达55.2%,让人怀疑乡村教师服务自然景观设计能力不足。

表 3-2-9 家庭住址所在区域×您有参与本地自然景观设计活动吗交叉表

			您有参与本地自然景观设计活动吗					合计
			非常多	比较多	一般	偶尔	没有	
家庭住址所在区域	本乡（镇）	计数	41	119	417	721	1 541	2 839
		"家庭住址所在区域"中的占比	1.4%	4.2%	14.7%	25.4%	54.3%	100.0%
		"您有参与本地自然景观设计活动吗"中的占比	37.3%	33.0%	28.7%	31.0%	29.4%	29.9%
		总数的占比	0.4%	1.3%	4.4%	7.6%	16.2%	29.9%
	外乡（镇）	计数	17	60	277	408	851	1 613
		"家庭住址所在区域"中的占比	1.1%	3.7%	17.2%	25.3%	52.8%	100.0%
		"您有参与本地自然景观设计活动吗"中的占比	15.5%	16.6%	19.1%	17.5%	16.3%	17.0%
		总数的占比	0.2%	0.6%	2.9%	4.3%	9.0%	17.0%
	县城	计数	41	138	619	973	2 311	4 082
		"家庭住址所在区域"中的占比	1.0%	3.4%	15.2%	23.8%	56.6%	100.0%
		"您有参与本地自然景观设计活动吗"中的占比	37.3%	38.2%	42.6%	41.8%	44.2%	43.0%
		总数的占比	0.4%	1.5%	6.5%	10.3%	24.4%	43.0%
	地级市	计数	10	39	135	213	484	881
		"家庭住址所在区域"中的占比	1.1%	4.4%	15.3%	24.2%	54.9%	100.0%
		"您有参与本地自然景观设计活动吗"中的占比	9.1%	10.8%	9.3%	9.2%	9.2%	9.3%
		总数的占比	0.1%	0.4%	1.4%	2.2%	5.1%	9.3%
	省城	计数	1	5	5	12	46	69
		"家庭住址所在区域"中的占比	1.4%	7.2%	7.2%	17.4%	66.7%	100.0%
		"您有参与本地自然景观设计活动吗"中的占比	0.9%	1.4%	0.3%	0.5%	0.9%	0.7%
		总数的占比	0%	0.1%	0.1%	0.1%	0.5%	0.7%

(续表)

		您有参与本地自然景观设计活动吗					合计
		非常多	比较多	一般	偶尔	没有	
合计	计数	110	361	1 453	2 327	5 233	9 484
	"家庭住址所在区域"中的占比	1.2%	3.8%	15.3%	24.5%	55.2%	100.0%
	"您有参与本地自然景观设计活动吗"中的占比	100.0%	100.0%	100.0%	100.0%	100.0%	100.0%
	总数的占比	1.2%	3.8%	15.3%	24.5%	55.2%	100.0%

表3-2-10 家庭住址所在区域×您有参与本地自然景观设计活动吗卡方检验

	值	df	渐进 Sig.（双侧）
Pearson 卡方	25.355[a]	16	0.064
似然比	25.457	16	0.062
线性和线性组合	3.377	1	0.066
有效案例中的 N	9 484		

a. 2 单元格(8.0%)的期望计数少于 5。最小期望计数为 0.80。

五 乡村教师青少年时期就读学校与自然景观设计校本课程开发频度相关分析

乡村教师关于自然景观设计校本课程开发是乡村教师服务乡村生态文明教育能力的直接的现实指标。乡村教师青少年时期就读学校所在区域是乡村教师从孩童到成人的成长历程中的重要环境，是乡村教师成长史当中的重要的社会因素。乡村教师青少年读书时期可以划分为三个阶段：小学、初中、高中或中专。乡村教师青少年时期就读学校所在区域有：村庄、乡/镇政府所在地、县城、地级市、省城。本研究选择对乡村教师青少年时期就读学校与关于自然景观设计校本课程开发频度分别作卡方检验。

从表3-2-11、表3-2-13、表3-2-15 可见，乡村教师小学、初中、高中或中专阶段是否进行关于自然景观设计的校本课程开发的选项在"没有"上选择数量较多，即就读学校在"村庄""乡/镇政府所在地""县城""地级市""省城"不同的地理空间,"没有"的比例均超过 50%。以初中就读学校所在区域为例,在"村庄""乡/镇政府所在地""县城""地级市""省城"类型的群体里边选择"没有"的比例分别为:62.8%、61.6%、60.9%、65.5%、54.7%。

从表 3-2-12、表 3-2-14 和表 3-2-16 可见,Pearson 卡方、似然比卡方以及线性和线性组合的渐进双侧显著性检验 P 值基本上大于 0.05,没有达到显著性水平。由此,从统计学上推断,乡村教师青少年时期就读学校与关于自然景观设计校本课程开发频度无相关性。但是,就读学校在"村庄""乡/镇政府所在地""县城""地级市""省城"不同的地理空间上面,选择"没有"的比例基本上都是较大的。

据以上分析,有理由认为大多数乡村教师没有进行关于自然景观设计的校本课程开发,换言之,乡村教师服务乡村生态文明教育能力亟待提高。

表 3-2-11 小学就读的学校所在地区域×您有进行关于自然景观设计的校本课程开发吗交叉表

			您有进行关于自然景观设计的校本课程开发吗					合计
			非常多	比较多	一般	偶尔	没有	
小学就读的学校所在地区域	村庄	计数	75	273	909	848	3 567	5 672
		"小学就读的学校所在地区域"中的占比	1.3%	4.8%	16.0%	15.0%	62.9%	100.0%
		"您有进行关于自然景观设计的校本课程开发吗"中的占比	56.0%	53.0%	59.0%	58.9%	60.9%	59.8%
		总数的占比	0.8%	2.9%	9.6%	8.9%	37.6%	59.8%
	乡/镇政府所在地	计数	33	135	393	373	1 407	2 341
		"小学就读的学校所在地区域"中的占比	1.4%	5.8%	16.8%	15.9%	60.1%	100.0%
		"您有进行关于自然景观设计的校本课程开发吗"中的占比	24.6%	26.2%	25.5%	25.9%	24.0%	24.7%
		总数的占比	0.3%	1.4%	4.1%	3.9%	14.8%	24.7%

(续表)

			您有进行关于自然景观设计的校本课程开发吗					合计
			非常多	比较多	一般	偶尔	没有	
小学就读的学校所在地区域	县城	计数	22	87	198	177	713	1 197
		"小学就读的学校所在地区域"中的占比	1.8%	7.3%	16.5%	14.8%	59.6%	100.0%
		"您有进行关于自然景观设计的校本课程开发吗"中的占比	16.4%	16.9%	12.8%	12.3%	12.2%	12.6%
		总数的占比	0.2%	0.9%	2.1%	1.9%	7.5%	12.6%
	地级市	计数	3	17	39	33	144	236
		"小学就读的学校所在地区域"中的占比	1.3%	7.2%	16.5%	14.0%	61.0%	100.0%
		"您有进行关于自然景观设计的校本课程开发吗"中的占比	2.2%	3.3%	2.5%	2.3%	2.5%	2.5%
		总数的占比	0%	0.2%	0.4%	0.3%	1.5%	2.5%
	省城	计数	1	3	2	9	23	38
		"小学就读的学校所在地区域"中的占比	2.6%	7.9%	5.3%	23.7%	60.5%	100.0%
		"您有进行关于自然景观设计的校本课程开发吗"中的占比	0.7%	0.6%	0.1%	0.6%	0.4%	0.4%
		总数的占比	0%	0%	0%	0.1%	0.2%	0.4%
合计		计数	134	515	1 541	1 440	5 854	9 484
		"小学就读的学校所在地区域"中的占比	1.4%	5.4%	16.2%	15.2%	61.7%	100.0%
		"您有进行关于自然景观设计的校本课程开发吗"中的占比	100.0%	100.0%	100.0%	100.0%	100.0%	100.0%
		总数的占比	1.4%	5.4%	16.2%	15.2%	61.7%	100.0%

表 3-2-12 小学就读的学校所在地区域×您有进行关于自然景观设计的校本课程开发吗卡方检验

	值	df	渐进 Sig.（双侧）
Pearson 卡方	25.885[a]	16	0.056
似然比	25.678	16	0.059
线性和线性组合	10.818	1	0.001
有效案例中的 N	9 484		

a. 3 单元格(12.0%)的期望计数少于 5。最小期望计数为 0.54。

表 3-2-13 初中就读的学校所在地区域×您有进行关于自然景观设计的校本课程开发吗交叉表

			您有进行关于自然景观设计的校本课程开发吗					合计
			非常多	比较多	一般	偶尔	没有	
初中就读的学校所在地区域	村庄	计数	30	83	212	192	872	1 389
		"初中就读的学校所在地区域"中的占比	2.2%	6.0%	15.3%	13.8%	62.8%	100.0%
		"您有进行关于自然景观设计的校本课程开发吗"中的占比	22.4%	16.1%	13.8%	13.3%	14.9%	14.6%
		总数的占比	0.3%	0.9%	2.2%	2.0%	9.2%	14.6%
	乡/镇政府所在地	计数	67	292	944	903	3 541	5 747
		"初中就读的学校所在地区域"中的占比	1.2%	5.1%	16.4%	15.7%	61.6%	100.0%
		"您有进行关于自然景观设计的校本课程开发吗"中的占比	50.0%	56.7%	61.3%	62.7%	60.5%	60.6%
		总数的占比	0.7%	3.1%	10.0%	9.5%	37.3%	60.6%
	县城	计数	32	117	332	297	1 213	1 991
		"初中就读的学校所在地区域"中的占比	1.6%	5.9%	16.7%	14.9%	60.9%	100.0%
		"您有进行关于自然景观设计的校本课程开发吗"中的占比	23.9%	22.7%	21.5%	20.6%	20.7%	21.0%
		总数的占比	0.3%	1.2%	3.5%	3.1%	12.8%	21.0%

(续表)

			您有进行关于自然景观设计的校本课程开发吗					合计
			非常多	比较多	一般	偶尔	没有	
初中就读的学校所在地区域	地级市	计数	4	17	46	38	199	304
		"初中就读的学校所在地区域"中的占比	1.3%	5.6%	15.1%	12.5%	65.5%	100.0%
		"您有进行关于自然景观设计的校本课程开发吗"中的占比	3.0%	3.3%	3.0%	2.6%	3.4%	3.2%
		总数的占比	0%	0.2%	0.5%	0.4%	2.1%	3.2%
	省城	计数	1	6	7	10	29	53
		"初中就读的学校所在地区域"中的占比	1.9%	11.3%	13.2%	18.9%	54.7%	100.0%
		"您有进行关于自然景观设计的校本课程开发吗"中的占比	0.7%	1.2%	0.5%	0.7%	0.5%	0.6%
		总数的占比	0%	0.1%	0.1%	0.1%	0.3%	0.6%
合计		计数	134	515	1541	1440	5854	9484
		"初中就读的学校所在地区域"中的占比	1.4%	5.4%	16.2%	15.2%	61.7%	100.0%
		"您有进行关于自然景观设计的校本课程开发吗"中的占比	100.0%	100.0%	100.0%	100.0%	100.0%	100.0%
		总数的占比	1.4%	5.4%	16.2%	15.2%	61.7%	100.0%

表3-2-14 初中就读的学校所在地区域×您有进行关于自然景观设计的校本课程开发吗卡方检验

	值	df	渐进 Sig.(双侧)
Pearson 卡方	22.826[a]	16	0.118
似然比	21.499	16	0.160
线性和线性组合	0.228	1	0.633
有效案例中的 N	9484		

a. 3 单元格(12.0%)的期望计数少于 5。最小期望计数为 0.75。

表 3-2-15 高中或中专就读的学校所在地区域×您有进行关于自然景观设计的校本课程开发吗交叉表

			您有进行关于自然景观设计的校本课程开发吗					合计
			非常多	比较多	一般	偶尔	没有	
高中或中专就读的学校所在地区域	村庄	计数	11	11	20	11	78	131
		"高中或中专就读的学校所在地区域"中的占比	8.4%	8.4%	15.3%	8.4%	59.5%	100.0%
		"您有进行关于自然景观设计的校本课程开发吗"中的占比	8.2%	2.1%	1.3%	0.8%	1.3%	1.4%
		总数的占比	0.1%	0.1%	0.2%	0.1%	0.8%	1.4%
	乡/镇政府所在地	计数	27	89	299	294	1 365	2 074
		"高中或中专就读的学校所在地区域"中的占比	1.3%	4.3%	14.4%	14.2%	65.8%	100.0%
		"您有进行关于自然景观设计的校本课程开发吗"中的占比	20.1%	17.3%	19.4%	20.4%	23.3%	21.9%
		总数的占比	0.3%	0.9%	3.2%	3.1%	14.4%	21.9%
	县城	计数	78	308	906	849	3 191	5 332
		"高中或中专就读的学校所在地区域"中的占比	1.5%	5.8%	17.0%	15.9%	59.8%	100.0%
		"您有进行关于自然景观设计的校本课程开发吗"中的占比	58.2%	59.8%	58.8%	59.0%	54.5%	56.2%
		总数的占比	0.8%	3.2%	9.6%	9.0%	33.6%	56.2%
	地级市	计数	15	90	282	257	1 106	1 750
		"高中或中专就读的学校所在地区域"中的占比	0.9%	5.1%	16.1%	14.7%	63.2%	100.0%
		"您有进行关于自然景观设计的校本课程开发吗"中的占比	11.2%	17.5%	18.3%	17.8%	18.9%	18.5%
		总数的占比	0.2%	0.9%	3.0%	2.7%	11.7%	18.5%

(续表)

			您有进行关于自然景观设计的校本课程开发吗					合计
			非常多	比较多	一般	偶尔	没有	
高中或中专就读的学校所在地区域	省城	计数	3	17	34	29	114	197
		"高中或中专就读的学校所在地区域"中的占比	1.5%	8.6%	17.3%	14.7%	57.9%	100.0%
		"您有进行关于自然景观设计的校本课程开发吗"中的占比	2.2%	3.3%	2.2%	2.0%	1.9%	2.1%
		总数的占比	0%	0.2%	0.4%	0.3%	1.2%	2.1%
合计		计数	134	515	1541	1440	5854	9484
		"高中或中专就读的学校所在地区域"中的占比	1.4%	5.4%	16.2%	15.2%	61.7%	100.0%
		"您有进行关于自然景观设计的校本课程开发吗"中的占比	100.0%	100.0%	100.0%	100.0%	100.0%	100.0%
		总数的占比	1.4%	5.4%	16.2%	15.2%	61.7%	100.0%

表3-2-16 高中或中专就读的学校所在地区域×您有进行关于自然景观设计的校本课程开发吗卡方检验

	值	df	渐进 Sig.(双侧)
Pearson 卡方	85.350[a]	16	0.000
似然比	62.006	16	0.000
线性和线性组合	1.260	1	0.262
有效案例中的 N	9484		

a. 2 单元格(8.0%)的期望计数少于 5。最小期望计数为 1.85。

六　乡村教师性别年龄学历职称与进行自然景观设计校本课程开发频度相关分析

乡村教师进行关于自然景观设计校本课程开发是乡村教师服务乡村自然景观设计能力的直接现实指标,性别和年龄是影响人的一般能力的自然属性,学历职称是乡村教师学术专业水准的重要标志。本研究选择对乡村教师性别年龄学历职称与进行关于自然景观设计校本课程开发频度分别作卡方检验。卡方检验结果发现,乡村教师性别年龄职称与进行自然景观设计校本课程开发频度存在相关性,乡村教师学历与进行自然景观设计校本课程开发频度没有存在相关性。限于篇幅,以下以性别和年龄为例进行说明。

从表 3-2-17 和表 3-2-19 可见,乡村教师进行关于自然景观设计校本课程开发频度的选项在"偶尔"和"没有"上的数量占乡村教师群体的比例分别为 15.2% 和 61.7%,累计高达 76.9%,即超过五分之四的乡村教师很少或没有参与关于自然景观设计的校本课程开发。

从表 3-2-17 性别来看,男教师和女教师在"非常多""比较多""一般""偶尔"和"没有"选项上的选择数量占各自性别群体的比例分布趋势一致,与总体分布趋势也一致。但是,男教师在"非常多"和"比较多"选项上的选择数量占乡村男教师群体的比例高于女教师。从表 3-2-19 年龄段来看,基本上,"25 岁及以下"至"56 岁及以上","偶尔"和"没有"两项选择数之和占各自年龄段群体的比例依次增加。

从表 3-2-18 和表 3-2-20 可见,Pearson 卡方、似然比卡方以及线性和线性组合的渐进双侧显著性检验 P 值均小于 0.01,达到极显著性水平。由此,从统计学上推断,乡村教师进行自然景观设计校本课程开发频度的调查数据分布特征与乡村教师的性别和年龄段存在相关性,男教师比女教师参与程度高一些,随着年龄段增大,乡村教师在各自年龄段里边的参与比例依次降低,处于"56 岁及以上"的乡村教师选择"偶尔"和"没有"两项数量之和的比例为 75.2%。

综上,多数乡村教师已经脱离了关于自然景观设计校本课程开发的研修环境。换言之,乡村女教师和多数年长乡村教师服务乡村自然景观设计能力可能不足。

表 3-2-17 性别×您有进行关于自然景观设计的校本课程开发吗交叉表

			您有进行关于自然景观设计的校本课程开发吗					合计
			非常多	比较多	一般	偶尔	没有	
性别	男	计数	71	279	814	701	2734	4599
		"性别"中的占比	1.5%	6.1%	17.7%	15.2%	59.4%	100.0%
		"您有进行关于自然景观设计的校本课程开发吗"中的占比	53.0%	54.2%	52.8%	48.7%	46.7%	48.5%
		总数的占比	0.7%	2.9%	8.6%	7.4%	28.8%	48.5%
	女	计数	63	236	727	739	3120	4885
		"性别"中的占比	1.3%	4.8%	14.9%	15.1%	63.9%	100.0%
		"您有进行关于自然景观设计的校本课程开发吗"中的占比	47.0%	45.8%	47.2%	51.3%	53.3%	51.5%
		总数的占比	0.7%	2.5%	7.7%	7.8%	32.9%	51.5%
合计		计数	134	515	1541	1440	5854	9484
		"性别"中的占比	1.4%	5.4%	16.2%	15.2%	61.7%	100.0%
		"您有进行关于自然景观设计的校本课程开发吗"中的占比	100.0%	100.0%	100.0%	100.0%	100.0%	100.0%
		总数的占比	1.4%	5.4%	16.2%	15.2%	61.7%	100.0%

表 3-2-18 性别×您有进行关于自然景观设计的校本课程开发吗卡方检验

	值	df	渐进 Sig.(双侧)
Pearson 卡方	26.834[a]	4	0.000
似然比	26.834	4	0.000
线性和线性组合	25.172	1	0.000
有效案例中的 N	9484		

a. 0 单元格(0.0%)的期望计数少于 5。最小期望计数为 64.98。

表 3-2-19 年龄×您有进行关于自然景观设计的校本课程开发吗交叉表

			您有进行关于自然景观设计的校本课程开发吗					合计
			非常多	比较多	一般	偶尔	没有	
年龄	25岁及以下	计数	14	46	139	119	327	645
		"年龄"中的占比	2.2%	7.1%	21.6%	18.4%	50.7%	100.0%
		"您有进行关于自然景观设计的校本课程开发吗"中的占比	10.4%	8.9%	9.0%	8.3%	5.6%	6.8%
		总数的占比	0.1%	0.5%	1.5%	1.3%	3.4%	6.8%
	26—35岁	计数	55	216	636	543	2 260	3 710
		"年龄"中的占比	1.5%	5.8%	17.1%	14.6%	60.9%	100.0%
		"您有进行关于自然景观设计的校本课程开发吗"中的占比	41.0%	41.9%	41.3%	37.7%	38.6%	39.1%
		总数的占比	0.6%	2.3%	6.7%	5.7%	23.8%	39.1%
	36—45岁	计数	43	159	422	450	1 880	2 954
		"年龄"中的占比	1.5%	5.4%	14.3%	15.2%	63.6%	100.0%
		"您有进行关于自然景观设计的校本课程开发吗"中的占比	32.1%	30.9%	27.4%	31.3%	32.1%	31.1%
		总数的占比	0.5%	1.7%	4.4%	4.7%	19.8%	31.1%
	46—55岁	计数	16	71	289	271	1 189	1 836
		"年龄"中的占比	0.9%	3.9%	15.7%	14.8%	64.8%	100.0%
		"您有进行关于自然景观设计的校本课程开发吗"中的占比	11.9%	13.8%	18.8%	18.8%	20.3%	19.4%
		总数的占比	0.2%	0.7%	3.0%	2.9%	12.5%	19.4%
	56岁及以上	计数	6	23	55	57	198	339
		"年龄"中的占比	1.8%	6.8%	16.2%	16.8%	58.4%	100.0%
		"您有进行关于自然景观设计的校本课程开发吗"中的占比	4.5%	4.5%	3.6%	4.0%	3.4%	3.6%
		总数的占比	0.1%	0.2%	0.6%	0.6%	2.1%	3.6%

(续表)

		您有进行关于自然景观设计的校本课程开发吗					合计
		非常多	比较多	一般	偶尔	没有	
合计	计数	134	515	1 541	1 440	5 854	9 484
	"年龄"中的占比	1.4%	5.4%	16.2%	15.2%	61.7%	100.0%
	"您有进行关于自然景观设计的校本课程开发吗"中的占比	100.0%	100.0%	100.0%	100.0%	100.0%	100.0%
	总数的占比	1.4%	5.4%	16.2%	15.2%	61.7%	100.0%

表3-2-20 年龄×您有进行关于自然景观设计的校本课程开发吗卡方检验

	值	df	渐进Sig.(双侧)
Pearson卡方	65.372[a]	16	0.000
似然比	65.797	16	0.000
线性和线性组合	26.154	1	0.000
有效案例中的N	9 484		

a. 1单元格(4.0%)的期望计数少于5。最小期望计数为4.79。

第三节 乡村教师服务人文景观设计能力调查结果分析

乡村教师服务人文景观设计能力是乡村教师服务乡村产业兴旺能力一级指标下面的二级指标之一,可分解为两个三级指标:了解本地人文景观遭受破坏情况和参与或指导本地人文景观设计。两个三级指标下面分别设计是否了解本地人文景观遭受破坏情况、是否对本地人文景观遭受破坏情况感兴趣以及参与或指导本地人文景观设计等调查问题,对回收的问卷数据分析后发现,乡村教师的性别、年龄、学历、职称、家庭住址所在区域、工作学校类型、任教学科、青少年时期就读学校所在地等要素与乡村教师服务人文景观设计能力指标的上述设计的问题存在不同程度的相关性。限于篇幅,以下选取了六个角度进行分析:乡村教师性别年龄与是否了解乡村人文景观相关分析、乡村教师任教学科与是否了解乡村人文景观相关分析、乡村教师工作学校类型与是否对乡村人文景观感兴趣相关分析、乡村教师家庭住址所在区域与参与本地人文景观设计活动频度相关分析、乡村教师青少年时期就读学校与人文景观设计校本课程开发频度相关分析、乡村教师性别年龄学历职称与人文景观设计校本课程开发频度相关分析。

一 乡村教师性别年龄与是否了解乡村人文景观相关分析

乡村教师了解乡村人文景观是乡村教师服务乡村人文景观设计能力的先决条件,性别和年龄是影响人的一般能力的自然属性,本研究选择对乡村教师性别年龄与是否了解乡村人文景观分别作卡方检验。

从表3-3-1和表3-3-3可见,乡村教师是否了解乡村人文景观的调查问题选项在"不了解"和"了解"上的选择数量占乡村教师被调查群体总数量的比例分别为64.7%和35.3%,即超过半数的乡村教师不了解乡村人文景观。

从表3-3-1性别来看,男教师和女教师在"不了解""了解"选项上的选择数量占各自性别群体的比例分布趋势一致。男教师在"了解"选项上的选择数量占乡村男教师群体的比例高于女教师,男教师和女教师选择"了解"的比例分别为41.6%和29.3%。

从表3-3-3年龄段来看,"25岁及以下"至"56岁及以上",选择"了解"的数量占各自年龄段群体的比例依次上升。

从表3-3-2和表3-3-4可见,Pearson卡方、似然比卡方以及线性和线性组合的双侧显著性检验P值均小于0.01,达到极显著性水平。由此,从统计学上推断,乡村教师是否了解乡村人文景观的调查数据分布特征与乡村教师的性别和年龄段存在相关性,男教师比女教师对乡村人文景观了解数量比例高一些,随着年龄段增大,乡村教师在各自年龄段里边对乡村人文景观了解比例依次增加。

根据以上分析,有理由认为乡村教师普遍缺乏对乡村人文景观的认识和理解。假如让他们去服务乡村人文景观工作,显然是难以胜任的。换言之,多数乡村教师服务乡村人文景观设计的能力不足。

表3-3-1 性别×您了解乡村人文景观吗交叉表

			您了解乡村人文景观吗		合计
			不了解	了解	
性别	男	计数	2 684	1 915	4 599
		"性别"中的占比	58.4%	41.6%	100.0%
		"您了解乡村人文景观吗"中的占比	43.7%	57.2%	48.5%
		总数的占比	28.3%	20.2%	48.5%
	女	计数	3 454	1 431	4 885
		"性别"中的占比	70.7%	29.3%	100.0%
		"您了解乡村人文景观吗"中的占比	56.3%	42.8%	51.5%
		总数的占比	36.4%	15.1%	51.5%
合计		计数	6 138	3 346	9 484
		"性别"中的占比	64.7%	35.3%	100.0%
		"您了解乡村人文景观吗"中的占比	100.0%	100.0%	100.0%
		总数的占比	64.7%	35.3%	100.0%

表3-3-2 性别×您了解乡村人文景观吗卡方检验

	值	df	渐进 Sig.(双侧)	精确 Sig.(双侧)	精确 Sig.(单侧)
Pearson 卡方	158.125[a]	1	0.000		
连续校正[b]	157.585	1	0.000		
似然比	158.481	1	0.000		
Fisher 的精确检验				0.000	0.000
线性和线性组合	158.108	1	0.000		
有效案例中的 N	9 484				

a. 0 单元格(0.0%)的期望计数少于5。最小期望计数为1 622.55。
b. 仅对2×2表计算。

表 3-3-3 年龄×您了解乡村人文景观吗交叉表			您了解乡村人文景观吗		合计
			不了解	了解	
年龄	25岁及以下	计数	446	199	645
		"年龄"中的占比	69.1%	30.9%	100.0%
		"您了解乡村人文景观吗"中的占比	7.3%	5.9%	6.8%
		总数的占比	4.7%	2.1%	6.8%
	26—35岁	计数	2 475	1 235	3 710
		"年龄"中的占比	66.7%	33.3%	100.0%
		"您了解乡村人文景观吗"中的占比	40.3%	36.9%	39.1%
		总数的占比	26.1%	13.0%	39.1%
	36—45岁	计数	1 906	1 048	2 954
		"年龄"中的占比	64.5%	35.5%	100.0%
		"您了解乡村人文景观吗"中的占比	31.1%	31.3%	31.1%
		总数的占比	20.1%	11.1%	31.1%
	46—55岁	计数	1 126	710	1 836
		"年龄"中的占比	61.3%	38.7%	100.0%
		"您了解乡村人文景观吗"中的占比	18.3%	21.2%	19.4%
		总数的占比	11.9%	7.5%	19.4%
	56岁及以上	计数	185	154	339
		"年龄"中的占比	54.6%	45.4%	100.0%
		"您了解乡村人文景观吗"中的占比	3.0%	4.6%	3.6%
		总数的占比	2.0%	1.6%	3.6%
合计		计数	6 138	3 346	9 484
		"年龄"中的占比	64.7%	35.3%	100.0%
		"您了解乡村人文景观吗"中的占比	100.0%	100.0%	100.0%
		总数的占比	64.7%	35.3%	100.0%

表3-3-4 年龄×您了解乡村人文景观吗卡方检验

	值	df	渐进 Sig.（双侧）
Pearson 卡方	36.567ᵃ	4	0.000
似然比	36.092	4	0.000
线性和线性组合	34.060	1	0.000
有效案例中的 N	9 484		

a. 0 单元格（0.0%）的期望计数少于5。最小期望计数为119.60。

乡村教师任教学科与是否了解乡村人文景观相关分析

乡村教师了解乡村人文景观是乡村教师服务乡村人文景观设计能力的先决条件。乡村教师任教学科是影响乡村教师选择性注意或兴趣倾向的重要因素之一。本研究选择对乡村教师任教学科与是否了解乡村人文景观作卡方检验。

按照我国中小学、职业高中及社区学校开设的课程情况，乡村教师任教学科背景有：语文、数学、英语、科学、社会思政、音乐或美术、体育、职业技术类及其他。卡方检验统计结果发现是否任教语文、数学、英语、音乐或美术、职业技术类以及其他学科的乡村教师与是否了解乡村人文景观没有达到显著性差异；是否任教科学学科的乡村教师与是否了解乡村人文景观达到显著性差异；是否任教社会思政、体育学科的乡村教师与是否了解乡村人文景观均达到极显著性差异。限于篇幅，以下以社会思政学科为例进行说明。从表3-3-5可见，乡村教师选择对乡村人文景观"不了解"和"了解"的数量占乡村教师被调查群体总数量的比例分别为64.7%和35.3%，即对乡村人文景观了解的比例不到一半。

从表3-3-5可见，乡村教师对乡村人文景观"了解"选项上的数量占社会思政学科和非社会思政学科背景上的比例分别为42.7%和34.0%。从表3-3-6可见，Pearson卡方、似然比卡方以及线性和线性组合的渐进双侧显著性检验P值均小于

0.01，达到极显著性水平。由此，从统计学上推断，乡村教师是否任教社会思政学科背景与是否了解乡村人文景观存在相关性，任教社会思政学科的乡村教师群体对乡村人文景观了解的比例更高。

根据以上分析，大多数的乡村教师对乡村人文景观不了解。同时，任教社会思政、体育、科学学科的乡村教师相对于任教语文、数学、英语、音乐或美术、职业技术类以及其他等学科更加表现出对乡村人文景观的兴趣。然而，语文学科和数学学科是大学科，任教语文学科和数学学科的乡村教师人数具有很高比例，音乐或美术和职业技术类学科跟乡村人文景观也应该具有很高的相关性，遗憾的是这些乡村教师对乡村人文景观的了解不够。因此，一些乡村教师显然没有足够的能力去服务乡村人文景观设计工作。

表 3-3-5 是否任教社会思政学科×您了解乡村人文景观吗交叉表

			您了解乡村人文景观吗		合计
			不了解	了解	
是否任教社会思政学科	是	计数	801	597	1 398
		"是否任教社会思政学科"中的占比	57.3%	42.7%	100.0%
		"您了解乡村人文景观吗"中的占比	13.0%	17.8%	14.7%
		总数的占比	8.4%	6.3%	14.7%
	否	计数	5 337	2 749	8 086
		"是否任教社会思政学科"中的占比	66.0%	34.0%	100.0%
		"您了解乡村人文景观吗"中的占比	87.0%	82.2%	85.3%
		总数的占比	56.3%	29.0%	85.3%
合计		计数	6 138	3 346	9 484
		"是否任教社会思政学科"中的占比	64.7%	35.3%	100.0%
		"您了解乡村人文景观吗"中的占比	100.0%	100.0%	100.0%
		总数的占比	64.7%	35.3%	100.0%

表3-3-6 是否任教社会思政学科×您了解乡村人文景观吗卡方检验

	值	df	渐进 Sig.（双侧）	精确 Sig.（双侧）	精确 Sig.（单侧）
Pearson 卡方	39.573[a]	1	0.000		
连续校正[b]	39.193	1	0.000		
似然比	38.701	1	0.000		
Fisher 的精确检验				0.000	0.000
线性和线性组合	39.569	1	0.000		
有效案例中的 N	9484				

a. 0 单元格(0.0%)的期望计数少于 5。最小期望计数为 493.22。
b. 仅对 2×2 表计算。

三　乡村教师工作学校类型与是否对乡村人文景观感兴趣相关分析

乡村教师对乡村人文景观感兴趣是乡村教师服务乡村人文景观设计能力的关键条件，由于我国不同的乡村学校类型承担着不同的教育任务和职能以及面对着不同的教育对象，进而教育的内容和性质也有所不同，因此，乡村教师工作学校类型不同是影响乡村教师选择性注意或兴趣倾向的重要因素之一。乡村教师工作学校类型有：小学、初中、普通高中、职业高中、社区成人学校及其他类型学校。本研究对乡村教师工作学校类型与是否对乡村人文景观感兴趣作卡方检验。

从表 3-3-7 可见，乡村教师选择对乡村人文景观"感兴趣"占相同工作学校类型群体中的比例分别为：小学 45.9%、初中 47.3%、普通高中 47.9%、职业高中 48.2%、社区成人学校 27.3%、其他类型学校 46.0%。其中职业高中教师选择了解的比例最高，为 48.2%；其次是普通高中学校教师，为 47.9%。

从表 3-3-8 可见，Pearson 卡方、似然比卡方以及线性和线性组合的渐进双侧显著性检验 P 值均大于 0.05，没有达到显著差异。由此，从统计学上推断，乡村教师是否对乡村人文景观感兴趣的调查数据分布特征与乡村教师工作学校类型没有相关性。

但是,选择"不感兴趣"的数量占被调查总数量的比例高达53.5%,假如让对乡村人文景观不感兴趣的乡村教师去服务乡村人文景观设计工作,显然是勉为其难的。由此,就有比较充分的理由推测乡村教师服务乡村人文景观设计的能力是不够的。

表3-3-7 工作的学校类型×您对乡村人文景观感兴趣吗交叉表

			您对乡村人文景观感兴趣吗		合计
			不感兴趣	感兴趣	
工作的学校类型	小学	计数	2781	2355	5136
		"工作的学校类型"中的占比	54.1%	45.9%	100.0%
		"您对乡村人文景观感兴趣吗"中的占比	54.8%	53.4%	54.2%
		总数的占比	29.3%	24.8%	54.2%
	初中	计数	1480	1329	2809
		"工作的学校类型"中的占比	52.7%	47.3%	100.0%
		"您对乡村人文景观感兴趣吗"中的占比	29.2%	30.1%	29.6%
		总数的占比	15.6%	14.0%	29.6%
	普通高中	计数	297	273	570
		"工作的学校类型"中的占比	52.1%	47.9%	100.0%
		"您对乡村人文景观感兴趣吗"中的占比	5.9%	6.2%	6.0%
		总数的占比	3.1%	2.9%	6.0%
	职业高中	计数	173	161	334
		"工作的学校类型"中的占比	51.8%	48.2%	100.0%
		"您对乡村人文景观感兴趣吗"中的占比	3.4%	3.7%	3.5%
		总数的占比	1.8%	1.7%	3.5%
	社区成人学校	计数	8	3	11
		"工作的学校类型"中的占比	72.7%	27.3%	100.0%
		"您对乡村人文景观感兴趣吗"中的占比	0.2%	0.1%	0.1%
		总数的占比	0.1%	0	0.1%
	其他类型学校	计数	337	287	624
		"工作的学校类型"中的占比	54.0%	46.0%	100.0%
		"您对乡村人文景观感兴趣吗"中的占比	6.6%	6.5%	6.6%
		总数的占比	3.6%	3.0%	6.6%

(续表)

		您对乡村人文景观感兴趣吗		合计
		不感兴趣	感兴趣	
合计	计数	5 076	4 408	9 484
	"工作的学校类型"中的占比	53.5%	46.5%	100.0%
	"您对乡村人文景观感兴趣吗"中的占比	100.0%	100.0%	100.0%
	总数的占比	53.5%	46.5%	100.0%

表3-3-8 工作的学校类型×您对乡村人文景观感兴趣吗卡方检验

	值	df	渐进 Sig.（双侧）
Pearson 卡方	4.142a	5	0.529
似然比	4.218	5	0.519
线性和线性组合	0.263	1	0.608
有效案例中的 N	9 484		

a. 0 单元格(0.0%)的期望计数少于 5。最小期望计数为 5.11。

四 乡村教师家庭住址所在区域与参与本地人文景观设计活动频度相关分析

乡村教师参与本地人文景观设计活动是乡村教师服务乡村人文景观设计能力的直接的现实指标，乡村教师家庭住址所在区域是乡村教师基本的生活环境要素之一。本研究选择对乡村教师家庭住址所在区域与参与本地人文景观设计活动作卡方检验。

从表3-3-9可见，乡村教师参与本地人文景观设计活动的选项在"偶尔"和"没有"上的数量占乡村教师群体的比例分别为 20.9% 和 57.1%，累计高达 78.0%，即超过半数的乡村教师很少或没有参与本地人文景观设计活动。选择参与本地人文景观设计活动（即除去没有参加活动）的这部分乡村教师在家庭住址所在区域为"本乡（镇）""外乡（镇）""县城""地级市"和"省城"选择项上的数量占乡村教师被调查群体总数量的比例分别为13.4%、7.2%、17.9%、4.0%和0.3%,在本乡与县城的教师参与较为积极。乡村教师家庭住址所在区域在"本乡(镇)"和"外乡(镇)"的数量占乡村教师被调查群体总数量的比例分别为29.9%和17.0%,两者总和为46.9%,即乡村教师家庭住址所在区域在乡村的总数量不到一半。

乡村教师参与本地人文景观设计活动的数量在家庭住址所在区域为"本乡(镇)""外乡(镇)""县城""地级市"和"省城"选择项上占各自家庭住址所在区域群体的比例依次为44.9%、42.6%、41.7%、43.5%和40.6%,其中"省城"选择项上的群体比例相对比较低。

从表3-3-10可见,Pearson卡方、似然比卡方以及线性和线性组合的渐进双侧显著性检验P值依次为0.241、0.215、0.043,仅有线性和线性组合P值小于0.05。由此,从统计学上推断,乡村教师参与本地人文景观设计活动的数据分布特征与乡村教师的家庭住址所在区域无相关性。但是,选择"没有"的数量占总数的比例高达57.1%,让人怀疑乡村教师服务乡村人文景观设计的能力不足。

表3-3-9 家庭住址所在区域×您有参与本地人文景观设计活动吗交叉表

			您有参与本地人文景观设计活动吗					合计
			非常多	比较多	一般	偶尔	没有	
家庭住址所在区域	本乡(镇)	计数	44	125	461	644	1 565	2 839
		"家庭住址所在区域"中的占比	1.5%	4.4%	16.2%	22.7%	55.1%	100.0%
		"您有参与本地人文景观设计活动吗"中的占比	36.1%	31.3%	29.4%	32.5%	28.9%	29.9%
		总数的占比	0.5%	1.3%	4.9%	6.8%	16.5%	29.9%
	外乡(镇)	计数	23	73	277	314	926	1 613
		"家庭住址所在区域"中的占比	1.4%	4.5%	17.2%	19.5%	57.4%	100.0%
		"您有参与本地人文景观设计活动吗"中的占比	18.9%	18.3%	17.7%	15.8%	17.1%	17.0%
		总数的占比	0.2%	0.8%	2.9%	3.3%	9.8%	17.0%

（续表）

			您有参与本地人文景观设计活动吗					合计
			非常多	比较多	一般	偶尔	没有	
家庭住址所在区域	县城	计数	46	163	677	815	2 381	4 082
		"家庭住址所在区域"中的占比	1.1%	4.0%	16.6%	20.0%	58.3%	100.0%
		"您有参与本地人文景观设计活动吗"中的占比	37.7%	40.9%	43.1%	41.1%	44.0%	43.0%
		总数的占比	0.5%	1.7%	7.1%	8.6%	25.1%	43.0%
	地级市	计数	9	33	144	197	498	881
		"家庭住址所在区域"中的占比	1.0%	3.7%	16.3%	22.4%	56.5%	100.0%
		"您有参与本地人文景观设计活动吗"中的占比	7.4%	8.3%	9.2%	9.9%	9.2%	9.3%
		总数的占比	0.1%	0.3%	1.5%	2.1%	5.3%	9.3%
	省城	计数	0	5	10	13	41	69
		"家庭住址所在区域"中的占比	0.0%	7.2%	14.5%	18.8%	59.4%	100.0%
		"您有参与本地人文景观设计活动吗"中的占比	0%	1.3%	0.6%	0.7%	0.8%	0.7%
		总数的占比	0%	0.1%	0.1%	0.1%	0.4%	0.7%
合计		计数	122	399	1 569	1 983	5 411	9 484
		"家庭住址所在区域"中的占比	1.3%	4.2%	16.5%	20.9%	57.1%	100.0%
		"您有参与本地人文景观设计活动吗"中的占比	100.0%	100.0%	100.0%	100.0%	100.0%	100.0%
		总数的占比	1.3%	4.2%	16.5%	20.9%	57.1%	100.0%

表 3-3-10　家庭住址所在区域×您有参与本地人文景观设计活动吗卡方检验

	值	df	渐进 Sig.（双侧）
Pearson 卡方	19.561[a]	16	0.241
似然比	20.107	16	0.215
线性和线性组合	4.095	1	0.043
有效案例中的 N	9 484		

a. 2 单元格(8.0%)的期望计数少于 5。最小期望计数为 0.89。

五 乡村教师青少年时期就读学校与人文景观设计校本课程开发频度相关分析

乡村教师进行关于人文景观设计校本课程开发是乡村教师服务乡村生态文明教育能力的直接的现实指标,乡村教师青少年时期就读学校所在区域是乡村教师从孩童到成人的成长历程中的重要环境,是乡村教师成长史当中的重要的社会因素。乡村教师青少年读书时期可以划分为三个阶段:小学、初中、高中或中专。乡村教师青少年时期就读学校所在区域有:村庄、乡/镇政府所在地、县城、地级市、省城。本研究选择对乡村教师青少年时期就读学校与进行人文景观设计校本课程开发频度分别作卡方检验。

从表3-3-11、表3-3-13、表3-3-15可见,乡村教师小学、初中、高中或中专阶段是否进行关于人文景观设计的校本课程开发的选项在"没有"上选择数量较多,即就读学校在"村庄""乡/镇政府所在地""县城""地级市""省城"不同的地理空间,"没有"的比例均超过50%。以小学就读学校所在区域为例,在"村庄""乡/镇政府所在地""县城""地级市""省城"类型的群体里边选择"没有"的比例分别为:64.7%、63.6%、60.7%、61.9%、63.2%。

从表3-3-12和表3-3-14见,Pearson卡方、似然比卡方以及线性和线性组合的渐进双侧显著性检验P值大于0.05,没有达到显著性差异。由此,从统计学上推断,乡村教师青少年时期就读学校与人文景观设计校本课程开发频度不存在相关性。但是,选择"没有"的比例基本上都比较大。

据以上分析,有理由认为大多数学校乡村教师青少年时期就读学校没有关于人文景观设计校本课程开发,换言之,多数类型学校的乡村教师服务乡村生态文明教育能力水平较低。

表 3-3-11 小学就读的学校所在地区域 × 您有进行关于人文景观设计的校本课程开发吗交叉表

			您有进行关于人文景观设计的校本课程开发吗					合计
			非常多	比较多	一般	偶尔	没有	
小学就读的学校所在地区域	村庄	计数	68	237	904	795	3 668	5 672
		"小学就读的学校所在地区域"中的占比	1.2%	4.2%	15.9%	14.0%	64.7%	100.0%
		"您有进行关于人文景观设计的校本课程开发吗"中的占比	54.0%	57.0%	57.6%	60.2%	60.6%	59.8%
		总数的占比	0.7%	2.5%	9.5%	8.4%	38.7%	59.8%
	乡/镇政府所在地	计数	31	110	418	294	1 488	2 341
		"小学就读的学校所在地区域"中的占比	1.3%	4.7%	17.9%	12.6%	63.6%	100.0%
		"您有进行关于人文景观设计的校本课程开发吗"中的占比	24.6%	26.4%	26.6%	22.3%	24.6%	24.7%
		总数的占比	0.3%	1.2%	4.4%	3.1%	15.7%	24.7%
	县城	计数	22	57	206	186	726	1 197
		"小学就读的学校所在地区域"中的占比	1.8%	4.8%	17.2%	15.5%	60.7%	100.0%
		"您有进行关于人文景观设计的校本课程开发吗"中的占比	17.5%	13.7%	13.1%	14.1%	12.0%	12.6%
		总数的占比	0.2%	0.6%	2.2%	2.0%	7.7%	12.6%
	地级市	计数	3	11	35	41	146	236
		"小学就读的学校所在地区域"中的占比	1.3%	4.7%	14.8%	17.4%	61.9%	100.0%
		"您有进行关于人文景观设计的校本课程开发吗"中的占比	2.4%	2.6%	2.2%	3.1%	2.4%	2.5%
		总数的占比	0%	0.1%	0.4%	0.4%	1.5%	2.5%

(续表)

			您有进行关于人文景观设计的校本课程开发吗					合计
			非常多	比较多	一般	偶尔	没有	
小学就读的学校所在地区域	省城	计数	2	1	6	5	24	38
		"小学就读的学校所在地区域"中的占比	5.3%	2.6%	15.8%	13.2%	63.2%	100.0%
		"您有进行关于人文景观设计的校本课程开发吗"中的占比	1.6%	0.2%	0.4%	0.4%	0.4%	0.4%
		总数的占比	0%	0%	0.1%	0.1%	0.3%	0.4%
合计		计数	126	416	1 569	1 321	6 052	9 484
		"小学就读的学校所在地区域"中的占比	1.3%	4.4%	16.5%	13.9%	63.8%	100.0%
		"您有进行关于人文景观设计的校本课程开发吗"中的占比	100.0%	100.0%	100.0%	100.0%	100.0%	100.0%
		总数的占比	1.3%	4.4%	16.5%	13.9%	63.8%	100.0%

表3-3-12 小学就读的学校所在地区域×您有进行关于人文景观设计的校本课程开发吗卡方检验

	值	df	渐进 Sig.(双侧)
Pearson 卡方	23.840[a]	16	0.093
似然比	21.607	16	0.156
线性和线性组合	7.118	1	0.008
有效案例中的 N	9 484		

a. 3 单元格(12.0%)的期望计数少于 5。最小期望计数为 0.50。

表3-3-13 初中就读的学校所在地区域×您有进行关于人文景观设计的校本课程开发吗交叉表

			您有进行关于人文景观设计的校本课程开发吗					合计
			非常多	比较多	一般	偶尔	没有	
初中就读的学校所在地区域	村庄	计数	30	64	226	176	893	1 389
		"初中就读的学校所在地区域"中的占比	2.2%	4.6%	16.3%	12.7%	64.3%	100.0%

（续表）

			您有进行关于人文景观设计的校本课程开发吗					合计
			非常多	比较多	一般	偶尔	没有	
初中就读的学校所在地区域	村庄	"您有进行关于人文景观设计的校本课程开发吗"中的占比	23.8%	15.4%	14.4%	13.3%	14.8%	14.6%
		总数的占比	0.3%	0.7%	2.4%	1.9%	9.4%	14.6%
	乡/镇政府所在地	计数	61	253	953	798	3 682	5 747
		"初中就读的学校所在地区域"中的占比	1.1%	4.4%	16.6%	13.9%	64.1%	100.0%
		"您有进行关于人文景观设计的校本课程开发吗"中的占比	48.4%	60.8%	60.7%	60.4%	60.8%	60.6%
		总数的占比	0.6%	2.7%	10.0%	8.4%	38.8%	60.6%
	县城	计数	29	84	333	294	1 251	1 991
		"初中就读的学校所在地区域"中的占比	1.5%	4.2%	16.7%	14.8%	62.8%	100.0%
		"您有进行关于人文景观设计的校本课程开发吗"中的占比	23.0%	20.2%	21.2%	22.3%	20.7%	21.0%
		总数的占比	0.3%	0.9%	3.5%	3.1%	13.2%	21.0%
	地级市	计数	3	13	48	44	196	304
		"初中就读的学校所在地区域"中的占比	1.0%	4.3%	15.8%	14.5%	64.5%	100.0%
		"您有进行关于人文景观设计的校本课程开发吗"中的占比	2.4%	3.1%	3.1%	3.3%	3.2%	3.2%
		总数的占比	0%	0.1%	0.5%	0.5%	2.1%	3.2%
	省城	计数	3	2	9	9	30	53
		"初中就读的学校所在地区域"中的占比	5.7%	3.8%	17.0%	17.0%	56.6%	100.0%

(续表)

<table>
<tr><th colspan="2"></th><th></th><th colspan="5">您有进行关于人文景观设计的校本课程开发吗</th><th rowspan="2">合计</th></tr>
<tr><th colspan="2"></th><th></th><th>非常多</th><th>比较多</th><th>一般</th><th>偶尔</th><th>没有</th></tr>
<tr><td rowspan="2">初中就读的学校所在地区域</td><td rowspan="2">省城</td><td>"您有进行关于人文景观设计的校本课程开发吗"中的占比</td><td>2.4%</td><td>0.5%</td><td>0.6%</td><td>0.7%</td><td>0.5%</td><td>0.6%</td></tr>
<tr><td>总数的占比</td><td>0%</td><td>0%</td><td>0.1%</td><td>0.1%</td><td>0.3%</td><td>0.6%</td></tr>
<tr><td rowspan="4">合计</td><td rowspan="4"></td><td>计数</td><td>126</td><td>416</td><td>1 569</td><td>1 321</td><td>6 052</td><td>9 484</td></tr>
<tr><td>"初中就读的学校所在地区域"中的占比</td><td>1.3%</td><td>4.4%</td><td>16.5%</td><td>13.9%</td><td>63.8%</td><td>100.0%</td></tr>
<tr><td>"您有进行关于人文景观设计的校本课程开发吗"中的占比</td><td>100.0%</td><td>100.0%</td><td>100.0%</td><td>100.0%</td><td>100.0%</td><td>100.0%</td></tr>
<tr><td>总数的占比</td><td>1.3%</td><td>4.4%</td><td>16.5%</td><td>13.9%</td><td>63.8%</td><td>100.0%</td></tr>
</table>

表3-3-14 初中就读的学校所在地区域×您有进行关于人文景观设计的校本课程开发吗卡方检验

	值	df	渐进 Sig.（双侧）
Pearson 卡方	22.736[a]	16	0.121
似然比	18.471	16	0.297
线性和线性组合	0.015	1	0.903
有效案例中的 N	9 484		

a. 3 单元格(12.0%)的期望计数少于 5。最小期望计数为 0.70。

表3-3-15 高中就读的学校所在地区域×您有进行关于人文景观设计的校本课程开发吗交叉表

<table>
<tr><th colspan="2"></th><th></th><th colspan="5">您有进行关于人文景观设计的校本课程开发吗</th><th rowspan="2">合计</th></tr>
<tr><th colspan="2"></th><th></th><th>非常多</th><th>比较多</th><th>一般</th><th>偶尔</th><th>没有</th></tr>
<tr><td rowspan="2">高中或中专就读的学校所在地区域</td><td rowspan="2">村庄</td><td>计数</td><td>12</td><td>8</td><td>20</td><td>12</td><td>79</td><td>131</td></tr>
<tr><td>"高中或中专就读的学校所在地区域"中的占比</td><td>9.2%</td><td>6.1%</td><td>15.3%</td><td>9.2%</td><td>60.3%</td><td>100.0%</td></tr>
</table>

(续表)

			您有进行关于人文景观设计的校本课程开发吗					合计
			非常多	比较多	一般	偶尔	没有	
高中或中专就读的学校所在地区域	村庄	"您有进行关于人文景观设计的校本课程开发吗"中的占比	9.5%	1.9%	1.3%	0.9%	1.3%	1.4%
		总数的占比	0.1%	0.1%	0.2%	0.1%	0.8%	1.4%
	乡/镇政府所在地	计数	24	92	307	254	1 397	2 074
		"高中或中专就读的学校所在地区域"中的占比	1.2%	4.4%	14.8%	12.2%	67.4%	100.0%
		"您有进行关于人文景观设计的校本课程开发吗"中的占比	19.0%	22.1%	19.6%	19.2%	23.1%	21.9%
		总数的占比	0.3%	1.0%	3.2%	2.7%	14.7%	21.9%
	县城	计数	69	230	936	794	3 303	5 332
		"高中或中专就读的学校所在地区域"中的占比	1.3%	4.3%	17.6%	14.9%	61.9%	100.0%
		"您有进行关于人文景观设计的校本课程开发吗"中的占比	54.8%	55.3%	59.7%	60.1%	54.6%	56.2%
		总数的占比	0.7%	2.4%	9.9%	8.4%	34.8%	56.2%
	地级市	计数	16	76	275	230	1 153	1 750
		"高中或中专就读的学校所在地区域"中的占比	0.9%	4.3%	15.7%	13.1%	65.9%	100.0%
		"您有进行关于人文景观设计的校本课程开发吗"中的占比	12.7%	18.3%	17.5%	17.4%	19.1%	18.5%
		总数的占比	0.2%	0.8%	2.9%	2.4%	12.2%	18.5%
	省城	计数	5	10	31	31	120	197
		"高中或中专就读的学校所在地区域"中的占比	2.5%	5.1%	15.7%	15.7%	60.9%	100.0%
		"您有进行关于人文景观设计的校本课程开发吗"中的占比	4.0%	2.4%	2.0%	2.3%	2.0%	2.1%
		总数的占比	0.1%	0.1%	0.3%	0.3%	1.3%	2.1%

(续表)

		您有进行关于人文景观设计的校本课程开发吗					合计
		非常多	比较多	一般	偶尔	没有	
合计	计数	126	416	1 569	1 321	6 052	9 484
	"高中或中专就读的学校所在地区域"中的占比	1.3%	4.4%	16.5%	13.9%	63.8%	100.0%
	"您有进行关于人文景观设计的校本课程开发吗"中的占比	100.0%	100.0%	100.0%	100.0%	100.0%	100.0%
	总数的占比	1.3%	4.4%	16.5%	13.9%	63.8%	100.0%

表3-3-16 高中就读的学校所在地区域×您有进行关于人文景观设计的校本课程开发吗卡方检验

	值	df	渐进 Sig.（双侧）
Pearson 卡方	94.444[a]	16	0.000
似然比	59.957	16	0.000
线性和线性组合	0.004	1	0.952
有效案例中的 N	9 484		

a. 2 单元格(8.0%)的期望计数少于5。最小期望计数为1.74。

六 乡村教师性别年龄学历职称与进行人文景观设计校本课程开发频度相关分析

乡村教师进行人文景观设计校本课程开发是乡村教师服务乡村人文景观设计能力的直接的现实指标，性别和年龄是影响人的一般能力的自然属性，学历职称是乡村教师学术专业水准的重要标志。本研究选择对乡村教师性别年龄学历职称与进行关于人文景观设计校本课程开发频度分别作卡方检验。卡方检验结果发现，乡村教师性别年龄学历与进行人文景观设计校本课程开发频度存在相关性，乡村教师职称与进行人文景观设计校本课程开发频度没有存在相关性。限于篇幅，以下以性别和年龄为例进行说明。

从表3-3-17和表3-3-19可见,乡村教师进行关于人文景观设计校本课程开发频度的选项在"偶尔"和"没有"上的数量占乡村教师群体的比例分别为13.9%和63.8%,累计高达77.7%,即超过半数的乡村教师很少或没有进行人文景观设计校本课程开发。

从表3-3-17性别来看,男教师和女教师在"非常多""比较多""一般""偶尔"和"没有"选项上的选择数量占各自性别群体的比例分布趋势一致,与总体分布趋势也一致。但是,男教师在"非常多"和"比较多"选项上的选择数量占乡村男教师群体的比例高于女教师。从表3-3-19年龄段来看,基本上,"25岁及以下"至"56岁及以上","偶尔"和"没有"两项选择数之和占各自年龄段群体的比例依次增加。

从表3-3-18和表3-3-20可见,Pearson卡方、似然比卡方以及线性和线性组合的渐进双侧显著性检验P值均小于0.01,达到极显著性水平。由此,从统计学上推断,乡村教师进行人文景观设计校本课程开发频度的调查数据分布特征与乡村教师的性别和年龄段存在相关性,男教师比女教师参与程度高一些,随着年龄段增大,乡村教师在各自年龄段里边的参与比例依次降低,处于"46—55岁"的乡村教师选择"偶尔"和"没有"两项数量之和比例最高,为80.5%。

根据以上分析,有理由认为多数乡村教师已经脱离了关于人文景观设计的校本课程开发的研修环境。假如让很少参加关于人文景观设计校本课程开发的乡村教师去指导关于人文景观设计工作,显然是难以胜任的。换言之,多数乡村女教师和多数年长乡村教师服务乡村人文景观设计的能力可能不足。

表3-3-17 性别×您有进行关于人文景观设计的校本课程开发吗交叉表

			您有进行关于人文景观设计的校本课程开发吗					合计
			非常多	比较多	一般	偶尔	没有	
性别	男	计数	65	243	833	645	2813	4599
		"性别"中的占比	1.4%	5.3%	18.1%	14.0%	61.2%	100.0%

(续表)

			您有进行关于人文景观设计的校本课程开发吗					合计
			非常多	比较多	一般	偶尔	没有	
性别	男	"您有进行关于人文景观设计的校本课程开发吗"中的占比	51.6%	58.4%	53.1%	48.8%	46.5%	48.5%
		总数的占比	0.7%	2.6%	8.8%	6.8%	29.7%	48.5%
	女	计数	61	173	736	676	3 239	4 885
		"性别"中的占比	1.2%	3.5%	15.1%	13.8%	66.3%	100.0%
		"您有进行关于人文景观设计的校本课程开发吗"中的占比	48.4%	41.6%	46.9%	51.2%	53.5%	51.5%
		总数的占比	0.6%	1.8%	7.8%	7.1%	34.2%	51.5%
合计		计数	126	416	1 569	1 321	6 052	9 484
		"性别"中的占比	1.3%	4.4%	16.5%	13.9%	63.8%	100.0%
		"您有进行关于人文景观设计的校本课程开发吗"中的占比	100.0%	100.0%	100.0%	100.0%	100.0%	100.0%
		总数的占比	1.3%	4.4%	16.5%	13.9%	63.8%	100.0%

表3-3-18 性别×您有进行关于人文景观设计的校本课程开发吗卡方检验

	值	df	渐进 Sig.（双侧）
Pearson 卡方	40.028[a]	4	0.000
似然比	40.075	4	0.000
线性和线性组合	35.781	1	0.000
有效案例中的 N	9 484		

a. 0 单元格(0.0%)的期望计数少于 5。最小期望计数为 61.10。

表 3-3-19 年龄×您有进行关于人文景观设计的校本课程开发吗交叉表

			您有进行关于人文景观设计的校本课程开发吗					合计
			非常多	比较多	一般	偶尔	没有	
年龄	25岁及以下	计数	12	37	148	105	343	645
		"年龄"中的占比	1.9%	5.7%	22.9%	16.3%	53.2%	100.0%
		"您有进行关于人文景观设计的校本课程开发吗"中的占比	9.5%	8.9%	9.4%	7.9%	5.7%	6.8%
		总数的占比	0.1%	0.4%	1.6%	1.1%	3.6%	6.8%
	26—35岁	计数	62	173	648	497	2330	3710
		"年龄"中的占比	1.7%	4.7%	17.5%	13.4%	62.8%	100.0%
		"您有进行关于人文景观设计的校本课程开发吗"中的占比	49.2%	41.6%	41.3%	37.6%	38.5%	39.1%
		总数的占比	0.7%	1.8%	6.8%	5.2%	24.6%	39.1%
	36—45岁	计数	39	126	431	404	1954	2954
		"年龄"中的占比	1.3%	4.3%	14.6%	13.7%	66.1%	100.0%
		"您有进行关于人文景观设计的校本课程开发吗"中的占比	31.0%	30.3%	27.5%	30.6%	32.3%	31.1%
		总数的占比	0.4%	1.3%	4.5%	4.3%	20.6%	31.1%
	46—55岁	计数	10	62	285	259	1220	1836
		"年龄"中的占比	0.5%	3.4%	15.5%	14.1%	66.4%	100.0%
		"您有进行关于人文景观设计的校本课程开发吗"中的占比	7.9%	14.9%	18.2%	19.6%	20.2%	19.4%
		总数的占比	0.1%	0.7%	3.0%	2.7%	12.9%	19.4%
	56岁及以上	计数	3	18	57	56	205	339
		"年龄"中的占比	0.9%	5.3%	16.8%	16.5%	60.5%	100.0%
		"您有进行关于人文景观设计的校本课程开发吗"中的占比	2.4%	4.3%	3.6%	4.2%	3.4%	3.6%
		总数的占比	0%	0.2%	0.6%	0.6%	2.2%	3.6%

(续表)

		您有进行关于人文景观设计的校本课程开发吗					合计
		非常多	比较多	一般	偶尔	没有	
合计	计数	126	416	1 569	1 321	6 052	9 484
	"年龄"中的占比	1.3%	4.4%	16.5%	13.9%	63.8%	100.0%
	"您有进行关于人文景观设计的校本课程开发吗"中的占比	100.0%	100.0%	100.0%	100.0%	100.0%	100.0%
	总数的占比	1.3%	4.4%	16.5%	13.9%	63.8%	100.0%

表3-3-20 年龄×您有进行关于人文景观设计的校本课程开发吗卡方检验

	值	df	渐进 Sig.（双侧）
Pearson 卡方	70.133[a]	16	0.000
似然比	71.307	16	0.000
线性和线性组合	31.856	1	0.000
有效案例中的 N	9 484		

a. 1 单元格(4.0%)的期望计数少于5。最小期望计数为4.50。

第四章

乡村教师服务乡风文明建设能力调查结果分析

第四章 乡村教师服务乡风文明建设能力调查结果分析

根据乡村振兴战略的总要求,本研究把"产业兴旺、生态宜居、乡风文明、治理有效、生活富裕"这五个方面作为衡量乡村教师服务乡村振兴能力的一级指标,即乡村教师服务产业兴旺能力、服务生态宜居能力、服务乡风文明建设能力、服务乡村社会治理能力和服务村民生活改造能力。针对服务乡风文明建设能力这个一级指标,根据《中共中央 国务院关于实施乡村振兴战略的意见》《教育部等六部门关于加强新时代乡村教师队伍建设的意见》《中共中央 国务院关于加快推进乡村人才振兴的意见》等相关文件意见的精神和国内相关研究现状,提出三个二级指标和六个三级指标。[1][2][3] 乡村教师服务乡风文明建设能力下面的三个二级指标是:文化教育建设能力、公共文化活动能力和乡村优秀文化传承能力。三级指标问题的设计从一、二级指标的内涵出发,包含乡村教师对乡村乡风文明建设是否了解、是否感兴趣、参与乡村乡风文明建设等实际行动的维度展开。具体指标体系见表4-1。[4]

表4-1 乡村教师服务乡风文明建设能力三级指标体系

一级指标	二级指标	三级指标
服务乡风文明建设能力	文化教育建设能力	了解本地风土人情
		参与村民文化活动或本地村民核心价值观培育活动

---

[1] 中共中央,国务院. 中共中央 国务院关于实施乡村振兴战略的意见[EB/OL]. (2018-02-06)[2021-03-11]. http://www.gov.cn/xinwen/2018-02/06/content_5264358.htm.

[2] 教育部,中央组织部,中央编办,等. 教育部等六部门关于加强新时代乡村教师队伍建设的意见[EB/OL]. (2020-08-28)[2021-03-11]. http://www.moe.gov.cn/srcsite/A10/s3735/202009/t20200903_484941.html.

[3] 中共中央,国务院. 中共中央 国务院关于加快推进乡村人才振兴的意见[EB/OL]. (2021-02-23)[2021-03-11]. http://www.moe.gov.cn/jyb_xxgk/moe_1777/moe_1778/202102/t20210224_514648.html.

[4] 卢尚建.乡村教师服务乡村振兴能力现状实证研究[J].成都师范学院学报,2021,37(5).

(续表)

一级指标	二级指标	三级指标
服务乡风文明建设能力	公共文化活动能力	为村民讲解国家政策形势或国内外新闻
		参与本地公共文化活动
	乡村优秀文化传承能力	了解乡村优秀传统文化
		将乡村优秀传统文化融入课堂教学或课外实践

从教师一般能力和乡村教师服务乡村振兴战略特殊能力的内涵及影响能力发展的要素出发,本研究提取了乡村教师的性别、年龄、学历、职称、家庭住址所在区域、工作学校类型、任教学科、青少年时期就读学校所在地等要素作为考察乡村教师服务乡村乡风文明建设能力指标的影响因子,设计了《乡村教师服务乡村振兴能力的现状调查问卷》和访谈提纲,具体调查对象与实施办法已在第二章的开始部分中介绍,此处不再赘述。利用SPSS24.0统计软件对调查数据进行统计分析发现,克隆巴赫系数为0.943,内部一致性达到高信度,表明调查数据可靠性非常好。本研究在调查基础上发现乡村振兴战略中乡村教师服务乡村乡风文明建设能力偏弱。以下从文化教育建设能力、公共文化活动能力和乡村优秀文化传承能力三个方面分别展开分析。

第一节 乡村教师服务文化教育建设能力调查结果分析

乡村教师服务文化教育建设能力是乡村教师服务乡风文明建设能力一级指标下面的二级指标之一,可分解为两个三级指标:了解本地风土人情和参与村民文化活动或本地村民核心价值观培育活动。两个三级指标下面分别设计是否了解本地风土人情、是否对本地风土人情感兴趣以及参与村民文化活动或本地村民核心价值观培育活动等调查问题,对回收的问卷数据分析后发现,乡村教师的性别、年龄、学历、职称、家庭住址所在区域、工作学校类型、任教学科、青少年时期就读学校所在地等要素与乡村教师服务文化教育建设能力指标的上述设计的问题存在不同程度的相关性。限于篇幅,以下选取了六个角度进行分析:乡村教

第四章 乡村教师服务乡风文明建设能力调查结果分析

师性别年龄与了解乡村风土人情相关分析、乡村教师家庭住址所在区域与了解乡村风土人情相关分析、乡村教师任教学科与对乡村风土人情感兴趣相关分析、乡村教师工作学校类型与参与村民核心价值观培育活动频度相关分析、乡村教师青少年时期就读学校与对乡村风土人情感兴趣相关分析、乡村教师性别年龄学历职称与帮村民书写春联频度相关分析。

一 乡村教师性别年龄与了解乡村风土人情相关分析

乡村教师了解乡村风土人情是乡村教师服务乡村文化教育建设能力的先决条件，性别和年龄是影响人的一般能力的自然属性，本研究选择对乡村教师性别年龄与是否了解乡村风土人情分别作卡方检验。

从表4-1-1和表4-1-3可见，乡村教师是否了解乡村风土人情的调查问题选项在"不了解"和"了解"上的选择数量占乡村教师被调查群体总数量的比例分别为49.8%和50.2%，即接近半数的乡村教师不了解乡村风土人情。

从表4-1-1性别来看，男教师和女教师在"不了解""了解"选项上的选择数量占各自性别群体的比例分布趋势不一致，男教师的选择比例与总体分布趋势一致，女教师的选择比例与总体分布趋势不一致。男教师在"了解"选项上的选择数量占乡村男教师群体的比例高于女教师，男教师选择"了解"的比例超过男教师群体的一半，女教师选择"了解"的比例不到一半。

从表4-1-3年龄段来看，"25岁及以下"至"56岁及以上"，选择"了解"的数量占各自年龄段群体的比例依次上升。

从表4-1-2和表4-1-4可见，Pearson卡方、似然比卡方以及线性和线性组合的双侧显著性检验P值均小于0.01，达到极显著性水平。由此，在统计学上推断，乡村教师是否了解乡村风土人情的调查数据分布特征与乡村教师的性别和年龄段存在相关性，男教师比女教师对乡村风土人情了解数量比例高一些，随着年龄段增大，乡村教师在各自年龄段里对乡村风土人情了解比例依次增加，处于"36—45岁""46—55岁"和"56岁及以上"的乡村教师选择"了解"的数量占各自群体的比例已经超过了一半，分别为52.3%、53.8%和56.6%。

根据以上分析,有理由认为较多乡村教师缺乏对乡村风土人情的了解。让不了解乡村风土人情的乡村教师去开展有关乡村风土人情的课程内容,显然是难以胜任的。换言之,多数乡村教师服务乡村文化教育建设的能力不足。

表4-1-1 性别×您了解乡村风土人情吗交叉表

			您了解乡村风土人情吗		合计
			不了解	了解	
性别	男	计数	2 030	2 569	4 599
		"性别"中的占比	44.1%	55.9%	100.0%
		"您了解乡村风土人情吗"中的占比	43.0%	54.0%	48.5%
		总数的占比	21.4%	27.1%	48.5%
	女	计数	2 696	2 189	4 885
		"性别"中的占比	55.2%	44.8%	100.0%
		"您了解乡村风土人情吗"中的占比	57.0%	46.0%	51.5%
		总数的占比	28.4%	23.1%	51.5%
合计		计数	4 726	4 758	9 484
		"性别"中的占比	49.8%	50.2%	100.0%
		"您了解乡村风土人情吗"中的占比	100.0%	100.0%	100.0%
		总数的占比	49.8%	50.2%	100.0%

表4-1-2 性别×您了解乡村风土人情吗卡方检验

	值	df	渐进 Sig.(双侧)	精确 Sig.(双侧)	精确 Sig.(单侧)
Pearson 卡方	115.684[a]	1	0.000		
连续校正[b]	115.242	1	0.000		
似然比	115.923	1	0.000		
Fisher 的精确检验				0.000	0.000
线性和线性组合	115.672	1	0.000		
有效案例中的 N	9 484				

a. 0 单元格(0.0%)的期望计数少于5。最小期望计数为2 291.74。
b. 仅对2×2表计算。

表4-1-3 年龄×您了解乡村风土人情吗交叉表

			您了解乡村风土人情吗		合计
			不了解	了解	
年龄	25岁及以下	计数	360	285	645
		"年龄"中的占比	55.8%	44.2%	100.0%
		"您了解乡村风土人情吗"中的占比	7.6%	6.0%	6.8%
		总数的占比	3.8%	3.0%	6.8%
	26—35岁	计数	1961	1749	3710
		"年龄"中的占比	52.9%	47.1%	100.0%
		"您了解乡村风土人情吗"中的占比	41.5%	36.8%	39.1%
		总数的占比	20.7%	18.4%	39.1%
	36—45岁	计数	1409	1545	2954
		"年龄"中的占比	47.7%	52.3%	100.0%
		"您了解乡村风土人情吗"中的占比	29.8%	32.5%	31.1%
		总数的占比	14.9%	16.3%	31.1%
	46—55岁	计数	849	987	1836
		"年龄"中的占比	46.2%	53.8%	100.0%
		"您了解乡村风土人情吗"中的占比	18.0%	20.7%	19.4%
		总数的占比	9.0%	10.4%	19.4%
	56岁及以上	计数	147	192	339
		"年龄"中的占比	43.4%	56.6%	100.0%
		"您了解乡村风土人情吗"中的占比	3.1%	4.0%	3.6%
		总数的占比	1.5%	2.0%	3.6%
合计		计数	4726	4758	9484
		"年龄"中的占比	49.8%	50.2%	100.0%
		"您了解乡村风土人情吗"中的占比	100.0%	100.0%	100.0%
		总数的占比	49.8%	50.2%	100.0%

表4-1-4 年龄×您了解乡村风土人情吗卡方检验

	值	df	渐进 Sig.（双侧）
Pearson 卡方	43.335[a]	4	0.000
似然比	43.391	4	0.000
线性和线性组合	40.546	1	0.000
有效案例中的 N	9 484		

a. 0 单元格(0.0%)的期望计数少于5。最小期望计数为168.93。

二 乡村教师家庭住址所在区域与了解乡村风土人情相关分析

乡村教师了解乡村风土人情是乡村教师服务乡村文化教育建设能力的先决条件，乡村教师家庭住址所在区域是乡村教师基本的生活环境要素之一。本研究选择对乡村教师家庭住址所在区域与是否了解乡村风土人情作卡方检验。

从表4-1-5可见，乡村教师选择"非常了解""比较了解""一般""不太了解""不了解"乡村风土人情的数量占乡村教师被调查群体总数量的比例分别为7.9%、33.9%、40.4%、11.8%、6.0%，选择"非常了解"的这部分乡村教师在家庭住址所在区域为"本乡(镇)""外乡(镇)""县城""地级市"和"省城"选择项上的数量占乡村教师被调查群体总数量的比例分别为3.0%、1.1%、3.2%、0.6%和0.1%；选择"比较了解"的这部分乡村教师在家庭住址所在区域为"本乡(镇)""外乡(镇)""县城""地级市"和"省城"选择项上的数量占乡村教师被调查群体总数量的比例分别为10.9%、5.3%、14.6%、2.8%和0.2%；选择"一般"的这部分乡村教师在家庭住址所在区域为"本乡(镇)""外乡(镇)""县城""地级市"和"省城"选择项上的数量占乡村教师被调查群体总数量的比例分别为11.5%、7.0%、17.6%、4.0%和0.3%。

乡村教师家庭住址在"本乡(镇)"和"外乡(镇)"的数量占乡村教师被调查群体总

数量的比例分别为29.9%和17.0%,两者总和为46.9%,即乡村教师家庭住址所在区域在乡村的总数量不到一半。

乡村教师是否了解乡村风土人情在"非常了解""比较了解""一般"选项上的数量占乡村教师家庭住址群体的比例随着家庭住址所在地行政级别高低呈现出一定的特征。乡村教师选择"非常了解"乡村风土人情的数量在乡村教师家庭住址为"本乡(镇)""外乡(镇)""县城""地级市"和"省城"选择项上占各自家庭住址所在区域群体的比例依次为9.9%、6.6%、7.5%、6.2%、7.2%,其中"本乡(镇)""外乡(镇)""县城""地级市"和"省城"选择项上的群体比例均未达到十分之一;乡村教师选择"比较了解"乡村风土人情的数量在乡村教师家庭住址所在区域为"本乡(镇)""外乡(镇)""县城""地级市"和"省城"选择项上占各自家庭住址群体的比例依次为36.4%、31.2%、33.9%、30.4%、33.3%,其中"本乡(镇)""外乡(镇)""县城""地级市"和"省城"选择项上的群体比例均达到或接近三分之一;乡村教师选择"一般"的数量在乡村教师家庭住址为"本乡(镇)""外乡(镇)""县城""地级市"和"省城"选择项上占各自家庭住址群体的比例依次为38.4%、40.9%、40.9%、42.9%、46.4%,其中"本乡(镇)""外乡(镇)""县城""地级市"和"省城"选择项上的群体比例均超过或达到三分之一。

从表4-1-6可见,Pearson卡方、似然比卡方以及线性和线性组合的双侧显著性检验P值均小于0.01,达到极显著性水平。由此,在统计学上推断,乡村教师是否了解乡村风土人情的调查数据分布特征与乡村教师家庭住址所在区域存在相关性,即乡村教师对乡村风土人情的了解比例随着家庭住址所在区域行政级别升高而依次降低。

根据以上分析,有理由认为多数乡村教师在乡村社会生活中存在风土人情淡漠化的现象,使得乡村教师的乡情素养严重不足,缺乏积累乡土文化知识的习惯意识,导致乡村教师对乡村人文的了解大多停留在比较了解或一般了解的层次上。

表 4-1-5　家庭住址所在区域×您了解乡村的风土人情吗交叉表

			您了解乡村的风土人情吗					合计
			非常了解	比较了解	一般	不太了解	不了解	
家庭住址所在区域	本乡（镇）	计数	280	1 033	1 090	293	143	2 839
		"家庭住址所在区域"中的占比	9.9%	36.4%	38.4%	10.3%	5.0%	100.0%
		"您了解乡村的风土人情吗"中的占比	37.3%	32.2%	28.5%	26.1%	25.2%	29.9%
		总数的占比	3.0%	10.9%	11.5%	3.1%	1.5%	29.9%
	外乡（镇）	计数	106	503	660	227	117	1 613
		"家庭住址所在区域"中的占比	6.6%	31.2%	40.9%	14.1%	7.3%	100.0%
		"您了解乡村的风土人情吗"中的占比	14.1%	15.7%	17.2%	20.2%	20.6%	17.0%
		总数的占比	1.1%	5.3%	7.0%	2.4%	1.2%	17.0%
	县城	计数	305	1 385	1 670	476	246	4 082
		"家庭住址所在区域"中的占比	7.5%	33.9%	40.9%	11.7%	6.0%	100.0%
		"您了解乡村的风土人情吗"中的占比	40.6%	43.1%	43.6%	42.4%	43.3%	43.0%
		总数的占比	3.2%	14.6%	17.6%	5.0%	2.6%	43.0%
	地级市	计数	55	268	378	122	58	881
		"家庭住址所在区域"中的占比	6.2%	30.4%	42.9%	13.8%	6.6%	100.0%
		"您了解乡村的风土人情吗"中的占比	7.3%	8.3%	9.9%	10.9%	10.2%	9.3%
		总数的占比	0.6%	2.8%	4.0%	1.3%	0.6%	9.3%
	省城	计数	5	23	32	5	4	69
		"家庭住址所在区域"中的占比	7.2%	33.3%	46.4%	7.2%	5.8%	100.0%
		"您了解乡村的风土人情吗"中的占比	0.7%	0.7%	0.8%	0.4%	0.7%	0.7%
		总数的占比	0.1%	0.2%	0.3%	0.1%	0.0%	0.7%

(续表)

		您了解乡村的风土人情吗					合计
		非常了解	比较了解	一般	不太了解	不了解	
合计	计数	751	3 212	3 830	1 123	568	9 484
	"家庭住址所在区域"中的占比	7.9%	33.9%	40.4%	11.8%	6.0%	100.0%
	"您了解乡村的风土人情吗"中的占比	100.0%	100.0%	100.0%	100.0%	100.0%	100.0%
	总数的占比	7.9%	33.9%	40.4%	11.8%	6.0%	100.0%

表4-1-6　家庭住址所在区域×您了解乡村的风土人情吗卡方检验

	值	df	渐进Sig.(双侧)
Pearson卡方	64.272[a]	16	0.000
似然比	63.711	16	0.000
线性和线性组合	24.239	1	0.000
有效案例中的N	9 484		

a. 1单元格(4.0%)的期望计数少于5。最小期望计数为4.13。

乡村教师任教学科与对乡村风土人情感兴趣相关分析

乡村教师对乡村风土人情感兴趣是乡村教师服务乡村文化教育建设能力的关键条件。乡村教师任教学科是影响乡村教师选择性注意或兴趣倾向的重要因素之一。本研究选择对乡村教师任教学科与对乡村风土人情感兴趣作卡方检验。

按照我国中小学、职业高中及社区学校开设的课程情况,乡村教师任教学科有:语文、数学、英语、科学、社会思政、音乐或美术、体育、职业技术类及其他。卡方检验统计结果发现任教数学、科学、音乐或美术、职业技术类以及其他学科的乡村教师与对乡风土人情感兴趣没有达到显著性差异；任教英语学科的乡村教师与对乡村风土人情感兴趣达到显著性差异；任教语文、社会思政和体育学科的乡村教师对乡村风土人情感兴趣均达到极显著性差异。限于篇幅，以下以语文学科为例进行说明。从表4-1-7可见，乡村教师选择对乡村风土人情"非常有兴趣""比较有兴趣""一般""不太有兴趣"和"没有兴趣"的数量占乡村教师被调查群体总数量的比例分别为13.1%、44.8%、33.4%、5.7%、3.0%，即对乡村风土人情"非常有兴趣""比较有兴趣"的比例总计超过一半。

从表4-1-7可见，乡村教师对乡村风土人情"非常有兴趣""比较有兴趣""一般""不太有兴趣"和"没有兴趣"选项上的数量占语文学科上的比例分别为14.9%、44.8%、32.5%、5.4%和2.4%；乡村教师对乡村风土人情"非常有兴趣""比较有兴趣""一般""不太有兴趣"和"没有兴趣"选项上的数量占非语文学科上的比例分别为12.0%、44.8%、33.9%、5.9%、3.4%。从表4-1-8可见，Pearson卡方、似然比卡方以及线性和线性组合的渐进双侧显著性检验P值均小于0.01，达到极显著性水平。由此，从统计学上推断，乡村教师是否任教语文学科与对乡村风土人情感兴趣存在相关性，任教语文学科的乡村教师群体对乡村风土人情感兴趣的比例更高。

根据以上分析，大多数乡村教师对乡村风土人情感兴趣，这与半数以上乡村教师对了解乡村风土人情的调查结果具有一致性。同时，任教语文、社会思政、体育和英语学科的乡村教师相对于任教数学、科学、音乐或美术、职业技术类以及其他等学科更加表现出对乡村风土人情的兴趣。然而，数学学科是大学科，任教数学学科的乡村教师人数具有很高比例，职业技术类学科跟乡村风土人情应该具有很高的相关性，遗憾的是这些乡村教师对乡村风土人情的兴趣不高。假如让对乡村风土人情不感兴趣的乡村教师去培育乡村文化教育建设人才，显然是勉为其难的。由此，就有比较充分的理由怀疑这些乡村教师服务乡村文化教育建设的能力是否足够。

表4-1-7 是否任教语文学科×您对乡村的风土人情感兴趣吗交叉表

			您对乡村的风土人情感兴趣吗					合计
			非常有兴趣	比较有兴趣	一般	不太有兴趣	没有兴趣	
是否任教语文学科	是	计数	538	1614	1173	193	88	3606
		"是否任教语文学科"中的占比	14.9%	44.8%	32.5%	5.4%	2.4%	100.0%
		"您对乡村的风土人情感兴趣吗"中的占比	43.2%	38.0%	37.0%	35.8%	30.9%	38.0%
		总数的占比	5.7%	17.0%	12.4%	2.0%	0.9%	38.0%
	否	计数	707	2635	1993	346	197	5878
		"是否任教语文学科"中的占比	12.0%	44.8%	33.9%	5.9%	3.4%	100.0%
		"您对乡村的风土人情感兴趣吗"中的占比	56.8%	62.0%	63.0%	64.2%	69.1%	62.0%
		总数的占比	7.5%	27.8%	21.0%	3.6%	2.1%	62.0%
合计		计数	1245	4249	3166	539	285	9484
		"是否任教语文学科"中的占比	13.1%	44.8%	33.4%	5.7%	3.0%	100.0%
		"您对乡村的风土人情感兴趣吗"中的占比	100.0%	100.0%	100.0%	100.0%	100.0%	100.0%
		总数的占比	13.1%	44.8%	33.4%	5.7%	3.0%	100.0%

表4-1-8 是否任教语文学科×您对乡村的风土人情感兴趣吗卡方检验

	值	df	渐进 Sig.（双侧）
Pearson 卡方	22.803[a]	4	0.000
似然比	22.778	4	0.000
线性和线性组合	18.244	1	0.000
有效案例中的 N	9484		

a. 0 单元格(0.0%)的期望计数少于 5。最小期望计数为 108.36。

四 乡村教师工作学校类型与参与村民核心价值观培育活动频度相关分析

乡村教师参与村民核心价值观培育活动是乡村教师服务乡村文化教育建设能力的重要条件,由于我国不同的乡村学校类型承担着不同的教育任务和职能以及面对着不同的教育对象,进而教育的内容和性质也有所不同,因此,乡村教师工作学校类型不同是影响乡村教师选择性注意或兴趣倾向的重要因素之一。乡村教师工作学校类型有:小学、初中、普通高中、职业高中、社区成人学校及其他类型学校。本研究对乡村教师工作学校类型与参与村民核心价值观培育活动作卡方检验。

从表4-1-9可见,乡村教师在参与村民核心价值观培育活动的调查中选择"非常多"的占相同工作学校类型群体中的比例分别为:小学3.3%、初中3.0%、普通高中1.6%、职业高中3.9%、社区成人学校18.2%、其他类型学校2.9%;选择"比较多"的比例分别为:小学9.7%、初中8.8%、普通高中7.5%、职业高中7.2%、社区成人学校36.4%、其他类型学校7.2%;选择"非常多"和"比较多"的两项之和比例分别为:小学13.0%、初中11.8%、普通高中9.1%、职业高中11.1%、社区成人学校54.6%、其他类型学校10.1%。其中社区成人学校教师选择参与村民核心价值观培育活动的比例最高,为54.6%;其次是小学教师,为13.0%。

从表4-1-10可见,Pearson卡方检验、似然比卡方以及线性和线性组合的渐进双侧显著性检验P值均小于0.01,达到极显著性水平。由此,从统计学上推断,乡村教师是否参与村民核心价值观培育活动的调查数据分布特征与乡村教师工作学校类型存在相关性,即乡村教师对参与村民核心价值观培育活动频度比例从高到低依次为:社区成人学校、小学、初中、职业高中、其他类型学校、普通高中。

根据以上分析,有理由认为在占绝大多数学校类型的小学和初中学校里边的多数乡村教师未选择参与村民核心价值观培育活动,同时,职业学校学校里边的多数乡村教师也未参与村民核心价值观培育活动,这些学校的乡村教师本应该可以更好地担负着直接服务乡村文化教育的重任。因此,在不同工作学校类型中的乡村教师服务乡村文化教育建设能力还有待提升。

表4-1-9 工作的学校类型×您有参与本地村民核心价值观培育活动吗交叉表

			您有参与本地村民核心价值观培育活动吗					合计
			非常多	比较多	一般	偶尔	没有	
工作的学校类型	小学	计数	171	500	929	933	2 603	5 136
		"工作的学校类型"中的占比	3.3%	9.7%	18.1%	18.2%	50.7%	100.0%
		"您有参与本地村民核心价值观培育活动吗"中的占比	57.6%	57.9%	52.8%	56.6%	52.9%	54.2%
		总数的占比	1.8%	5.3%	9.8%	9.8%	27.4%	54.2%
	初中	计数	84	248	567	466	1 444	2 809
		"工作的学校类型"中的占比	3.0%	8.8%	20.2%	16.6%	51.4%	100.0%
		"您有参与本地村民核心价值观培育活动吗"中的占比	28.3%	28.7%	32.3%	28.3%	29.4%	29.6%
		总数的占比	0.9%	2.6%	6.0%	4.9%	15.2%	29.6%
	普通高中	计数	9	43	82	91	345	570
		"工作的学校类型"中的占比	1.6%	7.5%	14.4%	16.0%	60.5%	100.0%
		"您有参与本地村民核心价值观培育活动吗"中的占比	3.0%	5.0%	4.7%	5.5%	7.0%	6.0%
		总数的占比	0.1%	0.5%	0.9%	1.0%	3.6%	6.0%
	职业高中	计数	13	24	66	54	177	334
		"工作的学校类型"中的占比	3.9%	7.2%	19.8%	16.2%	53.0%	100.0%
		"您有参与本地村民核心价值观培育活动吗"中的占比	4.4%	2.8%	3.8%	3.3%	3.6%	3.5%
		总数的占比	0.1%	0.3%	0.7%	0.6%	1.9%	3.5%

(续表)

			您有参与本地村民核心价值观培育活动吗					合计
			非常多	比较多	一般	偶尔	没有	
工作的学校类型	社区成人学校	计数	2	4	3	2	0	11
		"工作的学校类型"中的占比	18.2%	36.4%	27.3%	18.2%	0.0%	100.0%
		"您有参与本地村民核心价值观培育活动吗"中的占比	0.7%	0.5%	0.2%	0.1%	0.0%	0.1%
		总数的占比	0.0%	0.0%	0.0%	0.0%	0.0%	0.1%
	其他类型学校	计数	18	45	111	103	347	624
		"工作的学校类型"中的占比	2.9%	7.2%	17.8%	16.5%	55.6%	100.0%
		"您有参与本地村民核心价值观培育活动吗"中的占比	6.1%	5.2%	6.3%	6.2%	7.1%	6.6%
		总数的占比	0.2%	0.5%	1.2%	1.1%	3.7%	6.6%
合计		计数	297	864	1 758	1 649	4 916	9 484
		"工作的学校类型"中的占比	3.1%	9.1%	18.5%	17.4%	51.8%	100.0%
		"您有参与本地村民核心价值观培育活动吗"中的占比	100.0%	100.0%	100.0%	100.0%	100.0%	100.0%
		总数的占比	3.1%	9.1%	18.5%	17.4%	51.8%	100.0%

表4-1-10 工作的学校类型×您有参与本地村民核心价值观培育活动吗卡方检验

	值	df	渐进 Sig.（双侧）
Pearson 卡方	62.843[a]	20	0.000
似然比	61.541	20	0.000
线性和线性组合	8.178	1	0.004
有效案例中的 N	9 484		

a. 4 单元格(13.3%)的期望计数少于5。最小期望计数为0.34。

五 乡村教师青少年时期就读学校与对乡村风土人情感兴趣相关分析

乡村教师对乡村风土人情感兴趣是乡村教师服务乡村文化教育建设能力的关键条件,乡村教师青少年时期就读学校所在区域是乡村教师从孩童到成人的成长历程中的重要环境,是乡村教师成长史当中的重要的社会因素。乡村教师青少年读书时期可以划分为三个阶段:小学、初中、高中或中专。乡村教师青少年时期就读学校所在区域有:村庄、乡/镇政府所在地、县城、地级市、省城。本研究对乡村教师青少年时期就读学校所在区域与是否对乡村风土人情感兴趣作卡方检验。

从表4-1-11、表4-1-13、表4-1-15可见,乡村教师小学、初中、高中或中专阶段是否对乡村风土人情感兴趣的选项在"感兴趣"上选择数量占各自就读学校所在区域类型群体的比例总体分布趋势一致,即就读学校在"村庄""乡/镇政府所在地""县城""地级市""省城"不同的地理空间,乡村教师选择"比较有兴趣"和"一般"的比例较大且选择"非常有兴趣"和"比较有兴趣"的乡村教师占比超过50%。以小学就读学校所在区域为例,在"村庄""乡/镇政府所在地""县城""地级市""省城"类型的群体里边选择"比较有兴趣"的比例分别为:46.3%、42.9%、43.7%、33.5%、47.4%。

从表4-1-12、表4-1-14可见,Pearson卡方、似然比卡方以及线性和线性组合的渐进双侧显著性检验P值均小于0.01,达到极显著性水平。由此,从统计学上推断,乡村教师是否对乡村风土人情感兴趣的调查数据分布特征与青少年时期(由于表4-1-16的P值大于0.05,此处不包括高中阶段)就读学校所在区域存在相关性,青少年时期就读学校在"村庄""乡/镇政府所在地""县城""地级市""省城"类型学校的对乡村的风土人情"比较有兴趣"和"一般"的乡村教师占大多数。

根据以上分析,有理由认为仅极少数乡村教师对乡村风土人情不感兴趣,有比较充分的理由推测乡村教师服务乡村文化教育建设的能力是较高的。

表 4-1-11 小学就读的学校所在地区域×您对乡村的风土人情感兴趣吗交叉表

			您对乡村的风土人情感兴趣吗					合计
			非常有兴趣	比较有兴趣	一般	不太有兴趣	没有兴趣	
小学就读的学校所在地区域	村庄	计数	792	2 624	1 799	326	131	5 672
		"小学就读的学校所在地区域"中的占比	14.0%	46.3%	31.7%	5.7%	2.3%	100.0%
		"您对乡村的风土人情感兴趣吗"中的占比	63.6%	61.8%	56.8%	60.5%	46.0%	59.8%
		总数的占比	8.4%	27.7%	19.0%	3.4%	1.4%	59.8%
	乡/镇政府所在地	计数	273	1 005	847	134	82	2 341
		"小学就读的学校所在地区域"中的占比	11.7%	42.9%	36.2%	5.7%	3.5%	100.0%
		"您对乡村的风土人情感兴趣吗"中的占比	21.9%	23.7%	26.8%	24.9%	28.8%	24.7%
		总数的占比	2.9%	10.6%	8.9%	1.4%	0.9%	24.7%
	县城	计数	156	523	406	58	54	1 197
		"小学就读的学校所在地区域"中的占比	13.0%	43.7%	33.9%	4.8%	4.5%	100.0%
		"您对乡村的风土人情感兴趣吗"中的占比	12.5%	12.3%	12.8%	10.8%	18.9%	12.6%
		总数的占比	1.6%	5.5%	4.3%	0.6%	0.6%	12.6%
	地级市	计数	19	79	103	20	15	236
		"小学就读的学校所在地区域"中的占比	8.1%	33.5%	43.6%	8.5%	6.4%	100.0%
		"您对乡村的风土人情感兴趣吗"中的占比	1.5%	1.9%	3.3%	3.7%	5.3%	2.5%
		总数的占比	0.2%	0.8%	1.1%	0.2%	0.2%	2.5%
	省城	计数	5	18	11	1	3	38
		"小学就读的学校所在地区域"中的占比	13.2%	47.4%	28.9%	2.6%	7.9%	100.0%

(续表)

			您对乡村的风土人情感兴趣吗					合计
			非常有兴趣	比较有兴趣	一般	不太有兴趣	没有兴趣	
小学就读的学校所在地区域	省城	"您对乡村的风土人情感兴趣吗"中的占比	0.4%	0.4%	0.3%	0.2%	1.1%	0.4%
		总数的占比	0.1%	0.2%	0.1%	0.0%	0.0%	0.4%
合计		计数	1 245	4 249	3 166	539	285	9 484
		"小学就读的学校所在地区域"中的占比	13.1%	44.8%	33.4%	5.7%	3.0%	100.0%
		"您对乡村的风土人情感兴趣吗"中的占比	100.0%	100.0%	100.0%	100.0%	100.0%	100.0%
		总数的占比	13.1%	44.8%	33.4%	5.7%	3.0%	100.0%

表4-1-12 小学就读的学校所在地区域×您对乡村的风土人情感兴趣吗卡方检验

	值	df	渐进 Sig.（双侧）
Pearson 卡方	78.463[a]	16	0.000
似然比	75.419	16	0.000
线性和线性组合	37.897	1	0.000
有效案例中的 N	9 484		

a. 3 单元格(12.0%)的期望计数少于 5。最小期望计数为 1.14。

表4-1-13 初中就读的学校所在地区域×您对乡村的风土人情感兴趣吗交叉表

			您对乡村的风土人情感兴趣吗					合计
			非常有兴趣	比较有兴趣	一般	不太有兴趣	没有兴趣	
初中就读的学校所在地区域	村庄	计数	205	626	437	89	32	1 389
		"初中就读的学校所在地区域"中的占比	14.8%	45.1%	31.5%	6.4%	2.3%	100.0%

(续表)

			您对乡村的风土人情感兴趣吗					合计
			非常有兴趣	比较有兴趣	一般	不太有兴趣	没有兴趣	
初中就读的学校所在地区域	村庄	"您对乡村的风土人情感兴趣吗"中的占比	16.5%	14.7%	13.8%	16.5%	11.2%	14.6%
		总数的占比	2.2%	6.6%	4.6%	0.9%	0.3%	14.6%
	乡/镇政府所在地	计数	751	2623	1909	320	144	5747
		"初中就读的学校所在地区域"中的占比	13.1%	45.6%	33.2%	5.6%	2.5%	100.0%
		"您对乡村的风土人情感兴趣吗"中的占比	60.3%	61.7%	60.3%	59.4%	50.5%	60.6%
		总数的占比	7.9%	27.7%	20.1%	3.4%	1.5%	60.6%
	县城	计数	257	862	679	106	87	1991
		"初中就读的学校所在地区域"中的占比	12.9%	43.3%	34.1%	5.3%	4.4%	100.0%
		"您对乡村的风土人情感兴趣吗"中的占比	20.6%	20.3%	21.4%	19.7%	30.5%	21.0%
		总数的占比	2.7%	9.1%	7.2%	1.1%	0.9%	21.0%
	地级市	计数	26	112	126	21	19	304
		"初中就读的学校所在地区域"中的占比	8.6%	36.8%	41.4%	6.9%	6.3%	100.0%
		"您对乡村的风土人情感兴趣吗"中的占比	2.1%	2.6%	4.0%	3.9%	6.7%	3.2%
		总数的占比	0.3%	1.2%	1.3%	0.2%	0.2%	3.2%
	省城	计数	6	26	15	3	3	53
		"初中就读的学校所在地区域"中的占比	11.3%	49.1%	28.3%	5.7%	5.7%	100.0%
		"您对乡村的风土人情感兴趣吗"中的占比	0.5%	0.6%	0.5%	0.6%	1.1%	0.6%
		总数的占比	0.1%	0.3%	0.2%	0.0%	0.0%	0.6%

(续表)

		您对乡村的风土人情感兴趣吗					合计
		非常有兴趣	比较有兴趣	一般	不太有兴趣	没有兴趣	
合计	计数	1 245	4 249	3 166	539	285	9 484
	"初中就读的学校所在地区域"中的占比	13.1%	44.8%	33.4%	5.7%	3.0%	100.0%
	"您对乡村的风土人情感兴趣吗"中的占比	100.0%	100.0%	100.0%	100.0%	100.0%	100.0%
	总数的占比	13.1%	44.8%	33.4%	5.7%	3.0%	100.0%

表4-1-14 初中就读的学校所在地区域×您对乡村的风土人情感兴趣吗卡方检验

	值	df	渐进 Sig.（双侧）
Pearson 卡方	56.503[a]	16	0.000
似然比	53.042	16	0.000
线性和线性组合	23.553	1	0.000
有效案例中的 N	9 484		

a. 2 单元格(8.0%)的期望计数少于 5。最小期望计数为 1.59。

表4-1-15 高中就读的学校所在地区域×您对乡村的风土人情感兴趣吗交叉表

			您对乡村的风土人情感兴趣吗					合计
			非常有兴趣	比较有兴趣	一般	不太有兴趣	没有兴趣	
高中或中专就读的学校所在地区域	村庄	计数	29	49	43	6	4	131
		"高中或中专就读的学校所在地区域"中的占比	22.1%	37.4%	32.8%	4.6%	3.1%	100.0%
		"您对乡村的风土人情感兴趣吗"中的占比	2.3%	1.2%	1.4%	1.1%	1.4%	1.4%
		总数的占比	0.3%	0.5%	0.5%	0.1%	0.0%	1.4%

(续表)

			您对乡村的风土人情感兴趣吗					合计
			非常有兴趣	比较有兴趣	一般	不太有兴趣	没有兴趣	
高中或中专就读的学校所在地区域	乡/镇政府所在地	计数	279	936	687	119	53	2 074
		"高中或中专就读的学校所在地区域"中的占比	13.5%	45.1%	33.1%	5.7%	2.6%	100.0%
		"您对乡村的风土人情感兴趣吗"中的占比	22.4%	22.0%	21.7%	22.1%	18.6%	21.9%
		总数的占比	2.9%	9.9%	7.2%	1.3%	0.6%	21.9%
	县城	计数	689	2 406	1 773	300	164	5 332
		"高中或中专就读的学校所在地区域"中的占比	12.9%	45.1%	33.3%	5.6%	3.1%	100.0%
		"您对乡村的风土人情感兴趣吗"中的占比	55.3%	56.6%	56.0%	55.7%	57.5%	56.2%
		总数的占比	7.3%	25.4%	18.7%	3.2%	1.7%	56.2%
	地级市	计数	229	763	599	103	56	1 750
		"高中或中专就读的学校所在地区域"中的占比	13.1%	43.6%	34.2%	5.9%	3.2%	100.0%
		"您对乡村的风土人情感兴趣吗"中的占比	18.4%	18.0%	18.9%	19.1%	19.6%	18.5%
		总数的占比	2.4%	8.0%	6.3%	1.1%	0.6%	18.5%
	省城	计数	19	95	64	11	8	197
		"高中或中专就读的学校所在地区域"中的占比	9.6%	48.2%	32.5%	5.6%	4.1%	100.0%
		"您对乡村的风土人情感兴趣吗"中的占比	1.5%	2.2%	2.0%	2.0%	2.8%	2.1%
		总数的占比	0.2%	1.0%	0.7%	0.1%	0.1%	2.1%
合计		计数	1 245	4 249	3 166	539	285	9 484
		"高中或中专就读的学校所在地区域"中的占比	13.1%	44.8%	33.4%	5.7%	3.0%	100.0%
		"您对乡村的风土人情感兴趣吗"中的占比	100.0%	100.0%	100.0%	100.0%	100.0%	100.0%
		总数的占比	13.1%	44.8%	33.4%	5.7%	3.0%	100.0%

表4-1-16 高中就读的学校所在地区域×您对乡村的风土人情感兴趣吗卡方检验

	值	df	渐进 Sig.（双侧）
Pearson 卡方	16.506[a]	16	0.418
似然比	15.395	16	0.496
线性和线性组合	3.696	1	0.055
有效案例中的 N	9484		

a. 1 单元格(4.0%)的期望计数少于 5。最小期望计数为 3.94。

六 乡村教师性别年龄学历职称与帮村民书写春联频度相关分析

乡村教师帮村民书写春联是乡村教师服务乡村文化教育建设能力的直接的现实指标，性别和年龄是影响人的一般能力的自然属性，学历职称是乡村教师学术专业水准的重要标志。本研究选择对乡村教师性别年龄学历职称与帮村民书写春联频度分别作卡方检验。卡方检验结果发现，乡村教师性别年龄学历职称与帮村民书写春联频度存在相关性。限于篇幅，以下以性别和年龄为例进行说明。

从表 4-1-17 和表 4-1-19 可见，乡村教师帮村民书写春联频度的选项在"偶尔"和"没有"上的数量占乡村教师群体的比例分别为 17.6% 和 59.3%，累计高达 76.9%，即超过半数的乡村教师很少或没有参与帮村民书写春联活动。

从表 4-1-17 性别来看，男教师和女教师在"非常多""比较多""一般""偶尔"和"没有"选项上的选择数量占各自性别群体的比例分布趋势一致，与总体分布趋势也一致。但是，男教师在"非常多"和"比较多"选项上的选择数量占乡村男教师群体的比例高于女教师。从表 4-1-19 年龄段来看，"25 岁及以下"至"56 岁及以上"，"非常多"和"比较多"两项选择数之和占各自年龄段群体的比例依次增加。

从表 4-1-18 和表 4-1-20 可见，Pearson 卡方、似然比卡方以及线性和线性组合的渐进双侧显著性检验 P 值均小于 0.01，达到极显著性水平。由此，从统计学上推断,乡村教师帮村民书写春联频度的调查数据分布特征与乡村教师的性别和年龄段存在相关性,男教师比女教师参与程度高一些,随着年龄段增大,乡村教师在各自年龄段里边的参与比例依次增加,处于"56岁及以上"的乡村教师选择"非常多"和"比较多"两项数量之和比例最高,为37.5%。

根据以上分析,有理由认为多数乡村教师已经脱离了乡村文化的生活环境。乡村教师帮村民书写春联频度是非常低的。换言之,多数乡村女教师和多数年轻乡村教师服务乡村文化教育建设的能力不足。[1]

表4-1-17 性别×您曾经为村民书写春联吗交叉表

			您曾经为村民书写春联吗					合计
			非常多	比较多	一般	偶尔	没有	
性别	男	计数	240	569	765	1 116	1 909	4 599
		"性别"中的占比	5.2%	12.4%	16.6%	24.3%	41.5%	100.0%
		"您曾经为村民书写春联吗"中的占比	77.2%	76.0%	68.1%	66.7%	33.9%	48.5%
		总数的占比	2.5%	6.0%	8.1%	11.8%	20.1%	48.5%
	女	计数	71	180	359	557	3 718	4 885
		"性别"中的占比	1.5%	3.7%	7.3%	11.4%	76.1%	100.0%
		"您曾经为村民书写春联吗"中的占比	22.8%	24.0%	31.9%	33.3%	66.1%	51.5%
		总数的占比	0.7%	1.9%	3.8%	5.9%	39.2%	51.5%
合计		计数	311	749	1 124	1 673	5 627	9 484
		"性别"中的占比	3.3%	7.9%	11.9%	17.6%	59.3%	100.0%
		"您曾经为村民书写春联吗"中的占比	100.0%	100.0%	100.0%	100.0%	100.0%	100.0%
		总数的占比	3.3%	7.9%	11.9%	17.6%	59.3%	100.0%

---

[1] 卢尚建.乡村教师服务乡村振兴战略的能力结构问题调查研究[J].当代教育文化,2021,13(3).

表4-1-18 性别×您曾经为村民书写春联吗卡方检验

	值	df	渐进Sig.（双侧）
Pearson卡方	1 201.332^a	4	0.000
似然比	1 233.094	4	0.000
线性和线性组合	977.897	1	0.000
有效案例中的N	9 484		

a. 0单元格(0.0%)的期望计数少于5。最小期望计数为150.81。

表4-1-19 年龄×您曾经为村民书写春联吗交叉表

			您曾经为村民书写春联吗					合计
			非常多	比较多	一般	偶尔	没有	
年龄	25岁及以下	计数	10	25	81	56	473	645
		"年龄"中的占比	1.6%	3.9%	12.6%	8.7%	73.3%	100.0%
		"您曾经为村民书写春联吗"中的占比	3.2%	3.3%	7.2%	3.3%	8.4%	6.8%
		总数的占比	0.1%	0.3%	0.9%	0.6%	5.0%	6.8%
	26—35岁	计数	78	200	361	426	2 645	3 710
		"年龄"中的占比	2.1%	5.4%	9.7%	11.5%	71.3%	100.0%
		"您曾经为村民书写春联吗"中的占比	25.1%	26.7%	32.1%	25.5%	47.0%	39.1%
		总数的占比	0.8%	2.1%	3.8%	4.5%	27.9%	39.1%
	36—45岁	计数	109	237	363	633	1 612	2 954
		"年龄"中的占比	3.7%	8.0%	12.3%	21.4%	54.6%	100.0%
		"您曾经为村民书写春联吗"中的占比	35.0%	31.6%	32.3%	37.8%	28.6%	31.1%
		总数的占比	1.1%	2.5%	3.8%	6.7%	17.0%	31.1%
	46—55岁	计数	75	199	260	469	833	1 836
		"年龄"中的占比	4.1%	10.8%	14.2%	25.5%	45.4%	100.0%
		"您曾经为村民书写春联吗"中的占比	24.1%	26.6%	23.1%	28.0%	14.8%	19.4%
		总数的占比	0.8%	2.1%	2.7%	4.9%	8.8%	19.4%

(续表)

			您曾经为村民书写春联吗					合计
			非常多	比较多	一般	偶尔	没有	
年龄	56岁及以上	计数	39	88	59	89	64	339
		"年龄"中的占比	11.5%	26.0%	17.4%	26.3%	18.9%	100.0%
		"您曾经为村民书写春联吗"中的占比	12.5%	11.7%	5.2%	5.3%	1.1%	3.6%
		总数的占比	0.4%	0.9%	0.6%	0.9%	0.7%	3.6%
合计		计数	311	749	1 124	1 673	5 627	9 484
		"年龄"中的占比	3.3%	7.9%	11.9%	17.6%	59.3%	100.0%
		"您曾经为村民书写春联吗"中的占比	100.0%	100.0%	100.0%	100.0%	100.0%	100.0%
		总数的占比	3.3%	7.9%	11.9%	17.6%	59.3%	100.0%

表4-1-20 年龄×您曾经为村民书写春联吗卡方检验

	值	df	渐进 Sig.（双侧）
Pearson 卡方	819.777[a]	16	0.000
似然比	786.007	16	0.000
线性和线性组合	493.282	1	0.000
有效案例中的 N	9 484		

a. 0 单元格（0.0%）的期望计数少于 5。最小期望计数为 11.12。

第二节 乡村教师服务公共文化活动能力调查结果分析

乡村教师服务公共文化活动能力是乡村教师服务乡风文明建设能力一级指标下面的二级指标之一,可分解为两个三级指标:为村民讲解国家政策形势或国内外新闻和参与本地公共文化活动。两个三级指标下面分别设计是否为村民讲解国家政策形势或国内外新闻、是否对为村民讲解国家政策形势或国内外新闻感兴趣以及参与本地公共文化活动等调查问题,对回收的问卷数据分析后发现,乡村教师的性别、年龄、学历、职称、家庭住址所在区域、工作学校类型、任教学科、青少年时期就读学校所在地等要素与乡村教师服务公共文化活动能力指标的上述设计的问题存在不同程度的相关性。限于篇幅,以下选取了六个角度进行分析:乡村教师性别年龄与是否了解乡村公共文化活动场所相关分析、乡村教师任教学科与是否了解乡村公共文化活动场所相关分析、乡村教师工作学校类型与给村民讲解国家政策形势或国内外新闻频度相关分析、乡村教师家庭住址所在区域与给村民讲解国家政策形势或国内外新闻频度相关分析、乡村教师青少年时期就读学校与给村民讲解国家政策形势或国内外新闻频度相关分析、乡村教师性别年龄学历职称与给村民讲解国家政策形势或国内外新闻频度相关分析。

一 乡村教师性别年龄与是否了解乡村公共文化活动场所相关分析

乡村教师了解乡村公共文化活动场所是乡村教师服务乡村公共文化活动能力的先决条件,性别和年龄是影响人的一般能力的自然属性,本研究选择对乡村教师性别年龄与是否了解乡村公共文化活动场所分别作卡方检验。

从表4-2-1和表4-2-3可见,乡村教师是否了解乡村公共文化活动场所的调查问题选项在"了解"和"不了解"上的选择数量占乡村教师被调查群体总数量的比例分别为92.2%和7.8%,即大多数的乡村教师了解乡村公共文化活动场所。

从表4-2-1性别来看,男教师和女教师在"不了解""了解"选项上的选择数量占各自性别群体的比例分布趋势一致,而且男教师和女教师选择比例接近相等。

从表4-2-3年龄段来看,"25岁及以下"至"56岁及以上",选择"了解"的数量占各自年龄段群体的比例依次上升,但是差异不显著。

根据以上分析,大多数乡村教师了解乡村公共文化活动场所。这在诸多的"了解""不了解"类型调查中,是少有的在性别方面不存在相关性的。

表 4-2-1　性别×您是否了解本地有哪些公共文化场所交叉表

			您是否了解本地有哪些公共文化场所		合计
			了解	不了解	
性别	男	计数	4 238	361	4 599
		"性别"中的占比	92.2%	7.8%	100.0%
		"您是否了解本地有哪些公共文化场所"中的占比	48.5%	49.0%	48.5%
		总数的占比	44.7%	3.8%	48.5%
	女	计数	4 509	376	4 885
		"性别"中的占比	92.3%	7.7%	100.0%
		"您是否了解本地有哪些公共文化场所"中的占比	51.5%	51.0%	51.5%
		总数的占比	47.5%	4.0%	51.5%
合计		计数	8 747	737	9 484
		"性别"中的占比	92.2%	7.8%	100.0%
		"您是否了解本地有哪些公共文化场所"中的占比	100.0%	100.0%	100.0%
		总数的占比	92.2%	7.8%	100.0%

表 4-2-2　性别×您是否了解本地有哪些公共文化场所卡方检验

	值	df	渐进 Sig.（双侧）	精确 Sig.（双侧）	精确 Sig.（单侧）
Pearson 卡方	0.077[a]	1	0.782		
连续校正[b]	0.057	1	0.811		
似然比	0.077	1	0.782		
Fisher 的精确检验				0.788	0.405
线性和线性组合	0.077	1	0.782		
有效案例中的 N	9 484				

a. 0 单元格(0.0%)的期望计数少于 5。最小期望计数为 357.39。
b. 仅对 2×2 表计算。

表4-2-3 年龄×您是否了解本地有哪些公共文化场所交叉表

			您是否了解本地有哪些公共文化场所		合计
			了解	不了解	
年龄	25岁及以下	计数	557	88	645
		"年龄"中的占比	86.4%	13.6%	100.0%
		"您是否了解本地有哪些公共文化场所"中的占比	6.4%	11.9%	6.8%
		总数的占比	5.9%	0.9%	6.8%
	26—35岁	计数	3 357	353	3 710
		"年龄"中的占比	90.5%	9.5%	100.0%
		"您是否了解本地有哪些公共文化场所"中的占比	38.4%	47.9%	39.1%
		总数的占比	35.4%	3.7%	39.1%
	36—45岁	计数	2 776	178	2 954
		"年龄"中的占比	94.0%	6.0%	100.0%
		"您是否了解本地有哪些公共文化场所"中的占比	31.7%	24.2%	31.1%
		总数的占比	29.3%	1.9%	31.1%
	46—55岁	计数	1 736	100	1 836
		"年龄"中的占比	94.6%	5.4%	100.0%
		"您是否了解本地有哪些公共文化场所"中的占比	19.8%	13.6%	19.4%
		总数的占比	18.3%	1.1%	19.4%
	56岁及以上	计数	321	18	339
		"年龄"中的占比	94.7%	5.3%	100.0%
		"您是否了解本地有哪些公共文化场所"中的占比	3.7%	2.4%	3.6%
		总数的占比	3.4%	0.2%	3.6%
合计		计数	8 747	737	9 484
		"年龄"中的占比	92.2%	7.8%	100.0%
		"您是否了解本地有哪些公共文化场所"中的占比	100.0%	100.0%	100.0%
		总数的占比	92.2%	7.8%	100.0%

表 4-2-4 年龄×您是否了解本地有哪些公共文化场所卡方检验

	值	df	渐进 Sig.（双侧）
Pearson 卡方	76.036[a]	4	0.000
似然比	72.606	4	0.000
线性和线性组合	63.079	1	0.000
有效案例中的 N	9 484		

a. 0 单元格(0.0%)的期望计数少于 5。最小期望计数为 26.34。

二 乡村教师任教学科与是否了解乡村公共文化活动场所相关分析

乡村教师了解乡村公共文化活动场所是乡村教师乡村公共文化活动能力的先决条件，乡村教师任教学科是影响乡村教师选择性注意或兴趣倾向的重要因素之一。本研究选择对乡村教师任教学科与是否了解乡村公共文化活动场所作卡方检验。

按照我国中小学、职业高中及社区学校开设的课程情况，乡村教师任教学科背景有：语文、数学、英语、科学、社会思政、音乐或美术、体育、职业技术类及其他。卡方检验统计结果发现是否任教语文、数学、英语、社会思政、体育以及其他学科的乡村教师与是否了解乡村公共文化活动场所没有达到显著性差异；是否任教科学、音乐或美术以及职业技术类学科的乡村教师与是否了解乡村公共文化活动场所均达到显著性差异。限于篇幅，以下以职业技术类学科为例进行说明。从表 4-2-5 可见，乡村教师选择对乡村公共文化活动场所"了解"和"不了解"的数量占乡村教师被调查群体总数量的比例分别为 92.2% 和 7.8%，即了解乡村公共文化活动场所的比例超过 90%。

从表 4-2-5 可见，乡村教师对乡村公共文化活动场所"了解"选项上的数量占职业技术类学科和非职业技术类学科背景上的比例分别为 96.2% 和 92.2%。从表 4-2-6 可见，Pearson 卡方、似然比卡方以及线性和线性组合的渐进双侧显著性检验 P 值小于 0.05，达到显著性水平。由此，从统计学上推断，乡村教师是否任教职业技术类学科背景与是否了解乡村公共文化活动场所存在相关性，任教职业技术类学科的乡村教师群体对了解乡村公共文化活动场所的比例更高。

表4-2-5 是否任教职业技术类学科×您是否了解本地有哪些公共文化场所交叉表

			您是否了解本地有哪些公共文化场所		合计
			了解	不了解	
是否任教职业技术类学科	是	计数	176	7	183
		"是否任教职业技术类学科"中的占比	96.2%	3.8%	100.0%
		"您是否了解本地有哪些公共文化场所"中的占比	2.0%	0.9%	1.9%
		总数的占比	1.9%	0.1%	1.9%
	否	计数	8571	730	9301
		"是否任教职业技术类学科"中的占比	92.2%	7.8%	100.0%
		"您是否了解本地有哪些公共文化场所"中的占比	98.0%	99.1%	98.1%
		总数的占比	90.4%	7.7%	98.1%
合计		计数	8747	737	9484
		"是否任教职业技术类学科"中的占比	92.2%	7.8%	100.0%
		"您是否了解本地有哪些公共文化场所"中的占比	100.0%	100.0%	100.0%
		总数的占比	92.2%	7.8%	100.0%

表4-2-6 是否任教职业技术类学科×您是否了解本地有哪些公共文化场所卡方检验

	值	df	渐进 Sig.（双侧）	精确 Sig.（双侧）	精确 Sig.（单侧）
Pearson 卡方	4.054[a]	1	0.044		
连续校正[b]	3.512	1	0.061		
似然比	4.901	1	0.027		
Fisher 的精确检验				0.049	0.023
线性和线性组合	4.053	1	0.044		
有效案例中的 N	9484				

a. 0 单元格(0.0%)的期望计数少于5。最小期望计数为14.22。
b. 仅对 2×2 表计算。

三 乡村教师工作学校类型与给村民讲解国家政策形势或国内外新闻频度相关分析

乡村教师给村民讲解国家政策形势或国内外新闻是乡村教师服务乡村公共文化活动的关键条件,由于我国不同的乡村学校类型承担着不同的教育任务和职能以及面对着不同的教育对象,进而教育的内容和性质也有所不同。因此,乡村教师工作学校类型不同是影响乡村教师选择性注意或兴趣倾向的重要因素之一。乡村教师工作学校类型有:小学、初中、普通高中、职业高中、社区成人学校及其他类型学校。本研究对乡村教师工作学校类型与给村民讲解国家政策形势或国内外新闻频度作卡方检验。

从表4-2-7可见,乡村教师选择"非常多""比较多""一般""偶尔"和"没有"给村民讲解国家政策形势或国内外新闻频度占相同工作学校类型群体中小学的比例分别为4.4%、16.4%、20.8%、27.2%、31.1%;乡村教师选择"非常多""比较多""一般""偶尔"和"没有"给村民讲解国家政策形势或国内外新闻频度占相同工作学校类型群体中初中的比例分别为4.2%、14.1%、22.7%、28.1%、30.9%;乡村教师选择"非常多""比较多""一般""偶尔"和"没有"给村民讲解国家政策形势或国内外新闻频度占相同工作学校类型群体中普通高中的比例分别为3.3%、12.6%、19.6%、33.0%、31.4%;乡村教师选择"非常多""比较多""一般""偶尔"和"没有"给村民讲解国家政策形势或国内外新闻频度占相同工作学校类型群体中职业高中的比例分别为4.2%、13.8%、24.6%、21.0%、36.5%;乡村教师选择"非常多""比较多""一般""偶尔"和"没有"给村民讲解国家政策形势或国内外新闻频度占相同工作学校类型群体中社区成人学校的比例分别为18.2%、9.1%、36.4%、27.3%、9.1%;乡村教师选择"非常多""比较多""一般""偶尔"和"没有"给村民讲解国家政策形势或国内外新闻频度占相同工作学校类型群体中其他类型学校的比例分别为3.2%、11.2%、21.8%、22.9%、40.9%。其中社区成人学校教师选择"非常多""比较多"的比例最高,总计为27.3%;其次是小学教师,总计为20.8%。

从表 4-2-8 可见,Pearson 卡方、似然比卡方以及线性和线性组合的渐进双侧显著性检验 P 值均小于 0.01,达到极显著差异。由此,从统计学上推断,乡村教师给村民讲解国家政策形势或国内外新闻频度的调查数据分布特征与乡村教师工作学校类型存在相关性。其中选择"没有"的比例从低到高是:社区成人学校 9.1%、初中 30.9%、小学 31.1%、普通高中 31.4%、职业高中 36.5%、其他类型学校 40.9%。

根据以上分析,占一定比例的职业学校里边的大多数乡村教师给村民讲解国家政策形势或国内外新闻频度也不高。然而,这些学校的乡村教师本应更好地担负着直接服务乡村公共文化活动的重任,遗憾的是反而宣讲的比例相对较低。

表 4-2-7 工作的学校类型×您有给村民讲解国家政策形势或国内外新闻吗交叉表

			您有给村民讲解国家政策形势或国内外新闻吗					合计
			非常多	比较多	一般	偶尔	没有	
工作的学校类型	小学	计数	227	844	1 070	1 396	1 599	5 136
		"工作的学校类型"中的占比	4.4%	16.4%	20.8%	27.2%	31.1%	100.0%
		"您有给村民讲解国家政策形势或国内外新闻吗"中的占比	56.6%	59.1%	52.4%	53.9%	52.9%	54.2%
		总数的占比	2.4%	8.9%	11.3%	14.7%	16.9%	54.2%
	初中	计数	119	395	637	789	869	2 809
		"工作的学校类型"中的占比	4.2%	14.1%	22.7%	28.1%	30.9%	100.0%
		"您有给村民讲解国家政策形势或国内外新闻吗"中的占比	29.7%	27.7%	31.2%	30.5%	28.7%	29.6%
		总数的占比	1.3%	4.2%	6.7%	8.3%	9.2%	29.6%
	普通高中	计数	19	72	112	188	179	570
		"工作的学校类型"中的占比	3.3%	12.6%	19.6%	33.0%	31.4%	100.0%

(续表)

			您有给村民讲解国家政策形势或国内外新闻吗					合计
			非常多	比较多	一般	偶尔	没有	
工作的学校类型	普通高中	"您有给村民讲解国家政策形势或国内外新闻吗"中的占比	4.7%	5.0%	5.5%	7.3%	5.9%	6.0%
		总数的占比	0.2%	0.8%	1.2%	2.0%	1.9%	6.0%
	职业高中	计数	14	46	82	70	122	334
		"工作的学校类型"中的占比	4.2%	13.8%	24.6%	21.0%	36.5%	100.0%
		"您有给村民讲解国家政策形势或国内外新闻吗"中的占比	3.5%	3.2%	4.0%	2.7%	4.0%	3.5%
		总数的占比	0.1%	0.5%	0.9%	0.7%	1.3%	3.5%
	社区成人学校	计数	2	1	4	3	1	11
		"工作的学校类型"中的占比	18.2%	9.1%	36.4%	27.3%	9.1%	100.0%
		"您有给村民讲解国家政策形势或国内外新闻吗"中的占比	0.5%	0.1%	0.2%	0.1%	0.0%	0.1%
		总数的占比	0.0%	0.0%	0.0%	0.0%	0.0%	0.1%
	其他类型学校	计数	20	70	136	143	255	624
		"工作的学校类型"中的占比	3.2%	11.2%	21.8%	22.9%	40.9%	100.0%
		"您有给村民讲解国家政策形势或国内外新闻吗"中的占比	5.0%	4.9%	6.7%	5.5%	8.4%	6.6%
		总数的占比	0.2%	0.7%	1.4%	1.5%	2.7%	6.6%
合计		计数	401	1 428	2 041	2 589	3 025	9 484
		"工作的学校类型"中的占比	4.2%	15.1%	21.5%	27.3%	31.9%	100.0%
		"您有给村民讲解国家政策形势或国内外新闻吗"中的占比	100.0%	100.0%	100.0%	100.0%	100.0%	100.0%
		总数的占比	4.2%	15.1%	21.5%	27.3%	31.9%	100.0%

表 4-2-8 工作的学校类型×您有给村民讲解国家政策形势或国内外新闻吗卡方检验

	值	df	渐进 Sig.（双侧）
Pearson 卡方	70.069ª	20	0.000
似然比	67.964	20	0.000
线性和线性组合	21.516	1	0.000
有效案例中的 N	9484		

a. 5 单元格（16.7%）的期望计数少于 5。最小期望计数为 0.47。

四 乡村教师家庭住址所在区域与给村民讲解国家政策形势或国内外新闻频度相关分析

乡村教师给村民讲解国家政策形势或国内外新闻是乡村教师服务乡村公共文化活动能力的直接的现实指标,乡村教师家庭住址所在区域是乡村教师基本的生活环境要素之一。本研究选择对乡村教师家庭住址所在区域与给村民讲解国家政策形势或国内外新闻作卡方检验。

从表 4-2-9 可见,乡村教师给村民讲解国家政策形势或国内外新闻的选项在"偶尔"和"没有"上的数量占乡村教师群体的比例分别为 27.3% 和 31.9%,累计高达 59.2%,即超过半数的乡村教师很少或没有给村民讲解国家政策形势或国内外新闻。选择给村民讲解国家政策形势或国内外新闻（除去选择没有讲解的人数）的这部分乡村教师在家庭住址所在区域为"本乡（镇）""外乡（镇）""县城""地级市"和"省城"选择项上的数量占乡村教师被调查群体总数量的比例分别为 21.7%、11.4%、28.6%、5.9% 和 0.4%,在本乡与县城的教师参与较为积极。乡村教师家庭住址所在区域在"本乡（镇）"和"外乡（镇）"的数量占乡村教师被调查群体总数量的比例分别为 29.9% 和 17.0%,两者总和为 46.9%,即乡村教师家庭住址所在区域在乡村的总数量不到一半。

乡村教师给村民讲解国家政策形势或国内外新闻的数量在家庭住址所在区域为

"本乡(镇)""外乡(镇)""县城""地级市"和"省城"选择项上占各自家庭住址所在区域群体的比例依次为 72.7%、67.0%、66.5%、63.5%和 58.0%,其中"本乡(镇)"选择项上的群体比例相对比较高。

从表 4-2-10 可见,Pearson 卡方、似然比卡方以及线性和线性组合的渐进双侧显著性检验 P 值均小于 0.01,达到极显著差异。由此,从统计学上推断,乡村教师给村民讲解国家政策形势或国内外新闻的数据分布特征与乡村教师的家庭住址所在区域存在相关性,即乡村教师给村民讲解国家政策形势或国内外新闻的比例随着家庭住址所在区域行政级别升高而依次降低。

根据以上分析,有理由认为多数乡村教师的生活环境与乡村实际联系不紧密,使得有相当一部分远离乡村生活场域的乡村教师没有充沛的时间直接向村民讲解国家政策形势或国内外新闻,这也是符合常识的。假如让脱离了乡村社会联系的乡村教师去服务乡村公共文化活动,显然是难以胜任这个工作的。换言之,多数乡村教师由于生活环境远离了乡村社会导致服务乡村公共文化活动能力不足。

表 4-2-9 家庭住址所在区域 × 您有给村民讲解国家政策形势或国内外新闻吗交叉表

			您有给村民讲解国家政策形势或国内外新闻吗					合计
			非常多	比较多	一般	偶尔	没有	
家庭住址所在区域	本乡(镇)	计数	143	485	631	804	776	2 839
		"家庭住址所在区域"中的占比	5.0%	17.1%	22.2%	28.3%	27.3%	100.0%
		"您有给村民讲解国家政策形势或国内外新闻吗"中的占比	35.7%	34.0%	30.9%	31.1%	25.7%	29.9%
		总数的占比	1.5%	5.1%	6.7%	8.5%	8.2%	29.9%
	外乡(镇)	计数	76	234	348	423	532	1 613
		"家庭住址所在区域"中的占比	4.7%	14.5%	21.6%	26.2%	33.0%	100.0%
		"您有给村民讲解国家政策形势或国内外新闻吗"中的占比	19.0%	16.4%	17.1%	16.3%	17.6%	17.0%
		总数的占比	0.8%	2.5%	3.7%	4.5%	5.6%	17.0%

(续表)

家庭住址所在区域			您有给村民讲解国家政策形势或国内外新闻吗					合计
			非常多	比较多	一般	偶尔	没有	
家庭住址所在区域	县城	计数	157	569	876	1 114	1 366	4 082
		"家庭住址所在区域"中的占比	3.8%	13.9%	21.5%	27.3%	33.5%	100.0%
		"您有给村民讲解国家政策形势或国内外新闻吗"中的占比	39.2%	39.8%	42.9%	43.0%	45.2%	43.0%
		总数的占比	1.7%	6.0%	9.2%	11.7%	14.4%	43.0%
	地级市	计数	24	131	176	228	322	881
		"家庭住址所在区域"中的占比	2.7%	14.9%	20.0%	25.9%	36.5%	100.0%
		"您有给村民讲解国家政策形势或国内外新闻吗"中的占比	6.0%	9.2%	8.6%	8.8%	10.6%	9.3%
		总数的占比	0.3%	1.4%	1.9%	2.4%	3.4%	9.3%
	省城	计数	1	9	10	20	29	69
		"家庭住址所在区域"中的占比	1.4%	13.0%	14.5%	29.0%	42.0%	100.0%
		"您有给村民讲解国家政策形势或国内外新闻吗"中的占比	0.2%	0.6%	0.5%	0.8%	1.0%	0.7%
		总数的占比	0.0%	0.1%	0.1%	0.2%	0.3%	0.7%
合计		计数	401	1 428	2 041	2 589	3 025	9 484
		"家庭住址所在区域"中的占比	4.2%	15.1%	21.5%	27.3%	31.9%	100.0%
		"您有给村民讲解国家政策形势或国内外新闻吗"中的占比	100.0%	100.0%	100.0%	100.0%	100.0%	100.0%
		总数的占比	4.2%	15.1%	21.5%	27.3%	31.9%	100.0%

表4-2-10　家庭住址所在区域×您有给村民讲解国家政策形势或国内外新闻吗卡方检验

	值	df	渐进 Sig.（双侧）
Pearson 卡方	60.513[a]	16	0.000
似然比	61.814	16	0.000
线性和线性组合	44.794	1	0.000
有效案例中的 N	9 484		

a. 1 单元格(4.0%)的期望计数少于 5。最小期望计数为 2.92。

五 乡村教师青少年时期就读学校与给村民讲解国家政策形势或国内外新闻频度相关分析

乡村教师给村民讲解国家政策形势或国内外新闻是乡村教师服务乡村公共文化活动能力的直接的现实指标,乡村教师青少年时期就读学校所在区域是乡村教师从孩童到成人的成长历程中的重要环境,是乡村教师成长史当中的重要的社会因素。乡村教师青少年读书时期可以划分为三个阶段:小学、初中、高中或中专。乡村教师青少年时期就读学校所在区域有:村庄、乡/镇政府所在地、县城、地级市、省城。本研究选择对乡村教师青少年时期就读学校与给村民讲解国家政策形势或国内外新闻频度分别作卡方检验。卡方检验结果发现,乡村教师青少年时期就读学校与给村民讲解国家政策形势或国内外新闻频度存在相关性。

从表4-2-11、表4-2-13、表4-2-15可见,乡村教师小学、初中、高中或中专阶段是否给村民讲解国家政策形势或国内外新闻的选项在"没有"和"偶尔"上选择数量较多,即就读学校在"村庄""乡/镇政府所在地""县城""地级市""省城"不同的地理空间,乡村教师选择"没有"的比例基本上都是依次增加,"没有"加"偶尔"的比例超过50%。以小学就读学校所在区域为例,在"村庄""乡/镇政府所在地""县城""地级市""省城"类型的群体里边选择"没有"比例分别为:28.9%、33.5%、39.2%、46.6%、52.6%。

从表4-2-12、表4-2-14和表4-2-16见,Pearson卡方、似然比卡方以及线性和线性组合的渐进双侧显著性检验P值均小于0.01,达到极显著性水平。由此,从统计学上推断,乡村教师给村民讲解国家政策形势或国内外新闻频度与青少年时期就读学校所在区域存在相关性,"没有"的比例随着青少年时期就读学校在"村庄""乡/镇政府所在地""县城""地级市""省城"类型学校的次序而增加。

据以上分析,有理由认为大多数乡村教师青少年时期就读学校所在地远离乡村地区,使得部分乡村教师没有向村民讲解国家政策形势或国内外新闻的习惯意识和沟通交流能力。由此推断,乡村教师服务乡村公共文化活动的能力水平较低。

表4-2-11 小学就读的学校所在地区域×您有给村民讲解国家政策形势或国内外新闻吗交叉表

			您有给村民讲解国家政策形势或国内外新闻吗					合计
			非常多	比较多	一般	偶尔	没有	
小学就读的学校所在地区域	村庄	计数	254	940	1 203	1 634	1 641	5 672
		"小学就读的学校所在地区域"中的占比	4.5%	16.6%	21.2%	28.8%	28.9%	100.0%
		"您有给村民讲解国家政策形势或国内外新闻吗"中的占比	63.3%	65.8%	58.9%	63.1%	54.2%	59.8%
		总数的占比	2.7%	9.9%	12.7%	17.2%	17.3%	59.8%
	乡/镇政府所在地	计数	93	312	525	626	785	2 341
		"小学就读的学校所在地区域"中的占比	4.0%	13.3%	22.4%	26.7%	33.5%	100.0%
		"您有给村民讲解国家政策形势或国内外新闻吗"中的占比	23.2%	21.8%	25.7%	24.2%	26.0%	24.7%
		总数的占比	1.0%	3.3%	5.5%	6.6%	8.3%	24.7%
	县城	计数	47	150	258	273	469	1 197
		"小学就读的学校所在地区域"中的占比	3.9%	12.5%	21.6%	22.8%	39.2%	100.0%
		"您有给村民讲解国家政策形势或国内外新闻吗"中的占比	11.7%	10.5%	12.6%	10.5%	15.5%	12.6%
		总数的占比	0.5%	1.6%	2.7%	2.9%	4.9%	12.6%
	地级市	计数	6	22	49	49	110	236
		"小学就读的学校所在地区域"中的占比	2.5%	9.3%	20.8%	20.8%	46.6%	100.0%
		"您有给村民讲解国家政策形势或国内外新闻吗"中的占比	1.5%	1.5%	2.4%	1.9%	3.6%	2.5%
		总数的占比	0.1%	0.2%	0.5%	0.5%	1.2%	2.5%

(续表)

			您有给村民讲解国家政策形势或国内外新闻吗					合计
			非常多	比较多	一般	偶尔	没有	
小学就读的学校所在地区域	省城	计数	1	4	6	7	20	38
		"小学就读的学校所在地区域"中的占比	2.6%	10.5%	15.8%	18.4%	52.6%	100.0%
		"您有给村民讲解国家政策形势或国内外新闻吗"中的占比	0.2%	0.3%	0.3%	0.3%	0.7%	0.4%
		总数的占比	0.0%	0.0%	0.1%	0.1%	0.2%	0.4%
合计		计数	401	1 428	2 041	2 589	3 025	9 484
		"小学就读的学校所在地区域"中的占比	4.2%	15.1%	21.5%	27.3%	31.9%	100.0%
		"您有给村民讲解国家政策形势或国内外新闻吗"中的占比	100.0%	100.0%	100.0%	100.0%	100.0%	100.0%
		总数的占比	4.2%	15.1%	21.5%	27.3%	31.9%	100.0%

表4-2-12 小学就读的学校所在地区域×您有给村民讲解国家政策形势或国内外新闻吗卡方检验

	值	df	渐进 Sig.（双侧）
Pearson 卡方	106.403[a]	16	0.000
似然比	105.027	16	0.000
线性和线性组合	55.975	1	0.000
有效案例中的 N	9 484		

a. 1 单元格(4.0%)的期望计数少于 5。最小期望计数为 1.61。

表4-2-13 初中就读的学校所在地区域×您有给村民讲解国家政策形势或国内外新闻吗交叉表

			您有给村民讲解国家政策形势或国内外新闻吗					合计
			非常多	比较多	一般	偶尔	没有	
初中就读的学校所在地区域	村庄	计数	81	225	303	365	415	1 389
		"初中就读的学校所在地区域"中的占比	5.8%	16.2%	21.8%	26.3%	29.9%	100.0%

(续表)

			您有给村民讲解国家政策形势或国内外新闻吗					合计
			非常多	比较多	一般	偶尔	没有	
初中就读的学校所在地区域	村庄	"您有给村民讲解国家政策形势或国内外新闻吗"中的占比	20.2%	15.8%	14.8%	14.1%	13.7%	14.6%
		总数的占比	0.9%	2.4%	3.2%	3.8%	4.4%	14.6%
	乡/镇政府所在地	计数	231	914	1 247	1 672	1 683	5 747
		"初中就读的学校所在地区域"中的占比	4.0%	15.9%	21.7%	29.1%	29.3%	100.0%
		"您有给村民讲解国家政策形势或国内外新闻吗"中的占比	57.6%	64.0%	61.1%	64.6%	55.6%	60.6%
		总数的占比	2.4%	9.6%	13.1%	17.6%	17.7%	60.6%
	县城	计数	83	242	419	488	759	1 991
		"初中就读的学校所在地区域"中的占比	4.2%	12.2%	21.0%	24.5%	38.1%	100.0%
		"您有给村民讲解国家政策形势或国内外新闻吗"中的占比	20.7%	16.9%	20.5%	18.8%	25.1%	21.0%
		总数的占比	0.9%	2.6%	4.4%	5.1%	8.0%	21.0%
	地级市	计数	4	41	62	54	143	304
		"初中就读的学校所在地区域"中的占比	1.3%	13.5%	20.4%	17.8%	47.0%	100.0%
		"您有给村民讲解国家政策形势或国内外新闻吗"中的占比	1.0%	2.9%	3.0%	2.1%	4.7%	3.2%
		总数的占比	0.0%	0.4%	0.7%	0.6%	1.5%	3.2%
	省城	计数	2	6	10	10	25	53
		"初中就读的学校所在地区域"中的占比	3.8%	11.3%	18.9%	18.9%	47.2%	100.0%
		"您有给村民讲解国家政策形势或国内外新闻吗"中的占比	0.5%	0.4%	0.5%	0.4%	0.8%	0.6%
		总数的占比	0.0%	0.1%	0.1%	0.1%	0.3%	0.6%

(续表)

		您有给村民讲解国家政策形势或国内外新闻吗					合计
		非常多	比较多	一般	偶尔	没有	
合计	计数	401	1 428	2 041	2 589	3 025	9 484
	"初中就读的学校所在地区域"中的占比	4.2%	15.1%	21.5%	27.3%	31.9%	100.0%
	"您有给村民讲解国家政策形势或国内外新闻吗"中的占比	100.0%	100.0%	100.0%	100.0%	100.0%	100.0%
	总数的占比	4.2%	15.1%	21.5%	27.3%	31.9%	100.0%

表 4-2-14 初中就读的学校所在地区域×您有给村民讲解国家政策形势或国内外新闻吗卡方检验

	值	df	渐进 Sig.（双侧）
Pearson 卡方	120.421[a]	16	0.000
似然比	119.901	16	0.000
线性和线性组合	51.751	1	0.000
有效案例中的 N	9 484		

a. 1 单元格(4.0%)的期望计数少于 5。最小期望计数为 2.24。

表 4-2-15 高中就读的学校所在地区域×您有给村民讲解国家政策形势或国内外新闻吗交叉表

			您有给村民讲解国家政策形势或国内外新闻吗					合计
			非常多	比较多	一般	偶尔	没有	
高中或中专就读的学校所在地区域	村庄	计数	21	19	33	30	28	131
		"高中或中专就读的学校所在地区域"中的占比	16.0%	14.5%	25.2%	22.9%	21.4%	100.0%
		"您有给村民讲解国家政策形势或国内外新闻吗"中的占比	5.2%	1.3%	1.6%	1.2%	0.9%	1.4%
		总数的占比	0.2%	0.2%	0.3%	0.3%	0.3%	1.4%

(续表)

			您有给村民讲解国家政策形势或国内外新闻吗					合计
			非常多	比较多	一般	偶尔	没有	
高中或中专就读的学校所在地区域	乡/镇政府所在地	计数	96	334	441	589	614	2 074
		"高中或中专就读的学校所在地区域"中的占比	4.6%	16.1%	21.3%	28.4%	29.6%	100.0%
		"您有给村民讲解国家政策形势或国内外新闻吗"中的占比	23.9%	23.4%	21.6%	22.8%	20.3%	21.9%
		总数的占比	1.0%	3.5%	4.6%	6.2%	6.5%	21.9%
	县城	计数	220	799	1 165	1 467	1 681	5 332
		"高中或中专就读的学校所在地区域"中的占比	4.1%	15.0%	21.8%	27.5%	31.5%	100.0%
		"您有给村民讲解国家政策形势或国内外新闻吗"中的占比	54.9%	56.0%	57.1%	56.7%	55.6%	56.2%
		总数的占比	2.3%	8.4%	12.3%	15.5%	17.7%	56.2%
	地级市	计数	55	254	368	458	615	1 750
		"高中或中专就读的学校所在地区域"中的占比	3.1%	14.5%	21.0%	26.2%	35.1%	100.0%
		"您有给村民讲解国家政策形势或国内外新闻吗"中的占比	13.7%	17.8%	18.0%	17.7%	20.3%	18.5%
		总数的占比	0.6%	2.7%	3.9%	4.8%	6.5%	18.5%
	省城	计数	9	22	34	45	87	197
		"高中或中专就读的学校所在地区域"中的占比	4.6%	11.2%	17.3%	22.8%	44.2%	100.0%
		"您有给村民讲解国家政策形势或国内外新闻吗"中的占比	2.2%	1.5%	1.7%	1.7%	2.9%	2.1%
		总数的占比	0.1%	0.2%	0.4%	0.5%	0.9%	2.1%

(续表)

		您有给村民讲解国家政策形势或国内外新闻吗					合计
		非常多	比较多	一般	偶尔	没有	
合计	计数	401	1 428	2 041	2 589	3 025	9 484
	"高中或中专就读的学校所在地区域"中的占比	4.2%	15.1%	21.5%	27.3%	31.9%	100.0%
	"您有给村民讲解国家政策形势或国内外新闻吗"中的占比	100.0%	100.0%	100.0%	100.0%	100.0%	100.0%
	总数的占比	4.2%	15.1%	21.5%	27.3%	31.9%	100.0%

表4-2-16 高中就读的学校所在地区域×您有给村民讲解国家政策形势或国内外新闻吗卡方检验

	值	df	渐进 Sig.（双侧）
Pearson 卡方	83.345ª	16	0.000
似然比	65.580	16	0.000
线性和线性组合	30.581	1	0.000
有效案例中的 N	9 484		

a. 0 单元格(0.0%)的期望计数少于5。最小期望计数为5.54。

六　乡村教师性别年龄学历职称与给村民讲解国家政策形势或国内外新闻频度相关分析

乡村教师给村民讲解国家政策形势或国内外新闻是乡村教师服务乡村公共文化活动能力的直接的现实指标，性别和年龄是影响人的一般能力的自然属性，学历职称是乡村教师学术专业水准的重要标志。本研究选择对乡村教师性别年龄学历职称与给村民讲解国家政策形势或国内外新闻频度分别作卡方检验。卡方检验结果发现，乡村教师性别年龄学历职称与给村民讲解国家政策形势或国内外新闻频度存在相关性。限于篇幅，以下以性别和年龄为例进行说明。

从表4-2-17和表4-2-19可见,乡村教师给村民讲解国家政策形势或国内外新闻频度的选项在"偶尔"和"没有"上的数量占乡村教师群体的比例分别为27.3%和31.9%,累计高达59.2%,即超过半数的乡村教师很少或没有给村民讲解国家政策形势或国内外新闻。

从表4-2-17性别来看,男教师和女教师在"非常多""比较多""一般""偶尔"和"没有"选项上的选择数量占各自性别群体的比例分布趋势一致,与总体分布趋势也一致。但是,男教师在"非常多"和"比较多"选项上的选择数量占乡村男教师群体的比例高于女教师。从表4-2-19年龄段来看,"25岁及以下"至"56岁及以上","非常多"和"比较多"两项选择数之和占各自年龄段群体的比例依次增加。

从表4-2-18和表4-2-20可见,Pearson卡方、似然比卡方以及线性和线性组合的渐进双侧显著性检验P值均小于0.01,达到极显著性水平。由此,从统计学上推断,乡村教师给村民讲解国家政策形势或国内外新闻频度的调查数据分布特征与乡村教师的性别和年龄段存在相关性,男教师比女教师参与程度高一些,随着年龄段增大,乡村教师在各自年龄段里边的参与比例依次增加,处于"56岁及以上"的乡村教师选择"非常多"和"比较多"两项数量之和比例最高,为41.0%。

根据以上分析,有理由认为多数乡村教师已经远离了乡村公共文化的生活环境,且大部分乡村女教师和年轻乡村教师服务乡村公共文化活动的能力不足。

表4-2-17 性别×您有给村民讲解国家政策形势或国内外新闻吗交叉表

			您有给村民讲解国家政策形势或国内外新闻吗					合计
			非常多	比较多	一般	偶尔	没有	
性别	男	计数	277	998	1 137	1 312	875	4 599
		"性别"中的占比	6.0%	21.7%	24.7%	28.5%	19.0%	100.0%
		"您有给村民讲解国家政策形势或国内外新闻吗"中的占比	69.1%	69.9%	55.7%	50.7%	28.9%	48.5%
		总数的占比	2.9%	10.5%	12.0%	13.8%	9.2%	48.5%

(续表)

			您有给村民讲解国家政策形势或国内外新闻吗					合计
			非常多	比较多	一般	偶尔	没有	
性别	女	计数	124	430	904	1 277	2 150	4 885
		"性别"中的占比	2.5%	8.8%	18.5%	26.1%	44.0%	100.0%
		"您有给村民讲解国家政策形势或国内外新闻吗"中的占比	30.9%	30.1%	44.3%	49.3%	71.1%	51.5%
		总数的占比	1.3%	4.5%	9.5%	13.5%	22.7%	51.5%
合计		计数	401	1 428	2 041	2 589	3 025	9 484
		"性别"中的占比	4.2%	15.1%	21.5%	27.3%	31.9%	100.0%
		"您有给村民讲解国家政策形势或国内外新闻吗"中的占比	100.0%	100.0%	100.0%	100.0%	100.0%	100.0%
		总数的占比	4.2%	15.1%	21.5%	27.3%	31.9%	100.0%

表4-2-18 性别×您有给村民讲解国家政策形势或国内外新闻吗卡方检验

	值地	df	渐进 Sig.（双侧）
Pearson 卡方	840.913[a]	4	0.000
似然比	865.244	4	0.000
线性和线性组合	763.324	1	0.000
有效案例中的 N	9 484		

a. 0 单元格(0.0%)的期望计数少于 5。最小期望计数为 194.45。

表4-2-19 年龄×您有给村民讲解国家政策形势或国内外新闻吗交叉表

			您有给村民讲解国家政策形势或国内外新闻吗					合计
			非常多	比较多	一般	偶尔	没有	
年龄	25岁及以下	计数	15	68	160	133	269	645
		"年龄"中的占比	2.3%	10.5%	24.8%	20.6%	41.7%	100.0%
		"您有给村民讲解国家政策形势或国内外新闻吗"中的占比	3.7%	4.8%	7.8%	5.1%	8.9%	6.8%
		总数的占比	0.2%	0.7%	1.7%	1.4%	2.8%	6.8%

(续表)

			您有给村民讲解国家政策形势或国内外新闻吗					合计
			非常多	比较多	一般	偶尔	没有	
年龄	26—35岁	计数	139	432	752	952	1 435	3 710
		"年龄"中的占比	3.7%	11.6%	20.3%	25.7%	38.7%	100.0%
		"您有给村民讲解国家政策形势或国内外新闻吗"中的占比	34.7%	30.3%	36.8%	36.8%	47.4%	39.1%
		总数的占比	1.5%	4.6%	7.9%	10.0%	15.1%	39.1%
	36—45岁	计数	148	467	620	848	871	2 954
		"年龄"中的占比	5.0%	15.8%	21.0%	28.7%	29.5%	100.0%
		"您有给村民讲解国家政策形势或国内外新闻吗"中的占比	36.9%	32.7%	30.4%	32.8%	28.8%	31.1%
		总数的占比	1.6%	4.9%	6.5%	8.9%	9.2%	31.1%
	46—55岁	计数	70	351	413	580	422	1 836
		"年龄"中的占比	3.8%	19.1%	22.5%	31.6%	23.0%	100.0%
		"您有给村民讲解国家政策形势或国内外新闻吗"中的占比	17.5%	24.6%	20.2%	22.4%	14.0%	19.4%
		总数的占比	0.7%	3.7%	4.4%	6.1%	4.4%	19.4%
	56岁及以上	计数	29	110	96	76	28	339
		"年龄"中的占比	8.6%	32.4%	28.3%	22.4%	8.3%	100.0%
		"您有给村民讲解国家政策形势或国内外新闻吗"中的占比	7.2%	7.7%	4.7%	2.9%	0.9%	3.6%
		总数的占比	0.3%	1.2%	1.0%	0.8%	0.3%	3.6%
合计		计数	401	1 428	2 041	2 589	3 025	9 484
		"年龄"中的占比	4.2%	15.1%	21.5%	27.3%	31.9%	100.0%
		"您有给村民讲解国家政策形势或国内外新闻吗"中的占比	100.0%	100.0%	100.0%	100.0%	100.0%	100.0%
		总数的占比	4.2%	15.1%	21.5%	27.3%	31.9%	100.0%

表4-2-20 年龄×您有给村民讲解国家政策形势或国内外新闻吗卡方检验

	值	df	渐进 Sig.（双侧）
Pearson 卡方	383.865[a]	16	0.000
似然比	391.128	16	0.000
线性和线性组合	236.454	1	0.000
有效案例中的 N	9484		

a. 0 单元格(0.0%)的期望计数少于 5。最小期望计数为 14.33。

第三节 乡村教师服务乡村优秀文化传承能力调查结果分析

　　乡村教师服务乡村优秀文化传承能力是乡村教师服务乡风文明建设能力一级指标下面的二级指标之一，可分解为两个三级指标：了解乡村优秀传统文化和将乡村优秀传统文化融入课堂教学或课外实践。两个三级指标下面分别设计是否了解乡村优秀传统文化、是否对乡村优秀传统文化感兴趣以及将乡村优秀传统文化融入课堂教学或课外实践等调查问题，对回收的问卷数据分析后发现，乡村教师的性别、年龄、学历、职称、家庭住址所在区域、工作学校类型、任教学科、青少年时期就读学校所在地等要素与乡村教师服务乡村优秀文化传承能力指标的上述设计的问题存在不同程度的相关性。限于篇幅，以下选取了六个角度进行分析：乡村教师性别年龄与参与本地优秀文化传承活动频度相关分析、乡村教师任教学科与将乡村优秀传统文化融入课堂教学频度相关分析、乡村教师工作学校类型与将乡村优秀传统文化融入课堂教学频度相关分析、乡村教师家庭住址所在区域与在综合实践活动中进行乡村优秀传统文化传承频度相关分析、乡村教师青少年时期就读学校与在综合实践中进行乡村优秀传统文化传承频度相关分析、乡村教师性别年龄学历职称与进行乡村优秀传统文化传承校本课程开发频度相关分析。

一 乡村教师性别年龄与参与本地优秀文化传承活动频度相关分析

乡村教师参与本地优秀文化传承活动是乡村教师服务乡村优秀文化传承能力的先决条件,性别和年龄是影响人的一般能力的自然属性,本研究选择对乡村教师性别年龄与参与本地优秀文化传承活动频度分别作卡方检验。

从表4-3-1、表4-3-3可见,乡村教师参与本地优秀文化传承活动频度的调查问题选项在"没有"和"偶尔"上的选择数量占乡村教师被调查群体总数量的比例分别为30.7%和25.5%,两项之和为56.2%,即超过半数的乡村教师很少参与本地优秀文化传承活动。

从表4-3-1性别来看,男教师和女教师在"没有"选项上的选择数量占各自性别群体的比例分别为25.2%和35.8%,男教师在"没有"选项上的选择数量占乡村男教师群体的比例低于女教师。

从表4-3-3年龄段来看,"25岁及以下"至"56岁及以上",选择"没有"的数量占各自年龄段群体的比例基本上依次下降。

从表4-3-2和表4-3-4可见,Pearson卡方、似然比卡方以及线性和线性组合的双侧显著性检验P值均小于0.01,达到极显著水平。由此,从统计学上推断,乡村教师参与本地优秀文化传承活动频度的调查数据分布特征与乡村教师的性别和年龄段存在相关性,男教师比女教师参与本地优秀文化传承活动频度比例高一些,随着年龄段增大,乡村教师在各自年龄段里边参与本地优秀文化传承活动频度比例基本上依次增加,处于"46—55岁"和"56岁及以上"的乡村教师选择"没有"的数量占各自群体的比例较低,分别为26.4%和20.9%。

根据以上分析,有理由认为较多乡村教师参与本地优秀文化传承活动频度较低。假如让不积极参与本地优秀文化传承活动的乡村教师去培育本地优秀文化传承人才,显然是难以胜任这个工作的。换言之,较多乡村教师服务乡村优秀文化传承的能力不足。

表4-3-1 性别×您有参与本地优秀文化传承活动吗交叉表

			您有参与本地优秀文化传承活动吗					合计
			非常多	比较多	一般	偶尔	没有	
性别	男	计数	144	638	1 483	1 175	1 159	4 599
		"性别"中的占比	3.1%	13.9%	32.2%	25.5%	25.2%	100.0%
		"您有参与本地优秀文化传承活动吗"中的占比	54.8%	58.1%	52.9%	48.7%	39.9%	48.5%
		总数的占比	1.5%	6.7%	15.6%	12.4%	12.2%	48.5%
	女	计数	119	461	1 318	1 239	1 748	4 885
		"性别"中的占比	2.4%	9.4%	27.0%	25.4%	35.8%	100.0%
		"您有参与本地优秀文化传承活动吗"中的占比	45.2%	41.9%	47.1%	51.3%	60.1%	51.5%
		总数的占比	1.3%	4.9%	13.9%	13.1%	18.4%	51.5%
合计		计数	263	1 099	2 801	2 414	2 907	9 484
		"性别"中的占比	2.8%	11.6%	29.5%	25.5%	30.7%	100.0%
		"您有参与本地优秀文化传承活动吗"中的占比	100.0%	100.0%	100.0%	100.0%	100.0%	100.0%
		总数的占比	2.8%	11.6%	29.5%	25.5%	30.7%	100.0%

表4-3-2 性别×您有参与本地优秀文化传承活动吗卡方检验

	值	df	渐进 Sig.（双侧）
Pearson 卡方	153.154[a]	4	0.000
似然比	153.978	4	0.000
线性和线性组合	139.179	1	0.000
有效案例中的 N	9 484		

a. 0 单元格(0.0%)的期望计数少于5。最小期望计数为127.53。

表4-3-3 年龄×您有参与本地优秀文化传承活动吗交叉表

			您有参与本地优秀文化传承活动吗					合计
			非常多	比较多	一般	偶尔	没有	
年龄	25岁及以下	计数	16	69	210	138	212	645
		"年龄"中的占比	2.5%	10.7%	32.6%	21.4%	32.9%	100.0%
		"您有参与本地优秀文化传承活动吗"中的占比	6.1%	6.3%	7.5%	5.7%	7.3%	6.8%
		总数的占比	0.2%	0.7%	2.2%	1.5%	2.2%	6.8%
	26—35岁	计数	102	388	1 090	833	1 297	3 710
		"年龄"中的占比	2.7%	10.5%	29.4%	22.5%	35.0%	100.0%
		"您有参与本地优秀文化传承活动吗"中的占比	38.8%	35.3%	38.9%	34.5%	44.6%	39.1%
		总数的占比	1.1%	4.1%	11.5%	8.8%	13.7%	39.1%
	36—45岁	计数	90	366	838	817	843	2 954
		"年龄"中的占比	3.0%	12.4%	28.4%	27.7%	28.5%	100.0%
		"您有参与本地优秀文化传承活动吗"中的占比	34.2%	33.3%	29.9%	33.8%	29.0%	31.1%
		总数的占比	0.9%	3.9%	8.8%	8.6%	8.9%	31.1%
	46—55岁	计数	42	224	540	546	484	1 836
		"年龄"中的占比	2.3%	12.2%	29.4%	29.7%	26.4%	100.0%
		"您有参与本地优秀文化传承活动吗"中的占比	16.0%	20.4%	19.3%	22.6%	16.6%	19.4%
		总数的占比	0.4%	2.4%	5.7%	5.8%	5.1%	19.4%
	56岁及以上	计数	13	52	123	80	71	339
		"年龄"中的占比	3.8%	15.3%	36.3%	23.6%	20.9%	100.0%
		"您有参与本地优秀文化传承活动吗"中的占比	4.9%	4.7%	4.4%	3.3%	2.4%	3.6%
		总数的占比	0.1%	0.5%	1.3%	0.8%	0.7%	3.6%

(续表)

		您有参与本地优秀文化传承活动吗					合计
		非常多	比较多	一般	偶尔	没有	
合计	计数	263	1 099	2 801	2 414	2 907	9 484
	"年龄"中的占比	2.8%	11.6%	29.5%	25.5%	30.7%	100.0%
	"您有参与本地优秀文化传承活动吗"中的占比	100.0%	100.0%	100.0%	100.0%	100.0%	100.0%
	总数的占比	2.8%	11.6%	29.5%	25.5%	30.7%	100.0%

表4-3-4 年龄×您有参与本地优秀文化传承活动吗卡方检验

	值	df	渐进 Sig.(双侧)
Pearson 卡方	109.332[a]	16	0.000
似然比	109.506	16	0.000
线性和线性组合	26.229	1	0.000
有效案例中的 N	9 484		

a. 0 单元格(0.0%)的期望计数少于5。最小期望计数为9.40。

 二 乡村教师任教学科与将乡村优秀传统文化融入课堂教学频度相关分析

乡村教师将乡村优秀传统文化融入课堂教学是乡村教师进行乡村优秀文化传承能力的直接的现实指标,乡村教师任教学科是影响乡村教师进行优秀传统文化融入课堂这一教学实践的重要因素之一。本研究选择对乡村教师任教学科与将乡村优秀传统文化融入课堂教学的频度作卡方检验。

按照我国中小学、职业高中及社区学校开设的课程情况,乡村教师任教学科背景有:语文、数学、英语、科学、社会思政、音乐或美术、体育、职业技术类及其他。卡方检验统计结果发现是否任教数学、音乐或美术、体育以及职业技术类学科的乡村教师与将乡村优秀传统文化融入课堂教学的频度没有达到显著性差异；是否任教科学、其他学科的乡村教师与将乡村优秀传统文化融入课堂教学的频度达到显著性差异；是否任教语文、英语、社会思政学科的乡村教师与将乡村优秀传统文化融入课堂教学的频度达到极显著性差异。限于篇幅,以下以语文学科为例进行说明。从表4-3-5可见,乡村教师选择对将乡村优秀传统文化融入课堂教学的频度"非常多""比较多""一般""偶尔""没有"的数量占乡村教师被调查群体总数量的比例分别为4.5%、20.8%、30.1%、30.2%、14.3%,"偶尔"和"没有"之和为44.5%,即接近一半的乡村教师偶尔或没有将乡村优秀传统文化融入课堂教学。

从表4-3-5可见,乡村教师对将乡村优秀传统文化融入课堂教学的频度"非常多""比较多""一般""偶尔""没有"选项上的数量占语文学科背景上的比例分别为5.4%、24.0%、30.4%、28.3%、11.8%；乡村教师对将乡村优秀传统文化融入课堂教学的频度"非常多""比较多""一般""偶尔""没有"选项上的数量占非语文学科背景上的比例分别为4.0%、18.8%、29.9%、31.4%、15.9%。从表4-3-6可见,Pearson卡方、似然比卡方以及线性和线性组合的渐进双侧显著性检验P值均小于0.01,达到极显著性水平。由此,从统计学上推断,乡村教师是否任教语文学科背景与将乡村优秀传统文化融入课堂教学的频度存在相关性,任教语文学科的乡村教师群体对将乡村优秀传统文化融入课堂教学的频度的比例更高。

根据以上分析,将近一半的乡村教师能够在一定程度上将乡村优秀传统文化融入课堂教学。同时,任教语文、英语、社会思政、科学以及其他学科的乡村教师相对于任教数学、音乐或美术、体育以及职业技术类等学科能够更加积极地将乡村优秀传统文化融入课堂教学。然而,数学学科是大学科,任教数学学科的乡村教师人数具有很高比例,音乐或美术和职业技术类学科跟乡村优秀传统文化应该具有很高的相关性,遗憾的是这些乡村教师对乡村优秀传统文化了解不够,难以做到积极地将乡村优秀传统文化融入课堂教学。由此,就有比较充分的理由怀疑这些乡村教师传承乡村优秀文化的能力是否足够。

表4-3-5 是否任教语文学科×您有将乡村优秀传统文化融入课堂教学吗交叉表

			您有将乡村优秀传统文化融入课堂教学吗					合计
			非常多	比较多	一般	偶尔	没有	
是否任教语文学科	是	计数	196	866	1 098	1 021	425	3 606
		"是否任教语文学科"中的占比	5.4%	24.0%	30.4%	28.3%	11.8%	100.0%
		"您有将乡村优秀传统文化融入课堂教学吗"中的占比	45.5%	43.9%	38.4%	35.6%	31.3%	38.0%
		总数的占比	2.1%	9.1%	11.6%	10.8%	4.5%	38.0%
	否	计数	235	1 105	1 759	1 847	932	5 878
		"是否任教语文学科"中的占比	4.0%	18.8%	29.9%	31.4%	15.9%	100.0%
		"您有将乡村优秀传统文化融入课堂教学吗"中的占比	54.5%	56.1%	61.6%	64.4%	68.7%	62.0%
		总数的占比	2.5%	11.7%	18.5%	19.5%	9.8%	62.0%
合计		计数	431	1 971	2 857	2 868	1 357	9 484
		"是否任教语文学科"中的占比	4.5%	20.8%	30.1%	30.2%	14.3%	100.0%
		"您有将乡村优秀传统文化融入课堂教学吗"中的占比	100.0%	100.0%	100.0%	100.0%	100.0%	100.0%
		总数的占比	4.5%	20.8%	30.1%	30.2%	14.3%	100.0%

表4-3-6 是否任教语文学科×您有将乡村优秀传统文化融入课堂教学吗卡方检验

	值	df	渐进 Sig.(双侧)
Pearson 卡方	72.642[a]	4	0.000
似然比	72.691	4	0.000
线性和线性组合	70.812	1	0.000
有效案例中的 N	9 484		

a. 0 单元格(0.0%)的期望计数少于 5。最小期望计数为 163.87。

三　乡村教师工作学校类型与将乡村优秀传统文化融入课堂教学频度相关分析

乡村教师将乡村优秀传统文化融入课堂教学是乡村教师服务乡村优秀文化传承的关键条件，由于我国不同的乡村学校类型承担着不同的教育任务和职能以及面对着不同的教育对象，进而教育的内容和性质也有所不同，因此，乡村教师工作学校类型不同是影响乡村教师选择性注意或兴趣倾向的重要因素之一。乡村教师工作学校类型有：小学、初中、普通高中、职业高中、社区成人学校及其他类型学校。本研究对乡村教师工作学校类型与将乡村优秀传统文化融入课堂教学频度作卡方检验。

从表4-3-7可见，乡村教师选择"非常多""比较多""一般""偶尔"和"没有"将乡村优秀传统文化融入课堂教学频度占相同工作学校类型群体中小学的比例分别为4.7%、21.0%、30.8%、30.3%、13.2%；乡村教师选择"非常多""比较多""一般""偶尔"和"没有"将乡村优秀传统文化融入课堂教学频度占相同工作学校类型群体中初中的比例分别为4.7%、21.1%、29.5%、29.4%、15.2%；乡村教师选择"非常多""比较多""一般""偶尔"和"没有"将乡村优秀传统文化融入课堂教学频度占相同工作学校类型群体中普通高中的比例分别为2.5%、20.0%、26.5%、33.5%、17.5%；乡村教师选择"非常多""比较多""一般""偶尔"和"没有"将乡村优秀传统文化融入课堂教学频度占相同工作学校类型群体中职业高中的比例分别为3.3%、17.1%、31.1%、29.0%、19.5%；乡村教师选择"非常多""比较多""一般""偶尔"和"没有"将乡村优秀传统文化融入课堂教学频度占相同工作学校类型群体中社区成人学校的比例分别为0.0%、63.6%、18.2%、18.2%、0.0%；乡村教师选择"非常多""比较多""一般""偶尔"和"没有"将乡村优秀传统文化融入课堂教学频度占相同工作学校类型群体中其他类型学校的比例分别为4.8%、19.6%、29.8%、31.4%、14.4%。其中社区成人学校教师选择"非常多""比较多"的比例最高，总计为63.6%；其次是初中学校教师，总计为25.8%。

从表 4-3-8 可见,Pearson 卡方以及似然比卡方的渐进双侧显著性检验 P 值均小于 0.01,线性和线性组合的渐进双侧显著性检验 P 值小于 0.05,达到显著性差异。由此,从统计学上推断,乡村教师将乡村优秀传统文化融入课堂教学频度的调查数据分布特征与乡村教师工作学校类型存在相关性。选择"没有"的比例从低到高依次为:成人社区学校 0.0%、小学 13.2%、其他类型学校 14.4%、初中 15.2%、普通高中 17.5%、职业高中 19.5%。

根据以上分析,有理由认为在学校类型中占比最大的普通高中和职业高中学校里的大多数乡村教师将乡村优秀传统文化融入课堂教学频度不高。由此,就有比较充分的理由推测乡村教师服务乡村优秀文化传承的能力是不够的。

表 4-3-7 工作的学校类型 × 您有将乡村优秀传统文化融入课堂教学吗交叉表

			您有将乡村优秀传统文化融入课堂教学吗					合计
			非常多	比较多	一般	偶尔	没有	
工作的学校类型	小学	计数	243	1 077	1 584	1 556	676	5 136
		"工作的学校类型"中的占比	4.7%	21.0%	30.8%	30.3%	13.2%	100.0%
		"您有将乡村优秀传统文化融入课堂教学吗"中的占比	56.4%	54.6%	55.4%	54.3%	49.8%	54.2%
		总数的占比	2.6%	11.4%	16.7%	16.4%	7.1%	54.2%
	初中	计数	133	594	830	826	426	2 809
		"工作的学校类型"中的占比	4.7%	21.1%	29.5%	29.4%	15.2%	100.0%
		"您有将乡村优秀传统文化融入课堂教学吗"中的占比	30.9%	30.1%	29.1%	28.8%	31.4%	29.6%
		总数的占比	1.4%	6.3%	8.8%	8.7%	4.5%	29.6%
	普通高中	计数	14	114	151	191	100	570
		"工作的学校类型"中的占比	2.5%	20.0%	26.5%	33.5%	17.5%	100.0%

(续表)

			您有将乡村优秀传统文化融入课堂教学吗					合计
			非常多	比较多	一般	偶尔	没有	
工作的学校类型	普通高中	"您有将乡村优秀传统文化融入课堂教学吗"中的占比	3.2%	5.8%	5.3%	6.7%	7.4%	6.0%
		总数的占比	0.1%	1.2%	1.6%	2.0%	1.1%	6.0%
	职业高中	计数	11	57	104	97	65	334
		"工作的学校类型"中的占比	3.3%	17.1%	31.1%	29.0%	19.5%	100.0%
		"您有将乡村优秀传统文化融入课堂教学吗"中的占比	2.6%	2.9%	3.6%	3.4%	4.8%	3.5%
		总数的占比	0.1%	0.6%	1.1%	1.0%	0.7%	3.5%
	社区成人学校	计数	0	7	2	2	0	11
		"工作的学校类型"中的占比	0.0%	63.6%	18.2%	18.2%	0.0%	100.0%
		"您有将乡村优秀传统文化融入课堂教学吗"中的占比	0.0%	0.4%	0.1%	0.1%	0.0%	0.1%
		总数的占比	0.0%	0.1%	0.0%	0.0%	0.0%	0.1%
	其他类型学校	计数	30	122	186	196	90	624
		"工作的学校类型"中的占比	4.8%	19.6%	29.8%	31.4%	14.4%	100.0%
		"您有将乡村优秀传统文化融入课堂教学吗"中的占比	7.0%	6.2%	6.5%	6.8%	6.6%	6.6%
		总数的占比	0.3%	1.3%	2.0%	2.1%	0.9%	6.6%
合计		计数	431	1971	2857	2868	1357	9484
		"工作的学校类型"中的占比	4.5%	20.8%	30.1%	30.2%	14.3%	100.0%
		"您有将乡村优秀传统文化融入课堂教学吗"中的占比	100.0%	100.0%	100.0%	100.0%	100.0%	100.0%
		总数的占比	4.5%	20.8%	30.1%	30.2%	14.3%	100.0%

表4-3-8 工作的学校类型×您有将乡村优秀传统文化融入课堂教学吗卡方检验

	值	df	渐进 Sig.（双侧）
Pearson 卡方	46.745[a]	20	0.001
似然比	46.114	20	0.001
线性和线性组合	6.407	1	0.011
有效案例中的 N	9484		

a. 5 单元格(16.7%)的期望计数少于 5。最小期望计数为 0.50。

四 乡村教师家庭住址所在区域与在综合实践活动中进行乡村优秀传统文化教育频度相关分析

乡村教师在综合实践活动中进行乡村优秀传统文化教育是乡村教师服务乡村优秀文化传承能力的直接的现实指标，乡村教师家庭住址所在区域是乡村教师基本的生活环境要素之一。本研究选择对乡村教师家庭住址所在区域与在综合实践活动中进行乡村优秀传统文化教育频度作卡方检验。

从表4-3-9可见，乡村教师在综合实践活动中进行乡村优秀传统文化教育频度的选项在"偶尔"和"没有"上的数量占乡村教师群体的比例分别为27.0%和21.7%，累计高达48.7%，即接近半数的乡村教师很少或没有在综合实践活动中进行乡村优秀传统文化教育。选择"没有"的这部分乡村教师在家庭住址所在区域为"本乡（镇）""外乡（镇）""县城""地级市"和"省城"选择项上的数量占各自家庭住址所在区域群体的比例分别为20.9%、24.4%、20.3%、25.5%和31.9%，在本乡、外乡（镇）与县城的教师参与较为积极。乡村教师家庭住址所在区域在"本乡（镇）"和"外乡（镇）"的数量占乡村教师被调查群体总数量的比例分别为29.9%和17.0%，两者总和为46.9%，即乡村教师家庭住址所在区域在乡村的总数量不到一半。

从表4-3-10可见，由于变量为分类变量，Pearson 卡方、似然比卡方的渐进双侧显著性检验 P 值小于 0.01,达到极显著性水平。由此,从统计学上推断,乡村教师在综合实践活动中进行乡村优秀传统文化教育频度数据分布特征与乡村教师的家庭住址所在区域存在相关性,即乡村教师在综合实践活动中进行乡村优秀传统文化教育频度的比例随着家庭住址所在区域行政级别升高基本上依次降低。

根据以上分析,有理由认为较多乡村教师服务乡村优秀文化传承的能力不足。

表 4-3-9 家庭住址所在区域×您有在综合实践活动中进行乡村优秀传统文化教育吗交叉表

			您有在综合实践活动中进行乡村优秀传统文化教育吗					合计
			非常多	比较多	一般	偶尔	没有	
家庭住址所在区域	本乡(镇)	计数	94	455	910	788	592	2 839
		"家庭住址所在区域"中的占比	3.3%	16.0%	32.1%	27.8%	20.9%	100.0%
		"您有在综合实践活动中进行乡村优秀传统文化教育吗"中的占比	28.1%	30.3%	30.1%	30.8%	28.7%	29.9%
		总数的占比	1.0%	4.8%	9.6%	8.3%	6.2%	29.9%
	外乡(镇)	计数	51	212	533	423	394	1 613
		"家庭住址所在区域"中的占比	3.2%	13.1%	33.0%	26.2%	24.4%	100.0%
		"您有在综合实践活动中进行乡村优秀传统文化教育吗"中的占比	15.3%	14.1%	17.6%	16.5%	19.1%	17.0%
		总数的占比	0.5%	2.2%	5.6%	4.5%	4.2%	17.0%
	县城	计数	162	687	1 296	1 109	828	4 082
		"家庭住址所在区域"中的占比	4.0%	16.8%	31.7%	27.2%	20.3%	100.0%
		"您有在综合实践活动中进行乡村优秀传统文化教育吗"中的占比	48.5%	45.7%	42.8%	43.3%	40.2%	43.0%
		总数的占比	1.7%	7.2%	13.7%	11.7%	8.7%	43.0%

(续表)

			您有在综合实践活动中进行乡村优秀传统文化教育吗					合计
			非常多	比较多	一般	偶尔	没有	
家庭住址所在区域	地级市	计数	25	135	272	224	225	881
		"家庭住址所在区域"中的占比	2.8%	15.3%	30.9%	25.4%	25.5%	100.0%
		"您有在综合实践活动中进行乡村优秀传统文化教育吗"中的占比	7.5%	9.0%	9.0%	8.8%	10.9%	9.3%
		总数的占比	0.3%	1.4%	2.9%	2.4%	2.4%	9.3%
	省城	计数	2	14	16	15	22	69
		"家庭住址所在区域"中的占比	2.9%	20.3%	23.2%	21.7%	31.9%	100.0%
		"您有在综合实践活动中进行乡村优秀传统文化教育吗"中的占比	0.6%	0.9%	0.5%	0.6%	1.1%	0.7%
		总数的占比	0.0%	0.1%	0.2%	0.2%	0.2%	0.7%
合计		计数	334	1503	3027	2559	2061	9484
		"家庭住址所在区域"中的占比	3.5%	15.8%	31.9%	27.0%	21.7%	100.0%
		"您有在综合实践活动中进行乡村优秀传统文化教育吗"中的占比	100.0%	100.0%	100.0%	100.0%	100.0%	100.0%
		总数的占比	3.5%	15.8%	31.9%	27.0%	21.7%	100.0%

表4-3-10 家庭住址所在区域×您有在综合实践活动中进行乡村优秀传统文化教育吗卡方检验

	值	df	渐进 Sig.（双侧）
Pearson 卡方	40.160[a]	16	0.001
似然比	39.926	16	0.001
线性和线性组合	0.000	1	0.990
有效案例中的 N	9484		

a. 1 单元格(4.0%)的期望计数少于5。最小期望计数为2.43。

五 乡村教师青少年时期就读学校与在综合实践中进行乡村优秀传统文化传承频度相关分析

乡村教师在综合实践中进行乡村优秀传统文化传承是乡村教师服务乡村优秀文化传承能力的直接现实指标,乡村教师青少年时期就读学校所在区域是乡村教师从孩童到成人的成长历程中的重要环境,是乡村教师成长史当中的重要的社会因素。乡村教师青少年时期读书阶段可以划分为三个阶段:小学、初中、高中或中专。乡村教师青少年时期就读学校所在区域有:村庄、乡/镇政府所在地、县城、地级市、省城。本研究选择对乡村教师青少年时期就读学校与在综合实践中进行乡村优秀传统文化传承频度分别作卡方检验。卡方检验结果发现,乡村教师青少年时期就读学校与在综合实践中进行乡村优秀传统文化传承频度存在相关性。

从表4-3-11、表4-3-13、表4-3-15可见,乡村教师小学、初中、高中或中专阶段在综合实践中进行乡村优秀传统文化传承频度的选项在"没有"和"偶尔"上选择数量较多。小学就读学校所在区域在"村庄""乡/镇政府所在地""县城""地级市""省城"不同的地理空间,乡村教师选择"没有"的比例依次增加,分别为:20.5%、22.8%、22.9%、31.8%、36.8%。初中就读学校所在区域在"村庄""乡/镇政府所在地""县城""地级市""省城"不同的地理空间,乡村教师选择"没有"的比例依次增加,分别为:20.5%、21.1%、22.7%、30.6%、32.1%。但是,高中就读学校所在区域在"村庄""乡/镇政府所在地""县城""地级市""省城"不同的地理空间,乡村教师选择"没有"的比例没有呈现上述规律性特征。从表4-3-16见,Pearson卡方、似然比卡方以及线性和线性组合的渐进双侧显著性检验P值均大于0.05,没有达到显著性水平。由此,从统计学上推断,高中就读学校所在区域与在综合实践中进行乡村优秀传统文化传承频度没有相关性。

从表4-3-12和表4-3-14可见,Pearson卡方、似然比卡方以及线性和线性组合的渐进双侧显著性检验P值均小于0.01,达到极显著性水平。由此,从统计学上推断，乡村教师在综合实践中进行乡村优秀传统文化传承频度与青少年时期就读学校所在区域存在相关性，"没有"的比例随着青少年时期就读学校所在地行政级别上升而增加。

据以上分析，有理由认为大多数学校乡村教师青少年时期就读学校所在区域行政级别越高，在综合实践中进行乡村优秀传统文化传承频度越低。换言之，多数学校乡村教师服务乡村优秀文化传承的能力水平较低。

表4-3-11 小学就读的学校所在地区域×您有在综合实践活动中进行乡村优秀传统文化传承吗交叉表

			您有在综合实践活动中进行乡村优秀传统文化传承吗					合计
			非常多	比较多	一般	偶尔	没有	
小学就读的学校所在地区域	村庄	计数	199	921	1 835	1 553	1 164	5 672
		"小学就读的学校所在地区域"中的占比	3.5%	16.2%	32.4%	27.4%	20.5%	100.0%
		"您有在综合实践活动中进行乡村优秀传统文化传承吗"中的占比	59.6%	61.3%	60.6%	60.7%	56.5%	59.8%
		总数的占比	2.1%	9.7%	19.3%	16.4%	12.3%	59.8%
	乡/镇政府所在地	计数	78	364	731	634	534	2 341
		"小学就读的学校所在地区域"中的占比	3.3%	15.5%	31.2%	27.1%	22.8%	100.0%
		"您有在综合实践活动中进行乡村优秀传统文化传承吗"中的占比	23.4%	24.2%	24.1%	24.8%	25.9%	24.7%
		总数的占比	0.8%	3.8%	7.7%	6.7%	5.6%	24.7%
	县城	计数	53	189	376	305	274	1 197
		"小学就读的学校所在地区域"中的占比	4.4%	15.8%	31.4%	25.5%	22.9%	100.0%
		"您有在综合实践活动中进行乡村优秀传统文化传承吗"中的占比	15.9%	12.6%	12.4%	11.9%	13.3%	12.6%
		总数的占比	0.6%	2.0%	4.0%	3.2%	2.9%	12.6%

(续表)

			您有在综合实践活动中进行乡村优秀传统文化传承吗					合计
			非常多	比较多	一般	偶尔	没有	
小学就读的学校所在地区域	地级市	计数	4	25	72	60	75	236
		"小学就读的学校所在地区域"中的占比	1.7%	10.6%	30.5%	25.4%	31.8%	100.0%
		"您有在综合实践活动中进行乡村优秀传统文化传承吗"中的占比	1.2%	1.7%	2.4%	2.3%	3.6%	2.5%
		总数的占比	0%	0.3%	0.8%	0.6%	0.8%	2.5%
	省城	计数	0	4	13	7	14	38
		"小学就读的学校所在地区域"中的占比	0%	10.5%	34.2%	18.4%	36.8%	100.0%
		"您有在综合实践活动中进行乡村优秀传统文化传承吗"中的占比	0%	0.3%	0.4%	0.3%	0.7%	0.4%
		总数的占比	0%	0.0%	0.1%	0.1%	0.1%	0.4%
合计		计数	334	1 503	3 027	2 559	2 061	9 484
		"小学就读的学校所在地区域"中的占比	3.5%	15.8%	31.9%	27.0%	21.7%	100.0%
		"您有在综合实践活动中进行乡村优秀传统文化传承吗"中的占比	100.0%	100.0%	100.0%	100.0%	100.0%	100.0%
		总数的占比	3.5%	15.8%	31.9%	27.0%	21.7%	100.0%

表4-3-12 小学就读的学校所在地区域×您有在综合实践活动中进行乡村优秀传统文化传承吗卡方检验

	值	df	渐进 Sig.（双侧）
Pearson 卡方	36.426[a]	16	0.003
似然比	36.845	16	0.002
线性和线性组合	10.747	1	0.001
有效案例中的 N	9 484		

a. 1 单元格（4.0%）的期望计数少于 5。最小期望计数为 1.34。

表4-3-13 初中就读的学校所在地区域×您有在综合实践活动中进行乡村优秀传统文化传承吗交叉表

			您有在综合实践活动中进行乡村优秀传统文化传承吗					合计
			非常多	比较多	一般	偶尔	没有	
初中就读的学校所在地区域	村庄	计数	66	207	450	381	285	1 389
		"初中就读的学校所在地区域"中的占比	4.8%	14.9%	32.4%	27.4%	20.5%	100.0%
		"您有在综合实践活动中进行乡村优秀传统文化传承吗"中的占比	19.8%	13.8%	14.9%	14.9%	13.8%	14.6%
		总数的占比	0.7%	2.2%	4.7%	4.0%	3.0%	14.6%
	乡/镇政府所在地	计数	186	958	1 839	1 549	1 215	5 747
		"初中就读的学校所在地区域"中的占比	3.2%	16.7%	32.0%	27.0%	21.1%	100.0%
		"您有在综合实践活动中进行乡村优秀传统文化传承吗"中的占比	55.7%	63.7%	60.8%	60.5%	59.0%	60.6%
		总数的占比	2.0%	10.1%	19.4%	16.3%	12.8%	60.6%
	县城	计数	77	294	621	548	451	1 991
		"初中就读的学校所在地区域"中的占比	3.9%	14.8%	31.2%	27.5%	22.7%	100.0%
		"您有在综合实践活动中进行乡村优秀传统文化传承吗"中的占比	23.1%	19.6%	20.5%	21.4%	21.9%	21.0%
		总数的占比	0.8%	3.1%	6.5%	5.8%	4.8%	21.0%
	地级市	计数	5	38	96	72	93	304
		"初中就读的学校所在地区域"中的占比	1.6%	12.5%	31.6%	23.7%	30.6%	100.0%
		"您有在综合实践活动中进行乡村优秀传统文化传承吗"中的占比	1.5%	2.5%	3.2%	2.8%	4.5%	3.2%
		总数的占比	0.1%	0.4%	1.0%	0.8%	1.0%	3.2%

(续表)

			您有在综合实践活动中进行乡村优秀传统文化传承吗					合计
			非常多	比较多	一般	偶尔	没有	
初中就读的学校所在地区域	省城	计数	0	6	21	9	17	53
		"初中就读的学校所在地区域"中的占比	0.0%	11.3%	39.6%	17.0%	32.1%	100.0%
		"您有在综合实践活动中进行乡村优秀传统文化传承吗"中的占比	0.0%	0.4%	0.7%	0.4%	0.8%	0.6%
		总数的占比	0.0%	0.1%	0.2%	0.1%	0.2%	0.6%
合计		计数	334	1 503	3 027	2 559	2 061	9 484
		"初中就读的学校所在地区域"中的占比	3.5%	15.8%	31.9%	27.0%	21.7%	100.0%
		"您有在综合实践活动中进行乡村优秀传统文化传承吗"中的占比	100.0%	100.0%	100.0%	100.0%	100.0%	100.0%
		总数的占比	3.5%	15.8%	31.9%	27.0%	21.7%	100.0%

表4-3-14 初中就读的学校所在地区域×您有在综合实践活动中进行乡村优秀传统文化传承吗卡方检验

	值	df	渐进 Sig.（双侧）
Pearson 卡方	41.593[a]	16	0.000
似然比	42.610	16	0.000
线性和线性组合	12.332	1	0.000
有效案例中的 N	9 484		

a. 1 单元格（4.0%）的期望计数少于 5。最小期望计数为 1.87。

表4-3-15 高中就读的学校所在地区域×您有在综合实践活动中进行乡村优秀传统文化传承吗交叉表

			您有在综合实践活动中进行乡村优秀传统文化传承吗					合计
			非常多	比较多	一般	偶尔	没有	
高中或中专就读的学校所在地区域	村庄	计数	11	21	44	26	29	131
		"高中或中专就读的学校所在地区域"中的占比	8.4%	16.0%	33.6%	19.8%	22.1%	100.0%
		"您有在综合实践活动中进行乡村优秀传统文化传承吗"中的占比	3.3%	1.4%	1.5%	1.0%	1.4%	1.4%
		总数的占比	0.1%	0.2%	0.5%	0.3%	0.3%	1.4%
	乡/镇政府所在地	计数	63	301	646	600	464	2074
		"高中或中专就读的学校所在地区域"中的占比	3.0%	14.5%	31.1%	28.9%	22.4%	100.0%
		"您有在综合实践活动中进行乡村优秀传统文化传承吗"中的占比	18.9%	20.0%	21.3%	23.4%	22.5%	21.9%
		总数的占比	0.7%	3.2%	6.8%	6.3%	4.9%	21.9%
	县城	计数	190	869	1729	1415	1129	5332
		"高中或中专就读的学校所在地区域"中的占比	3.6%	16.3%	32.4%	26.5%	21.2%	100.0%
		"您有在综合实践活动中进行乡村优秀传统文化传承吗"中的占比	56.9%	57.8%	57.1%	55.3%	54.8%	56.2%
		总数的占比	2.0%	9.2%	18.2%	14.9%	11.9%	56.2%
	地级市	计数	62	280	543	471	394	1750
		"高中或中专就读的学校所在地区域"中的占比	3.5%	16.0%	31.0%	26.9%	22.5%	100.0%

(续表)

			您有在综合实践活动中进行乡村优秀传统文化传承吗					合计
			非常多	比较多	一般	偶尔	没有	
高中或中专就读的学校所在地区域	地级市	"您有在综合实践活动中进行乡村优秀传统文化传承吗"中的占比	18.6%	18.6%	17.9%	18.4%	19.1%	18.5%
		总数的占比	0.7%	3.0%	5.7%	5.0%	4.2%	18.5%
	省城	计数	8	32	65	47	45	197
		"高中或中专就读的学校所在地区域"中的占比	4.1%	16.2%	33.0%	23.9%	22.8%	100.0%
		"您有在综合实践活动中进行乡村优秀传统文化传承吗"中的占比	2.4%	2.1%	2.1%	1.8%	2.2%	2.1%
		总数的占比	0.1%	0.3%	0.7%	0.5%	0.5%	2.1%
合计		计数	334	1 503	3 027	2 559	2 061	9 484
		"高中或中专就读的学校所在地区域"中的占比	3.5%	15.8%	31.9%	27.0%	21.7%	100.0%
		"您有在综合实践活动中进行乡村优秀传统文化传承吗"中的占比	100.0%	100.0%	100.0%	100.0%	100.0%	100.0%
		总数的占比	3.5%	15.8%	31.9%	27.0%	21.7%	100.0%

表4-3-16 高中就读的学校所在地区域×您有在综合实践活动中进行乡村优秀传统文化传承吗卡方检验

	值	df	渐进 Sig.(双侧)
Pearson 卡方	23.173[a]	16	0.109
似然比	21.010	16	0.178
线性和线性组合	0.554	1	0.457
有效案例中的 N	9 484		

a. 1单元格(4.0%)的期望计数少于5。最小期望计数为4.61。

六　乡村教师性别年龄学历职称与进行乡村优秀传统文化传承校本课程开发频度相关分析

乡村教师进行乡村优秀传统文化传承校本课程开发是乡村教师服务乡村优秀文化传承能力的直接的现实指标，性别和年龄是影响人的一般能力的自然属性，学历职称是乡村教师学术专业水准的重要标志。本研究选择对乡村教师性别年龄学历职称与进行乡村优秀传统文化传承校本课程开发频度分别作卡方检验。卡方检验结果发现，乡村教师性别年龄职称与进行乡村优秀传统文化传承校本课程开发频度存在相关性。而乡村教师学历与进行乡村优秀传统文化传承校本课程开发频度没有存在相关性。限于篇幅，以下以性别和年龄为例进行说明。

从表4-3-17和表4-3-19可见，乡村教师进行乡村优秀传统文化传承校本课程开发频度的选项在"偶尔"和"没有"上的数量占乡村教师群体的比例分别为16.5%和51.1%，累计高达67.6%，即超过半数的乡村教师很少或没有进行乡村优秀传统文化传承校本课程开发。

从表4-3-17性别来看，男教师和女教师在"非常多""比较多""一般""偶尔"和"没有"选项上的选择数量占各自性别群体的比例分布趋势一致，与总体分布趋势也一致。但是，男教师在"没有"选项上的选择数量占乡村男教师群体的比例低于女教师。从表4-3-19年龄段来看，"25岁及以下"至"56岁及以上"，选择"没有"的比例分别为：43.7%、51.2%、51.7%、52.9%、48.7%。

从表4-3-18和表4-3-20可见，Pearson卡方、似然比卡方以及线性和线性组合的渐进双侧显著性检验P值均小于0.01，达到极显著性水平。由此，从统计学上推断，乡村教师进行乡村优秀传统文化传承校本课程开发频度的调查数据分布特征与乡村教师的性别和年龄段存在相关性，男教师比女教师参与程度高一些，且随着年龄段增大，乡村教师在各自年龄段里边的参与比例基本上依次增加，都是处于"56岁及以上"的乡村教师选择"没有"的比例又有所下降。

根据以上分析,有理由认为多数乡村教师服务乡村优秀传统文化传承的能力可能不足。

表4-3-17 性别×您有进行关于乡村优秀传统文化传承的校本课程开发吗交叉表

			您有进行关于乡村优秀传统文化传承的校本课程开发吗					合计
			非常多	比较多	一般	偶尔	没有	
性别	男	计数	104	412	1 098	769	2 216	4 599
		"性别"中的占比	2.3%	9.0%	23.9%	16.7%	48.2%	100.0%
		"您有进行关于乡村优秀传统文化传承的校本课程开发吗"中的占比	51.2%	53.4%	52.3%	49.1%	45.7%	48.5%
		总数的占比	1.1%	4.3%	11.6%	8.1%	23.4%	48.5%
	女	计数	99	359	1 000	797	2 630	4 885
		"性别"中的占比	2.0%	7.3%	20.5%	16.3%	53.8%	100.0%
		"您有进行关于乡村优秀传统文化传承的校本课程开发吗"中的占比	48.8%	46.6%	47.7%	50.9%	54.3%	51.5%
		总数的占比	1.0%	3.8%	10.5%	8.4%	27.7%	51.5%
合计		计数	203	771	2 098	1 566	4 846	9 484
		"性别"中的占比	2.1%	8.1%	22.1%	16.5%	51.1%	100.0%
		"您有进行关于乡村优秀传统文化传承的校本课程开发吗"中的占比	100.0%	100.0%	100.0%	100.0%	100.0%	100.0%
		总数的占比	2.1%	8.1%	22.1%	16.5%	51.1%	100.0%

表4-3-18 性别×您有进行关于乡村优秀传统文化传承的校本课程开发吗卡方检验

	值	df	渐进Sig.(双侧)
Pearson卡方	35.621[a]	4	0.000
似然比	35.635	4	0.000
线性和线性组合	32.031	1	0.000
有效案例中的N	9 484		

a. 0单元格(0.0%)的期望计数少于5。最小期望计数为98.44。

表4-3-19 年龄×您有进行关于乡村优秀传统文化传承的校本课程开发吗交叉表

			您有进行关于乡村优秀传统文化传承的校本课程开发吗					合计
			非常多	比较多	一般	偶尔	没有	
年龄	25岁及以下	计数	19	49	193	102	282	645
		"年龄"中的占比	2.9%	7.6%	29.9%	15.8%	43.7%	100.0%
		"您有进行关于乡村优秀传统文化传承的校本课程开发吗"中的占比	9.4%	6.4%	9.2%	6.5%	5.8%	6.8%
		总数的占比	0.2%	0.5%	2.0%	1.1%	3.0%	6.8%
	26—35岁	计数	83	293	859	576	1899	3710
		"年龄"中的占比	2.2%	7.9%	23.2%	15.5%	51.2%	100.0%
		"您有进行关于乡村优秀传统文化传承的校本课程开发吗"中的占比	40.9%	38.0%	40.9%	36.8%	39.2%	39.1%
		总数的占比	0.9%	3.1%	9.1%	6.1%	20.0%	39.1%
	36—45岁	计数	73	236	626	491	1528	2954
		"年龄"中的占比	2.5%	8.0%	21.2%	16.6%	51.7%	100.0%
		"您有进行关于乡村优秀传统文化传承的校本课程开发吗"中的占比	36.0%	30.6%	29.8%	31.4%	31.5%	31.1%
		总数的占比	0.8%	2.5%	6.6%	5.2%	16.1%	31.1%
	46—55岁	计数	21	151	353	339	972	1836
		"年龄"中的占比	1.1%	8.2%	19.2%	18.5%	52.9%	100.0%
		"您有进行关于乡村优秀传统文化传承的校本课程开发吗"中的占比	10.3%	19.6%	16.8%	21.6%	20.1%	19.4%
		总数的占比	0.2%	1.6%	3.7%	3.6%	10.2%	19.4%
	56岁及以上	计数	7	42	67	58	165	339
		"年龄"中的占比	2.1%	12.4%	19.8%	17.1%	48.7%	100.0%
		"您有进行关于乡村优秀传统文化传承的校本课程开发吗"中的占比	3.4%	5.4%	3.2%	3.7%	3.4%	3.6%
		总数的占比	0.1%	0.4%	0.7%	0.6%	1.7%	3.6%

(续表)

		您有进行关于乡村优秀传统文化传承的校本课程开发吗					合计
		非常多	比较多	一般	偶尔	没有	
合计	计数	203	771	2 098	1 566	4 846	9 484
	"年龄"中的占比	2.1%	8.1%	22.1%	16.5%	51.1%	100.0%
	"您有进行关于乡村优秀传统文化传承的校本课程开发吗"中的占比	100.0%	100.0%	100.0%	100.0%	100.0%	100.0%
	总数的占比	2.1%	8.1%	22.1%	16.5%	51.1%	100.0%

表4-3-20 年龄×您有进行关于乡村优秀传统文化传承的校本课程开发吗卡方检验

	值	df	渐进 Sig.（双侧）
Pearson 卡方	64.200[a]	16	0.000
似然比	63.428	16	0.000
线性和线性组合	9.510	1	0.002
有效案例中的 N	9 484		

a. 0 单元格(0.0%)的期望计数少于5。最小期望计数为7.26。

第五章

乡村教师服务乡村社会治理协助能力调查结果分析

根据乡村振兴战略的总要求,本研究把"产业兴旺、生态宜居、乡风文明、治理有效、生活富裕"这五个方面作为衡量乡村教师服务乡村振兴能力的一级指标,即乡村教师服务产业兴旺能力、服务生态宜居能力、服务乡风文明建设能力、服务乡村社会治理能力和服务村民生活改造能力。针对服务乡村社会治理能力这个一级指标,根据《中共中央 国务院关于实施乡村振兴战略的意见》《教育部等六部门关于加强新时代乡村教师队伍建设的意见》《中共中央 国务院关于加快推进乡村人才振兴的意见》等相关文件意见的精神和国内相关研究现状,提出三个二级指标和六个三级指标。①②③ 乡村教师服务乡村社会治理协助能力下面的三个二级指标是:乡村法治协助能力、乡村德治协助能力和乡村自治协助能力。三级指标问题的设计从一、二级指标的内涵出发,包含乡村教师对乡村社会治理协助是否了解、是否感兴趣、参与乡村社会治理协助等实际行动的维度展开。具体指标体系见表5-1。④

从教师一般能力和乡村教师服务乡村振兴战略特殊能力的内涵及影响能力发展的要素出发,本研究提取了乡村教师的性别、年龄、学历、职称、家庭住址所在区域、工作学校类型、任教学科、青少年时期就读学校所在地等要素作为考察乡村教师服务乡村社会治理能力指标的影响因子,设计了《乡村教师服务乡村振兴能力的现状调查问卷》和访谈提纲,具体调查对象与实施办法已在第二章的开始部分中介绍,此处不再赘

---

① 中共中央,国务院. 中共中央 国务院关于实施乡村振兴战略的意见[EB/OL]. (2018-02-06)[2021-03-11]. http://www.gov.cn/xinwen/2018-02/06/content_5264358.htm.
② 教育部,中央组织部,中央编办,等. 教育部等六部门关于加强新时代乡村教师队伍建设的意见[EB/OL]. (2020-08-28)[2021-03-11]. http://www.moe.gov.cn/srcsite/A10/s3735/202009/t20200903_484941.html.
③ 中共中央,国务院. 中共中央 国务院关于加快推进乡村人才振兴的意见[EB/OL]. (2021-02-23)[2021-03-11]. http://www.moe.gov.cn/jyb_xxgk/moe_1777/moe_1778/202102/t20210224_514648.html.
④ 卢尚建. 乡村教师服务乡村振兴能力现状实证研究[J]. 成都师范学院学报,2021,37(5).

述。利用SPSS24.0统计软件对调查数据进行统计分析发现,克隆巴赫系数为0.943,内部一致性达到高信度,表明调查数据可靠性非常好。本研究在调查基础上发现乡村振兴战略中乡村教师服务乡村社会治理协助能力偏弱。以下从乡村法治协助能力、乡村德治协助能力和乡村自治协助能力三个方面分别展开分析。

表5-1 乡村教师服务乡村社会治理协助能力三级指标体系

一级指标	二级指标	三级指标
服务乡村社会治理协助能力	乡村法治协助能力	了解本地的法治建设现状
		参与本地法治建设宣传教育
	乡村德治协助能力	了解本地开展德治建设宣传教育情况
		参与本地德治建设宣传教育
	乡村自治协助能力	协助本地村民自治
		担任本地村干部

第一节 乡村教师服务乡村法治协助能力调查结果分析

乡村教师服务乡村法治协助能力是乡村教师服务乡村社会治理协助能力一级指标下面的二级指标之一,可分解为两个三级指标:了解本地的法治建设现状和参与本地法治建设宣传教育。两个三级指标下面分别设计是否了解本地的法治建设、是否对本地的法治建设感兴趣以及参与本地法治建设宣传教育等调查问题,对回收的问卷数据进行分析后发现,乡村教师的性别、年龄、学历、职称、家庭住址所在区域、工作学校类型、任教学科、青少年时期就读学校所在地等要素与乡村教师服务乡村法治协助能力指标的上述设计的问题存在不同程度的相关性。限于篇幅,以下选取了六个角度进行分析:乡村教师性别年龄与是否了解乡村法治建设及满意度相关分析、乡村教师家庭住址所在区域与是否了解乡村法治建设及满意度相关分析、乡村教师任教学科与参与乡村法治建设宣传教育活动频度相关分析、乡村教师工作学校类型与参与乡村法治建设宣传教育活动频度相关分析、乡村教师青少年时期就读学校与参与乡村法治建设宣传教育活动频度相关分析、乡村教师性别年龄学历职称与参与乡村法治建设宣传教育活动频度相关分析。

一 乡村教师性别年龄与是否了解乡村法治建设及满意度相关分析

乡村教师了解乡村法治建设及满意度是乡村教师服务乡村法治协助能力的先决条件,性别和年龄是影响人的一般能力的自然属性,本研究选择对乡村教师性别年龄与是否了解乡村法治建设及满意度分别作卡方检验。

从表5-1-1和表5-1-3可见,乡村教师是否了解乡村法治建设及满意度的调查问题选项在"非常满意""比较满意""一般""不太满意""不满意"和"不清楚"上的选择数量占乡村教师被调查群体总数量的比例分别为:11.5%、34.7%、34.7%、8.1%、4.2%、6.9%。较多数乡村教师选择"一般"和"比较满意",较少选择"不太满意"和"不满意",6.9%乡村教师居然选择"不清楚"。

从表5-1-1性别来看,男教师和女教师在"不清楚"选项上的选择数量占各自性别群体的比例分别为4.7%和8.9%,男教师在"不清楚"选项上的选择数量占乡村男教师群体的比例低于女教师。

从表5-1-3年龄段来看,"25岁及以下"至"56岁及以上",选择"不清楚"的数量占各自年龄段群体的比例依次降低。

从表5-1-2和表5-1-4可见,Pearson卡方、似然比卡方以及线性和线性组合的双侧显著性检验P值均小于0.01,达到极显著性水平。由此,从统计学上推断,乡村教师是否了解乡村法治建设及满意度的调查数据分布特征与乡村教师的性别和年龄段存在相关性,男教师比女教师了解乡村法治建设及满意度比例更高一些,随着年龄段增大,乡村教师在各自年龄段里边了解乡村法治建设及满意度比例依次增加。

根据以上分析,有理由认为较多乡村教师对乡村法治建设的评价较高。然而,存在一定比例的乡村教师不了解乡村法治状况,假设让对乡村法治建设状况不了解的乡村教师去服务乡村法治建设工作，显然是难以胜任的。换言之，乡村教师服务乡村法治协助能力不足。

表5-1-1 性别×您对本地的法治建设满意吗交叉表

			您对本地的法治建设满意吗						合计
			非常满意	比较满意	一般	不太满意	不满意	不清楚	
性别	男	计数	591	1 647	1 561	374	208	218	4 599
		"性别"中的占比	12.9%	35.8%	33.9%	8.1%	4.5%	4.7%	100.0%
		"您对本地的法治建设满意吗"中的占比	54.3%	50.1%	47.5%	48.9%	51.9%	33.3%	48.5%
		总数的占比	6.2%	17.4%	16.5%	3.9%	2.2%	2.3%	48.5%
	女	计数	498	1 641	1 726	391	193	436	4 885
		"性别"中的占比	10.2%	33.6%	35.3%	8.0%	4.0%	8.9%	100.0%
		"您对本地的法治建设满意吗"中的占比	45.7%	49.9%	52.5%	51.1%	48.1%	66.7%	51.5%
		总数的占比	5.3%	17.3%	18.2%	4.1%	2.0%	4.6%	51.5%
合计		计数	1 089	3 288	3 287	765	401	654	9 484
		"性别"中的占比	11.5%	34.7%	34.7%	8.1%	4.2%	6.9%	100.0%
		"您对本地的法治建设满意吗"中的占比	100.0%	100.0%	100.0%	100.0%	100.0%	100.0%	100.0%
		总数的占比	11.5%	34.7%	34.7%	8.1%	4.2%	6.9%	100.0%

表5-1-2 性别×您对本地的法治建设满意吗卡方检验

	值	df	渐进Sig.（双侧）
Pearson卡方	81.291[a]	5	0.000
似然比	82.638	5	0.000
线性和线性组合	51.296	1	0.000
有效案例中的N	9 484		

a. 0单元格(0.0%)的期望计数少于5。最小期望计数为194.45。

表5-1-3 年龄×您对本地的法治建设满意吗交叉表

			您对本地的法治建设满意吗						合计
			非常满意	比较满意	一般	不太满意	不满意	不清楚	
年龄	25岁及以下	计数	62	183	244	66	21	69	645
		"年龄"中的占比	9.6%	28.4%	37.8%	10.2%	3.3%	10.7%	100.0%
		"您对本地的法治建设满意吗"中的占比	5.7%	5.6%	7.4%	8.6%	5.2%	10.6%	6.8%
		总数的占比	0.7%	1.9%	2.6%	0.7%	0.2%	0.7%	6.8%
	26—35岁	计数	368	1 112	1 382	310	166	372	3 710
		"年龄"中的占比	9.9%	30.0%	37.3%	8.4%	4.5%	10.0%	100.0%
		"您对本地的法治建设满意吗"中的占比	33.8%	33.8%	42.0%	40.5%	41.4%	56.9%	39.1%
		总数的占比	3.9%	11.7%	14.6%	3.3%	1.8%	3.9%	39.1%
	36—45岁	计数	362	1 078	994	231	145	144	2 954
		"年龄"中的占比	12.3%	36.5%	33.6%	7.8%	4.9%	4.9%	100.0%
		"您对本地的法治建设满意吗"中的占比	33.2%	32.8%	30.2%	30.2%	36.2%	22.0%	31.1%
		总数的占比	3.8%	11.4%	10.5%	2.4%	1.5%	1.5%	31.1%
	46—55岁	计数	218	774	583	138	64	59	1 836
		"年龄"中的占比	11.9%	42.2%	31.8%	7.5%	3.5%	3.2%	100.0%
		"您对本地的法治建设满意吗"中的占比	20.0%	23.5%	17.7%	18.0%	16.0%	9.0%	19.4%
		总数的占比	2.3%	8.2%	6.1%	1.5%	0.7%	0.6%	19.4%
	56岁及以上	计数	79	141	84	20	5	10	339
		"年龄"中的占比	23.3%	41.6%	24.8%	5.9%	1.5%	2.9%	100.0%
		"您对本地的法治建设满意吗"中的占比	7.3%	4.3%	2.6%	2.6%	1.2%	1.5%	3.6%
		总数的占比	0.8%	1.5%	0.9%	0.2%	0.1%	0.1%	3.6%

(续表)

		您对本地的法治建设满意吗						合计
		非常满意	比较满意	一般	不太满意	不满意	不清楚	
合计	计数	1 089	3 288	3 287	765	401	654	9 484
	"年龄"中的占比	11.5%	34.7%	34.7%	8.1%	4.2%	6.9%	100.0%
	"您对本地的法治建设满意吗"中的占比	100.0%	100.0%	100.0%	100.0%	100.0%	100.0%	100.0%
	总数的占比	11.5%	34.7%	34.7%	8.1%	4.2%	6.9%	100.0%

表5-1-4 年龄×您对本地的法治建设满意吗卡方检验

	值	df	渐进 Sig.（双侧）
Pearson 卡方	293.256[a]	20	0.000
似然比	291.208	20	0.000
线性和线性组合	195.212	1	0.000
有效案例中的 N	9 484		

a. 0 单元格(0.0%)的期望计数少于5。最小期望计数为14.33。

二 乡村教师家庭住址所在区域与是否了解乡村法治建设及满意度相关分析

乡村教师了解乡村法治建设及满意度是乡村教师服务乡村法治协助能力的先决条件,乡村教师家庭住址所在区域是乡村教师基本的生活环境要素之一。本研究选择对乡村教师家庭住址所在区域与是否了解乡村法治建设及满意度作卡方检验。

从表5-1-5可见,乡村教师选择是否了解乡村法治建设及满意度的选项"非常满意""比较满意""一般""不太满意""不满意""不清楚"的数量占乡村教师被调查群体总数量的比例分别为11.5%、34.7%、34.7%、8.1%、4.2%、6.9%,选择"非常满意"的这部分乡村教师在家庭住址所在区域为"本乡（镇）""外乡（镇）""县城""地级市"和"省城"选择项上的数量占乡村教师被调查群体总数量的比例分别为3.8%、1.6%、5.1%、0.9%和0.1%；选择"比较满意"的这部分乡村教师在家庭住址所在区域为"本乡（镇）""外乡（镇）""县城""地级市"和"省城"选择项上的数量占乡村教师被调查群体总数量的比例分别为10.0%、5.3%、16.2%、2.8%和0.3%；选择"一般"的这部分乡村教师在家庭住址所在区域为"本乡（镇）""外乡（镇）""县城""地级市"和"省城"选择项上的数量占乡村教师被调查群体总数量的比例分别为10.4%、6.2%、14.6%、3.4%和0.1%。

乡村教师家庭住址所在区域在"本乡（镇）"和"外乡（镇）"的数量占乡村教师被调查群体总数量的比例分别为29.9%和17.0%，两者总和为46.9%，即乡村教师家庭住址所在区域在乡村的总数量不到一半。

乡村教师是否了解乡村法治建设及满意度在"非常满意""比较满意""一般"选项上的数量占乡村教师家庭住址群体的比例随着家庭住址所在地行政级别的高低呈现出一定的特征。乡村教师选择是否了解乡村法治建设及满意度"非常满意"的数量在乡村教师家庭住址为"本乡（镇）""外乡（镇）""县城""地级市"和"省城"选择项上占各自家庭住址所在区域群体的比例依次为12.6%、9.2%、11.9%、9.8%、15.9%，其中"本乡（镇）""外乡（镇）""县城""地级市"和"省城"选择项上的群体比例均在十分之一左右；乡村教师选择是否了解乡村法治建设及满意度"比较满意"的数量在乡村教师家庭住址所在区域为"本乡（镇）""外乡（镇）""县城""地级市"和"省城"选择项上占各自家庭住址所在区域群体的比例依次为33.4%、31.4%、37.6%、30.5%、40.6%，其中"本乡（镇）""外乡（镇）""县城""地级市"和"省城"选择项上的群体比例均达到或超过三分之一；乡村教师选择是否了解乡村法治建设及满意度"一般"的数量在乡村教师家庭住址所在区域为"本乡（镇）""外乡（镇）""县城""地级市"和"省城"选择项上占各自家庭住址所在区域群体的比例依次为34.7%、36.3%、34.0%、36.1%、17.4%，其中"本乡（镇）""外乡（镇）""县城""地级市"选择项上的群体比例均超过或达到三分之一，而"省城"选择项上的群体比例不到五分之一。

从表5-1-6可见，由于变量为分类变量，Pearson卡方、似然比卡方的双侧显著性检验 P 值小于 0.01,达到极显著性水平。由此,从统计学上推断,乡村教师是否了解乡村法治建设及满意度的调查数据分布特征与乡村教师家庭住址存在相关性,即乡村教师是否了解乡村法治建设及满意度比例随着家庭住址所在区域行政级别升高而依次降低。

根据以上分析,有理由认为较多乡村教师的生活环境已经远离了乡村法治建设场域,缺乏对乡村社会治理的直接参与和理解,使得乡村中的乡村教师对乡村法治建设的态度参差不齐,大多停留在比较满意或一般的层次上。由此可见,乡村法治建设还需不断推进落实,乡村教师更应加强服务乡村法治协助能力。

表 5-1-5 家庭住址所在区域×您对本地的法治建设满意吗交叉表

			您对本地的法治建设满意吗						合计
			非常满意	比较满意	一般	不太满意	不满意	不清楚	
家庭住址所在区域	本乡(镇)	计数	359	949	985	251	136	159	2 839
		"家庭住址所在区域"中的占比	12.6%	33.4%	34.7%	8.8%	4.8%	5.6%	100.0%
		"您对本地的法治建设满意吗"中的占比	33.0%	28.9%	30.0%	32.8%	33.9%	24.3%	29.9%
		总数的占比	3.8%	10.0%	10.4%	2.6%	1.4%	1.7%	29.9%
	外乡(镇)	计数	148	506	586	150	77	146	1 613
		"家庭住址所在区域"中的占比	9.2%	31.4%	36.3%	9.3%	4.8%	9.1%	100.0%
		"您对本地的法治建设满意吗"中的占比	13.6%	15.4%	17.8%	19.6%	19.2%	22.3%	17.0%
		总数的占比	1.6%	5.3%	6.2%	1.6%	0.8%	1.5%	17.0%
	县城	计数	485	1 536	1 386	283	136	256	4 082
		"家庭住址所在区域"中的占比	11.9%	37.6%	34.0%	6.9%	3.3%	6.3%	100.0%

(续表)

			您对本地的法治建设满意吗						合计
			非常满意	比较满意	一般	不太满意	不满意	不清楚	
家庭住址所在区域	县城	"您对本地的法治建设满意吗"中的占比	44.5%	46.7%	42.2%	37.0%	33.9%	39.1%	43.0%
		总数的占比	5.1%	16.2%	14.6%	3.0%	1.4%	2.7%	43.0%
	地级市	计数	86	269	318	74	49	85	881
		"家庭住址所在区域"中的占比	9.8%	30.5%	36.1%	8.4%	5.6%	9.6%	100.0%
		"您对本地的法治建设满意吗"中的占比	7.9%	8.2%	9.7%	9.7%	12.2%	13.0%	9.3%
		总数的占比	0.9%	2.8%	3.4%	0.8%	0.5%	0.9%	9.3%
	省城	计数	11	28	12	7	3	8	69
		"家庭住址所在区域"中的占比	15.9%	40.6%	17.4%	10.1%	4.3%	11.6%	100.0%
		"您对本地的法治建设满意吗"中的占比	1.0%	0.9%	0.4%	0.9%	0.7%	1.2%	0.7%
		总数的占比	0.1%	0.3%	0.1%	0.1%	0.0%	0.1%	0.7%
合计		计数	1 089	3 288	3 287	765	401	654	9 484
		"家庭住址所在区域"中的占比	11.5%	34.7%	34.7%	8.1%	4.2%	6.9%	100.0%
		"您对本地的法治建设满意吗"中的占比	100.0%	100.0%	100.0%	100.0%	100.0%	100.0%	100.0%
		总数的占比	11.5%	34.7%	34.7%	8.1%	4.2%	6.9%	100.0%

表 5-1-6　家庭住址所在区域×您对本地的法治建设满意吗卡方检验

	值	df	渐进 Sig.（双侧）
Pearson 卡方	103.722[a]	20	0.000
似然比	103.870	20	0.000
线性和线性组合	0.327	1	0.568
有效案例中的 N	9 484		

a. 2 单元格(6.7%)的期望计数少于 5。最小期望计数为 2.92。

乡村教师任教学科与参与乡村法治建设宣传教育活动频度相关分析

乡村教师参与乡村法治建设宣传教育活动是乡村教师服务乡村法治协助能力的关键条件，乡村教师任教学科是影响乡村教师选择性注意或兴趣倾向的重要因素之一。本研究选择对乡村教师任教学科与参与乡村法治建设宣传教育活动频度作卡方检验。

按照我国中小学、职业高中及社区学校开设的课程情况，乡村教师任教学科有：语文、数学、英语、科学、社会思政、音乐或美术、体育、职业技术类及其他。卡方检验统计结果发现是否任教音乐或美术、职业技术类以及其他学科的乡村教师与参与乡村法治建设宣传教育活动频度没有达到显著性差异；是否任教语文、数学、英语、科学、社会思政和体育学科的乡村教师参与乡村法治建设宣传教育活动频度均达到极显著性差异。限于篇幅，以下以语文学科为例进行说明。从表 5-1-7 可见，乡村教师选择参与乡村法治建设宣传教育活动频度"非常多""比较多""一般""偶尔"和"没有"的数量占乡村教师被调查群体总数量的比例分别为 6.0%、20.8%、30.9%、21.5%、20.9%，即参与乡村法治建设宣传教育活动频度"非常多""比较多"的比例只有近四分之一。

从表 5-1-7 可见，乡村教师参与乡村法治建设宣传教育活动频度"非常多""比较多""一般""偶尔"和"没有"选项上的数量占语文学科上的比例分别为6.6%、22.2%、30.4%、20.7%和20.0%;乡村教师参与乡村法治建设宣传教育活动频度"非常多""比较多""一般""偶尔"和"没有"选项上的数量占非语文学科上的比例分别为5.6%、19.9%、31.2%、21.9%、21.5%。从表5-1-8可见,Pearson卡方、似然比卡方以及线性和线性组合的渐进双侧显著性检验P值均小于0.01,达到极显著性水平。由此,从统计学上推断,乡村教师是否任教语文学科与参与乡村法治建设宣传教育活动频度存在相关性,任教语文学科的乡村教师群体参与乡村法治建设宣传教育活动频度"非常多""比较多"的比例更高。

根据以上分析,大多数乡村教师参与乡村法治建设宣传教育活动的频度较低。同时,任教语文、数学、英语、科学、社会思政和体育学科的乡村教师相对于任教音乐或美术、职业技术类以及其他等学科表现出对参与乡村法治建设宣传教育活动更高的频度。由此,就有比较充分的理由怀疑乡村教师服务乡村法治协助的能力是否足够。

表5-1-7 是否任教语文学科×您有参与本地法治建设宣传教育活动吗交叉表

			您有参与本地法治建设宣传教育活动吗					合计
			非常多	比较多	一般	偶尔	没有	
是否任教语文学科	是	计数	239	800	1 098	748	721	3 606
		"是否任教语文学科"中的占比	6.6%	22.2%	30.4%	20.7%	20.0%	100.0%
		"您有参与本地法治建设宣传教育活动吗"中的占比	42.0%	40.7%	37.5%	36.8%	36.4%	38.0%
		总数的占比	2.5%	8.4%	11.6%	7.9%	7.6%	38.0%
	否	计数	330	1 168	1 831	1 287	1 262	5 878
		"是否任教语文学科"中的占比	5.6%	19.9%	31.2%	21.9%	21.5%	100.0%
		"您有参与本地法治建设宣传教育活动吗"中的占比	58.0%	59.3%	62.5%	63.2%	63.6%	62.0%
		总数的占比	3.5%	12.3%	19.3%	13.6%	13.3%	62.0%

(续表)

		您有参与本地法治建设宣传教育活动吗					合计
		非常多	比较多	一般	偶尔	没有	
合计	计数	569	1 968	2 929	2 035	1 983	9 484
	"是否任教语文学科"中的占比	6.0%	20.8%	30.9%	21.5%	20.9%	100.0%
	"您有参与本地法治建设宣传教育活动吗"中的占比	100.0%	100.0%	100.0%	100.0%	100.0%	100.0%
	总数的占比	6.0%	20.8%	30.9%	21.5%	20.9%	100.0%

表5-1-8 是否任教语文学科×您有参与本地法治建设宣传教育活动吗卡方检验

	值	df	渐进 Sig.（双侧）
Pearson 卡方	13.662[a]	4	0.008
似然比	13.588	4	0.009
线性和线性组合	11.341	1	0.001
有效案例中的 N	9 484		

a. 0 单元格(0.0%)的期望计数少于 5。最小期望计数为 216.34。

四、乡村教师工作学校类型与参与乡村法治建设宣传教育活动频度相关分析

乡村教师参与乡村法治建设宣传教育活动是乡村教师服务乡村法治协助能力的重要条件，由于我国不同的乡村学校类型承担着不同的教育任务和职能以及面对着不同的教育对象，进而教育的内容和性质也有所不同，因此，乡村教师工作学校类型不同是影响乡村教师选择性注意或兴趣倾向的重要因素之一。乡村教师工作学校类型有：小学、初中、普通高中、职业高中、社区成人学校及其他类型学校。本研究对乡村教师工作学校类型与参与乡村法治建设宣传教育活动频度作卡方检验。

从表5-1-9可见，乡村教师在参与乡村法治建设宣传教育活动的调查中选择"非常

"多"的占相同工作学校类型群体中的比例分别为小学6.3%、初中6.0%、普通高中3.7%、职业高中4.5%、社区成人学校27.3%、其他类型学校6.1%;选择"比较多"的比例分别为小学22.2%、初中20.5%、普通高中12.5%、职业高中17.1%、社区成人学校36.4%、其他类型学校19.2%;选择"非常多"和"比较多"两项之和比例分别为小学28.5%、初中26.6%、普通高中16.2%、职业高中21.6%、社区成人学校63.7%、其他类型学校25.3%。

其中社区成人学校教师选择参与乡村法治建设宣传教育活动的比例最高,为63.7%,其次是小学教师,为28.5%。

从表5-1-10可见,Pearson卡方检验、似然比卡方以及线性和线性组合的渐进双侧显著性检验P值均小于0.01,达到极显著性水平。由此,从统计学上推断,乡村教师是否参与乡村法治建设宣传教育活动的调查数据分布特征与乡村教师工作学校类型存在相关性,即乡村教师对参与乡村法治建设宣传教育活动频度比例从高到低依次为:社区成人学校、小学、初中、其他类型学校、职业高中、普通高中。

根据以上分析,有理由认为在学校类型中占比最高的小学和初中学校里的多数乡村教师较少参与乡村法治建设宣传教育活动。同时,职业学校里边的多数乡村教师也较少参与乡村法治建设宣传教育活动,这些学校的乡村教师本应该可以更好地担负起直接服务乡村法治建设的重任。因此,除社区成人学校外,在不同工作学校类型中的乡村教师服务乡村法治协助能力仍然还有提升空间。

表5-1-9 工作的学校类型×您有参与本地法治建设宣传教育活动吗交叉表

			您有参与本地法治建设宣传教育活动吗					合计
			非常多	比较多	一般	偶尔	没有	
工作的学校类型	小学	计数	324	1 141	1 611	1 079	981	5 136
		"工作的学校类型"中的占比	6.3%	22.2%	31.4%	21.0%	19.1%	100.0%
		"您有参与本地法治建设宣传教育活动吗"中的占比	56.9%	58.0%	55.0%	53.0%	49.5%	54.2%
		总数的占比	3.4%	12.0%	17.0%	11.4%	10.3%	54.2%

(续表)

			您有参与本地法治建设宣传教育活动吗					合计
			非常多	比较多	一般	偶尔	没有	
工作的学校类型	初中	计数	168	575	860	600	606	2 809
		"工作的学校类型"中的占比	6.0%	20.5%	30.6%	21.4%	21.6%	100.0%
		"您有参与本地法治建设宣传教育活动吗"中的占比	29.5%	29.2%	29.4%	29.5%	30.6%	29.6%
		总数的占比	1.8%	6.1%	9.1%	6.3%	6.4%	29.6%
	普通高中	计数	21	71	157	147	174	570
		"工作的学校类型"中的占比	3.7%	12.5%	27.5%	25.8%	30.5%	100.0%
		"您有参与本地法治建设宣传教育活动吗"中的占比	3.7%	3.6%	5.4%	7.2%	8.8%	6.0%
		总数的占比	0.2%	0.7%	1.7%	1.5%	1.8%	6.0%
	职业高中	计数	15	57	119	71	72	334
		"工作的学校类型"中的占比	4.5%	17.1%	35.6%	21.3%	21.6%	100.0%
		"您有参与本地法治建设宣传教育活动吗"中的占比	2.6%	2.9%	4.1%	3.5%	3.6%	3.5%
		总数的占比	0.2%	0.6%	1.3%	0.7%	0.8%	3.5%
	社区成人学校	计数	3	4	3	1	0	11
		"工作的学校类型"中的占比	27.3%	36.4%	27.3%	9.1%	0%	100.0%
		"您有参与本地法治建设宣传教育活动吗"中的占比	0.5%	0.2%	0.1%	0.0%	0%	0.1%
		总数的占比	0.0%	0.0%	0.0%	0.0%	0%	0.1%

(续表)

工作的学校类型			您有参与本地法治建设宣传教育活动吗					合计
			非常多	比较多	一般	偶尔	没有	
工作的学校类型	其他类型学校	计数	38	120	179	137	150	624
		"工作的学校类型"中的占比	6.1%	19.2%	28.7%	22.0%	24.0%	100.0%
		"您有参与本地法治建设宣传教育活动吗"中的占比	6.7%	6.1%	6.1%	6.7%	7.6%	6.6%
		总数的占比	0.4%	1.3%	1.9%	1.4%	1.6%	6.6%
合计		计数	569	1 968	2 929	2 035	1 983	9 484
		"工作的学校类型"中的占比	6.0%	20.8%	30.9%	21.5%	20.9%	100.0%
		"您有参与本地法治建设宣传教育活动吗"中的占比	100.0%	100.0%	100.0%	100.0%	100.0%	100.0%
		总数的占比	6.0%	20.8%	30.9%	21.5%	20.9%	100.0%

表 5-1-10　工作的学校类型×您有参与本地法治建设宣传教育活动吗卡方检验

	值	df	渐进 Sig.（双侧）
Pearson 卡方	95.418[a]	20	0.000
似然比	94.580	20	0.000
线性和线性组合	23.074	1	0.000
有效案例中的 N	9 484		

a. 5 单元格(16.7%)的期望计数少于 5。最小期望计数为 0.66。

五　乡村教师青少年时期就读学校与参与乡村法治建设宣传教育活动频度相关分析

乡村教师参与乡村法治建设宣传教育活动频度是乡村教师服务乡村法治协助能

力的直接的现实指标,乡村教师青少年时期就读学校所在区域是乡村教师从孩童到成人的成长历程中的重要环境,是乡村教师成长史当中的重要的社会因素。乡村教师青少年读书时期可以划分为三个阶段:小学、初中、高中或中专。乡村教师青少年时期就读学校所在区域有:村庄、乡/镇政府所在地、县城、地级市、省城。本研究选择对乡村教师青少年时期就读学校与参与乡村法治建设宣传教育活动频度分别作卡方检验。卡方检验结果发现,乡村教师青少年时期就读学校与参与乡村法治建设宣传教育活动频度存在相关性。

从表5-1-11、表5-1-13、表5-1-15可见,乡村教师小学、初中、高中或中专阶段参与乡村法治建设宣传教育活动频度的选项在"一般"上的选择数量占各自就读学校所在区域类型群体的比例总体分布趋势一致,即就读学校在"村庄""乡/镇政府所在地""县城""地级市""省城"不同的地理空间,选择"一般"的乡村教师最多。以小学就读学校所在区域为例,在"村庄""乡/镇政府所在地""县城""地级市""省城"类型的群体里边频度为"一般"的比例分别为:30.3%、32.4%、31.3%、27.1%、28.9%。

从表5-1-12、表5-1-14、表5-1-16见,Pearson卡方、似然比卡方以及线性和线性组合的渐进双侧显著性检验P值均小于0.01,达到极显著性水平。由此,在统计学上推断,乡村教师参与乡村法治建设宣传教育活动频度与青少年时期就读学校所在区域存在相关性,参与乡村法治建设宣传教育活动的数量随着青少年时期就读学校在"村庄""乡/镇政府所在地""县城""地级市""省城"类型学校的次序而减少。

据以上分析,有理由认为多数乡村教师青少年时期就读学校所在区域是乡村和乡/镇政府所在地,其有参与本地法治建设宣传教育活动。换言之,所在区域是乡村和乡/镇政府所在地学校的乡村教师服务乡村法治协助能力水平较高,而所在区域是地级市和省城学校的乡村教师服务乡村法治协助能力水平较低。

表 5-1-11 小学就读的学校所在地区域×您有参与本地法治建设宣传教育活动吗交叉表

			您有参与本地法治建设宣传教育活动吗					合计
			非常多	比较多	一般	偶尔	没有	
小学就读的学校所在地区域	村庄	计数	341	1 233	1 721	1 249	1 128	5 672
		"小学就读的学校所在地区域"中的占比	6.0%	21.7%	30.3%	22.0%	19.9%	100.0%
		"您有参与本地法治建设宣传教育活动吗"中的占比	59.9%	62.7%	58.8%	61.4%	56.9%	59.8%
		总数的占比	3.6%	13.0%	18.1%	13.2%	11.9%	59.8%
	乡/镇政府所在地	计数	128	460	758	505	490	2 341
		"小学就读的学校所在地区域"中的占比	5.5%	19.6%	32.4%	21.6%	20.9%	100.0%
		"您有参与本地法治建设宣传教育活动吗"中的占比	22.5%	23.4%	25.9%	24.8%	24.7%	24.7%
		总数的占比	1.3%	4.9%	8.0%	5.3%	5.2%	24.7%
	县城	计数	85	222	375	237	278	1 197
		"小学就读的学校所在地区域"中的占比	7.1%	18.5%	31.3%	19.8%	23.2%	100.0%
		"您有参与本地法治建设宣传教育活动吗"中的占比	14.9%	11.3%	12.8%	11.6%	14.0%	12.6%
		总数的占比	0.9%	2.3%	4.0%	2.5%	2.9%	12.6%
	地级市	计数	12	49	64	37	74	236
		"小学就读的学校所在地区域"中的占比	5.1%	20.8%	27.1%	15.7%	31.4%	100.0%
		"您有参与本地法治建设宣传教育活动吗"中的占比	2.1%	2.5%	2.2%	1.8%	3.7%	2.5%
		总数的占比	0.1%	0.5%	0.7%	0.4%	0.8%	2.5%

(续表)

			您有参与本地法治建设宣传教育活动吗					合计
			非常多	比较多	一般	偶尔	没有	
小学就读的学校所在地区域	省城	计数	3	4	11	7	13	38
		"小学就读的学校所在地区域"中的占比	7.9%	10.5%	28.9%	18.4%	34.2%	100.0%
		"您有参与本地法治建设宣传教育活动吗"中的占比	0.5%	0.2%	0.4%	0.3%	0.7%	0.4%
		总数的占比	0.0%	0.0%	0.1%	0.1%	0.1%	0.4%
合计		计数	569	1 968	2 929	2 035	1 983	9 484
		"小学就读的学校所在地区域"中的占比	6.0%	20.8%	30.9%	21.5%	20.9%	100.0%
		"您有参与本地法治建设宣传教育活动吗"中的占比	100.0%	100.0%	100.0%	100.0%	100.0%	100.0%
		总数的占比	6.0%	20.8%	30.9%	21.5%	20.9%	100.0%

表 5-1-12 小学就读的学校所在地区域×您有参与本地法治建设宣传教育活动吗卡方检验

	值	df	渐进 Sig.(双侧)
Pearson 卡方	43.934[a]	16	0.000
似然比	42.555	16	0.000
线性和线性组合	9.192	1	0.002
有效案例中的 N	9 484		

a. 1 单元格(4.0%)的期望计数少于 5。最小期望计数为 2.28。

表 5-1-13 初中就读的学校所在地区域×您有参与本地法治建设宣传教育活动吗交叉表

			您有参与本地法治建设宣传教育活动吗					合计
			非常多	比较多	一般	偶尔	没有	
初中就读的学校所在地区域	村庄	计数	85	309	411	305	279	1 389
		"初中就读的学校所在地区域"中的占比	6.1%	22.2%	29.6%	22.0%	20.1%	100.0%

(续表)

			您有参与本地法治建设宣传教育活动吗					合计
			非常多	比较多	一般	偶尔	没有	
初中就读的学校所在地区域	村庄	"您有参与本地法治建设宣传教育活动吗"中的占比	14.9%	15.7%	14.0%	15.0%	14.1%	14.6%
		总数的占比	0.9%	3.3%	4.3%	3.2%	2.9%	14.6%
	乡/镇政府所在地	计数	338	1 230	1 792	1 254	1 133	5 747
		"初中就读的学校所在地区域"中的占比	5.9%	21.4%	31.2%	21.8%	19.7%	100.0%
		"您有参与本地法治建设宣传教育活动吗"中的占比	59.4%	62.5%	61.2%	61.6%	57.1%	60.6%
		总数的占比	3.6%	13.0%	18.9%	13.2%	11.9%	60.6%
	县城	计数	131	352	624	422	462	1 991
		"初中就读的学校所在地区域"中的占比	6.6%	17.7%	31.3%	21.2%	23.2%	100.0%
		"您有参与本地法治建设宣传教育活动吗"中的占比	23.0%	17.9%	21.3%	20.7%	23.3%	21.0%
		总数的占比	1.4%	3.7%	6.6%	4.4%	4.9%	21.0%
	地级市	计数	12	68	84	46	94	304
		"初中就读的学校所在地区域"中的占比	3.9%	22.4%	27.6%	15.1%	30.9%	100.0%
		"您有参与本地法治建设宣传教育活动吗"中的占比	2.1%	3.5%	2.9%	2.3%	4.7%	3.2%
		总数的占比	0.1%	0.7%	0.9%	0.5%	1.0%	3.2%
	省城	计数	3	9	18	8	15	53
		"初中就读的学校所在地区域"中的占比	5.7%	17.0%	34.0%	15.1%	28.3%	100.0%
		您有参与本地法治建设宣传教育活动吗中的占比	0.5%	0.5%	0.6%	0.4%	0.8%	0.6%
		总数的占比	0.0%	0.1%	0.2%	0.1%	0.2%	0.6%

(续表)

		您有参与本地法治建设宣传教育活动吗					合计
		非常多	比较多	一般	偶尔	没有	
合计	计数	569	1 968	2 929	2 035	1 983	9 484
	"初中就读的学校所在地区域"中的占比	6.0%	20.8%	30.9%	21.5%	20.9%	100.0%
	"您有参与本地法治建设宣传教育活动吗"中的占比	100.0%	100.0%	100.0%	100.0%	100.0%	100.0%
	总数的占比	6.0%	20.8%	30.9%	21.5%	20.9%	100.0%

表5-1-14 初中就读的学校所在地区域×您有参与本地法治建设宣传教育活动吗卡方检验

	值	df	渐进 Sig.(双侧)
Pearson 卡方	50.750[a]	16	0.000
似然比	50.155	16	0.000
线性和线性组合	11.698	1	0.001
有效案例中的 N	9 484		

a. 1 单元格(4.0%)的期望计数少于5。最小期望计数为3.18。

表5-1-15 高中或中专就读的学校所在地区域×您有参与本地法治建设宣传教育活动吗交叉表

			您有参与本地法治建设宣传教育活动吗					合计
			非常多	比较多	一般	偶尔	没有	
高中或中专就读的学校所在地区域	村庄	计数	19	23	34	30	25	131
		"高中或中专就读的学校所在地区域"中的占比	14.5%	17.6%	26.0%	22.9%	19.1%	100.0%
		"您有参与本地法治建设宣传教育活动吗"中的占比	3.3%	1.2%	1.2%	1.5%	1.3%	1.4%
		总数的占比	0.2%	0.2%	0.4%	0.3%	0.3%	1.4%

(续表)

			您有参与本地法治建设宣传教育活动吗					合计
			非常多	比较多	一般	偶尔	没有	
高中或中专就读的学校所在地区域	乡/镇政府所在地	计数	116	391	617	471	479	2 074
		"高中或中专就读的学校所在地区域"中的占比	5.6%	18.9%	29.7%	22.7%	23.1%	100.0%
		"您有参与本地法治建设宣传教育活动吗"中的占比	20.4%	19.9%	21.1%	23.1%	24.2%	21.9%
		总数的占比	1.2%	4.1%	6.5%	5.0%	5.1%	21.9%
	县城	计数	321	1 104	1 662	1 155	1 090	5 332
		"高中或中专就读的学校所在地区域"中的占比	6.0%	20.7%	31.2%	21.7%	20.4%	100.0%
		"您有参与本地法治建设宣传教育活动吗"中的占比	56.4%	56.1%	56.7%	56.8%	55.0%	56.2%
		总数的占比	3.4%	11.6%	17.5%	12.2%	11.5%	56.2%
	地级市	计数	98	415	555	338	344	1 750
		"高中或中专就读的学校所在地区域"中的占比	5.6%	23.7%	31.7%	19.3%	19.7%	100.0%
		"您有参与本地法治建设宣传教育活动吗"中的占比	17.2%	21.1%	18.9%	16.6%	17.3%	18.5%
		总数的占比	1.0%	4.4%	5.9%	3.6%	3.6%	18.5%
	省城	计数	15	35	61	41	45	197
		"高中或中专就读的学校所在地区域"中的占比	7.6%	17.8%	31.0%	20.8%	22.8%	100.0%
		"您有参与本地法治建设宣传教育活动吗"中的占比	2.6%	1.8%	2.1%	2.0%	2.3%	2.1%
		总数的占比	0.2%	0.4%	0.6%	0.4%	0.5%	2.1%

(续表)

		您有参与本地法治建设宣传教育活动吗					合计
		非常多	比较多	一般	偶尔	没有	
合计	计数	569	1 968	2 929	2 035	1 983	9 484
	"高中或中专就读的学校所在地区域"中的占比	6.0%	20.8%	30.9%	21.5%	20.9%	100.0%
	"您有参与本地法治建设宣传教育活动吗"中的占比	100.0%	100.0%	100.0%	100.0%	100.0%	100.0%
	总数的占比	6.0%	20.8%	30.9%	21.5%	20.9%	100.0%

表 5-1-16 高中或中专就读的学校所在地区域×您有参与本地法治建设宣传教育活动吗卡方检验

	值	df	渐进 Sig.（双侧）
Pearson 卡方	45.320[a]	16	0.000
似然比	40.648	16	0.001
线性和线性组合	7.879	1	0.005
有效案例中的 N	9 484		

a. 0 单元格(0.0%)的期望计数少于 5。最小期望计数为 7.86。

乡村教师性别年龄学历职称与参与乡村法治建设宣传教育活动频度相关分析

　　乡村教师参与乡村法治建设宣传教育活动频度是乡村教师服务乡村法治协助能力的直接的现实指标,性别和年龄是影响人的一般能力的自然属性,学历职称是乡村教师学术专业水准的重要标志。本研究选择对乡村教师性别年龄学历职称与参与乡村法治建设宣传教育活动频度分别作卡方检验。卡方检验结果发现,乡村教师性别年龄学历职称与参与乡村法治建设宣传教育活动频度存在相关性。限于篇幅,以下以性别和年龄为例进行说明。

从表 5-1-17 和表 5-1-19 可见,乡村教师参与乡村法治建设宣传教育活动频度的选项在"偶尔"和"没有"上的数量占乡村教师群体的比例分别为 21.5% 和 20.9%,累计高达 42.4%,即将近一半的乡村教师很少或没有参与乡村法治建设宣传教育活动。

从表 5-1-17 性别来看,男教师和女教师在"非常多""比较多""一般""偶尔"和"没有"选项上的选择数量占各自性别群体的比例分布趋势一致,与总体分布趋势也一致。但是,男教师在"非常多"和"比较多"选项上的选择数量占乡村男教师群体的比例高于女教师。从表 5-1-19 年龄段来看,基本上,"25 岁及以下"至"56 岁及以上","非常多"和"比较多"两项选择数之和占各自年龄段群体的比例依次增加。

从表 5-1-18 和表 5-1-20 可见,Pearson 卡方、似然比卡方以及线性和线性组合的渐进双侧显著性检验 P 值均小于 0.01,达到极显著性水平。由此,从统计学上推断,乡村教师参与乡村法治建设宣传教育活动频度的调查数据分布特征与乡村教师的性别和年龄段存在相关性,男教师比女教师参与程度高一些,随着年龄段增大,乡村教师在各自年龄段里边的参与比例依次增加,处于"56 岁及以上"的乡村教师选择"非常多"和"比较多"两项数量之和比例最高,为 41.0%。

根据以上分析,有理由认为将近一半的乡村教师已经远离了乡村法治建设活动。假如让长期脱离乡村法治建设环境的乡村教师去指导村民参与乡村法治建设宣传教育活动,显然是难以胜任的。换言之,多数乡村女教师和年轻乡村教师服务乡村法治协助能力可能不足。

表 5-1-17 性别×您有参与本地法治建设宣传教育活动吗交叉表

			您有参与本地法治建设宣传教育活动吗					合计
			非常多	比较多	一般	偶尔	没有	
性别	男	计数	322	1 149	1 487	924	717	4 599
		"性别"中的占比	7.0%	25.0%	32.3%	20.1%	15.6%	100.0%
		"您有参与本地法治建设宣传教育活动吗"中的占比	56.6%	58.4%	50.8%	45.4%	36.2%	48.5%
		总数的占比	3.4%	12.1%	15.7%	9.7%	7.6%	48.5%

(续表)

			您有参与本地法治建设宣传教育活动吗					合计
			非常多	比较多	一般	偶尔	没有	
性别	女	计数	247	819	1 442	1 111	1 266	4 885
		"性别"中的占比	5.1%	16.8%	29.5%	22.7%	25.9%	100.0%
		"您有参与本地法治建设宣传教育活动吗"中的占比	43.4%	41.6%	49.2%	54.6%	63.8%	51.5%
		总数的占比	2.6%	8.6%	15.2%	11.7%	13.3%	51.5%
合计		计数	569	1 968	2 929	2 035	1 983	9 484
		"性别"中的占比	6.0%	20.8%	30.9%	21.5%	20.9%	100.0%
		"您有参与本地法治建设宣传教育活动吗"中的占比	100.0%	100.0%	100.0%	100.0%	100.0%	100.0%
		总数的占比	6.0%	20.8%	30.9%	21.5%	20.9%	100.0%

表5-1-18 性别×您有参与本地法治建设宣传教育活动吗卡方检验

	值	df	渐进Sig.(双侧)
Pearson 卡方	226.670[a]	4	0.000
似然比	228.782	4	0.000
线性和线性组合	211.366	1	0.000
有效案例中的 N	9 484		

a. 0 单元格(0.0%)的期望计数少于5。最小期望计数为275.92。

表5-1-19 年龄×您有参与本地法治建设宣传教育活动吗交叉表

			您有参与本地法治建设宣传教育活动吗					合计
			非常多	比较多	一般	偶尔	没有	
年龄	25岁及以下	计数	25	85	237	116	182	645
		"年龄"中的占比	3.9%	13.2%	36.7%	18.0%	28.2%	100.0%
		"您有参与本地法治建设宣传教育活动吗"中的占比	4.4%	4.3%	8.1%	5.7%	9.2%	6.8%
		总数的占比	0.3%	0.9%	2.5%	1.2%	1.9%	6.8%

(续表)

			您有参与本地法治建设宣传教育活动吗					合计
			非常多	比较多	一般	偶尔	没有	
年龄	26—35岁	计数	218	671	1 156	757	908	3 710
		"年龄"中的占比	5.9%	18.1%	31.2%	20.4%	24.5%	100.0%
		"您有参与本地法治建设宣传教育活动吗"中的占比	38.3%	34.1%	39.5%	37.2%	45.8%	39.1%
		总数的占比	2.3%	7.1%	12.2%	8.0%	9.6%	39.1%
	36—45岁	计数	206	665	878	632	573	2 954
		"年龄"中的占比	7.0%	22.5%	29.7%	21.4%	19.4%	100.0%
		"您有参与本地法治建设宣传教育活动吗"中的占比	36.2%	33.8%	30.0%	31.1%	28.9%	31.1%
		总数的占比	2.2%	7.0%	9.3%	6.7%	6.0%	31.1%
	46—55岁	计数	88	440	555	466	287	1 836
		"年龄"中的占比	4.8%	24.0%	30.2%	25.4%	15.6%	100.0%
		"您有参与本地法治建设宣传教育活动吗"中的占比	15.5%	22.4%	18.9%	22.9%	14.5%	19.4%
		总数的占比	0.9%	4.6%	5.9%	4.9%	3.0%	19.4%
	56岁及以上	计数	32	107	103	64	33	339
		"年龄"中的占比	9.4%	31.6%	30.4%	18.9%	9.7%	100.0%
		"您有参与本地法治建设宣传教育活动吗"中的占比	5.6%	5.4%	3.5%	3.1%	1.7%	3.6%
		总数的占比	0.3%	1.1%	1.1%	0.7%	0.3%	3.6%
合计		计数	569	1 968	2 929	2 035	1 983	9 484
		"年龄"中的占比	6.0%	20.8%	30.9%	21.5%	20.9%	100.0%
		"您有参与本地法治建设宣传教育活动吗"中的占比	100.0%	100.0%	100.0%	100.0%	100.0%	100.0%
		总数的占比	6.0%	20.8%	30.9%	21.5%	20.9%	100.0%

表 5-1-20 年龄×您有参与本地法治建设宣传教育活动吗卡方检验

	值	df	渐进 Sig.（双侧）
Pearson 卡方	199.497[a]	16	0.000
似然比	203.179	16	0.000
线性和线性组合	89.712	1	0.000
有效案例中的 N	9 484		

a. 0 单元格(0.0%)的期望计数少于5。最小期望计数为20.34。

第二节 乡村教师服务乡村德治协助能力调查结果分析

乡村教师服务乡村德治协助能力是乡村教师服务乡村社会治理协助能力一级指标下面的二级指标之一，可分解为两个三级指标：了解本地开展德治建设宣传教育情况和参与本地德治建设宣传教育。两个三级指标下面分别设计是否了解本地开展德治建设宣传教育、是否对本地开展德治建设宣传教育感兴趣以及参与本地德治建设宣传教育等调查问题，对回收的问卷数据分析后发现，乡村教师的性别、年龄、学历、职称、家庭住址所在区域、工作学校类型、任教学科、青少年时期就读学校所在地等要素与乡村教师服务乡村德治协助能力指标的上述设计的问题存在不同程度的相关性。限于篇幅，以下选取了六个角度进行分析：乡村教师性别年龄与了解乡村德治建设宣传教育活动频度相关分析、乡村教师任教学科与了解乡村德治建设宣传教育活动频度相关分析、乡村教师工作学校类型与参与乡村德治建设宣传教育活动频度相关分析、乡村教师家庭住址所在区域与参与乡村德治建设宣传教育活动频度相关分析、乡村教师青少年时期就读学校与参与乡村德治建设宣传教育活动频度相关分析、乡村教师性别年龄学历职称与参与乡村德治建设宣传教育活动频度相关分析。

一 乡村教师性别年龄与是否了解乡村德治建设宣传教育活动频度相关分析

乡村教师了解乡村德治建设宣传教育活动是乡村教师服务乡村德治协助能力的先决条件,性别和年龄是影响人的一般能力的自然属性,本研究选择对乡村教师性别年龄与是否了解乡村德治建设宣传教育活动频度分别作卡方检验。

从表5-2-1和表5-2-3可见,乡村教师是否了解乡村德治建设宣传教育活动频度的调查问题选项在"不清楚"上的选择数量占乡村教师被调查群体总数量的比例为10.2%,即存在少部分乡村教师不了解乡村德治建设宣传教育活动。

从表5-2-1性别来看,男教师和女教师在"不清楚"选项上的选择数量占各自性别群体的比例分别为7.1%和13.1%。男教师在"不清楚"选项上的选择数量占乡村男教师群体的比例低于女教师。

从表5-2-3年龄段来看,"25岁及以下"至"56岁及以上",选择"不清楚"的数量占各自年龄段群体的比例依次下降。

从表5-2-2和表5-2-4可见,Pearson卡方、似然比卡方以及线性和线性组合的双侧显著性检验P值均小于0.01,达到极显著性水平。由此,从统计学上推断,乡村教师是否了解乡村德治建设宣传教育活动的调查数据分布特征与乡村教师的性别和年龄段存在相关性,男教师比女教师对乡村德治建设宣传教育活动了解数量比例高一些,随着年龄段增大,乡村教师在各自年龄段里对乡村德治建设宣传教育活动了解比例依次增加。

根据以上分析,有理由认为一部分乡村教师认为乡村德治建设宣传教育活动的频次较少。存在少部分乡村教师不了解乡村德治建设状况。假如让不了解乡村德治建设状况的乡村教师去服务乡村德治建设,显然是难以胜任这个工作的。换言之,乡村教师服务乡村德治协助能力有待提高。

表 5-2-1 性别×您认为本地有开展德治建设宣传教育活动吗交叉表

			您认为本地有开展德治建设宣传教育活动吗						合计
			非常多	比较多	一般	偶尔	没有	不清楚	
性别	男	计数	323	1 209	1 497	823	420	327	4 599
		"性别"中的占比	7.0%	26.3%	32.6%	17.9%	9.1%	7.1%	100.0%
		"您认为本地有开展德治建设宣传教育活动吗"中的占比	50.6%	51.9%	50.7%	48.0%	47.6%	33.8%	48.5%
		总数的占比	3.4%	12.7%	15.8%	8.7%	4.4%	3.4%	48.5%
	女	计数	315	1 121	1 456	891	462	640	4 885
		"性别"中的占比	6.4%	22.9%	29.8%	18.2%	9.5%	13.1%	100.0%
		"您认为本地有开展德治建设宣传教育活动吗"中的占比	49.4%	48.1%	49.3%	52.0%	52.4%	66.2%	51.5%
		总数的占比	3.3%	11.8%	15.4%	9.4%	4.9%	6.7%	51.5%
合计		计数	638	2 330	2 953	1 714	882	967	9 484
		"性别"中的占比	6.7%	24.6%	31.1%	18.1%	9.3%	10.2%	100.0%
		"您认为本地有开展德治建设宣传教育活动吗"中的占比	100.0%	100.0%	100.0%	100.0%	100.0%	100.0%	100.0%
		总数的占比	6.7%	24.6%	31.1%	18.1%	9.3%	10.2%	100.0%

表 5-2-2 性别×您认为本地有开展德治建设宣传教育活动吗卡方检验

	值	df	渐进 Sig.（双侧）
Pearson 卡方	101.471[a]	5	0.000
似然比	103.227	5	0.000
线性和线性组合	68.613	1	0.000
有效案例中的 N	9 484		

a. 0 单元格(0.0%)的期望计数少于 5。最小期望计数为 309.38。

5-2-3 年龄×您认为本地有开展德治建设宣传教育活动吗交叉表			您认为本地有开展德治建设宣传教育活动吗						合计
			非常多	比较多	一般	偶尔	没有	不清楚	
年龄	25岁及以下	计数	35	126	207	102	54	121	645
		"年龄"中的占比	5.4%	19.5%	32.1%	15.8%	8.4%	18.8%	100.0%
		"您认为本地有开展德治建设宣传教育活动吗"中的占比	5.5%	5.4%	7.0%	6.0%	6.1%	12.5%	6.8%
		总数的占比	0.4%	1.3%	2.2%	1.1%	0.6%	1.3%	6.8%
	26—35岁	计数	236	800	1141	660	387	486	3710
		"年龄"中的占比	6.4%	21.6%	30.8%	17.8%	10.4%	13.1%	100.0%
		"您认为本地有开展德治建设宣传教育活动吗"中的占比	37.0%	34.3%	38.6%	38.5%	43.9%	50.3%	39.1%
		总数的占比	2.5%	8.4%	12.0%	7.0%	4.1%	5.1%	39.1%
	36—45岁	计数	231	763	909	533	269	249	2954
		"年龄"中的占比	7.8%	25.8%	30.8%	18.0%	9.1%	8.4%	100.0%
		"您认为本地有开展德治建设宣传教育活动吗"中的占比	36.2%	32.7%	30.8%	31.1%	30.5%	25.7%	31.1%
		总数的占比	2.4%	8.0%	9.6%	5.6%	2.8%	2.6%	31.1%
	46—55岁	计数	104	523	596	364	150	99	1836
		"年龄"中的占比	5.7%	28.5%	32.5%	19.8%	8.2%	5.4%	100.0%
		"您认为本地有开展德治建设宣传教育活动吗"中的占比	16.3%	22.4%	20.2%	21.2%	17.0%	10.2%	19.4%
		总数的占比	1.1%	5.5%	6.3%	3.8%	1.6%	1.0%	19.4%
	56岁及以上	计数	32	118	100	55	22	12	339
		"年龄"中的占比	9.4%	34.8%	29.5%	16.2%	6.5%	3.5%	100.0%
		"您认为本地有开展德治建设宣传教育活动吗"中的占比	5.0%	5.1%	3.4%	3.2%	2.5%	1.2%	3.6%
		总数的占比	0.3%	1.2%	1.1%	0.6%	0.2%	0.1%	3.6%

(续表)

		您认为本地有开展德治建设宣传教育活动吗						合计
		非常多	比较多	一般	偶尔	没有	不清楚	
合计	计数	638	2 330	2 953	1 714	882	967	9 484
	"年龄"中的占比	6.7%	24.6%	31.1%	18.1%	9.3%	10.2%	100.0%
	"您认为本地有开展德治建设宣传教育活动吗"中的占比	100.0%	100.0%	100.0%	100.0%	100.0%	100.0%	100.0%
	总数的占比	6.7%	24.6%	31.1%	18.1%	9.3%	10.2%	100.0%

表5-2-4 年龄×您认为本地有开展德治建设宣传教育活动吗卡方检验

	值	df	渐进 Sig.（双侧）
Pearson 卡方	223.720[a]	20	0.000
似然比	224.871	20	0.000
线性和线性组合	136.115	1	0.000
有效案例中的 N	9 484		

a. 0 单元格(0.0%)的期望计数少于5。最小期望计数为 22.80。

二 乡村教师任教学科与了解乡村德治建设宣传教育活动频度相关分析

乡村教师了解乡村德治建设宣传教育活动是乡村教师乡村德治协助能力的先决条件。乡村教师任教学科是影响乡村教师选择性注意或兴趣倾向的重要因素之一。本研究选择对乡村教师任教学科与了解乡村德治建设宣传教育活动频度作卡方检验。

按照我国中小学、职业高中及社区学校开设的课程情况，乡村教师任教学科背景有：语文、数学、英语、科学、社会思政、音乐或美术、体育、职业技术类及其他。卡方检验统计结果发现是否任教音乐或美术、职业技术类以及其他学科的乡村教师与了解乡村德治建设宣传教育活动没有达到显著性差异;是否任教语文、数学以及科学学科的乡村教师与了解乡村德治建设宣传教育活动达到显著性差异;是否任教英语、社会思政以及体育学科的乡村教师与了解乡村德治建设宣传教育活动达到极显著性差异。限于篇幅,以下以英语学科为例进行说明。从表5-2-5可见,乡村教师选择对乡村德治建设宣传教育活动"非常多""比较多""一般""偶尔""没有""不清楚"的数量占乡村教师被调查群体总数量的比例分别为6.7%、24.6%、31.1%、18.1%、9.3%、10.2%,即将近三分之一的乡村教师偶尔、没有甚至于不清楚乡村德治建设宣传教育活动。

从表5-2-5可见,乡村教师对了解乡村德治建设宣传教育活动"非常多""比较多""一般""偶尔""没有""不清楚"选项上的数量占英语学科背景上的比例分别为6.8%、20.6%、30.9%、19.0%、10.3%、12.5%;乡村教师对将乡村优秀传统文化融入课堂教学的频度"非常多""比较多""一般""偶尔""没有"选项上的数量占非英语学科背景上的比例分别为6.7%、25.4%、31.2%、17.9%、9.1%、9.7%。从表5-2-6可见,Pearson卡方、似然比卡方以及线性和线性组合的渐进双侧显著性检验P值均小于0.01,达到极显著性水平。由此,从统计学上推断,乡村教师是否任教英语学科背景与了解乡村德治建设宣传教育活动存在相关性,任教非英语学科的乡村教师群体了解乡村德治建设宣传教育活动的比例更高。

根据以上分析,乡村教师了解乡村德治建设与任教学科存在相关性。超过10%的乡村教师不清楚乡村德治建设宣传教育活动,加强乡村德治建设任重道远,提高乡村教师的乡村德治协助能力迫在眉睫。

表5-2-5 是否任教英语学科×您认为本地有开展德治建设宣传教育活动吗交叉表

			您认为本地有开展德治建设宣传教育活动吗						合计
			非常多	比较多	一般	偶尔	没有	不清楚	
是否任教英语学科	是	计数	110	333	501	307	167	202	1 620
		"是否任教英语学科"中的占比	6.8%	20.6%	30.9%	19.0%	10.3%	12.5%	100.0%

(续表)

			您认为本地有开展德治建设宣传教育活动吗						合计
			非常多	比较多	一般	偶尔	没有	不清楚	
是否任教英语学科	是	"您认为本地有开展德治建设宣传教育活动吗"中的占比	17.2%	14.3%	17.0%	17.9%	18.9%	20.9%	17.1%
		总数的占比	1.2%	3.5%	5.3%	3.2%	1.8%	2.1%	17.1%
	否	计数	528	1 997	2 452	1 407	715	765	7 864
		"是否任教英语学科"中的占比	6.7%	25.4%	31.2%	17.9%	9.1%	9.7%	100.0%
		"您认为本地有开展德治建设宣传教育活动吗"中的占比	82.8%	85.7%	83.0%	82.1%	81.1%	79.1%	82.9%
		总数的占比	5.6%	21.1%	25.9%	14.8%	7.5%	8.1%	82.9%
合计		计数	638	2 330	2 953	1 714	882	967	9 484
		"是否任教英语学科"中的占比	6.7%	24.6%	31.1%	18.1%	9.3%	10.2%	100.0%
		"您认为本地有开展德治建设宣传教育活动吗"中的占比	100.0%	100.0%	100.0%	100.0%	100.0%	100.0%	100.0%
		总数的占比	6.7%	24.6%	31.1%	18.1%	9.3%	10.2%	100.0%

表 5-2-6 是否任教英语学科×您认为本地有开展德治建设宣传教育活动吗卡方检验

	值	df	渐进 Sig.(双侧)
Pearson 卡方	25.712[a]	5	0.000
似然比	25.726	5	0.000
线性和线性组合	19.023	1	0.000
有效案例中的 N	9 484		

a. 0 单元格(0.0%)的期望计数少于 5。最小期望计数为 108.98。

三 乡村教师工作学校类型与参与乡村德治建设宣传教育活动频度相关分析

乡村教师参与乡村德治建设宣传教育活动是乡村教师服务乡村德治协助的关键条件,由于我国不同的乡村学校类型承担着不同的教育任务和职能以及面对着不同的教育对象,进而教育的内容和性质也有所不同,因此,乡村教师工作学校类型不同是影响乡村教师选择性注意或兴趣倾向的重要因素之一。乡村教师工作学校类型有:小学、初中、普通高中、职业高中、社区成人学校及其他类型学校。本研究对乡村教师工作学校类型与参与乡村德治建设宣传教育活动频度作卡方检验。

从表5-2-7可见,乡村教师选择"非常多""比较多""一般""偶尔"和"没有"参与乡村德治建设宣传教育活动频度占相同工作学校类型群体中小学的比例分别为:5.1%、19.7%、30.4%、21.8%、23.0%。乡村教师选择"非常多""比较多""一般""偶尔"和"没有"参与乡村德治建设宣传教育活动频度占相同工作学校类型群体中初中的比例分别为:4.9%、18.7%、30.9%、21.7%、23.9%。乡村教师选择"非常多""比较多""一般""偶尔"和"没有"参与乡村德治建设宣传教育活动频度占相同工作学校类型群体中普通高中的比例分别为:2.5%、12.8%、26.1%、26.5%、32.1%。乡村教师选择"非常多""比较多""一般""偶尔"和"没有"参与乡村德治建设宣传教育活动频度占相同工作学校类型群体中职业高中的比例分别为5.1%、16.5%、32.6%、22.8%、23.1%;乡村教师选择"非常多""比较多""一般""偶尔"和"没有"参与乡村德治建设宣传教育活动频度占相同工作学校类型群体中社区成人学校的比例分别为9.1%、45.5%、36.4%、9.1%、0.0%;乡村教师选择"非常多""比较多""一般""偶尔"和"没有"参与乡村德治建设宣传教育活动频度占相同工作学校类型群体中其他类型学校的比例分别为5.6%、17.0%、30.6%、21.0%、25.8%。其中社区成人学校教师选择"非常多""比较多"的比例最高,总计为54.6%;其次是小学教师,总计为24.8%。

从表5-2-8可见,Pearson卡方、似然比卡方以及线性和线性组合的渐进双侧显著性检验P值均小于0.01,达到极显著差异。由此,从统计学上推断,乡村教师参与乡村德治建设宣传教育活动频度的调查数据分布特征与乡村教师工作学校类型存在相关性。选择"没有"的比例从低到高依次为:社区成人学校0.0%、小学23.0%、职业高中23.1%、初中23.9%、其他类型学校25.8%、普通高中32.1%。

根据以上分析,有理由认为在学校类型中占比最高的普通高中和其他类型学校里的大多数乡村教师参与乡村德治建设宣传教育活动频度不高,乡村教师服务乡村德治协助能力有待提高。

表5-2-7 工作的学校类型×您有参与本地德治建设宣传教育活动吗交叉表

			您有参与本地德治建设宣传教育活动吗					合计
			非常多	比较多	一般	偶尔	没有	
工作的学校类型	小学	计数	262	1 011	1 561	1 121	1 181	5 136
		"工作的学校类型"中的占比	5.1%	19.7%	30.4%	21.8%	23.0%	100.0%
		"您有参与本地德治建设宣传教育活动吗"中的占比	56.1%	57.0%	54.2%	53.7%	52.0%	54.2%
		总数的占比	2.8%	10.7%	16.5%	11.8%	12.5%	54.2%
	初中	计数	138	524	868	609	670	2 809
		"工作的学校类型"中的占比	4.9%	18.7%	30.9%	21.7%	23.9%	100.0%
		"您有参与本地德治建设宣传教育活动吗"中的占比	29.6%	29.5%	30.1%	29.2%	29.5%	29.6%
		总数的占比	1.5%	5.5%	9.2%	6.4%	7.1%	29.6%
	普通高中	计数	14	73	149	151	183	570
		"工作的学校类型"中的占比	2.5%	12.8%	26.1%	26.5%	32.1%	100.0%
		"您有参与本地德治建设宣传教育活动吗"中的占比	3.0%	4.1%	5.2%	7.2%	8.1%	6.0%
		总数的占比	0.1%	0.8%	1.6%	1.6%	1.9%	6.0%

(续表)

			您有参与本地德治建设宣传教育活动吗					合计
			非常多	比较多	一般	偶尔	没有	
工作的学校类型	职业高中	计数	17	55	109	76	77	334
		"工作的学校类型"中的占比	5.1%	16.5%	32.6%	22.8%	23.1%	100.0%
		"您有参与本地德治建设宣传教育活动吗"中的占比	3.6%	3.1%	3.8%	3.6%	3.4%	3.5%
		总数的占比	0.2%	0.6%	1.1%	0.8%	0.8%	3.5%
	社区成人学校	计数	1	5	4	1	0	11
		"工作的学校类型"中的占比	9.1%	45.5%	36.4%	9.1%	0.0%	100.0%
		"您有参与本地德治建设宣传教育活动吗"中的占比	0.2%	0.3%	0.1%	0%	0.0%	0.1%
		总数的占比	0%	0.1%	0%	0%	0.0%	0.1%
	其他类型学校	计数	35	106	191	131	161	624
		"工作的学校类型"中的占比	5.6%	17.0%	30.6%	21.0%	25.8%	100.0%
		"您有参与本地德治建设宣传教育活动吗"中的占比	7.5%	6.0%	6.6%	6.3%	7.1%	6.6%
		总数的占比	0.4%	1.1%	2.0%	1.4%	1.7%	6.6%
合计		计数	467	1774	2882	2089	2272	9484
		"工作的学校类型"中的占比	4.9%	18.7%	30.4%	22.0%	24.0%	100.0%
		"您有参与本地德治建设宣传教育活动吗"中的占比	100.0%	100.0%	100.0%	100.0%	100.0%	100.0%
		总数的占比	4.9%	18.7%	30.4%	22.0%	24.0%	100.0%

表 5-2-8 工作的学校类型×您有参与本地德治建设宣传教育活动吗卡方检验

	值	df	渐进 Sig.（双侧）
Pearson 卡方	60.081[a]	20	0.000
似然比	62.905	20	0.000
线性和线性组合	7.018	1	0.008
有效案例中的 N	9 484		

a. 5 单元格(16.7%)的期望计数少于 5。最小期望计数为 0.54。

四 乡村教师家庭住址所在区域与参与乡村德治建设宣传教育活动频度相关分析

乡村教师参与乡村德治建设宣传教育活动的频度是乡村教师服务乡村德治协助能力的直接的现实指标，乡村教师家庭住址所在区域是乡村教师基本的生活环境要素之一。本研究选择对乡村教师家庭住址所在区域与参与乡村德治建设宣传教育活动频度作卡方检验。

从表 5-2-9 可见，乡村教师参与乡村德治建设宣传教育活动的选项在"偶尔"和"没有"上的数量占乡村教师群体的比例分别为 22.0%和 24.0%，累计 46.0%，即超过半数的乡村教师较多参与乡村德治建设宣传教育活动。选择参与乡村德治建设宣传教育活动的乡村教师在家庭住址所在区域为"本乡（镇）""外乡（镇）""县城""地级市"和"省城"选择项上的数量占乡村教师被调查群体总数量的比例分别为 22.5%、12.4%、33.8%、6.8%和 0.6%，在本乡与县城的教师参与较为积极。乡村教师家庭住址所在区域在"本乡（镇）"和"外乡（镇）"的数量占乡村教师被调查群体总数量的比例分别为 29.9%和 17.0%，两者总和为 46.9%，即乡村教师家庭住址所在区域在乡村的总数量不到一半。

乡村教师参与乡村德治建设宣传教育活动的数量在家庭住址所在区域为"本乡

(镇)""外乡(镇)""县城""地级市"和"省城"选择项上占各自家庭住址所在区域群体的比例依次为 75.1%、73.2%、78.5%、73.7%和 66.7%,其中"省城"选择项上的群体比例相对比较低。

从表 5-2-10 可见,Pearson 卡方、似然比卡方以及线性和线性组合的渐进双侧显著性检验 P 值均小于 0.01,达到极显著水平。由此,从统计学上推断,乡村教师参与乡村德治建设宣传教育活动的数据分布特征与乡村教师的家庭住址所在区域存在相关性。

根据以上分析,有理由认为乡村教师家庭住址所在地行政级别越低,其参与乡村德治建设宣传教育活动频度越高。选择"偶尔"和"没有"两项比例分别为 22.0%和 24.0%,比例偏高,假设让不积极参与乡村德治建设宣传教育活动的乡村教师去服务乡村德治建设宣传教育,显然是难以胜任的。因此,有理由怀疑乡村教师服务乡村德治协助能力不足。

表 5-2-9 家庭住址所在区域×您有参与本地德治建设宣传教育活动吗交叉表

			您有参与本地德治建设宣传教育活动吗					合计
			非常多	比较多	一般	偶尔	没有	
家庭住址所在区域	本乡(镇)	计数	112	510	839	670	708	2 839
		"家庭住址所在区域"中的占比	3.9%	18.0%	29.6%	23.6%	24.9%	100.0%
		"您有参与本地德治建设宣传教育活动吗"中的占比	24.0%	28.7%	29.1%	32.1%	31.2%	29.9%
		总数的占比	1.2%	5.4%	8.8%	7.1%	7.5%	29.9%
	外乡(镇)	计数	70	270	491	350	432	1 613
		"家庭住址所在区域"中的占比	4.3%	16.7%	30.4%	21.7%	26.8%	100.0%
		"您有参与本地德治建设宣传教育活动吗"中的占比	15.0%	15.2%	17.0%	16.8%	19.0%	17.0%
		总数的占比	0.7%	2.8%	5.2%	3.7%	4.6%	17.0%
	县城	计数	242	805	1 272	886	877	4 082
		"家庭住址所在区域"中的占比	5.9%	19.7%	31.2%	21.7%	21.5%	100.0%

(续表)

			您有参与本地德治建设宣传教育活动吗					合计
			非常多	比较多	一般	偶尔	没有	
家庭住址所在区域	县城	"您有参与本地德治建设宣传教育活动吗"中的占比	51.8%	45.4%	44.1%	42.4%	38.6%	43.0%
		总数的占比	2.6%	8.5%	13.4%	9.3%	9.2%	43.0%
	地级市	计数	37	174	265	173	232	881
		"家庭住址所在区域"中的占比	4.2%	19.8%	30.1%	19.6%	26.3%	100.0%
		"您有参与本地德治建设宣传教育活动吗"中的占比	7.9%	9.8%	9.2%	8.3%	10.2%	9.3%
		总数的占比	0.4%	1.8%	2.8%	1.8%	2.4%	9.3%
	省城	计数	6	15	15	10	23	69
		"家庭住址所在区域"中的占比	8.7%	21.7%	21.7%	14.5%	33.3%	100.0%
		"您有参与本地德治建设宣传教育活动吗"中的占比	1.3%	0.8%	0.5%	0.5%	1.0%	0.7%
		总数的占比	0.1%	0.2%	0.2%	0.1%	0.2%	0.7%
合计		计数	467	1 774	2 882	2 089	2 272	9 484
		"家庭住址所在区域"中的占比	4.9%	18.7%	30.4%	22.0%	24.0%	100.0%
		"您有参与本地德治建设宣传教育活动吗"中的占比	100.0%	100.0%	100.0%	100.0%	100.0%	100.0%
		总数的占比	4.9%	18.7%	30.4%	22.0%	24.0%	100.0%

表 5-2-10　家庭住址所在区域×您有参与本地德治建设宣传教育活动吗卡方检验

	值	df	渐进 Sig.(双侧)
Pearson 卡方	57.459[a]	16	0.000
似然比	57.411	16	0.000
线性和线性组合	15.594	1	0.000
有效案例中的 N	9 484		

a. 1 单元格(4.0%)的期望计数少于 5。最小期望计数为 3.40。

五 乡村教师青少年时期就读学校与参与乡村德治建设宣传教育活动频度相关分析

乡村教师参与乡村德治建设宣传教育活动频度是乡村教师服务乡村德治协助能力的直接的现实指标,乡村教师青少年时期就读学校所在区域是乡村教师从孩童到成人的成长历程中的重要环境,是乡村教师成长史当中的重要的社会因素。乡村教师青少年读书时期可以划分为三个阶段:小学、初中、高中或中专。乡村教师青少年时期就读学校所在区域有:村庄、乡/镇政府所在地、县城、地级市、省城。本研究选择对乡村教师青少年时期就读学校与参与乡村德治建设宣传教育活动频度分别作卡方检验。卡方检验结果发现,乡村教师青少年时期就读学校与参与乡村德治建设宣传教育活动频度存在相关性。

从表5-2-11、表5-2-13、表5-2-15可见,乡村教师小学、初中、高中或中专阶段参与乡村法治建设宣传教育活动频度的选项在"一般"上选择数量占各自就读学校所在区域类型群体的比例总体分布趋势一致,即就读学校在"村庄""乡/镇政府所在地""县城""地级市""省城"不同的地理空间,选择"一般"的乡村教师最多。以小学就读学校所在区域为例,在"村庄""乡/镇政府所在地""县城""地级市""省城"类型的群体里边频度为"一般"的比例分别为:30.3%、32.4%、31.3%、27.1%、28.9%。

从表5-2-12、表5-2-14和表5-2-16见,由于是分类变量,Pearson卡方、似然比卡方的检验P值小于0.05,达到显著性水平。由此,从统计学上推断,乡村教师参与乡村德治建设宣传教育活动频度与青少年时期就读学校所在区域存在相关性,参与乡村德治建设宣传教育活动的数量随着青少年时期就读学校在"村庄""乡/镇政府所在地""县城""地级市""省城"类型学校的次序而减少。

据以上分析,接近50%的乡村教师参与本地德治建设宣传教育活动的频度为偶尔或没有,换言之,乡村教师服务乡村德治协助能力还有待提高。

表 5-2-11 小学就读的学校所在地区域×您有参与本地德治建设宣传教育活动吗交叉表

			您有参与本地德治建设宣传教育活动吗					合计
			非常多	比较多	一般	偶尔	没有	
小学就读的学校所在地区域	村庄	计数	266	1 118	1 710	1 259	1 319	5 672
		"小学就读的学校所在地区域"中的占比	4.7%	19.7%	30.1%	22.2%	23.3%	100.0%
		"您有参与本地德治建设宣传教育活动吗"中的占比	57.0%	63.0%	59.3%	60.3%	58.1%	59.8%
		总数的占比	2.8%	11.8%	18.0%	13.3%	13.9%	59.8%
	乡/镇政府所在地	计数	103	402	742	526	568	2 341
		"小学就读的学校所在地区域"中的占比	4.4%	17.2%	31.7%	22.5%	24.3%	100.0%
		"您有参与本地德治建设宣传教育活动吗"中的占比	22.1%	22.7%	25.7%	25.2%	25.0%	24.7%
		总数的占比	1.1%	4.2%	7.8%	5.5%	6.0%	24.7%
	县城	计数	83	205	347	262	300	1 197
		"小学就读的学校所在地区域"中的占比	6.9%	17.1%	29.0%	21.9%	25.1%	100.0%
		"您有参与本地德治建设宣传教育活动吗"中的占比	17.8%	11.6%	12.0%	12.5%	13.2%	12.6%
		总数的占比	0.9%	2.2%	3.7%	2.8%	3.2%	12.6%
	地级市	计数	12	42	73	35	74	236
		"小学就读的学校所在地区域"中的占比	5.1%	17.8%	30.9%	14.8%	31.4%	100.0%
		"您有参与本地德治建设宣传教育活动吗"中的占比	2.6%	2.4%	2.5%	1.7%	3.3%	2.5%
		总数的占比	0.1%	0.4%	0.8%	0.4%	0.8%	2.5%

(续表)

			您有参与本地德治建设宣传教育活动吗					合计
			非常多	比较多	一般	偶尔	没有	
小学就读的学校所在地区域	省城	计数	3	7	10	7	11	38
		"小学就读的学校所在地区域"中的占比	7.9%	18.4%	26.3%	18.4%	28.9%	100.0%
		"您有参与本地德治建设宣传教育活动吗"中的占比	0.6%	0.4%	0.3%	0.3%	0.5%	0.4%
		总数的占比	0.0%	0.1%	0.1%	0.1%	0.1%	0.4%
合计		计数	467	1 774	2 882	2 089	2 272	9 484
		"小学就读的学校所在地区域"中的占比	4.9%	18.7%	30.4%	22.0%	24.0%	100.0%
		"您有参与本地德治建设宣传教育活动吗"中的占比	100.0%	100.0%	100.0%	100.0%	100.0%	100.0%
		总数的占比	4.9%	18.7%	30.4%	22.0%	24.0%	100.0%

表 5-2-12 小学就读的学校所在地区域×您有参与本地德治建设宣传教育活动吗卡方检验

	值	df	渐进 Sig.(双侧)
Pearson 卡方	36.313[a]	16	0.003
似然比	35.466	16	0.003
线性和线性组合	2.011	1	0.156
有效案例中的 N	9 484		

a. 1 单元格(4.0%)的期望计数少于 5。最小期望计数为 1.87。

表 5-2-13 初中就读的学校所在地区域×您有参与本地德治建设宣传教育活动吗交叉表

			您有参与本地德治建设宣传教育活动吗					合计
			非常多	比较多	一般	偶尔	没有	
初中就读的学校所在地区域	村庄	计数	70	275	400	313	331	1 389
		"初中就读的学校所在地区域"中的占比	5.0%	19.8%	28.8%	22.5%	23.8%	100.0%

(续表)

			您有参与本地德治建设宣传教育活动吗					合计
			非常多	比较多	一般	偶尔	没有	
初中就读的学校所在地区域	村庄	"您有参与本地德治建设宣传教育活动吗"中的占比	15.0%	15.5%	13.9%	15.0%	14.6%	14.6%
		总数的占比	0.7%	2.9%	4.2%	3.3%	3.5%	14.6%
	乡/镇政府所在地	计数	262	1 090	1 767	1 287	1 341	5 747
		"初中就读的学校所在地区域"中的占比	4.6%	19.0%	30.7%	22.4%	23.3%	100.0%
		"您有参与本地德治建设宣传教育活动吗"中的占比	56.1%	61.4%	61.3%	61.6%	59.0%	60.6%
		总数的占比	2.8%	11.5%	18.6%	13.6%	14.1%	60.6%
	县城	计数	118	337	608	433	495	1 991
		"初中就读的学校所在地区域"中的占比	5.9%	16.9%	30.5%	21.7%	24.9%	100.0%
		"您有参与本地德治建设宣传教育活动吗"中的占比	25.3%	19.0%	21.1%	20.7%	21.8%	21.0%
		总数的占比	1.2%	3.6%	6.4%	4.6%	5.2%	21.0%
	地级市	计数	14	60	92	46	92	304
		"初中就读的学校所在地区域"中的占比	4.6%	19.7%	30.3%	15.1%	30.3%	100.0%
		"您有参与本地德治建设宣传教育活动吗"中的占比	3.0%	3.4%	3.2%	2.2%	4.0%	3.2%
		总数的占比	0.1%	0.6%	1.0%	0.5%	1.0%	3.2%
	省城	计数	3	12	15	10	13	53
		"初中就读的学校所在地区域"中的占比	5.7%	22.6%	28.3%	18.9%	24.5%	100.0%
		"您有参与本地德治建设宣传教育活动吗"中的占比	0.6%	0.7%	0.5%	0.5%	0.6%	0.6%
		总数的占比	0%	0.1%	0.2%	0.1%	0.1%	0.6%

(续表)

		您有参与本地德治建设宣传教育活动吗					合计
		非常多	比较多	一般	偶尔	没有	
合计	计数	467	1 774	2 882	2 089	2 272	9 484
	"初中就读的学校所在地区域"中的占比	4.9%	18.7%	30.4%	22.0%	24.0%	100.0%
	"您有参与本地德治建设宣传教育活动吗"中的占比	100.0%	100.0%	100.0%	100.0%	100.0%	100.0%
	总数的占比	4.9%	18.7%	30.4%	22.0%	24.0%	100.0%

表 5-2-14 初中就读的学校所在地区域×您有参与本地德治建设宣传教育活动吗卡方检验

	值	df	渐进 Sig.(双侧)
Pearson 卡方	26.410[a]	16	0.049
似然比	26.717	16	0.045
线性和线性组合	0.556	1	0.456
有效案例中的 N	9 484		

a. 1 单元格(4.0%)的期望计数少于 5。最小期望计数为 2.61。

表 5-2-15 高中或中专就读的学校所在地区域×您有参与本地德治建设宣传教育活动吗交叉表

			您有参与本地德治建设宣传教育活动吗					合计
			非常多	比较多	一般	偶尔	没有	
高中或中专就读的学校所在地区域	村庄	计数	13	20	37	30	31	131
		"高中或中专就读的学校所在地区域"中的占比	9.9%	15.3%	28.2%	22.9%	23.7%	100.0%
		"您有参与本地德治建设宣传教育活动吗"中的占比	2.8%	1.1%	1.3%	1.4%	1.4%	1.4%
		总数的占比	0.1%	0.2%	0.4%	0.3%	0.3%	1.4%

(续表)

			您有参与本地德治建设宣传教育活动吗					合计
			非常多	比较多	一般	偶尔	没有	
高中或中专就读的学校所在地区域	乡/镇政府所在地	计数	75	343	619	490	547	2 074
		"高中或中专就读的学校所在地区域"中的占比	3.6%	16.5%	29.8%	23.6%	26.4%	100.0%
		"您有参与本地德治建设宣传教育活动吗"中的占比	16.1%	19.3%	21.5%	23.5%	24.1%	21.9%
		总数的占比	0.8%	3.6%	6.5%	5.2%	5.8%	21.9%
	县城	计数	278	1 006	1 612	1 181	1 255	5 332
		"高中或中专就读的学校所在地区域"中的占比	5.2%	18.9%	30.2%	22.1%	23.5%	100.0%
		"您有参与本地德治建设宣传教育活动吗"中的占比	59.5%	56.7%	55.9%	56.5%	55.2%	56.2%
		总数的占比	2.9%	10.6%	17.0%	12.5%	13.2%	56.2%
	地级市	计数	90	367	559	347	387	1 750
		"高中或中专就读的学校所在地区域"中的占比	5.1%	21.0%	31.9%	19.8%	22.1%	100.0%
		"您有参与本地德治建设宣传教育活动吗"中的占比	19.3%	20.7%	19.4%	16.6%	17.0%	18.5%
		总数的占比	0.9%	3.9%	5.9%	3.7%	4.1%	18.5%
	省城	计数	11	38	55	41	52	197
		"高中或中专就读的学校所在地区域"中的占比	5.6%	19.3%	27.9%	20.8%	26.4%	100.0%
		"您有参与本地德治建设宣传教育活动吗"中的占比	2.4%	2.1%	1.9%	2.0%	2.3%	2.1%
		总数的占比	0.1%	0.4%	0.6%	0.4%	0.5%	2.1%

(续表)

		您有参与本地德治建设宣传教育活动吗					合计
		非常多	比较多	一般	偶尔	没有	
合计	计数	467	1774	2882	2089	2272	9484
	"高中或中专就读的学校所在地区域"中的占比	4.9%	18.7%	30.4%	22.0%	24.0%	100.0%
	"您有参与本地德治建设宣传教育活动吗"中的占比	100.0%	100.0%	100.0%	100.0%	100.0%	100.0%
	总数的占比	4.9%	18.7%	30.4%	22.0%	24.0%	100.0%

表 5-2-16 高中或中专就读的学校所在地区域×您有参与本地德治建设宣传教育活动吗卡方检验

	值	df	渐进 Sig.（双侧）
Pearson 卡方	43.173[a]	16	0.000
似然比	42.407	16	0.000
线性和线性组合	18.103	1	0.000
有效案例中的 N	9484		

a. 0 单元格(0.0%)的期望计数少于 5。最小期望计数为 6.45。

乡村教师性别年龄学历职称与参与乡村德治建设宣传教育活动频度相关分析

乡村教师参与乡村德治建设宣传教育活动频度是乡村教师服务乡村德治协助能力的直接的现实指标，性别和年龄是影响人的一般能力的自然属性，学历职称是乡村教师学术专业水准的重要标志。本研究选择对乡村教师性别年龄学历职称与参与乡村德治建设宣传教育活动频度分别作卡方检验。卡方检验结果发现，乡村教师性别年龄学历职称与参与乡村德治建设宣传教育活动频度存在相关性。限于篇幅，以下以性别和年龄为例进行说明。

从表 5-2-17 和表 5-2-19 可见,乡村教师参与乡村德治建设宣传教育活动频度的选项在"偶尔"和"没有"上的数量占乡村教师群体的比例分别为 22.0%和 24.0%,累计高达 46.0%,即将近一半的乡村教师很少或没有参与乡村德治建设宣传教育活动。

从表 5-2-17 性别来看,男教师和女教师在"非常多""比较多""一般""偶尔"和"没有"选项上的选择数量占各自性别群体的比例分布趋势一致,与总体分布趋势也一致。但是,男教师在"非常多"和"比较多"选项上的选择数量占乡村男教师群体的比例高于女教师。从表 5-2-19 年龄段来看,基本上,"25 岁及以下"至"56 岁及以上","非常多"和"比较多"两项选择数之和占各自年龄段群体的比例依次增加。

从表 5-2-18 和表 5-2-20 可见,Pearson 卡方、似然比卡方以及线性和线性组合的渐进双侧显著性检验 P 值均小于 0.01,达到极显著性水平。由此,从统计学上推断,乡村教师参与乡村德治建设宣传教育活动频度的调查数据分布特征与乡村教师的性别和年龄段存在相关性,男教师比女教师参与程度高一些,随着年龄段增大,乡村教师在各自年龄段里边的参与比例依次增加,处于"56 岁及以上"的乡村教师选择"非常多"和"比较多"两项数量之和比例最高,为 34.8%。

根据以上分析,将近一半的乡村教师已经远离了乡村德治建设教育活动。假如让长期脱离乡村德治建设活动的乡村教师去指导村民参与乡村德治建设宣传教育活动,显然是难以胜任的。换言之,多数乡村女教师和多数年轻乡村教师服务乡村德治协助能力可能不足。

表 5-2-17　性别×您有参与本地德治建设宣传教育活动吗交叉表

			您有参与本地德治建设宣传教育活动吗					合计
			非常多	比较多	一般	偶尔	没有	
性别	男	计数	254	1 016	1 467	976	886	4 599
		"性别"中的占比	5.5%	22.1%	31.9%	21.2%	19.3%	100.0%
		"您有参与本地德治建设宣传教育活动吗"中的占比	54.4%	57.3%	50.9%	46.7%	39.0%	48.5%
		总数的占比	2.7%	10.7%	15.5%	10.3%	9.3%	48.5%

(续表)

			您有参与本地德治建设宣传教育活动吗					合计
			非常多	比较多	一般	偶尔	没有	
性别	女	计数	213	758	1 415	1 113	1 386	4 885
		"性别"中的占比	4.4%	15.5%	29.0%	22.8%	28.4%	100.0%
		"您有参与本地德治建设宣传教育活动吗"中的占比	45.6%	42.7%	49.1%	53.3%	61.0%	51.5%
		总数的占比	2.2%	8.0%	14.9%	11.7%	14.6%	51.5%
合计		计数	467	1 774	2 882	2 089	2 272	9 484
		"性别"中的占比	4.9%	18.7%	30.4%	22.0%	24.0%	100.0%
		"您有参与本地德治建设宣传教育活动吗"中的占比	100.0%	100.0%	100.0%	100.0%	100.0%	100.0%
		总数的占比	4.9%	18.7%	30.4%	22.0%	24.0%	100.0%

表 5-2-18 性别×您有参与本地德治建设宣传教育活动吗卡方检验

	值	df	渐进 Sig.（双侧）
Pearson 卡方	152.594[a]	4	0.000
似然比	153.504	4	0.000
线性和线性组合	140.010	1	0.000
有效案例中的 N	9 484		

a. 0 单元格(0.0%)的期望计数少于 5。最小期望计数为 226.46。

表 5-2-19 年龄×您有参与本地德治建设宣传教育活动吗交叉表

			您有参与本地德治建设宣传教育活动吗					合计
			非常多	比较多	一般	偶尔	没有	
年龄	25岁及以下	计数	27	89	215	120	194	645
		"年龄"中的占比	4.2%	13.8%	33.3%	18.6%	30.1%	100.0%
		"您有参与本地德治建设宣传教育活动吗"中的占比	5.8%	5.0%	7.5%	5.7%	8.5%	6.8%
		总数的占比	0.3%	0.9%	2.3%	1.3%	2.0%	6.8%

(续表)

			您有参与本地德治建设宣传教育活动吗					合计
			非常多	比较多	一般	偶尔	没有	
年龄	26—35岁	计数	174	629	1 117	760	1 030	3 710
		"年龄"中的占比	4.7%	17.0%	30.1%	20.5%	27.8%	100.0%
		"您有参与本地德治建设宣传教育活动吗"中的占比	37.3%	35.5%	38.8%	36.4%	45.3%	39.1%
		总数的占比	1.8%	6.6%	11.8%	8.0%	10.9%	39.1%
	36—45岁	计数	174	579	893	668	640	2 954
		"年龄"中的占比	5.9%	19.6%	30.2%	22.6%	21.7%	100.0%
		"您有参与本地德治建设宣传教育活动吗"中的占比	37.3%	32.6%	31.0%	32.0%	28.2%	31.1%
		总数的占比	1.8%	6.1%	9.4%	7.0%	6.7%	31.1%
	46—55岁	计数	75	376	555	465	365	1 836
		"年龄"中的占比	4.1%	20.5%	30.2%	25.3%	19.9%	100.0%
		"您有参与本地德治建设宣传教育活动吗"中的占比	16.1%	21.2%	19.3%	22.3%	16.1%	19.4%
		总数的占比	0.8%	4.0%	5.9%	4.9%	3.8%	19.4%
	56岁及以上	计数	17	101	102	76	43	339
		"年龄"中的占比	5.0%	29.8%	30.1%	22.4%	12.7%	100.0%
		"您有参与本地德治建设宣传教育活动吗"中的占比	3.6%	5.7%	3.5%	3.6%	1.9%	3.6%
		总数的占比	0.2%	1.1%	1.1%	0.8%	0.5%	3.6%
合计		计数	467	1 774	2 882	2 089	2 272	9 484
		"年龄"中的占比	4.9%	18.7%	30.4%	22.0%	24.0%	100.0%
		"您有参与本地德治建设宣传教育活动吗"中的占比	100.0%	100.0%	100.0%	100.0%	100.0%	100.0%
		总数的占比	4.9%	18.7%	30.4%	22.0%	24.0%	100.0%

表 5-2-20 年龄×您有参与本地德治建设宣传教育活动吗卡方检验

	值	df	渐进 Sig.(双侧)
Pearson 卡方	139.072[a]	16	0.000
似然比	139.148	16	0.000
线性和线性组合	54.881	1	0.000
有效案例中的 N	9484		

a. 0 单元格(0.0%)的期望计数少于 5。最小期望计数为 16.69。

第三节 乡村教师服务乡村自治协助能力调查结果分析

乡村教师服务乡村自治协助能力是乡村教师服务乡村社会治理协助能力一级指标下面的二级指标之一，可分解为两个三级指标：协助本地村民自治和担任本地村干部。两个三级指标下面分别设计是否协助本地村民自治、是否对协助本地村民自治感兴趣以及担任本地村干部等调查问题，对回收的问卷数据分析后发现，乡村教师的性别、年龄、学历、职称、家庭住址所在区域、工作学校类型、任教学科、青少年时期就读学校所在地等要素与乡村教师服务乡村自治协助能力指标的上述设计的问题存在不同程度的相关性。限于篇幅，以下选取了六个角度进行分析：乡村教师性别年龄与是否了解乡村自治建设及满意度相关分析、乡村教师任教学科与是否了解乡村自治建设及满意度相关分析、乡村教师工作学校类型与帮村民起草合同或契约频度相关分析、乡村教师家庭住址所在区域与帮村民解决日常纠纷频度相关分析、乡村教师青少年时期就读学校与担任村主任支书胜任力相关分析、乡村教师性别年龄学历职称与担任村主任支书胜任力相关分析。

一 乡村教师性别年龄与是否了解乡村自治建设及满意度相关分析

乡村教师了解乡村自治建设及满意度是乡村教师服务乡村自治协助能力的先决条件,性别和年龄是影响人的一般能力的自然属性,本研究选择对乡村教师性别年龄与是否了解乡村自治建设及满意度分别作卡方检验。

从表5-3-1和表5-3-3可见,乡村教师是否了解乡村自治建设及满意度的调查问题选项在"不清楚"上的选择数量占乡村教师被调查群体总数量的比例为10%,即存在部分乡村教师不了解乡村自治建设。

从表5-3-1性别来看,男教师和女教师在"不清楚"选项上的选择数量占各自性别群体的比例分别为7.5%和12.3%。男教师在"不清楚"选项上的选择数量占乡村男教师群体的比例低于女教师。

从表5-3-3年龄段来看,"25岁及以下"至"56岁及以上",选择"不清楚"的数量占各自年龄段群体的比例依次下降。

从表5-3-2和表5-3-4可见,Pearson卡方、似然比卡方以及线性和线性组合的双侧显著性检验P值均小于0.01,达到极显著性水平。由此,从统计学上推断,乡村教师是否了解乡村自治建设及满意度的调查数据分布特征与乡村教师的性别和年龄段存在相关性,男教师比女教师对乡村自治建设了解数量比例高一些,随着年龄段增大,乡村教师在各自年龄段里边对乡村自治建设了解比例依次增加。处于"46—55岁"和"56岁及以上"的乡村教师选择"非常满意"和"比较满意"的数量占各自群体的比例将近一半,分别为43.0%和53.1%。

根据以上分析,多数乡村教师对乡村自治建设的评价褒贬不一,处于"46—55岁"和"56岁及以上"的乡村教师对乡村自治建设满意度最高。然而,存在少数乡村教师不了解乡村自治建设状况,假如让不了解乡村自治建设的乡村教师去服务乡村自治建设工作,显然是难以胜任的。换言之,乡村教师服务乡村自治协助能力可能不足。

表 5-3-1 性别×您对本地的自治建设满意吗交叉表

			您对本地的自治建设满意吗						合计
			非常满意	比较满意	一般	不太满意	不满意	不清楚	
性别	男	计数	392	1 400	1 823	383	255	346	4 599
		"性别"中的占比	8.5%	30.4%	39.6%	8.3%	5.5%	7.5%	100.0%
		"您对本地的自治建设满意吗"中的占比	49.7%	50.9%	48.3%	53.0%	51.5%	36.5%	48.5%
		总数的占比	4.1%	14.8%	19.2%	4.0%	2.7%	3.6%	48.5%
	女	计数	396	1 352	1 955	340	240	602	4 885
		"性别"中的占比	8.1%	27.7%	40.0%	7.0%	4.9%	12.3%	100.0%
		"您对本地的自治建设满意吗"中的占比	50.3%	49.1%	51.7%	47.0%	48.5%	63.5%	51.5%
		总数的占比	4.2%	14.3%	20.6%	3.6%	2.5%	6.3%	51.5%
合计		计数	788	2 752	3 778	723	495	948	9 484
		"性别"中的占比	8.3%	29.0%	39.8%	7.6%	5.2%	10.0%	100.0%
		"您对本地的自治建设满意吗"中的占比	100.0%	100.0%	100.0%	100.0%	100.0%	100.0%	100.0%
		总数的占比	8.3%	29.0%	39.8%	7.6%	5.2%	10.0%	100.0%

表 5-3-2 性别×您对本地的自治建设满意吗卡方检验

	值	df	渐进 Sig.(双侧)
Pearson 卡方	69.050[a]	5	0.000
似然比	69.855	5	0.000
线性和线性组合	30.966	1	0.000
有效案例中的 N	9 484		

a. 0 单元格(0.0%)的期望计数少于 5。最小期望计数为 240.04。

表 5-3-3 年龄×您对本地的自治建设满意吗交叉表

			您对本地的自治建设满意吗						合计
			非常满意	比较满意	一般	不太满意	不满意	不清楚	
年龄	25岁及以下	计数	51	164	269	51	22	88	645
		"年龄"中的占比	7.9%	25.4%	41.7%	7.9%	3.4%	13.6%	100.0%
		"您对本地的自治建设满意吗"中的占比	6.5%	6.0%	7.1%	7.1%	4.4%	9.3%	6.8%
		总数的占比	0.5%	1.7%	2.8%	0.5%	0.2%	0.9%	6.8%
	26—35岁	计数	290	925	1 513	290	220	472	3 710
		"年龄"中的占比	7.8%	24.9%	40.8%	7.8%	5.9%	12.7%	100.0%
		"您对本地的自治建设满意吗"中的占比	36.8%	33.6%	40.0%	40.1%	44.4%	49.8%	39.1%
		总数的占比	3.1%	9.8%	16.0%	3.1%	2.3%	5.0%	39.1%
	36—45岁	计数	277	863	1 181	218	159	256	2 954
		"年龄"中的占比	9.4%	29.2%	40.0%	7.4%	5.4%	8.7%	100.0%
		"您对本地的自治建设满意吗"中的占比	35.2%	31.4%	31.3%	30.2%	32.1%	27.0%	31.1%
		总数的占比	2.9%	9.1%	12.5%	2.3%	1.7%	2.7%	31.1%
	46—55岁	计数	127	663	704	139	83	120	1 836
		"年龄"中的占比	6.9%	36.1%	38.3%	7.6%	4.5%	6.5%	100.0%
		"您对本地的自治建设满意吗"中的占比	16.1%	24.1%	18.6%	19.2%	16.8%	12.7%	19.4%
		总数的占比	1.3%	7.0%	7.4%	1.5%	0.9%	1.3%	19.4%
	56岁及以上	计数	43	137	111	25	11	12	339
		"年龄"中的占比	12.7%	40.4%	32.7%	7.4%	3.2%	3.5%	100.0%
		"您对本地的自治建设满意吗"中的占比	5.5%	5.0%	2.9%	3.5%	2.2%	1.3%	3.6%
		总数的占比	0.5%	1.4%	1.2%	0.3%	0.1%	0.1%	3.6%

(续表)

		您对本地的自治建设满意吗						合计
		非常满意	比较满意	一般	不太满意	不满意	不清楚	
合计	计数	788	2752	3778	723	495	948	9484
	"年龄"中的占比	8.3%	29.0%	39.8%	7.6%	5.2%	10.0%	100.0%
	"您对本地的自治建设满意吗"中的占比	100.0%	100.0%	100.0%	100.0%	100.0%	100.0%	100.0%
	总数的占比	8.3%	29.0%	39.8%	7.6%	5.2%	10.0%	100.0%

表5-3-4 年龄×您对本地的自治建设满意吗卡方检验

	值	df	渐进 Sig.（双侧）
Pearson 卡方	185.395[a]	20	0.000
似然比	187.776	20	0.000
线性和线性组合	105.760	1	0.000
有效案例中的 N	9484		

a. 0 单元格（0.0%）的期望计数少于 5。最小期望计数为 17.69。

二 乡村教师任教学科与是否了解乡村自治建设及满意度相关分析

乡村教师了解乡村自治建设及满意度是乡村教师服务乡村自治协助能力的先决条件，乡村教师任教学科是影响乡村教师选择性注意或兴趣倾向的重要因素之一。本研究选择对乡村教师任教学科与是否了解乡村自治建设及满意度作卡方检验。

按照我国中小学、职业高中及社区学校开设的课程情况，乡村教师任教学科背景有：语文、数学、英语、科学、社会思政、音乐或美术、体育、职业技术类及其他。卡方检验统计结果发现是否任教科学、社会思政、音乐或美术以及职业技术类学科的乡村教师与乡村自治建设满意度没有达到显著性差异；是否任教英语以及体育学科的乡村教师与乡村自治建设满意度达到显著性差异;是否任教语文、数学以及其他学科的乡村教师与了解乡村德治建设宣传教育活动达到极显著性差异。限于篇幅,以下以语文学科为例进行说明。从表5-3-5可见,乡村教师选择对乡村自治建设满意度"非常满意""比较满意""一般""不太满意""不满意""不清楚"的数量占乡村教师被调查群体总数量的比例分别为8.3%、29.0%、39.8%、7.6%、5.2%、10.0%,即将近五分之四的乡村教师对乡村自治建设满意度达到"非常满意""比较满意""一般"。但是,存在对乡村自治建设不清楚的居然高达10.0%。

从表5-3-5可见,乡村教师对乡村自治建设满意度"非常满意""比较满意""一般""不太满意""不满意""不清楚"选项上的数量占语文学科背景上的比例分别为8.7%、31.6%、38.4%、6.7%、5.2%、9.4%;乡村教师对乡村自治建设满意度"非常满意""比较满意""一般""不太满意""不满意""不清楚"选项上的数量占非语文学科背景上的比例分别为8.1%、27.4%、40.7%、8.2%、5.3%、10.3%。从表5-3-6可见,Pearson卡方、似然比卡方以及线性和线性组合的渐进双侧显著性检验P值均小于0.01,达到极显著性水平。由此,从统计学上推断,乡村教师是否任教语文学科背景与是否了解乡村自治建设及满意度存在相关性,任教语文学科的乡村教师群体了解乡村德治建设宣传教育活动的比例更高。

根据以上分析,将近五分之四的乡村教师对乡村自治建设满意度达到"非常满意""比较满意""一般"。同时,任教语文、数学、其他学科、英语以及体育学科的乡村教师相对于任教科学、社会思政、音乐或美术以及职业技术类等学科更满意乡村自治建设。但是,部分乡村教师服务乡村自治协助能力有待提高。

表5-3-5 是否任教语文学科×您对本地的自治建设满意吗交叉表

			您对本地的自治建设满意吗						合计
			非常满意	比较满意	一般	不太满意	不满意	不清楚	
是否任教语文学科	是	计数	314	1 141	1 384	241	186	340	3 606
		"是否任教语文学科"中的占比	8.7%	31.6%	38.4%	6.7%	5.2%	9.4%	100.0%

(续表)

			您对本地的自治建设满意吗						合计
			非常满意	比较满意	一般	不太满意	不满意	不清楚	
是否任教语文学科	是	"您对本地的自治建设满意吗"中的占比	39.8%	41.5%	36.6%	33.3%	37.6%	35.9%	38.0%
		总数的占比	3.3%	12.0%	14.6%	2.5%	2.0%	3.6%	38.0%
	否	计数	474	1611	2394	482	309	608	5878
		"是否任教语文学科"中的占比	8.1%	27.4%	40.7%	8.2%	5.3%	10.3%	100.0%
		"您对本地的自治建设满意吗"中的占比	60.2%	58.5%	63.4%	66.7%	62.4%	64.1%	62.0%
		总数的占比	5.0%	17.0%	25.2%	5.1%	3.3%	6.4%	62.0%
合计		计数	788	2752	3778	723	495	948	9484
		"是否任教语文学科"中的占比	8.3%	29.0%	39.8%	7.6%	5.2%	10.0%	100.0%
		"您对本地的自治建设满意吗"中的占比	100.0%	100.0%	100.0%	100.0%	100.0%	100.0%	100.0%
		总数的占比	8.3%	29.0%	39.8%	7.6%	5.2%	10.0%	100.0%

表5-3-6 是否任教语文学科×您对本地的自治建设满意吗卡方检验

	值	df	渐进 Sig.（双侧）
Pearson 卡方	26.675[a]	5	0.000
似然比	26.672	5	0.000
线性和线性组合	12.323	1	0.000
有效案例中的 N	9484		

a. 0 单元格(0.0%)的期望计数少于 5。最小期望计数为 188.21。

三 乡村教师工作学校类型与帮村民起草合同或契约频度相关分析

乡村教师帮村民起草合同或契约是乡村教师服务乡村自治协助的关键条件,由于我国不同的乡村学校类型承担着不同的教育任务和职能以及面对着不同的教育对象,进而教育的内容和性质也有所不同,因此,乡村教师工作学校类型不同是影响乡村教师选择性注意或兴趣倾向的重要因素之一。乡村教师工作学校类型有:小学、初中、普通高中、职业高中、社区成人学校及其他类型学校。本研究对乡村教师工作学校类型与帮村民起草合同或契约频度作卡方检验。

从表5-3-7可见,乡村教师选择"非常多""比较多""一般""偶尔"和"没有"帮村民起草合同或契约频度占相同工作学校类型群体中小学的比例分别为2.6%、6.5%、14.8%、17.9%、58.2%;乡村教师选择"非常多""比较多""一般""偶尔"和"没有"帮村民起草合同或契约频度占相同工作学校类型群体中初中的比例分别为2.0%、6.4%、17.1%、17.9%、56.6%;乡村教师选择"非常多""比较多""一般""偶尔"和"没有"帮村民起草合同或契约频度占相同工作学校类型群体中普通高中的比例分别为0.5%、6.7%、12.6%、17.2%、63.0%;乡村教师选择"非常多""比较多""一般""偶尔"和"没有"帮村民起草合同或契约频度占相同工作学校类型群体中职业高中的比例分别为2.7%、7.8%、18.6%、14.1%、56.9%;乡村教师选择"非常多""比较多""一般""偶尔"和"没有"帮村民起草合同或契约频度占相同工作学校类型群体中社区成人学校的比例分别为0.0%、27.3%、27.3%、27.3%、18.2%;乡村教师选择"非常多""比较多""一般""偶尔"和"没有"帮村民起草合同或契约频度占相同工作学校类型群体中其他类型学校的比例分别为2.4%、3.5%、15.4%、14.4%、64.3%。其中社区成人学校教师选择"非常多""比较多"的比例最高,总计为27.3%;其次是职业高中学校教师,总计为10.5%。

从表5-3-8可见,Pearson卡方以及似然比卡方的渐进双侧显著性检验P值均小于0.01,线性和线性组合的渐进双侧显著性检验P值小于0.05,达到显著差异。由此,从统计学上推断,乡村教师帮村民起草合同或契约频度的调查数据分布特征与乡村教师工作学校类型存在相关性。选择"没有"的比例从低到高依次为:社区成人学校18.2%、初中56.6%、职业高中56.9%、小学58.2%、普通高中63.0%、其他类型学校64.3%。

根据以上分析,有理由认为在学校类型中占比较高的普通高中和职业高中学校里的大多数乡村教师帮村民起草合同或契约频度不高。由此,就有比较充分的理由推测乡村教师服务乡村自治协助能力是不够的。

表5-3-7 工作的学校类型×帮村民起草合同或契约频度交叉表

			帮村民起草合同或契约频度					合计
			非常多	比较多	一般	偶尔	没有	
工作的学校类型	小学	计数	132	332	762	920	2 990	5 136
		"工作的学校类型"中的占比	2.6%	6.5%	14.8%	17.9%	58.2%	100.0%
		"帮村民起草合同或契约频度"中的占比	61.7%	55.1%	51.7%	55.4%	54.0%	54.2%
		总数的占比	1.4%	3.5%	8.0%	9.7%	31.5%	54.2%
	初中	计数	55	181	480	503	1 590	2 809
		"工作的学校类型"中的占比	2.0%	6.4%	17.1%	17.9%	56.6%	100.0%
		"帮村民起草合同或契约频度"中的占比	25.7%	30.1%	32.5%	30.3%	28.7%	29.6%
		总数的占比	0.6%	1.9%	5.1%	5.3%	16.8%	29.6%
	普通高中	计数	3	38	72	98	359	570
		"工作的学校类型"中的占比	0.5%	6.7%	12.6%	17.2%	63.0%	100.0%
		"帮村民起草合同或契约频度"中的占比	1.4%	6.3%	4.9%	5.9%	6.5%	6.0%
		总数的占比	0.0%	0.4%	0.8%	1.0%	3.8%	6.0%

(续表)

			帮村民起草合同或契约频度					合计
			非常多	比较多	一般	偶尔	没有	
工作的学校类型	职业高中	计数	9	26	62	47	190	334
		"工作的学校类型"中的占比	2.7%	7.8%	18.6%	14.1%	56.9%	100.0%
		"帮村民起草合同或契约频度"中的占比	4.2%	4.3%	4.2%	2.8%	3.4%	3.5%
		总数的占比	0.1%	0.3%	0.7%	0.5%	2.0%	3.5%
	社区成人学校	计数	0	3	3	3	2	11
		"工作的学校类型"中的占比	0.0%	27.3%	27.3%	27.3%	18.2%	100.0%
		"帮村民起草合同或契约频度"中的占比	0.0%	0.5%	0.2%	0.2%	0.0%	0.1%
		总数的占比	0.0%	0.0%	0.0%	0.0%	0.0%	0.1%
	其他类型学校	计数	15	22	96	90	401	624
		"工作的学校类型"中的占比	2.4%	3.5%	15.4%	14.4%	64.3%	100.0%
		"帮村民起草合同或契约频度"中的占比	7.0%	3.7%	6.5%	5.4%	7.2%	6.6%
		总数的占比	0.2%	0.2%	1.0%	0.9%	4.2%	6.6%
合计		计数	214	602	1 475	1 661	5 532	9 484
		"工作的学校类型"中的占比	2.3%	6.3%	15.6%	17.5%	58.3%	100.0%
		"帮村民起草合同或契约频度"中的占比	100.0%	100.0%	100.0%	100.0%	100.0%	100.0%
		总数的占比	2.3%	6.3%	15.6%	17.5%	58.3%	100.0%

表 5-3-8 工作的学校类型×帮村民起草合同或契约频度卡方检验

	值	df	渐进 Sig.（双侧）
Pearson 卡方	57.749[a]	20	0.000
似然比	60.435	20	0.000
线性和线性组合	4.478	1	0.034
有效案例中的 N	9484		

a. 4 单元格(13.3%)的期望计数少于 5。最小期望计数为 0.25。

四 乡村教师家庭住址所在区域与帮村民解决日常纠纷频度相关分析

乡村教师帮村民解决日常纠纷频度是乡村教师服务乡村自治协助能力的直接的现实指标，乡村教师家庭住址所在区域是乡村教师基本的生活环境要素之一。本研究选择对乡村教师家庭住址所在区域与帮村民解决日常纠纷频度作卡方检验。

从表 5-3-9 可见，乡村教师帮村民解决日常纠纷的选项在"偶尔"和"没有"上的数量占乡村教师群体的比例分别为 59.5% 和 18.8%，累计高达 78.3%，即超过半数的乡村教师很少或没有帮村民解决日常纠纷。选择帮村民解决日常纠纷（除去选择没有被请的人数）的这部分乡村教师在家庭住址所在区域为"本乡（镇）""外乡（镇）""县城""地级市"和"省城"选择项上的数量占乡村教师被调查群体总数量的比例分别为 13.3%、6.5%、16.8%、3.6% 和 0.2%，在乡村与县城的教师被村民委托较多。乡村教师家庭住址所在区域在"本乡（镇）"和"外乡（镇）"的数量占乡村教师被调查群体总数量的比例分别为 29.9% 和 17.0%，两者总和为 46.9%，即乡村教师家庭住址所在区域在乡村的总数量不到一半。

乡村教师帮村民解决日常纠纷的数量在家庭住址所在区域为"本乡（镇）""外乡（镇）""县城""地级市"和"省城"选择项上占各自家庭住址所在区域群体的比例依次为 44.5%、38.4%、39.1%、38.3% 和 29.0%，其中"省城"选择项上的群体比例相对比较低。

从表 5-3-10 可见，Pearson 卡方、似然比卡方以及线性和线性组合的渐进双侧显著性检验 P 值均小于 0.01，达到极显著水平。由此，从统计学上推断，乡村教师帮村民解决日常纠纷的数据分布特征与乡村教师的家庭住址所在区域存在相关性。

根据以上分析，有理由认为乡村教师家庭住址所在地行政级别越低，其帮村民解决日常纠纷的比例越高。然而，假设让很少帮村民解决日常纠纷的乡村教师去帮村民解决日常纠纷，显然是难以胜任的。因此，有理由怀疑部分乡村教师服务乡村自治协助能力不足。

表 5-3-9 家庭住址所在区域×曾经有村民请您为他们解决日常纠纷吗交叉表

			曾经有村民请您为他们解决日常纠纷吗					合计
			非常多	比较多	一般	偶尔	没有	
家庭住址所在区域	本乡（镇）	计数	55	152	450	605	1 577	2 839
		"家庭住址所在区域"中的占比	1.9%	5.4%	15.9%	21.3%	55.5%	100.0%
		"曾经有村民请您为他们解决日常纠纷吗"中的占比	34.4%	32.7%	31.6%	33.9%	27.9%	29.9%
		总数的占比	0.6%	1.6%	4.7%	6.4%	16.6%	29.9%
	外乡（镇）	计数	23	82	257	258	993	1 613
		"家庭住址所在区域"中的占比	1.4%	5.1%	15.9%	16.0%	61.6%	100.0%
		"曾经有村民请您为他们解决日常纠纷吗"中的占比	14.4%	17.6%	18.0%	14.4%	17.6%	17.0%
		总数的占比	0.2%	0.9%	2.7%	2.7%	10.5%	17.0%
	县城	计数	73	189	570	766	2 484	4 082
		"家庭住址所在区域"中的占比	1.8%	4.6%	14.0%	18.8%	60.9%	100.0%
		"曾经有村民请您为他们解决日常纠纷吗"中的占比	45.6%	40.6%	40.0%	42.9%	44.0%	43.0%
		总数的占比	0.8%	2.0%	6.0%	8.1%	26.2%	43.0%

(续表)

			曾经有村民请您为他们解决日常纠纷吗					合计
			非常多	比较多	一般	偶尔	没有	
家庭住址所在区域	地级市	计数	7	40	139	151	544	881
		"家庭住址所在区域"中的占比	0.8%	4.5%	15.8%	17.1%	61.7%	100.0%
		"曾经有村民请您为他们解决日常纠纷吗"中的占比	4.4%	8.6%	9.8%	8.4%	9.6%	9.3%
		总数的占比	0.1%	0.4%	1.5%	1.6%	5.7%	9.3%
	省城	计数	2	2	9	7	49	69
		"家庭住址所在区域"中的占比	2.9%	2.9%	13.0%	10.1%	71.0%	100.0%
		"曾经有村民请您为他们解决日常纠纷吗"中的占比	1.3%	0.4%	0.6%	0.4%	0.9%	0.7%
		总数的占比	0.0%	0.0%	0.1%	0.1%	0.5%	0.7%
合计		计数	160	465	1 425	1 787	5 647	9 484
		"家庭住址所在区域"中的占比	1.7%	4.9%	15.0%	18.8%	59.5%	100.0%
		"曾经有村民请您为他们解决日常纠纷吗"中的占比	100.0%	100.0%	100.0%	100.0%	100.0%	100.0%
		总数的占比	1.7%	4.9%	15.0%	18.8%	59.5%	100.0%

表 5-3-10 家庭住址所在区域×曾经有村民请您为他们解决日常纠纷吗卡方检验

	值	df	渐进 Sig.(双侧)
Pearson 卡方	47.558[a]	16	0.000
似然比	49.243	16	0.000
线性和线性组合	16.314	1	0.000
有效案例中的 N	9 484		

a. 2 单元格(8.0%)的期望计数少于 5。最小期望计数为 1.16。

五　乡村教师青少年时期就读学校与担任村主任支书胜任力相关分析

乡村教师的担任村主任支书胜任力是乡村教师服务乡村自治协助能力的关键条件,乡村教师青少年时期就读学校所在区域是乡村教师从孩童到成人的成长历程中的重要环境,是乡村教师成长史当中的重要的社会因素。乡村教师青少年读书时期可以划分为三个阶段:小学、初中、高中或中专。乡村教师青少年时期就读学校所在区域有:村庄、乡/镇政府所在地、县城、地级市、省城。本研究对乡村教师青少年时期就读学校所在区域与担任村主任支书胜任力作卡方检验。

从表5-3-11、表5-3-13、表5-3-15可见,乡村教师小学、初中、高中或中专阶段是否认为自己胜任村支书或村主任的选项在"不知道""不胜任""不太胜任"上选择总数量占各自就读学校所在区域类型群体的比例总体分布趋势一致,即就读学校在"村庄""乡/镇政府所在地""县城""地级市""省城"不同的地理空间,乡村教师选择"不知道""不胜任""不太胜任"的比例之和基本上都是在50%左右。以小学就读学校所在区域为例,在"村庄""乡/镇政府所在地""县城""地级市""省城"类型的群体里边选择"不知道""不胜任""不太胜任"比例之和分别为:51.8%、52.3%、51.7%、62.2%、57.9%。

从表5-3-12、表5-3-14、表5-3-16可见,Pearson卡方、似然比卡方以及线性和线性组合的渐进双侧显著性检验P值均小于0.01,达到极显著性水平。由此,从统计学上推断,乡村教师的担任村主任支书胜任力的调查数据分布特征与青少年时期就读学校所在区域存在相关性,青少年时期就读学校在"村庄""乡/镇政府所在地""县城""地级市""省城"类型学校选择"不知道""不胜任""不太胜任"之和占比均在50%左右。

根据以上分析,有理由认为超过一半的乡村教师认为自己"不知道""不胜任""不太胜任"村支书或村主任。换言之,就有比较充分的理由推测乡村教师服务乡村自治协助能力是不足的。

表 5-3-11 小学就读的学校所在地区域 × 您认为自己胜任村支书或村主任吗交叉表

			您认为自己胜任村支书或村主任吗						合计
			非常胜任	比较胜任	一般	不太胜任	不胜任	不知道	
小学就读的学校所在地区域	村庄	计数	491	1 121	1 122	1 508	706	724	5 672
		"小学就读的学校所在地区域"中的占比	8.7%	19.8%	19.8%	26.6%	12.4%	12.8%	100.0%
		"您认为自己胜任村支书或村主任吗"中的占比	62.5%	61.8%	58.0%	61.6%	58.4%	56.0%	59.8%
		总数的占比	5.2%	11.8%	11.8%	15.9%	7.4%	7.6%	59.8%
	乡/镇政府所在地	计数	189	449	480	583	315	325	2 341
		"小学就读的学校所在地区域"中的占比	8.1%	19.2%	20.5%	24.9%	13.5%	13.9%	100.0%
		"您认为自己胜任村支书或村主任吗"中的占比	24.1%	24.8%	24.8%	23.8%	26.1%	25.1%	24.7%
		总数的占比	2.0%	4.7%	5.1%	6.1%	3.3%	3.4%	24.7%
	县城	计数	91	215	271	296	143	181	1 197
		"小学就读的学校所在地区域"中的占比	7.6%	18.0%	22.6%	24.7%	11.9%	15.1%	100.0%
		"您认为自己胜任村支书或村主任吗"中的占比	11.6%	11.9%	14.0%	12.1%	11.8%	14.0%	12.6%
		总数的占比	1.0%	2.3%	2.9%	3.1%	1.5%	1.9%	12.6%
	地级市	计数	9	26	54	52	39	56	236
		"小学就读的学校所在地区域"中的占比	3.8%	11.0%	22.9%	22.0%	16.5%	23.7%	100.0%
		"您认为自己胜任村支书或村主任吗"中的占比	1.1%	1.4%	2.8%	2.1%	3.2%	4.3%	2.5%
		总数的占比	0.1%	0.3%	0.6%	0.5%	0.4%	0.6%	2.5%

(续表)

			您认为自己胜任村支书或村主任吗						合计
			非常胜任	比较胜任	一般	不太胜任	不胜任	不知道	
小学就读的学校所在地区域	省城	计数	5	2	9	10	5	7	38
		"小学就读的学校所在地区域"中的占比	13.2%	5.3%	23.7%	26.3%	13.2%	18.4%	100.0%
		"您认为自己胜任村支书或村主任吗"中的占比	0.6%	0.1%	0.5%	0.4%	0.4%	0.5%	0.4%
		总数的占比	0.1%	0.0%	0.1%	0.1%	0.1%	0.1%	0.4%
合计		计数	785	1813	1936	2449	1208	1293	9484
		"小学就读的学校所在地区域"中的占比	8.3%	19.1%	20.4%	25.8%	12.7%	13.6%	100.0%
		"您认为自己胜任村支书或村主任吗"中的占比	100.0%	100.0%	100.0%	100.0%	100.0%	100.0%	100.0%
		总数的占比	8.3%	19.1%	20.4%	25.8%	12.7%	13.6%	100.0%

表5-3-12 小学就读的学校所在地区域×您认为自己胜任村支书或村主任吗卡方检验

	值	df	渐进 Sig.（双侧）
Pearson 卡方	59.430[a]	20	0.000
似然比	60.164	20	0.000
线性和线性组合	19.655	1	0.000
有效案例中的 N	9484		

a. 2 单元格(6.7%)的期望计数少于5。最小期望计数为3.15。

表 5-3-13 初中就读的学校所在地区域×您认为自己胜任村支书或村主任吗交叉表

			您认为自己胜任村支书或村主任吗						合计
			非常胜任	比较胜任	一般	不太胜任	不胜任	不知道	
初中就读的学校所在地区域	村庄	计数	139	254	274	356	173	193	1 389
		"初中就读的学校所在地区域"中的占比	10.0%	18.3%	19.7%	25.6%	12.5%	13.9%	100.0%
		"您认为自己胜任村支书或村主任吗"中的占比	17.7%	14.0%	14.2%	14.5%	14.3%	14.9%	14.6%
		总数的占比	1.5%	2.7%	2.9%	3.8%	1.8%	2.0%	14.6%
	乡/镇政府所在地	计数	462	1 167	1 143	1 512	730	733	5 747
		"初中就读的学校所在地区域"中的占比	8.0%	20.3%	19.9%	26.3%	12.7%	12.8%	100.0%
		"您认为自己胜任村支书或村主任吗"中的占比	58.9%	64.4%	59.0%	61.7%	60.4%	56.7%	60.6%
		总数的占比	4.9%	12.3%	12.1%	15.9%	7.7%	7.7%	60.6%
	县城	计数	169	350	441	489	245	297	1 991
		"初中就读的学校所在地区域"中的占比	8.5%	17.6%	22.1%	24.6%	12.3%	14.9%	100.0%
		"您认为自己胜任村支书或村主任吗"中的占比	21.5%	19.3%	22.8%	20.0%	20.3%	23.0%	21.0%
		总数的占比	1.8%	3.7%	4.6%	5.2%	2.6%	3.1%	21.0%
	地级市	计数	10	33	66	79	53	63	304
		"初中就读的学校所在地区域"中的占比	3.3%	10.9%	21.7%	26.0%	17.4%	20.7%	100.0%
		"您认为自己胜任村支书或村主任吗"中的占比	1.3%	1.8%	3.4%	3.2%	4.4%	4.9%	3.2%
		总数的占比	0.1%	0.3%	0.7%	0.8%	0.6%	0.7%	3.2%

(续表)

			您认为自己胜任村支书或村主任吗						合计
			非常胜任	比较胜任	一般	不太胜任	不胜任	不知道	
初中就读的学校所在地区域	省城	计数	5	9	12	13	7	7	53
		"初中就读的学校所在地区域"中的占比	9.4%	17.0%	22.6%	24.5%	13.2%	13.2%	100.0%
		"您认为自己胜任村支书或村主任吗"中的占比	0.6%	0.5%	0.6%	0.5%	0.6%	0.5%	0.6%
		总数的占比	0.1%	0.1%	0.1%	0.1%	0.1%	0.1%	0.6%
合计		计数	785	1813	1936	2449	1208	1293	9484
		"初中就读的学校所在地区域"中的占比	8.3%	19.1%	20.4%	25.8%	12.7%	13.6%	100.0%
		"您认为自己胜任村支书或村主任吗"中的占比	100.0%	100.0%	100.0%	100.0%	100.0%	100.0%	100.0%
		总数的占比	8.3%	19.1%	20.4%	25.8%	12.7%	13.6%	100.0%

表5-3-14 初中就读的学校所在地区域×您认为自己胜任村支书或村主任吗卡方检验

	值	df	渐进 Sig.(双侧)
Pearson 卡方	61.781[a]	20	0.000
似然比	64.054	20	0.000
线性和线性组合	14.061	1	0.000
有效案例中的 N	9484		

a. 1 单元格(3.3%)的期望计数少于5。最小期望计数为4.39。

表 5-3-15 高中或中专就读的学校所在地区域×您认为自己胜任村支书或村主任吗交叉表

			您认为自己胜任村支书或村主任吗						合计
			非常胜任	比较胜任	一般	不太胜任	不胜任	不知道	
高中或中专就读的学校所在地区域	村庄	计数	20	27	29	16	18	21	131
		"高中或中专就读的学校所在地区域"中的占比	15.3%	20.6%	22.1%	12.2%	13.7%	16.0%	100.0%
		"您认为自己胜任村支书或村主任吗"中的占比	2.5%	1.5%	1.5%	0.7%	1.5%	1.6%	1.4%
		总数的占比	0.2%	0.3%	0.3%	0.2%	0.2%	0.2%	1.4%
	乡/镇政府所在地	计数	176	425	415	512	271	275	2 074
		"高中或中专就读的学校所在地区域"中的占比	8.5%	20.5%	20.0%	24.7%	13.1%	13.3%	100.0%
		"您认为自己胜任村支书或村主任吗"中的占比	22.4%	23.4%	21.4%	20.9%	22.4%	21.3%	21.9%
		总数的占比	1.9%	4.5%	4.4%	5.4%	2.9%	2.9%	21.9%
	县城	计数	463	1 019	1 126	1 364	636	724	5 332
		"高中或中专就读的学校所在地区域"中的占比	8.7%	19.1%	21.1%	25.6%	11.9%	13.6%	100.0%
		"您认为自己胜任村支书或村主任吗"中的占比	59.0%	56.2%	58.2%	55.7%	52.6%	56.0%	56.2%
		总数的占比	4.9%	10.7%	11.9%	14.4%	6.7%	7.6%	56.2%
	地级市	计数	107	306	326	509	256	246	1 750
		"高中或中专就读的学校所在地区域"中的占比	6.1%	17.5%	18.6%	29.1%	14.6%	14.1%	100.0%
		"您认为自己胜任村支书或村主任吗"中的占比	13.6%	16.9%	16.8%	20.8%	21.2%	19.0%	18.5%
		总数的占比	1.1%	3.2%	3.4%	5.4%	2.7%	2.6%	18.5%

(续表)

高中或中专就读的学校所在地区域			您认为自己胜任村支书或村主任吗						合计
			非常胜任	比较胜任	一般	不太胜任	不胜任	不知道	
高中或中专就读的学校所在地区域	省城	计数	19	36	40	48	27	27	197
		"高中或中专就读的学校所在地区域"中的占比	9.6%	18.3%	20.3%	24.4%	13.7%	13.7%	100.0%
		"您认为自己胜任村支书或村主任吗"中的占比	2.4%	2.0%	2.1%	2.0%	2.2%	2.1%	2.1%
		总数的占比	0.2%	0.4%	0.4%	0.5%	0.3%	0.3%	2.1%
合计		计数	785	1813	1936	2449	1208	1293	9484
		"高中或中专就读的学校所在地区域"中的占比	8.3%	19.1%	20.4%	25.8%	12.7%	13.6%	100.0%
		"您认为自己胜任村支书或村主任吗"中的占比	100.0%	100.0%	100.0%	100.0%	100.0%	100.0%	100.0%
		总数的占比	8.3%	19.1%	20.4%	25.8%	12.7%	13.6%	100.0%

表5-3-16 高中或中专就读的学校所在地区域×您认为自己胜任村支书或村主任吗卡方检验

	值	df	渐进 Sig.(双侧)
Pearson 卡方	55.358[a]	20	0.000
似然比	56.671	20	0.000
线性和线性组合	11.976	1	0.001
有效案例中的 N	9484		

a. 0 单元格(0.0%)的期望计数少于5。最小期望计数为10.84。

六　乡村教师性别年龄学历职称与担任村主任支书胜任力相关分析

乡村教师担任村主任支书胜任力是乡村教师服务乡村自治协助能力的直接的现实指标,性别和年龄是影响人的一般能力的自然属性,学历职称是乡村教师学术专业水准的重要标志。本研究选择对乡村教师性别年龄学历职称与担任村主任支书胜任力分别作卡方检验。卡方检验结果发现,乡村教师性别年龄学历职称与担任村主任支书胜任力存在相关性。限于篇幅,以下以性别和年龄为例进行说明。

从表5-3-17和表5-3-19可见,乡村教师担任村主任支书胜任力的选项在"不太胜任""不胜任"和"不知道"上的数量占乡村教师群体的比例分别为25.8%、12.7%和13.6%,累计高达52.1%,即超过半数的乡村教师认为自己"不太胜任""不胜任"和"不知道"担任村主任支书的胜任力。

从表5-3-17性别来看,男教师和女教师在"非常胜任""比较胜任""一般""不太胜任""不胜任"和"不知道"选项上的选择数量占各自性别群体的比例分布趋势一致,与总体分布趋势也一致。但是,男教师在"非常胜任"和"比较胜任"选项上的选择数量占乡村男教师群体的比例高于女教师。从表5-3-19年龄段来看,"25岁及以下"至"56岁及以上","非常胜任"和"比较胜任"两项选择数之和占各自年龄段群体的比例依次增加。

从表5-3-18和表5-3-20可见,Pearson卡方、似然比卡方以及线性和线性组合的渐进双侧显著性检验P值均小于0.01,达到极显著性水平。由此,从统计学上推断,乡村教师担任村主任支书胜任力的调查数据分布特征与乡村教师的性别和年龄段存在相关性,男教师比女教师胜任程度高一些,随着年龄段增大,乡村教师在各自年龄段里边的胜任比例依次增加,处于"56岁及以上"的乡村教师选择"非常胜任"和"比较胜任"两项数量之和比例最高,为34.8%。

根据以上分析,有理由认为多数乡村教师已经远离了乡村自治生活环境。换言之,多数乡村女教师和年轻乡村教师服务乡村自治协助能力可能不足。①

表5-3-17 性别×您认为自己胜任村支书或村主任吗交叉表

			您认为自己胜任村支书或村主任吗						合计
			非常胜任	比较胜任	一般	不太胜任	不胜任	不知道	
性别	男	计数	574	1 180	977	965	429	474	4 599
		"性别"中的占比	12.5%	25.7%	21.2%	21.0%	9.3%	10.3%	100.0%
		"您认为自己胜任村支书或村主任吗"中的占比	73.1%	65.1%	50.5%	39.4%	35.5%	36.7%	48.5%
		总数的占比	6.1%	12.4%	10.3%	10.2%	4.5%	5.0%	48.5%
	女	计数	211	633	959	1 484	779	819	4 885
		"性别"中的占比	4.3%	13.0%	19.6%	30.4%	15.9%	16.8%	100.0%
		"您认为自己胜任村支书或村主任吗"中的占比	26.9%	34.9%	49.5%	60.6%	64.5%	63.3%	51.5%
		总数的占比	2.2%	6.7%	10.1%	15.6%	8.2%	8.6%	51.5%
合计		计数	785	1 813	1 936	2 449	1 208	1 293	9 484
		"性别"中的占比	8.3%	19.1%	20.4%	25.8%	12.7%	13.6%	100.0%
		"您认为自己胜任村支书或村主任吗"中的占比	100.0%	100.0%	100.0%	100.0%	100.0%	100.0%	100.0%
		总数的占比	8.3%	19.1%	20.4%	25.8%	12.7%	13.6%	100.0%

表5-3-18 性别×您认为自己胜任村支书或村主任吗卡方检验

	值	df	渐进 Sig.(双侧)
Pearson 卡方	628.457[a]	5	0.000
似然比	640.477	5	0.000

---

① 卢尚建.乡村教师服务乡村振兴战略的能力结构问题调查研究[J].当代教育文化,2021,13(3).

(续表)

	值	df	渐进 Sig.（双侧）
线性和线性组合	543.870	1	0.000
有效案例中的 N	9 484		

a. 0 单元格(0.0%)的期望计数少于 5。最小期望计数为 380.66。

表 5-3-19 年龄×您认为自己胜任村支书或村主任吗交叉表

			您认为自己胜任村支书或村主任吗						合计
			非常胜任	比较胜任	一般	不太胜任	不胜任	不知道	
年龄	25 岁及以下	计数	26	105	177	159	72	106	645
		"年龄"中的占比	4.0%	16.3%	27.4%	24.7%	11.2%	16.4%	100.0%
		"您认为自己胜任村支书或村主任吗"中的占比	3.3%	5.8%	9.1%	6.5%	6.0%	8.2%	6.8%
		总数的占比	0.3%	1.1%	1.9%	1.7%	0.8%	1.1%	6.8%
	26—35 岁	计数	300	620	843	916	464	567	3 710
		"年龄"中的占比	8.1%	16.7%	22.7%	24.7%	12.5%	15.3%	100.0%
		"您认为自己胜任村支书或村主任吗"中的占比	38.2%	34.2%	43.5%	37.4%	38.4%	43.9%	39.1%
		总数的占比	3.2%	6.5%	8.9%	9.7%	4.9%	6.0%	39.1%
	36—45 岁	计数	276	595	559	771	375	378	2 954
		"年龄"中的占比	9.3%	20.1%	18.9%	26.1%	12.7%	12.8%	100.0%
		"您认为自己胜任村支书或村主任吗"中的占比	35.2%	32.8%	28.9%	31.5%	31.0%	29.2%	31.1%
		总数的占比	2.9%	6.3%	5.9%	8.1%	4.0%	4.0%	31.1%
	46—55 岁	计数	153	405	281	531	260	206	1 836
		"年龄"中的占比	8.3%	22.1%	15.3%	28.9%	14.2%	11.2%	100.0%

(续表)

			您认为自己胜任村支书或村主任吗					合计
			非常胜任	比较胜任	一般	不太胜任	不胜任	不知道	
年龄	46—55岁	"您认为自己胜任村支书或村主任吗"中的占比	19.5%	22.3%	14.5%	21.7%	21.5%	15.9%	19.4%
		总数的占比	1.6%	4.3%	3.0%	5.6%	2.7%	2.2%	19.4%
	56岁及以上	计数	30	88	76	72	37	36	339
		"年龄"中的占比	8.8%	26.0%	22.4%	21.2%	10.9%	10.6%	100.0%
		"您认为自己胜任村支书或村主任吗"中的占比	3.8%	4.9%	3.9%	2.9%	3.1%	2.8%	3.6%
		总数的占比	0.3%	0.9%	0.8%	0.8%	0.4%	0.4%	3.6%
合计		计数	785	1813	1936	2449	1208	1293	9484
		"年龄"中的占比	8.3%	19.1%	20.4%	25.8%	12.7%	13.6%	100.0%
		"您认为自己胜任村支书或村主任吗"中的占比	100.0%	100.0%	100.0%	100.0%	100.0%	100.0%	100.0%
		总数的占比	8.3%	19.1%	20.4%	25.8%	12.7%	13.6%	100.0%

表5-3-20 年龄×您认为自己胜任村支书或村主任吗卡方检验

	值	df	渐进 Sig.(双侧)
Pearson 卡方	143.062[a]	20	0.000
似然比	146.182	20	0.000
线性和线性组合	23.669	1	0.000
有效案例中的 N	9484		

a. 0 单元格(0.0%)的期望计数少于5。最小期望计数为28.06。

第六章

乡村教师服务村民生活改造能力调查结果分析

第六章 乡村教师服务村民生活改造能力调查结果分析

根据乡村振兴战略的总要求，本研究把"产业兴旺、生态宜居、乡风文明、治理有效、生活富裕"这五个方面作为衡量乡村教师服务乡村振兴能力的一级指标，即乡村教师服务产业兴旺能力、服务生态宜居能力、服务乡风文明建设能力、服务乡村社会治理能力和服务村民生活改造能力。针对服务村民生活改造能力这个一级指标，根据《中共中央 国务院关于实施乡村振兴战略的意见》《教育部等六部门关于加强新时代乡村教师队伍建设的意见》《中共中央 国务院关于加快推进乡村人才振兴的意见》等相关文件意见的精神和国内相关研究现状，提出三个二级指标和六个三级指标。[1][2][3] 乡村教师服务村民生活改造能力下面的三个二级指标是：观念现代化建设能力、村民物质条件现代化建设能力和村民信息素养建设能力。三级指标问题的设计从一、二级指标的内涵出发，包含乡村教师对村民生活改造是否了解、是否感兴趣、是否参与村民生活改造等实际行动的维度展开。具体指标体系见表6-1。[4]

从教师一般能力和乡村教师服务乡村振兴战略特殊能力的内涵及影响能力发展的要素出发，本研究提取了乡村教师的性别、年龄、学历、职称、家庭住址所在区域、工作学校类型、任教学科、青少年时期就读学校所在地等要素作为考察乡村教师服务村民生活改造能力指标的影响因子，设计了《乡村教师服务乡村振兴能力的现状调查问卷》和访谈提纲，具体调查对象与实施办法已在第二章的开始部分中介绍，此处不再赘

---

[1] 中共中央,国务院. 中共中央 国务院关于实施乡村振兴战略的意见[EB/OL]. (2018-02-06)[2021-03-11]. http://www.gov.cn/xinwen/2018-02/06/content_5264358.htm.
[2] 教育部,中央组织部,中央编办,等. 教育部等六部门关于加强新时代乡村教师队伍建设的意见[EB/OL]. (2020-08-28)[2021-03-11]. http://www.moe.gov.cn/srcsite/A10/s3735/202009/t20200903_484941.html.
[3] 中共中央,国务院. 中共中央 国务院关于加快推进乡村人才振兴的意见[EB/OL]. (2021-02-23)[2021-03-11]. http://www.moe.gov.cn/jyb_xxgk/moe_1777/moe_1778/202102/t20210224_514648.html.
[4] 卢尚建. 乡村教师服务乡村振兴能力现状实证研究[J]. 成都师范学院学报,2021,37(5).

述。利用SPSS24.0统计软件对调查数据进行统计分析发现,克隆巴赫系数为0.943,内部一致性达到高信度,表明调查数据可靠性非常好。本研究在调查基础上发现乡村振兴战略中乡村教师服务村民生活改造能力偏弱。以下从观念现代化建设能力、村民物质条件现代化建设能力和村民信息素养建设能力三个方面分别展开分析。

表6-1 乡村教师服务村民生活改造能力三级指标体系

一级指标	二级指标	三级指标
服务村民生活改造能力	观念现代化建设能力	了解本地村民的观念
		参与改变村民旧观念的活动
	村民物质条件现代化建设能力	了解本地群众的生活物质条件
		引领或帮助村民使用现代化产品
	村民信息素养建设能力	了解本地村民的信息素养现状
		参与提升村民信息素养的培训活动

第一节 乡村教师服务观念现代化建设能力调查结果分析

乡村教师服务观念现代化建设能力是乡村教师服务村民生活改造能力一级指标下面的二级指标之一,可分解为两个三级指标:了解本地村民的观念和参与改变村民旧观念的活动。两个三级指标下面分别设计是否了解本地村民的观念、是否对本地村民的观念感兴趣以及参与改变村民旧观念的活动等调查问题,对回收的问卷数据分析后发现,乡村教师的性别、年龄、学历、职称、家庭住址所在区域、工作学校类型、任教学科、青少年时期就读学校所在地等要素与乡村教师服务观念现代化建设能力指标的上述设计的问题存在不同程度的相关性。限于篇幅,以下选取了六个角度进行分析:乡村教师性别年龄与是否了解村民生活状态相关分析、乡村教师家庭住址所在区域与是否了解村民生活状态相关分析、乡村教师任教学科与是否了解村民日常观念相关分析、乡村教师工作学校类型与参与改变村民旧观念教育活动频度相关分析、乡村教师青少年时期就读学校与参与改变村民旧观念教育活动频度相关分析、乡村教师性别年龄学历职称与参与改变村民旧观念教育活动频度相关分析。

一 乡村教师性别年龄与是否了解村民生活状态相关分析

乡村教师了解村民生活状态是乡村教师服务乡村观念现代化建设能力的先决条件,性别和年龄是影响人的一般能力的自然属性,本研究选择对乡村教师性别年龄与是否了解村民生活状态分别作卡方检验。

从表6-1-1和表6-1-3可见,乡村教师是否了解村民生活状态的调查问题选项在"不了解"和"了解"上的选择数量占乡村教师被调查群体总数量的比例分别为48.1%和51.9%,即接近半数的乡村教师不了解村民生活状态。

从表6-1-1性别来看,男教师和女教师在"不了解""了解"选项上的选择数量占各自性别群体的比例分布趋势不一致,男教师的选择比例与总体分布趋势一致,女教师的选择比例与总体分布趋势不一致。男教师在"了解"选项上的选择数量占乡村男教师群体的比例高于女教师,男教师选择"了解"的比例超过男教师群体的一半,女教师选择"了解"的比例不到一半。

从表6-1-3年龄段来看,"25岁以下"至"56岁及以上",选择"了解"的数量占各自年龄段群体的比例依次上升。

从表6-1-2和表6-1-4可见,Pearson卡方、似然比卡方以及线性和线性组合的双侧显著性检验P值均小于0.01,达到极显著性水平。由此,从统计学上推断,乡村教师是否了解村民生活状态的调查数据分布特征与乡村教师的性别和年龄段存在相关性,男教师比女教师对村民生活状态了解数量比例高一些,随着年龄段增大,乡村教师在各自年龄段里对村民生活状态了解比例依次增加,处于"36—45岁""46—55岁"和"56岁及以上"的乡村教师选择"了解"的数量占各自群体的比例已经超过了一半,分别为53.0%、59.6%和67.3%。

根据以上分析,有理由认为多数乡村教师没有主动去了解和观察村民的生活状态。假如让不了解村民生活状态的乡村教师去培育乡村观念现代化建设工作,显然是难以胜任这个工作的。换言之,多数乡村教师服务乡村观念现代化建设能力不足。

表6-1-1 性别×您了解村民生活状态吗交叉表

			您了解村民生活状态吗		合计
			不了解	了解	
性别	男	计数	1956	2643	4599
		"性别"中的占比	42.5%	57.5%	100.0%
		"您了解村民生活状态吗"中的占比	42.9%	53.7%	48.5%
		总数的占比	20.6%	27.9%	48.5%
	女	计数	2607	2278	4885
		"性别"中的占比	53.4%	46.6%	100.0%
		"您了解村民生活状态吗"中的占比	57.1%	46.3%	51.5%
		总数的占比	27.5%	24.0%	51.5%
合计		计数	4563	4921	9484
		"性别"中的占比	48.1%	51.9%	100.0%
		"您了解村民生活状态吗"中的占比	100.0%	100.0%	100.0%
		总数的占比	48.1%	51.9%	100.0%

表6-1-2 性别×您了解村民生活状态吗卡方检验

	值	df	渐进 Sig.(双侧)	精确 Sig.(双侧)	精确 Sig.(单侧)
Pearson 卡方	111.427[a]	1	0.000		
连续校正[b]	110.994	1	0.000		
似然比	111.667	1	0.000		
Fisher 的精确检验				0.000	0.000
线性和线性组合	111.415	1	0.000		
有效案例中的 N	9484				

a. 0 单元格(0.0%)的期望计数少于 5。最小期望计数为 2212.70。
b. 仅对 2×2 表计算。

表6-1-3 年龄×您了解村民生活状态吗 交叉表

			您了解村民生活状态吗		合计
			不了解	了解	
年龄	25岁及以下	计数	351	294	645
		"年龄"中的占比	54.4%	45.6%	100.0%
		"您了解村民生活状态吗"中的占比	7.7%	6.0%	6.8%
		总数的占比	3.7%	3.1%	6.8%
	26—35岁	计数	1972	1738	3710
		"年龄"中的占比	53.2%	46.8%	100.0%
		"您了解村民生活状态吗"中的占比	43.2%	35.3%	39.1%
		总数的占比	20.8%	18.3%	39.1%
	36—45岁	计数	1388	1566	2954
		"年龄"中的占比	47.0%	53.0%	100.0%
		"您了解村民生活状态吗"中的占比	30.4%	31.8%	31.1%
		总数的占比	14.6%	16.5%	31.1%
	46—55岁	计数	741	1095	1836
		"年龄"中的占比	40.4%	59.6%	100.0%
		"您了解村民生活状态吗"中的占比	16.2%	22.3%	19.4%
		总数的占比	7.8%	11.5%	19.4%
	56岁及以上	计数	111	228	339
		"年龄"中的占比	32.7%	67.3%	100.0%
		"您了解村民生活状态吗"中的占比	2.4%	4.6%	3.6%
		总数的占比	1.2%	2.4%	3.6%
合计		计数	4563	4921	9484
		"年龄"中的占比	48.1%	51.9%	100.0%
		"您了解村民生活状态吗"中的占比	100.0%	100.0%	100.0%
		总数的占比	48.1%	51.9%	100.0%

表6-1-4 年龄×您了解村民生活状态吗卡方检验

	值	df	渐进 Sig.（双侧）
Pearson 卡方	125.823[a]	4	0.000
似然比	126.935	4	0.000
线性和线性组合	120.264	1	0.000
有效案例中的 N	9484		

a. 0 单元格(0.0%)的期望计数少于 5。最小期望计数为 163.10。

二 乡村教师家庭住址所在区域与是否了解村民生活状态相关分析

乡村教师了解村民生活状态是乡村教师服务乡村观念现代化建设能力的先决条件，乡村教师家庭住址所在区域是乡村教师基本的生活环境要素之一。本研究选择对乡村教师家庭住址所在区域与是否了解村民生活状态作卡方检验。

从表6-1-5可见，乡村教师选择"了解"村民生活状态的数量占乡村教师被调查群体总数量的比例为51.9%，选择"了解"的这部分乡村教师在家庭住址所在区域为"本乡（镇）""外乡（镇）""县城""地级市"和"省城"选择项上的数量占乡村教师被调查群体总数量的比例分别为16.7%、8.4%、21.6%、4.8%和0.3%。

乡村教师家庭住址所在区域在"本乡（镇）"和"外乡（镇）"的数量占乡村教师被调查群体总数量的比例分别为29.9%和17.0%，两者总和为46.9%，即乡村教师家庭住址所在区域在乡村的总数量不到一半。

乡村教师是否了解村民生活状态在"了解"选项上的数量占乡村教师家庭住址所在区域群体的比例随着家庭住址所在地行政级别高低呈现出一定的特征。乡村教师选择"了解"村民生活状态的数量在乡村教师家庭住址所在区域为"本乡（镇）""外乡（镇）""县城""地级市"和"省城"选择项上占各自家庭住址所在区域群体的比例依次为55.7%、49.7%、50.3%、51.9%、44.9%，其中"本乡（镇）""外乡（镇）""县城"和"地级市"选择项上的群体比例超过一半或接近一半。

从表6-1-6可见，Pearson卡方、似然比卡方以及线性和线性组合的双侧显著性检验P值均小于0.01，达到极显著性水平。由此，从统计学上推断，乡村教师是否了解村民生活状态的调查数据分布特征与乡村教师家庭住址所在区域存在相关性，即乡村教师对村民生活状态的了解比例随着家庭住址所在区域所在地行政级别升高而依次降低。

根据以上分析，有理由认为多数乡村教师更青睐于城市化生活，与乡村生活状态存在较大差异，这使得市民化教师群体越来越远离乡土生活，无法深入了解村民生活状态。假如让没有体验过乡村生活方式的乡村教师去培育乡村观念现代化建设，显然是难以胜任这个工作的。换言之，多数乡村教师由于生活环境脱离了乡村生活状态的氛围导致服务乡村观念现代化建设能力不足。

表6-1-5　家庭住址所在区域×您了解村民生活状态吗交叉表

			您了解村民生活状态吗		合计
			不了解	了解	
家庭住址所在区域	本乡(镇)	计数	1 259	1 580	2 839
		"家庭住址所在区域"中的占比	44.3%	55.7%	100.0%
		"您了解村民生活状态吗"中的占比	27.6%	32.1%	29.9%
		总数的占比	13.3%	16.7%	29.9%
	外乡(镇)	计数	812	801	1 613
		"家庭住址所在区域"中的占比	50.3%	49.7%	100.0%
		"您了解村民生活状态吗"中的占比	17.8%	16.3%	17.0%
		总数的占比	8.6%	8.4%	17.0%
	县城	计数	2 030	2 052	4 082
		"家庭住址所在区域"中的占比	49.7%	50.3%	100.0%
		"您了解村民生活状态吗"中的占比	44.5%	41.7%	43.0%
		总数的占比	21.4%	21.6%	43.0%

(续表)

			您了解村民生活状态吗		合计
			不了解	了解	
家庭住址所在区域	地级市	计数	424	457	881
		"家庭住址所在区域"中的占比	48.1%	51.9%	100.0%
		"您了解村民生活状态吗"中的占比	9.3%	9.3%	9.3%
		总数的占比	4.5%	4.8%	9.3%
	省城	计数	38	31	69
		"家庭住址所在区域"中的占比	55.1%	44.9%	100.0%
		"您了解村民生活状态吗"中的占比	0.8%	0.6%	0.7%
		总数的占比	0.4%	0.3%	0.7%
合计		计数	4 563	4 921	9 484
		"家庭住址所在区域"中的占比	48.1%	51.9%	100.0%
		"您了解村民生活状态吗"中的占比	100.0%	100.0%	100.0%
		总数的占比	48.1%	51.9%	100.0%

表6-1-6 家庭住址所在区域×您了解村民生活状态吗卡方检验

	值	df	渐进 Sig.(双侧)
Pearson 卡方	24.957a	4	0.000
似然比	24.997	4	0.000
线性和线性组合	14.130	1	0.000
有效案例中的 N	9 484		

a. 0 单元格(0.0%)的期望计数少于5。最小期望计数为33.20。

三 乡村教师任教学科与是否了解村民日常观念相关分析

  乡村教师了解村民日常观念是乡村教师服务乡村观念现代化建设能力的关键条件,乡村教师任教学科是影响乡村教师选择性注意或兴趣倾向的重要因素之一。本研究选择对乡村教师任教学科与是否了解村民日常观念作卡方检验。

按照我国中小学、职业高中及社区学校开设的课程情况，乡村教师任教学科有：语文、数学、英语、科学、社会思政、音乐或美术、体育、职业技术类及其他。卡方检验统计结果发现是否任教语文、数学、英语、科学、音乐或美术、体育、职业技术类以及其他学科的乡村教师与是否了解村民日常观念没有达到显著性差异；是否任教社会思政学科的乡村教师与是否了解村民日常观念达到显著性差异。限于篇幅，以下以社会思政学科为例进行说明。从表6－1－7可见，乡村教师选择是否了解村民日常观念"是"和"否"的数量占乡村教师被调查群体总数量的比例分别为94.4％、5.6％，即了解村民日常观念的比例超过十分之九。

从表6－1－7可见，乡村教师对是否了解村民日常观念"是"选项上的数量占社会思政学科和非社会思政学科上的比例分别为95.6％和94.2％。从表6－1－8可见，Pearson卡方、似然比卡方以及线性和线性组合的渐进双侧显著性检验P值均小于0.05，达到显著性水平。由此，从统计学上推断，乡村教师是否任教社会思政学科与是否了解村民日常观念存在相关性，任教社会思政学科的乡村教师群体对了解村民日常观念的比例更高。

根据以上分析，大多数乡村教师了解村民日常观念活动。同时，任教社会思政学科的乡村教师相对于任教语文、数学、英语、科学、音乐或美术、体育、职业技术类以及其他等学科更能表现出对村民日常观念的理解优势。

表6－1－7　是否任教社会思政学科×您是否了解本地村民日常观念交叉表

			您是否了解本地村民日常观念		合计
			是	否	
是否任教社会思政学科	是	计数	1337	61	1398
		"是否任教社会思政学科"中的占比	95.6％	4.4％	100.0％
		"您是否了解本地村民日常观念"中的占比	14.9％	11.5％	14.7％
		总数的占比	14.1％	0.6％	14.7％

(续表)

			您是否了解本地村民日常观念		合计
			是	否	
是否任教社会思政学科	否	计数	7 617	469	8 086
		"是否任教社会思政学科"中的占比	94.2%	5.8%	100.0%
		"您是否了解本地村民日常观念"中的占比	85.1%	88.5%	85.3%
		总数的占比	80.3%	4.9%	85.3%
合计		计数	8 954	530	9 484
		"是否任教社会思政学科"中的占比	94.4%	5.6%	100.0%
		"您是否了解本地村民日常观念"中的占比	100.0%	100.0%	100.0%
		总数的占比	94.4%	5.6%	100.0%

表6-1-8 是否任教社会思政学科×您是否了解本地村民日常观念卡方检验

	值	df	渐进 Sig.（双侧）	精确 Sig.（双侧）	精确 Sig.（单侧）
Pearson 卡方	4.664[a]	1	0.031		
连续校正[b]	4.395	1	0.036		
似然比	4.964	1	0.026		
Fisher 的精确检验				0.032	0.016
线性和线性组合	4.663	1	0.031		
有效案例中的 N	9 484				

a. 0 单元格(0.0%)的期望计数少于5。最小期望计数为78.13。
b. 仅对2×2表计算。

四 乡村教师工作学校类型与参与改变村民旧观念教育活动频度相关分析

乡村教师参与改变村民旧观念教育活动是乡村教师服务乡村观念现代化建设能

力的重要条件,由于我国不同的乡村学校类型承担着不同的教育任务和职能以及面对着不同的教育对象,进而教育的内容和性质也有所不同,因此,乡村教师工作学校类型不同是影响乡村教师选择性注意或兴趣倾向的重要因素之一。乡村教师工作学校类型有:小学、初中、普通高中、职业高中、社区成人学校及其他类型学校。本研究对乡村教师工作学校类型与是否参与改变村民旧观念教育活动作卡方检验。

从表6-1-9可见,乡村教师在参与改变村民旧观念教育活动的调查中选择"非常多"的占相同工作学校类型群体中的比例分别为小学3.5%、初中3.3%、普通高中2.3%、职业高中4.2%、社区成人学校9.1%、其他类型学校2.6%;选择"比较多"的比例分别为小学13.3%、初中14.0%、普通高中9.6%、职业高中11.4%、社区成人学校36.4%、其他类型学校9.6%;选择"非常多"和"比较多"两项之和比例分别为小学16.8%、初中17.3%、普通高中11.9%、职业高中15.6%、社区成人学校45.5%、其他类型学校12.2%。其中社区成人学校教师选择参与改变村民旧观念教育活动的比例最高,为45.5%。其次是初中学校教师,为17.3%。

从表6-1-10可见,Pearson卡方检验、似然比卡方以及线性和线性组合的渐进双侧显著性检验P值均小于0.01,达到极显著性水平。由此,从统计学上推断,乡村教师是否参与改变村民旧观念教育活动的调查数据分布特征与乡村教师工作学校类型存在相关性,即乡村教师对参与改变村民旧观念教育活动频度比例从高到低依次为:社区成人学校、初中、小学、职业高中、其他类型学校、普通高中。

根据以上分析,有理由认为在学校类型中占比较高的普通高中和职业高中学校里的多数乡村教师较少参与改变村民旧观念教育活动。在不同工作学校类型中的乡村教师服务乡村观念现代化建设能力还有着许多不足。

表6-1-9 工作的学校类型×您有参与改变村民旧观念的教育活动吗交叉表

			您有参与改变村民旧观念的教育活动吗					合计
			非常多	比较多	一般	偶尔	没有	
工作的学校类型	小学	计数	181	685	1 412	1 196	1 662	5 136
		"工作的学校类型"中的占比	3.5%	13.3%	27.5%	23.3%	32.4%	100.0%

(续表)

			您有参与改变村民旧观念的教育活动吗					合计
			非常多	比较多	一般	偶尔	没有	
工作的学校类型	小学	"您有参与改变村民旧观念的教育活动吗"中的占比	56.7%	55.4%	54.4%	54.1%	53.2%	54.2%
		总数的占比	1.9%	7.2%	14.9%	12.6%	17.5%	54.2%
	初中	计数	94	394	785	633	903	2809
		"工作的学校类型"中的占比	3.3%	14.0%	27.9%	22.5%	32.1%	100.0%
		"您有参与改变村民旧观念的教育活动吗"中的占比	29.5%	31.9%	30.3%	28.6%	28.9%	29.6%
		总数的占比	1.0%	4.2%	8.3%	6.7%	9.5%	29.6%
	普通高中	计数	13	55	131	147	224	570
		"工作的学校类型"中的占比	2.3%	9.6%	23.0%	25.8%	39.3%	100.0%
		"您有参与改变村民旧观念的教育活动吗"中的占比	4.1%	4.4%	5.1%	6.6%	7.2%	6.0%
		总数的占比	0.1%	0.6%	1.4%	1.5%	2.4%	6.0%
	职业高中	计数	14	38	89	82	111	334
		"工作的学校类型"中的占比	4.2%	11.4%	26.6%	24.6%	33.2%	100.0%
		"您有参与改变村民旧观念的教育活动吗"中的占比	4.4%	3.1%	3.4%	3.7%	3.6%	3.5%
		总数的占比	0.1%	0.4%	0.9%	0.9%	1.2%	3.5%
	社区成人学校	计数	1	4	5	0	1	11
		"工作的学校类型"中的占比	9.1%	36.4%	45.5%	0.0%	9.1%	100.0%
		"您有参与改变村民旧观念的教育活动吗"中的占比	0.3%	0.3%	0.2%	0.0%	0.0%	0.1%
		总数的占比	0.0%	0.0%	0.1%	0.0%	0.0%	0.1%

(续表)

工作的学校类型			您有参与改变村民旧观念的教育活动吗					合计
			非常多	比较多	一般	偶尔	没有	
工作的学校类型	其他类型学校	计数	16	60	172	154	222	624
		"工作的学校类型"中的占比	2.6%	9.6%	27.6%	24.7%	35.6%	100.0%
		"您有参与改变村民旧观念的教育活动吗"中的占比	5.0%	4.9%	6.6%	7.0%	7.1%	6.6%
		总数的占比	0.2%	0.6%	1.8%	1.6%	2.3%	6.6%
合计		计数	319	1 236	2 594	2 212	3 123	9 484
		"工作的学校类型"中的占比	3.4%	13.0%	27.4%	23.3%	32.9%	100.0%
		"您有参与改变村民旧观念的教育活动吗"中的占比	100.0%	100.0%	100.0%	100.0%	100.0%	100.0%
		总数的占比	3.4%	13.0%	27.4%	23.3%	32.9%	100.0%

表6-1-10 工作的学校类型×您有参与改变村民旧观念的教育活动吗卡方检验

	值	df	渐进 Sig.（双侧）
Pearson 卡方	46.276[a]	20	0.001
似然比	48.613	20	0.000
线性和线性组合	10.181	1	0.001
有效案例中的 N	9 484		

a. 5 单元格(16.7%)的期望计数少于 5。最小期望计数为 0.37。

五 乡村教师青少年时期就读学校与参与改变村民旧观念教育活动频度相关分析

乡村教师参与改变村民旧观念教育活动频度是乡村教师服务乡村观念现代化建

设能力的直接的现实指标。乡村教师青少年时期就读学校所在区域是乡村教师从孩童到成人的成长历程中的重要环境,是乡村教师成长史当中的重要的社会因素。乡村教师青少年读书时期可以划分为三个阶段:小学、初中、高中或中专。乡村教师青少年时期就读学校所在区域有:村庄、乡/镇政府所在地、县城、地级市、省城。本研究选择对乡村教师青少年时期就读学校与参与改变村民旧观念教育活动频度分别作卡方检验。卡方检验结果发现,乡村教师青少年时期就读学校与参与改变村民旧观念教育活动频度存在相关性。

从表6-1-11、表6-1-13、表6-1-15可见,乡村教师小学、初中、高中或中专阶段参与改变村民旧观念教育活动频度的选项在"非常多"上选择总数量占各自就读学校所在区域类型群体的比例总体分布趋势一致,即就读学校在"村庄""乡/镇政府所在地""县城""地级市""省城"不同的地理空间,乡村教师选择"非常多"的比例基本上都是在10%以下。以小学就读学校所在区域为例,在"村庄""乡/镇政府所在地""县城""地级市""省城"类型的群体里边选择"非常多"比例分别为:3.2%、3.4%、3.9%、3.4%、5.3%。

从表6-1-12、表6-1-14、表6-1-16可见,由于是分类变量,Pearson卡方、似然比卡方的渐进双侧显著性检验P值均小于0.01,达到极显著性水平。由此,在统计学上推断,乡村教师参与改变村民旧观念教育活动频度的调查数据分布特征与青少年时期就读学校所在区域存在相关性。参与改变村民旧观念教育活动频度基本上随着青少年时期就读学校所在地行政级别的升高而降低。青少年时期就读学校在"村庄""乡/镇政府所在地""县城""地级市""省城"类型学校选择"非常多"的比例基本上都在10%以下。

根据以上分析,超过一半的乡村教师参与改变村民旧观念的教育活动的频度为"偶尔"或"没有"。由此,就有比较充分的理由推测乡村教师服务乡村观念现代化建设的能力是不足的。

表6-1-11 小学就读的学校所在地区域×您有参与改变村民旧观念的教育活动吗交叉表

			您有参与改变村民旧观念的教育活动吗					合计
			非常多	比较多	一般	偶尔	没有	
小学就读的学校所在地区域	村庄	计数	182	783	1 557	1 383	1 767	5 672
		"小学就读的学校所在地区域"中的占比	3.2%	13.8%	27.5%	24.4%	31.2%	100.0%
		"您有参与改变村民旧观念的教育活动吗"中的占比	57.1%	63.3%	60.0%	62.5%	56.6%	59.8%
		总数的占比	1.9%	8.3%	16.4%	14.6%	18.6%	59.8%
	乡/镇政府所在地	计数	80	265	648	537	811	2 341
		"小学就读的学校所在地区域"中的占比	3.4%	11.3%	27.7%	22.9%	34.6%	100.0%
		"您有参与改变村民旧观念的教育活动吗"中的占比	25.1%	21.4%	25.0%	24.3%	26.0%	24.7%
		总数的占比	0.8%	2.8%	6.8%	5.7%	8.6%	24.7%
	县城	计数	47	156	314	241	439	1 197
		"小学就读的学校所在地区域"中的占比	3.9%	13.0%	26.2%	20.1%	36.7%	100.0%
		"您有参与改变村民旧观念的教育活动吗"中的占比	14.7%	12.6%	12.1%	10.9%	14.1%	12.6%
		总数的占比	0.5%	1.6%	3.3%	2.5%	4.6%	12.6%
	地级市	计数	8	30	59	47	92	236
		"小学就读的学校所在地区域"中的占比	3.4%	12.7%	25.0%	19.9%	39.0%	100.0%
		"您有参与改变村民旧观念的教育活动吗"中的占比	2.5%	2.4%	2.3%	2.1%	2.9%	2.5%
		总数的占比	0.1%	0.3%	0.6%	0.5%	1.0%	2.5%

(续表)

			您有参与改变村民旧观念的教育活动吗					合计
			非常多	比较多	一般	偶尔	没有	
小学就读的学校所在地区域	省城	计数	2	2	16	4	14	38
		"小学就读的学校所在地区域"中的占比	5.3%	5.3%	42.1%	10.5%	36.8%	100.0%
		"您有参与改变村民旧观念的教育活动吗"中的占比	0.6%	0.2%	0.6%	0.2%	0.4%	0.4%
		总数的占比	0.0%	0.0%	0.2%	0.0%	0.1%	0.4%
合计		计数	319	1 236	2 594	2 212	3 123	9 484
		"小学就读的学校所在地区域"中的占比	3.4%	13.0%	27.4%	23.3%	32.9%	100.0%
		"您有参与改变村民旧观念的教育活动吗"中的占比	100.0%	100.0%	100.0%	100.0%	100.0%	100.0%
		总数的占比	3.4%	13.0%	27.4%	23.3%	32.9%	100.0%

表6-1-12 小学就读的学校所在地区域×您有参与改变村民旧观念的教育活动吗卡方检验

	值	df	渐进 Sig.(双侧)
Pearson 卡方	43.135[a]	16	0.000
似然比	44.026	16	0.000
线性和线性组合	6.964	1	0.008
有效案例中的 N	9 484		

a. 2 单元格(8.0%)的期望计数少于 5。最小期望计数为 1.28。

表6-1-13 初中就读的学校所在地区域×您有参与改变村民旧观念的教育活动吗交叉表

			您有参与改变村民旧观念的教育活动吗					合计
			非常多	比较多	一般	偶尔	没有	
初中就读的学校所在地区域	村庄	计数	55	181	368	330	455	1 389
		"初中就读的学校所在地区域"中的占比	4.0%	13.0%	26.5%	23.8%	32.8%	100.0%

(续表)

			您有参与改变村民旧观念的教育活动吗					合计
			非常多	比较多	一般	偶尔	没有	
初中就读的学校所在地区域	村庄	"您有参与改变村民旧观念的教育活动吗"中的占比	17.2%	14.6%	14.2%	14.9%	14.6%	14.6%
		总数的占比	0.6%	1.9%	3.9%	3.5%	4.8%	14.6%
	乡/镇政府所在地	计数	174	770	1 595	1 402	1 806	5 747
		"初中就读的学校所在地区域"中的占比	3.0%	13.4%	27.8%	24.4%	31.4%	100.0%
		"您有参与改变村民旧观念的教育活动吗"中的占比	54.5%	62.3%	61.5%	63.4%	57.8%	60.6%
		总数的占比	1.8%	8.1%	16.8%	14.8%	19.0%	60.6%
	县城	计数	79	235	534	420	723	1 991
		"初中就读的学校所在地区域"中的占比	4.0%	11.8%	26.8%	21.1%	36.3%	100.0%
		"您有参与改变村民旧观念的教育活动吗"中的占比	24.8%	19.0%	20.6%	19.0%	23.2%	21.0%
		总数的占比	0.8%	2.5%	5.6%	4.4%	7.6%	21.0%
	地级市	计数	8	44	77	54	121	304
		"初中就读的学校所在地区域"中的占比	2.6%	14.5%	25.3%	17.8%	39.8%	100.0%
		"您有参与改变村民旧观念的教育活动吗"中的占比	2.5%	3.6%	3.0%	2.4%	3.9%	3.2%
		总数的占比	0.1%	0.5%	0.8%	0.6%	1.3%	3.2%
	省城	计数	3	6	20	6	18	53
		"初中就读的学校所在地区域"中的占比	5.7%	11.3%	37.7%	11.3%	34.0%	100.0%
		"您有参与改变村民旧观念的教育活动吗"中的占比	0.9%	0.5%	0.8%	0.3%	0.6%	0.6%
		总数的占比	0.0%	0.1%	0.2%	0.1%	0.2%	0.6%

(续表)

		您有参与改变村民旧观念的教育活动吗					合计
		非常多	比较多	一般	偶尔	没有	
合计	计数	319	1 236	2 594	2 212	3 123	9 484
	"初中就读的学校所在地区域"中的占比	3.4%	13.0%	27.4%	23.3%	32.9%	100.0%
	"您有参与改变村民旧观念的教育活动吗"中的占比	100.0%	100.0%	100.0%	100.0%	100.0%	100.0%
	总数的占比	3.4%	13.0%	27.4%	23.3%	32.9%	100.0%

表6-1-14 初中就读的学校所在地区域×您有参与改变村民旧观念的教育活动吗卡方检验

	值	df	渐进 Sig.（双侧）
Pearson 卡方	43.588[a]	16	0.000
似然比	44.005	16	0.000
线性和线性组合	2.829	1	0.093
有效案例中的 N	9 484		

a. 1 单元格(4.0%)的期望计数少于5。最小期望计数为1.78。

表6-1-15 高中或中专就读的学校所在地区域×您有参与改变村民旧观念的教育活动吗交叉表

		您有参与改变村民旧观念的教育活动吗					合计
		非常多	比较多	一般	偶尔	没有	
高中或中专就读的学校所在地区域	村庄	计数	17	9	38	29	38	131
		"高中或中专就读的学校所在地区域"中的占比	13.0%	6.9%	29.0%	22.1%	29.0%	100.0%
		"您有参与改变村民旧观念的教育活动吗"中的占比	5.3%	0.7%	1.5%	1.3%	1.2%	1.4%
		总数的占比	0.2%	0.1%	0.4%	0.3%	0.4%	1.4%

（续表）

			您有参与改变村民旧观念的教育活动吗					合计
			非常多	比较多	一般	偶尔	没有	
高中或中专就读的学校所在地区域	乡/镇政府所在地	计数	56	263	555	492	708	2 074
		"高中或中专就读的学校所在地区域"中的占比	2.7%	12.7%	26.8%	23.7%	34.1%	100.0%
		"您有参与改变村民旧观念的教育活动吗"中的占比	17.6%	21.3%	21.4%	22.2%	22.7%	21.9%
		总数的占比	0.6%	2.8%	5.9%	5.2%	7.5%	21.9%
	县城	计数	189	717	1 473	1 237	1 716	5 332
		"高中或中专就读的学校所在地区域"中的占比	3.5%	13.4%	27.6%	23.2%	32.2%	100.0%
		"您有参与改变村民旧观念的教育活动吗"中的占比	59.2%	58.0%	56.8%	55.9%	54.9%	56.2%
		总数的占比	2.0%	7.6%	15.5%	13.0%	18.1%	56.2%
	地级市	计数	49	226	481	408	586	1 750
		"高中或中专就读的学校所在地区域"中的占比	2.8%	12.9%	27.5%	23.3%	33.5%	100.0%
		"您有参与改变村民旧观念的教育活动吗"中的占比	15.4%	18.3%	18.5%	18.4%	18.8%	18.5%
		总数的占比	0.5%	2.4%	5.1%	4.3%	6.2%	18.5%
	省城	计数	8	21	47	46	75	197
		"高中或中专就读的学校所在地区域"中的占比	4.1%	10.7%	23.9%	23.4%	38.1%	100.0%
		"您有参与改变村民旧观念的教育活动吗"中的占比	2.5%	1.7%	1.8%	2.1%	2.4%	2.1%
		总数的占比	0.1%	0.2%	0.5%	0.5%	0.8%	2.1%

(续表)

		您有参与改变村民旧观念的教育活动吗					合计
		非常多	比较多	一般	偶尔	没有	
合计	计数	319	1 236	2 594	2 212	3 123	9 484
	"高中或中专就读的学校所在地区域"中的占比	3.4%	13.0%	27.4%	23.3%	32.9%	100.0%
	"您有参与改变村民旧观念的教育活动吗"中的占比	100.0%	100.0%	100.0%	100.0%	100.0%	100.0%
	总数的占比	3.4%	13.0%	27.4%	23.3%	32.9%	100.0%

表6-1-16　高中或中专就读的学校所在地区域×您有参与改变村民旧观念的教育活动吗卡方检验

	值	df	渐进 Sig.(双侧)
Pearson 卡方	52.621[a]	16	0.000
似然比	38.456	16	0.001
线性和线性组合	0.370	1	0.543
有效案例中的 N	9 484		

a. 1 单元格(4.0%)的期望计数少于 5。最小期望计数为 4.41。

六　乡村教师性别年龄学历职称与参与改变村民旧观念教育活动频度相关分析

乡村教师参与改变村民旧观念教育活动是乡村教师服务乡村观念现代化建设能力的直接的现实指标,性别和年龄是影响人的一般能力的自然属性,学历职称是乡村教师学术专业水准的重要标志。本研究选择对乡村教师性别年龄学历职称与参与改变村民旧观念教育活动频度分别作卡方检验。卡方检验结果发现,乡村教师性别年龄学历职称与参与改变村民旧观念教育活动频度存在相关性。限于篇幅,以下以性别和年龄为例进行说明。

从表6-1-17和表6-1-19可见,乡村教师参与改变村民旧观念教育活动频度的选项在"偶尔"和"没有"上的数量占乡村教师群体的比例分别为23.3%和32.9%,累计高达56.2%,即超过半数的乡村教师很少或没有参与改变村民旧观念教育活动。

从表6-1-17性别来看,男教师和女教师在"非常多""比较多""一般""偶尔"和"没有"选项上的选择数量占各自性别群体的比例分布趋势一致,与总体分布趋势也一致。但是,男教师在"非常多"和"比较多"选项上的选择数量占乡村男教师群体的比例高于女教师。从表6-1-19年龄段来看,基本上,"25岁及以下"至"56岁及以上","非常多"和"比较多"两项选择数之和占各自年龄段群体的比例依次增加。

从表6-1-18和表6-1-20可见,Pearson卡方、似然比卡方以及线性和线性组合的渐进双侧显著性检验P值均小于0.01,达到极显著性水平。由此,从统计学上推断,乡村教师参与改变村民旧观念教育活动频度的调查数据分布特征与乡村教师的性别和年龄段存在相关性,男教师比女教师参与程度高一些,随着年龄段增大,乡村教师在各自年龄段里边的参与比例依次增加,处于"56岁及以上"的乡村教师选择"非常多"和"比较多"两项数量之和比例最高,为24.4%。

根据以上分析,有理由认为多数的乡村教师没有长期生活在乡村生活场域里,无法深入了解村民的生活习惯和习俗观念。假如让长期脱离乡村生活环境的乡村教师去指导村民改变旧观念,显然是难以胜任的。换言之,多数乡村女教师和年轻乡村教师服务乡村观念现代化建设的能力可能不足。

表6-1-17 性别×您有参与改变村民旧观念的教育活动吗交叉表

			您有参与改变村民旧观念的教育活动吗					合计
			非常多	比较多	一般	偶尔	没有	
性别	男	计数	187	762	1437	1086	1127	4599
		"性别"中的占比	4.1%	16.6%	31.2%	23.6%	24.5%	100.0%
		"您有参与改变村民旧观念的教育活动吗"中的占比	58.6%	61.7%	55.4%	49.1%	36.1%	48.5%
		总数的占比	2.0%	8.0%	15.2%	11.5%	11.9%	48.5%

(续表)

性别			您有参与改变村民旧观念的教育活动吗					合计
			非常多	比较多	一般	偶尔	没有	
性别	女	计数	132	474	1 157	1 126	1 996	4 885
		"性别"中的占比	2.7%	9.7%	23.7%	23.1%	40.9%	100.0%
		"您有参与改变村民旧观念的教育活动吗"中的占比	41.4%	38.3%	44.6%	50.9%	63.9%	51.5%
		总数的占比	1.4%	5.0%	12.2%	11.9%	21.0%	51.5%
	合计	计数	319	1 236	2 594	2 212	3 123	9 484
		"性别"中的占比	3.4%	13.0%	27.4%	23.3%	32.9%	100.0%
		"您有参与改变村民旧观念的教育活动吗"中的占比	100.0%	100.0%	100.0%	100.0%	100.0%	100.0%
		总数的占比	3.4%	13.0%	27.4%	23.3%	32.9%	100.0%

表6-1-18 性别×您有参与改变村民旧观念的教育活动吗卡方检验

	值	df	渐进 Sig.(双侧)
Pearson 卡方	341.028[a]	4	0.000
似然比	344.665	4	0.000
线性和线性组合	309.481	1	0.000
有效案例中的 N	9 484		

a. 0 单元格(0.0%)的期望计数少于5。最小期望计数为 154.69。

表6-1-19 年龄×您有参与改变村民旧观念的教育活动吗交叉表

年龄			您有参与改变村民旧观念的教育活动吗					合计
			非常多	比较多	一般	偶尔	没有	
年龄	25岁及以下	计数	17	78	195	108	247	645
		"年龄"中的占比	2.6%	12.1%	30.2%	16.7%	38.3%	100.0%
		"您有参与改变村民旧观念的教育活动吗"中的占比	5.3%	6.3%	7.5%	4.9%	7.9%	6.8%
		总数的占比	0.2%	0.8%	2.1%	1.1%	2.6%	6.8%

(续表)

			您有参与改变村民旧观念的教育活动吗					合计
			非常多	比较多	一般	偶尔	没有	
年龄	26—35岁	计数	124	425	1 021	764	1 376	3 710
		"年龄"中的占比	3.3%	11.5%	27.5%	20.6%	37.1%	100.0%
		"您有参与改变村民旧观念的教育活动吗"中的占比	38.9%	34.4%	39.4%	34.5%	44.1%	39.1%
		总数的占比	1.3%	4.5%	10.8%	8.1%	14.5%	39.1%
	36—45岁	计数	112	401	774	761	906	2 954
		"年龄"中的占比	3.8%	13.6%	26.2%	25.8%	30.7%	100.0%
		"您有参与改变村民旧观念的教育活动吗"中的占比	35.1%	32.4%	29.8%	34.4%	29.0%	31.1%
		总数的占比	1.2%	4.2%	8.2%	8.0%	9.6%	31.1%
	46—55岁	计数	54	261	505	486	530	1 836
		"年龄"中的占比	2.9%	14.2%	27.5%	26.5%	28.9%	100.0%
		"您有参与改变村民旧观念的教育活动吗"中的占比	16.9%	21.1%	19.5%	22.0%	17.0%	19.4%
		总数的占比	0.6%	2.8%	5.3%	5.1%	5.6%	19.4%
	56岁及以上	计数	12	71	99	93	64	339
		"年龄"中的占比	3.5%	20.9%	29.2%	27.4%	18.9%	100.0%
		"您有参与改变村民旧观念的教育活动吗"中的占比	3.8%	5.7%	3.8%	4.2%	2.0%	3.6%
		总数的占比	0.1%	0.7%	1.0%	1.0%	0.7%	3.6%
合计		计数	319	1 236	2 594	2 212	3 123	9 484
		"年龄"中的占比	3.4%	13.0%	27.4%	23.3%	32.9%	100.0%
		"您有参与改变村民旧观念的教育活动吗"中的占比	100.0%	100.0%	100.0%	100.0%	100.0%	100.0%
		总数的占比	3.4%	13.0%	27.4%	23.3%	32.9%	100.0%

表6-1-20　年龄×您有参与改变村民旧观念的教育活动吗卡方检验

	值	df	渐进 Sig.（双侧）
Pearson 卡方	134.781ª	16	0.000
似然比	136.766	16	0.000
线性和线性组合	37.915	1	0.000
有效案例中的 N	9 484		

a. 0 单元格(0.0%)的期望计数少于 5。最小期望计数为 11.40。

第二节　乡村教师服务村民物质条件现代化建设能力调查结果分析

乡村教师服务村民物质条件现代化建设能力是乡村教师服务村民生活改造能力一级指标下面的二级指标之一，可分解为两个三级指标：了解本地群众的生活物质条件和引领或帮助村民使用现代化产品。两个三级指标下面分别设计是否了解本地群众的生活物质条件、是否对本地群众的生活物质条件感兴趣以及是否引领或帮助村民使用现代化产品等调查问题，对回收的问卷数据分析后发现，乡村教师的性别、年龄、学历、职称、家庭住址所在区域、工作学校类型、任教学科、青少年时期就读学校所在地等要素与乡村教师服务村民物质条件现代化建设能力指标的上述设计的问题存在不同程度的相关性。限于篇幅，以下选取了六个角度进行分析：乡村教师性别年龄与了解村民生活物质条件相关分析、乡村教师任教学科与了解村民生活物质条件相关分析、乡村教师工作学校类型与协助村民使用现代化农用机械相关分析、乡村教师家庭住址所在区域与引领或帮助村民使用现代化产品频度相关分析、乡村教师青少年时期就读学校与引领或帮助村民使用现代化产品相关分析、乡村教师性别年龄学历职称与引领或帮助村民使用现代化产品相关分析。

第六章 乡村教师服务村民生活改造能力调查结果分析

一 乡村教师性别年龄与了解村民物质条件相关分析

乡村教师了解村民生活物质条件是乡村教师服务村民物质条件现代化建设能力的先决条件,性别和年龄是影响人的一般能力的自然属性,本研究选择对乡村教师性别年龄与是否了解村民生活物质条件分别作卡方检验。

从表6-2-1和表6-2-3可见,乡村教师是否了解村民生活物质条件的调查问题选项在"不了解""不太了解"上的选择数量占乡村教师被调查群体总数量的比例分别为10.6%和15.1%,即部分乡村教师对村民生活物质条件不了解或不太了解。

从表6-2-1性别来看,男教师和女教师在"不了解"选项上的选择数量占各自性别群体的比例分别为7.8%和13.3%。男教师在"不了解"选项上的选择数量占乡村男教师群体的比例低于女教师。

从表6-2-3年龄段来看,"25岁及以下"至"56岁及以上",选择"不了解"的数量占各自年龄段群体的比例依次下降。

从表6-2-2和表6-2-4可见,Pearson卡方、似然比卡方以及线性和线性组合的双侧显著性检验P值均小于0.01,达到极显著性水平。由此,从统计学上推断,乡村教师是否了解村民生活物质条件的调查数据分布特征与乡村教师的性别和年龄段存在相关性,男教师比女教师对村民生活物质条件了解数量比例高一些,随着年龄段增大,乡村教师在各自年龄段里边对村民生活物质条件了解比例依次增加,处于"46—55岁"和"56岁及以上"的乡村教师选择"非常了解"和"比较了解"的数量之和占各自群体的比例分别为43.7%和63.8%。

根据以上分析,有理由认为多数乡村教师对村民生活物质条件有一定的了解,尤其是处于"46—55岁"和"56岁及以上"的乡村教师随着年龄和阅历的增加,对村民生活质量和物质需求理解加深。然而,存在部分乡村教师不太了解村民物质生活条件,假如让不关切村民生活物质条件的乡村教师去服务村民物质条件现代化建设,显然是难以胜任的。换言之,乡村教师服务村民物质条件现代化建设能力不足。

表6-2-1 性别×您了解本地的群众物质生活条件吗交叉表

			您了解本地的群众物质生活条件吗					合计
			非常了解	比较了解	一般	不太了解	不了解	
性别	男	计数	350	1 648	1 767	475	359	4 599
		"性别"中的占比	7.6%	35.8%	38.4%	10.3%	7.8%	100.0%
		"您了解本地的群众物质生活条件吗"中的占比	68.9%	60.4%	46.4%	33.1%	35.6%	48.5%
		总数的占比	3.7%	17.4%	18.6%	5.0%	3.8%	48.5%
	女	计数	158	1 082	2 038	958	649	4 885
		"性别"中的占比	3.2%	22.1%	41.7%	19.6%	13.3%	100.0%
		"您了解本地的群众物质生活条件吗"中的占比	31.1%	39.6%	53.6%	66.9%	64.4%	51.5%
		总数的占比	1.7%	11.4%	21.5%	10.1%	6.8%	51.5%
合计		计数	508	2 730	3 805	1 433	1 008	9 484
		"性别"中的占比	5.4%	28.8%	40.1%	15.1%	10.6%	100.0%
		"您了解本地的群众物质生活条件吗"中的占比	100.0%	100.0%	100.0%	100.0%	100.0%	100.0%
		总数的占比	5.4%	28.8%	40.1%	15.1%	10.6%	100.0%

表6-2-2 性别×您了解本地的群众物质生活条件吗卡方检验

	值	df	渐进 Sig.（双侧）
Pearson 卡方	447.227[a]	4	0.000
似然比	453.948	4	0.000
线性和线性组合	400.442	1	0.000
有效案例中的 N	9 484		

a. 0 单元格(0.0%)的期望计数少于5。最小期望计数为246.34。

表6-2-3 年龄×您了解本地的群众物质生活条件吗交叉表

			您了解本地的群众物质生活条件吗					合计
			非常了解	比较了解	一般	不太了解	不了解	
年龄	25岁及以下	计数	20	112	280	128	105	645
		"年龄"中的占比	3.1%	17.4%	43.4%	19.8%	16.3%	100.0%
		"您了解本地的群众物质生活条件吗"中的占比	3.9%	4.1%	7.4%	8.9%	10.4%	6.8%
		总数的占比	0.2%	1.2%	3.0%	1.3%	1.1%	6.8%
	26—35岁	计数	156	846	1521	646	541	3710
		"年龄"中的占比	4.2%	22.8%	41.0%	17.4%	14.6%	100.0%
		"您了解本地的群众物质生活条件吗"中的占比	30.7%	31.0%	40.0%	45.1%	53.7%	39.1%
		总数的占比	1.6%	8.9%	16.0%	6.8%	5.7%	39.1%
	36—45岁	计数	171	914	1225	401	243	2954
		"年龄"中的占比	5.8%	30.9%	41.5%	13.6%	8.2%	100.0%
		"您了解本地的群众物质生活条件吗"中的占比	33.7%	33.5%	32.2%	28.0%	24.1%	31.1%
		总数的占比	1.8%	9.6%	12.9%	4.2%	2.6%	31.1%
	46—55岁	计数	112	691	693	237	103	1836
		"年龄"中的占比	6.1%	37.6%	37.7%	12.9%	5.6%	100.0%
		"您了解本地的群众物质生活条件吗"中的占比	22.0%	25.3%	18.2%	16.5%	10.2%	19.4%
		总数的占比	1.2%	7.3%	7.3%	2.5%	1.1%	19.4%
	56岁及以上	计数	49	167	86	21	16	339
		"年龄"中的占比	14.5%	49.3%	25.4%	6.2%	4.7%	100.0%
		"您了解本地的群众物质生活条件吗"中的占比	9.6%	6.1%	2.3%	1.5%	1.6%	3.6%
		总数的占比	0.5%	1.8%	0.9%	0.2%	0.2%	3.6%

(续表)

		您了解本地的群众物质生活条件吗					合计
		非常了解	比较了解	一般	不太了解	不了解	
合计	计数	508	2 730	3 805	1 433	1 008	9 484
	"年龄"中的占比	5.4%	28.8%	40.1%	15.1%	10.6%	100.0%
	"您了解本地的群众物质生活条件吗"中的占比	100.0%	100.0%	100.0%	100.0%	100.0%	100.0%
	总数的占比	5.4%	28.8%	40.1%	15.1%	10.6%	100.0%

表6-2-4 年龄×您了解本地的群众物质生活条件吗卡方检验

	值	df	渐进 Sig.（双侧）
Pearson 卡方	470.391[a]	16	0.000
似然比	462.388	16	0.000
线性和线性组合	385.779	1	0.000
有效案例中的 N	9 484		

a. 0 单元格(0.0%)的期望计数少于 5。最小期望计数为 18.16。

二 乡村教师任教学科与了解村民生活物质条件相关分析

乡村教师了解村民生活物质条件是乡村教师服务村民物质条件现代化建设能力的先决条件,乡村教师任教学科是影响乡村教师选择性注意或兴趣倾向的重要因素之一。本研究选择对乡村教师任教学科与了解村民生活物质条件作卡方检验。

按照我国中小学、职业高中及社区学校开设的课程情况,乡村教师任教学科背景有:语文、数学、英语、科学、社会思政、音乐或美术、体育、职业技术类及其他。卡方检验统计结果发现是否任教音乐或美术、职业技术类以及其他学科的乡村教师与了解村民生活物质条件没有达到显著性差异;是否任教语文、数学、英语、科学、社会思政以及体育学科的乡村教师与了解村民生活物质条件达到极显著性差异。限于篇幅，以下以语文学科为例进行说明。

从表6-2-5可见，乡村教师选择了解村民生活物质条件"非常了解""比较了解""一般""不太了解""不了解"的数量占乡村教师被调查群体总数量的比例分别为5.4%、28.8%、40.1%、15.1%、10.6%，即将近四分之一的乡村教师不太了解甚至于不了解村民生活物质条件。

从表6-2-5可见，乡村教师对了解村民生活物质条件"非常了解""比较了解""一般""不太了解""不了解"选项上的数量占语文学科背景上的比例分别为6.0%、31.3%、39.9%、13.5%、9.3%；乡村教师对了解村民生活物质条件"非常了解""比较了解""一般""不太了解""不了解"选项上的数量占非语文学科背景上的比例分别为5.0%、27.3%、40.3%、16.1%、11.4%。从表6-2-6可见，Pearson卡方、似然比卡方以及线性和线性组合的渐进双侧显著性检验P值均小于0.01，达到极显著性水平。由此，从统计学上推断，乡村教师是否任教语文学科背景与了解村民生活物质条件存在相关性，任教语文学科的乡村教师群体比非任教语文学科的教师了解村民生活物质条件的比例更低。

根据以上分析，多数的乡村教师了解村民生活物质条件。另外，统计发现将近四分之一的乡村教师不太了解甚至于不了解村民生活物质条件。由此可见，提高乡村教师的服务村民物质条件现代化建设能力迫在眉睫。

表6-2-5 是否任教语文学科×您了解本地的群众物质生活条件吗交叉表

			您了解本地的群众物质生活条件吗					合计
			非常了解	比较了解	一般	不太了解	不了解	
是否任教语文学科	是	计数	217	1 128	1 438	486	337	3 606
		"是否任教语文学科"中的占比	6.0%	31.3%	39.9%	13.5%	9.3%	100.0%
		"您了解本地的群众物质生活条件吗"中的占比	42.7%	41.3%	37.8%	33.9%	33.4%	38.0%
		总数的占比	2.3%	11.9%	15.2%	5.1%	3.6%	38.0%

(续表)

			您了解本地的群众物质生活条件吗					合计
			非常了解	比较了解	一般	不太了解	不了解	
是否任教语文学科	否	计数	291	1 602	2 367	947	671	5 878
		"是否任教语文学科"中的占比	5.0%	27.3%	40.3%	16.1%	11.4%	100.0%
		"您了解本地的群众物质生活条件吗"中的占比	57.3%	58.7%	62.2%	66.1%	66.6%	62.0%
		总数的占比	3.1%	16.9%	25.0%	10.0%	7.1%	62.0%
合计		计数	508	2 730	3 805	1 433	1 008	9 484
		"是否任教语文学科"中的占比	5.4%	28.8%	40.1%	15.1%	10.6%	100.0%
		"您了解本地的群众物质生活条件吗"中的占比	100.0%	100.0%	100.0%	100.0%	100.0%	100.0%
		总数的占比	5.4%	28.8%	40.1%	15.1%	10.6%	100.0%

表6-2-6 是否任教语文学科×您了解本地的群众物质生活条件吗卡方检验

	值	df	渐进 Sig.（双侧）
Pearson 卡方	36.694[a]	4	0.000
似然比	36.815	4	0.000
线性和线性组合	34.702	1	0.000
有效案例中的 N	9 484		

a. 0 单元格(0.0%)的期望计数少于5。最小期望计数为 193.15。

  乡村教师工作学校类型与协助村民使用现代化农用机械相关分析

乡村教师协助村民使用现代化农用机械是乡村教师服务村民物质条件现代化建设能力的重要条件，由于我国不同的乡村学校类型承担着不同的教育任务和职能以及面对着不同的教育对象，进而教育的内容和性质也有所不同，因此，乡村教师工作学校类型不同是影响乡村教师选择性注意或兴趣倾向的重要因素之一。乡村教师工作学校类型有：小学、初中、普通高中、职业高中、社区成人学校及其他类型学校。本研究对乡村教师工作学校类型与协助村民使用现代化农用机械作卡方检验。

从表6-2-7可见，乡村教师选择"非常多""比较多""一般""偶尔""没有""不知道"协助村民使用现代化农用机械占相同工作学校类型群体中小学的比例分别为8.6%、33.7%、37.1%、9.8%、4.7%、6.0%；乡村教师选择"非常多""比较多""一般""偶尔""没有""不知道"协助村民使用现代化农用机械占相同工作学校类型群体中初中的比例分别为7.1%、29.8%、39.2%、10.4%、5.8%、7.7%；乡村教师选择"非常多""比较多""一般""偶尔""没有""不知道"协助村民使用现代化农用机械占相同工作学校类型群体中普通高中的比例分别为4.0%、31.2%、41.6%、13.3%、3.9%、6.0%；乡村教师选择"非常多""比较多""一般""偶尔""没有""不知道"协助村民使用现代化农用机械占相同工作学校类型群体中职业高中的比例分别为4.8%、30.8%、37.1%、12.6%、5.4%、9.3%；乡村教师选择"非常多""比较多""一般""偶尔""没有""不知道"协助村民使用现代化农用机械占相同工作学校类型群体中社区成人学校的比例分别为0.0%、54.5%、18.2%、18.2%、0.0%、9.1%；乡村教师选择"非常多""比较多""一般""偶尔""没有""不知道"协助村民使用现代化农用机械占相同工作学校类型群体中其他类型学校的比例分别为8.7%、33.5%、36.4%、9.8%、5.4%、6.3%。其中社区成人学校教师选择"非常多""比较多"的比例最高，总计为54.5%。

从表6-2-8可见，Pearson卡方以及似然比的渐进双侧显著性检验P值均小于0.01，线性和线性组合的渐进双侧显著性检验P值小于0.05左右，达到显著差异水平。由此，在统计学上推断，乡村教师协助村民使用现代化农用机械的调查数据分布特征与乡村教师工作学校类型存在相关性。选择"没有"的比例从低到高依次为：社区成人学校0.0%、普通高中3.9%、小学4.7%、其他类型学校5.4%、职业高中5.4%、初中5.8%。

根据以上分析，在学校类型中占比较高的初中、职业高中和普通高中里的乡村教师协助村民使用现代化农用机械频度不高。乡村教师服务村民物质条件现代化建设能力有待提高。

表6-2-7 工作的学校类型×协助本地的村民使用现代化农用机械吗交叉表

			协助本地的村民使用现代化农用机械吗						合计
			非常多	比较多	一般	偶尔	没有	不知道	
工作的学校类型	小学	计数	441	1 733	1 906	504	243	309	5 136
		"工作的学校类型"中的占比	8.6%	33.7%	37.1%	9.8%	4.7%	6.0%	100.0%
		"协助本地的村民使用现代化农用机械吗"中的占比	60.2%	56.5%	53.0%	51.5%	50.7%	49.0%	54.2%
		总数的占比	4.6%	18.3%	20.1%	5.3%	2.6%	3.3%	54.2%
	初中	计数	199	836	1 102	293	162	217	2 809
		"工作的学校类型"中的占比	7.1%	29.8%	39.2%	10.4%	5.8%	7.7%	100.0%
		"协助本地的村民使用现代化农用机械吗"中的占比	27.1%	27.3%	30.6%	30.0%	33.8%	34.4%	29.6%
		总数的占比	2.1%	8.8%	11.6%	3.1%	1.7%	2.3%	29.6%
	普通高中	计数	23	178	237	76	22	34	570
		"工作的学校类型"中的占比	4.0%	31.2%	41.6%	13.3%	3.9%	6.0%	100.0%
		"协助本地的村民使用现代化农用机械吗"中的占比	3.1%	5.8%	6.6%	7.8%	4.6%	5.4%	6.0%
		总数的占比	0.2%	1.9%	2.5%	0.8%	0.2%	0.4%	6.0%
	职业高中	计数	16	103	124	42	18	31	334
		"工作的学校类型"中的占比	4.8%	30.8%	37.1%	12.6%	5.4%	9.3%	100.0%
		"协助本地的村民使用现代化农用机械吗"中的占比	2.2%	3.4%	3.4%	4.3%	3.8%	4.9%	3.5%
		总数的占比	0.2%	1.1%	1.3%	0.4%	0.2%	0.3%	3.5%

(续表)

			协助本地的村民使用现代化农用机械吗						合计
			非常多	比较多	一般	偶尔	没有	不知道	
工作的学校类型	社区成人学校	计数	0	6	2	2	0	1	11
		"工作的学校类型"中的占比	0.0%	54.5%	18.2%	18.2%	0.0%	9.1%	100.0%
		"协助本地的村民使用现代化农用机械吗"中的占比	0.0%	0.2%	0.1%	0.2%	0.0%	0.2%	0.1%
		总数的占比	0.0%	0.1%	0.0%	0.0%	0.0%	0.0%	0.1%
	其他类型学校	计数	54	209	227	61	34	39	624
		"工作的学校类型"中的占比	8.7%	33.5%	36.4%	9.8%	5.4%	6.3%	100.0%
		"协助本地的村民使用现代化农用机械吗"中的占比	7.4%	6.8%	6.3%	6.2%	7.1%	6.2%	6.6%
		总数的占比	0.6%	2.2%	2.4%	0.6%	0.4%	0.4%	6.6%
合计		计数	733	3 065	3 598	978	479	631	9 484
		"工作的学校类型"中的占比	7.7%	32.3%	37.9%	10.3%	5.1%	6.7%	100.0%
		"协助本地的村民使用现代化农用机械吗"中的占比	100.0%	100.0%	100.0%	100.0%	100.0%	100.0%	100.0%
		总数的占比	7.7%	32.3%	37.9%	10.3%	5.1%	6.7%	100.0%

表6-2-8 工作的学校类型×协助本地的村民使用现代化农用机械吗卡方检验

	值	df	渐进 Sig.（双侧）
Pearson 卡方	66.011[a]	25	0.000
似然比	68.916	25	0.000
线性和线性组合	5.562	1	0.018
有效案例中的 N	9 484		

a. 6 单元格（16.7%）的期望计数少于5。最小期望计数为0.56。

四 乡村教师家庭住址所在区域与引领或帮助村民使用现代化产品频度相关分析

乡村教师引领或帮助村民使用现代化产品是乡村教师服务村民物质条件现代化建设能力的直接的现实指标，乡村教师家庭住址所在区域是乡村教师基本的生活环境要素之一。本研究选择对乡村教师家庭住址所在区域与引领或帮助村民使用现代化产品频度作卡方检验。

从表6-2-9可见，乡村教师引领或帮助村民使用现代化产品的选项在"偶尔"和"没有"上的数量占乡村教师群体的比例分别为19.2%和39.5%，累计高达58.7%，即超过半数的乡村教师很少或没有引领或帮助村民使用现代化产品。选择引领或帮助村民使用现代化产品的乡村教师在家庭住址所在区域为"本乡（镇）""外乡（镇）""县城""地级市"和"省城"选择项上的数量占乡村教师被调查群体总数量的比例分别为19.5%、9.8%、25.6%、5.1%和0.3%，在本乡与县城的教师参与较为积极。乡村教师家庭住址所在区域在"本乡（镇）"和"外乡（镇）"的数量占乡村教师被调查群体总数量的比例分别为29.9%和17.0%，两者总和为46.9%，即乡村教师家庭住址所在区域在乡村的总数量不到一半。

乡村教师引领或帮助村民使用现代化产品的数量在家庭住址所在区域为"本乡（镇）""外乡（镇）""县城""地级市"和"省城"选择项上占各自家庭住址所在区域群体的比例依次为65.4%、57.7%、59.7%、54.9%和46.4%，其中"本乡（镇）"选择项上的群体比例相对比较高。

从表6-2-10可见，Pearson卡方、似然比卡方以及线性和线性组合的渐进双侧显著性检验P值均小于0.01，达到极显著性水平。由此，从统计学上推断，乡村教师引领或帮助村民使用现代化产品的数据分布特征与乡村教师的家庭住址所在区域存在相关性，即乡村教师引领或帮助村民使用现代化产品的频度比例随着家庭住址所在区域行政级别升高而依次降低。

根据以上分析,有理由认为多数乡村教师的生活环境已经远离了乡村社会,使得乡村教师无法将校外实践时间充分运用到引领或帮助村民使用现代化产品的方向上去,这也是符合常识的。换言之,多数乡村教师由于生活环境脱离了乡土社会导致服务村民物质条件现代化建设的能力不足。

表6-2-9 家庭住址所在区域×您有引领或帮助村民使用现代化产品吗交叉表

			您有引领或帮助村民使用现代化产品吗					合计
			非常多	比较多	一般	偶尔	没有	
家庭住址所在区域	本乡(镇)	计数	68	351	821	616	983	2 839
		"家庭住址所在区域"中的占比	2.4%	12.4%	28.9%	21.7%	34.6%	100.0%
		"您有引领或帮助村民使用现代化产品吗"中的占比	30.8%	33.5%	31.1%	33.8%	26.2%	29.9%
		总数的占比	0.7%	3.7%	8.7%	6.5%	10.4%	29.9%
	外乡(镇)	计数	32	166	457	275	683	1 613
		"家庭住址所在区域"中的占比	2.0%	10.3%	28.3%	17.0%	42.3%	100.0%
		"您有引领或帮助村民使用现代化产品吗"中的占比	14.5%	15.8%	17.3%	15.1%	18.2%	17.0%
		总数的占比	0.3%	1.8%	4.8%	2.9%	7.2%	17.0%
	县城	计数	107	436	1 118	775	1 646	4 082
		"家庭住址所在区域"中的占比	2.6%	10.7%	27.4%	19.0%	40.3%	100.0%
		"您有引领或帮助村民使用现代化产品吗"中的占比	48.4%	41.6%	42.3%	42.5%	43.9%	43.0%
		总数的占比	1.1%	4.6%	11.8%	8.2%	17.4%	43.0%
	地级市	计数	13	92	232	147	397	881
		"家庭住址所在区域"中的占比	1.5%	10.4%	26.3%	16.7%	45.1%	100.0%
		"您有引领或帮助村民使用现代化产品吗"中的占比	5.9%	8.8%	8.8%	8.1%	10.6%	9.3%
		总数的占比	0.1%	1.0%	2.4%	1.5%	4.2%	9.3%

(续表)

			您有引领或帮助村民使用现代化产品吗					合计
			非常多	比较多	一般	偶尔	没有	
家庭住址所在区域	省城	计数	1	3	16	12	37	69
		"家庭住址所在区域"中的占比	1.4%	4.3%	23.2%	17.4%	53.6%	100.0%
		"您有引领或帮助村民使用现代化产品吗"中的占比	0.5%	0.3%	0.6%	0.7%	1.0%	0.7%
		总数的占比	0.0%	0.0%	0.2%	0.1%	0.4%	0.7%
合计		计数	221	1 048	2 644	1 825	3 746	9 484
		"家庭住址所在区域"中的占比	2.3%	11.1%	27.9%	19.2%	39.5%	100.0%
		"您有引领或帮助村民使用现代化产品吗"中的占比	100.0%	100.0%	100.0%	100.0%	100.0%	100.0%
		总数的占比	2.3%	11.1%	27.9%	19.2%	39.5%	100.0%

表6-2-10 家庭住址所在区域×您有引领或帮助村民使用现代化产品吗卡方检验

	值	df	渐进 Sig.（双侧）
Pearson 卡方	64.756[a]	16	0.000
似然比	65.909	16	0.000
线性和线性组合	24.283	1	0.000
有效案例中的 N	9 484		

a. 1 单元格(4.0%)的期望计数少于5。最小期望计数为1.61。

五 乡村教师青少年时期就读学校与引领或帮助村民使用现代化产品相关分析

乡村教师引领或帮助村民使用现代化产品是乡村教师服务村民物质条件现代化建设能力的直接的现实指标,乡村教师青少年时期就读学校所在区域是乡村教师从孩童到成人的成长历程中的重要环境,是乡村教师成长史当中的重要的社会因素。乡村教师青少年读书时期可以划分为三个阶段:小学、初中、高中或中专。乡村教师青少年时期就读学校所在区域有:村庄、乡/镇政府所在地、县城、地级市、省城。本研究选择对乡村教师青少年时期就读学校与引领或帮助村民使用现代化产品频度分别作卡方检验。卡方检验结果发现,乡村教师青少年时期就读学校与引领或帮助村民使用现代化产品频度存在相关性。

从表6-2-11、表6-2-13、表6-2-15可见,乡村教师小学、初中、高中或中专阶段引领或帮助村民使用现代化产品的选项在"非常多"上选择总数量占各自就读学校所在区域类型群体的比例总体分布趋势一致,即就读学校在"村庄""乡/镇政府所在地""县城""地级市""省城"不同的地理空间,乡村教师选择"非常多"的比例基本上都是在10%以下。以小学就读学校所在区域为例,在"村庄""乡/镇政府所在地""县城""地级市""省城"类型的群体里边选择"非常多"的比例分别为:2.3%、1.9%、3.6%、1.7%、5.3%。

从表6-1-12、表6-1-14、表6-1-16可见,Pearson卡方、似然比卡方以及线性和线性组合的渐进双侧显著性检验P值小于0.05,达到显著性水平。由此,从统计学上推断,乡村教师引领或帮助村民使用现代化产品频度的调查数据分布特征与青少年时期就读学校所在区域存在相关性。引领或帮助村民使用现代化产品频度选择"没有"的比例随着青少年时期就读学校所在地行政级别的升高而升高。青少年时期就读学校在"村庄""乡/镇政府所在地""县城""地级市""省城"类型学校选择"非常多"的比例基本上都在10%以下。

根据以上分析,有理由认为大部分的乡村教师引领或帮助村民使用现代化产品的频度为"偶尔"或"没有"。换言之,就有比较充分的理由推测乡村教师服务村民物质条件现代化建设能力是不够的。

表6-2-11 小学就读的学校所在地区域×您有引领或帮助村民使用现代化产品吗交叉表

			您有引领或帮助村民使用现代化产品吗					合计
			非常多	比较多	一般	偶尔	没有	
小学就读的学校所在地区域	村庄	计数	128	649	1 604	1 165	2 126	5 672
		"小学就读的学校所在地区域"中的占比	2.3%	11.4%	28.3%	20.5%	37.5%	100.0%
		"您有引领或帮助村民使用现代化产品吗"中的占比	57.9%	61.9%	60.7%	63.8%	56.8%	59.8%
		总数的占比	1.3%	6.8%	16.9%	12.3%	22.4%	59.8%
	乡/镇政府所在地	计数	44	257	684	416	940	2 341
		"小学就读的学校所在地区域"中的占比	1.9%	11.0%	29.2%	17.8%	40.2%	100.0%
		"您有引领或帮助村民使用现代化产品吗"中的占比	19.9%	24.5%	25.9%	22.8%	25.1%	24.7%
		总数的占比	0.5%	2.7%	7.2%	4.4%	9.9%	24.7%
	县城	计数	43	118	295	211	530	1 197
		"小学就读的学校所在地区域"中的占比	3.6%	9.9%	24.6%	17.6%	44.3%	100.0%
		"您有引领或帮助村民使用现代化产品吗"中的占比	19.5%	11.3%	11.2%	11.6%	14.1%	12.6%
		总数的占比	0.5%	1.2%	3.1%	2.2%	5.6%	12.6%
	地级市	计数	4	21	55	30	126	236
		"小学就读的学校所在地区域"中的占比	1.7%	8.9%	23.3%	12.7%	53.4%	100.0%
		"您有引领或帮助村民使用现代化产品吗"中的占比	1.8%	2.0%	2.1%	1.6%	3.4%	2.5%
		总数的占比	0.0%	0.2%	0.6%	0.3%	1.3%	2.5%
	省城	计数	2	3	6	3	24	38
		"小学就读的学校所在地区域"中的占比	5.3%	7.9%	15.8%	7.9%	63.2%	100.0%

(续表)

		您有引领或帮助村民使用现代化产品吗					合计
		非常多	比较多	一般	偶尔	没有	
小学就读的学校所在地区域	省城						
	"您有引领或帮助村民使用现代化产品吗"中的占比	0.9%	0.3%	0.2%	0.2%	0.6%	0.4%
	总数的占比	0.0%	0.0%	0.1%	0.0%	0.3%	0.4%
合计	计数	221	1 048	2 644	1 825	3 746	9 484
	"小学就读的学校所在地区域"中的占比	2.3%	11.1%	27.9%	19.2%	39.5%	100.0%
	"您有引领或帮助村民使用现代化产品吗"中的占比	100.0%	100.0%	100.0%	100.0%	100.0%	100.0%
	总数的占比	2.3%	11.1%	27.9%	19.2%	39.5%	100.0%

表6-2-12 小学就读的学校所在地区域×您有引领或帮助村民使用现代化产品吗卡方检验

	值	df	渐进 Sig.（双侧）
Pearson 卡方	72.842[a]	16	0.000
似然比	71.594	16	0.000
线性和线性组合	19.071	1	0.000
有效案例中的 N	9 484		

a. 2 单元格(8.0%)的期望计数少于 5。最小期望计数为 0.89。

表6-2-13 初中就读的学校所在地区域×您有引领或帮助村民使用现代化产品吗交叉表

			您有引领或帮助村民使用现代化产品吗					合计
			非常多	比较多	一般	偶尔	没有	
初中就读的学校所在地区域	村庄	计数	36	162	372	284	535	1 389
		"初中就读的学校所在地区域"中的占比	2.6%	11.7%	26.8%	20.4%	38.5%	100.0%
		"您有引领或帮助村民使用现代化产品吗"中的占比	16.3%	15.5%	14.1%	15.6%	14.3%	14.6%
		总数的占比	0.4%	1.7%	3.9%	3.0%	5.6%	14.6%

(续表)

			您有引领或帮助村民使用现代化产品吗					合计
			非常多	比较多	一般	偶尔	没有	
初中就读的学校所在地区域	乡/镇政府所在地	计数	110	668	1 643	1 165	2 161	5 747
		"初中就读的学校所在地区域"中的占比	1.9%	11.6%	28.6%	20.3%	37.6%	100.0%
		"您有引领或帮助村民使用现代化产品吗"中的占比	49.8%	63.7%	62.1%	63.8%	57.7%	60.6%
		总数的占比	1.2%	7.0%	17.3%	12.3%	22.8%	60.6%
	县城	计数	67	185	547	336	856	1 991
		"初中就读的学校所在地区域"中的占比	3.4%	9.3%	27.5%	16.9%	43.0%	100.0%
		"您有引领或帮助村民使用现代化产品吗"中的占比	30.3%	17.7%	20.7%	18.4%	22.9%	21.0%
		总数的占比	0.7%	2.0%	5.8%	3.5%	9.0%	21.0%
	地级市	计数	6	27	71	35	165	304
		"初中就读的学校所在地区域"中的占比	2.0%	8.9%	23.4%	11.5%	54.3%	100.0%
		"您有引领或帮助村民使用现代化产品吗"中的占比	2.7%	2.6%	2.7%	1.9%	4.4%	3.2%
		总数的占比	0.1%	0.3%	0.7%	0.4%	1.7%	3.2%
	省城	计数	2	6	11	5	29	53
		"初中就读的学校所在地区域"中的占比	3.8%	11.3%	20.8%	9.4%	54.7%	100.0%
		"您有引领或帮助村民使用现代化产品吗"中的占比	0.9%	0.6%	0.4%	0.3%	0.8%	0.6%
		总数的占比	0.0%	0.1%	0.1%	0.1%	0.3%	0.6%
合计		计数	221	1 048	2 644	1 825	3 746	9 484
		"初中就读的学校所在地区域"中的占比	2.3%	11.1%	27.9%	19.2%	39.5%	100.0%
		"您有引领或帮助村民使用现代化产品吗"中的占比	100.0%	100.0%	100.0%	100.0%	100.0%	100.0%
		总数的占比	2.3%	11.1%	27.9%	19.2%	39.5%	100.0%

表6-2-14 初中就读的学校所在地域×您有引领或帮助村民使用现代化产品吗卡方检验

	值	df	渐进 Sig.（双侧）
Pearson 卡方	82.207[a]	16	0.000
似然比	82.096	16	0.000
线性和线性组合	13.336	1	0.000
有效案例中的 N	9 484		

a. 1 单元格(4.0%)的期望计数少于5。最小期望计数为1.24。

表6-2-15 高中或中专就读的学校所在地域×您有引领或帮助村民使用现代化产品吗交叉表

			您有引领或帮助村民使用现代化产品吗					合计
			非常多	比较多	一般	偶尔	没有	
高中或中专就读的学校所在地域	村庄	计数	10	13	44	21	43	131
		"高中或中专就读的学校所在地域"中的占比	7.6%	9.9%	33.6%	16.0%	32.8%	100.0%
		"您有引领或帮助村民使用现代化产品吗"中的占比	4.5%	1.2%	1.7%	1.2%	1.1%	1.4%
		总数的占比	0.1%	0.1%	0.5%	0.2%	0.5%	1.4%
	乡/镇政府所在地	计数	35	234	548	429	828	2 074
		"高中或中专就读的学校所在地域"中的占比	1.7%	11.3%	26.4%	20.7%	39.9%	100.0%
		"您有引领或帮助村民使用现代化产品吗"中的占比	15.8%	22.3%	20.7%	23.5%	22.1%	21.9%
		总数的占比	0.4%	2.5%	5.8%	4.5%	8.7%	21.9%
	县城	计数	136	631	1 536	986	2 043	5 332
		"高中或中专就读的学校所在地域"中的占比	2.6%	11.8%	28.8%	18.5%	38.3%	100.0%
		"您有引领或帮助村民使用现代化产品吗"中的占比	61.5%	60.2%	58.1%	54.0%	54.5%	56.2%
		总数的占比	1.4%	6.7%	16.2%	10.4%	21.5%	56.2%

(续表)

			您有引领或帮助村民使用现代化产品吗					合计
			非常多	比较多	一般	偶尔	没有	
高中或中专就读的学校所在地区域	地级市	计数	35	145	467	356	747	1 750
		"高中或中专就读的学校所在地区域"中的占比	2.0%	8.3%	26.7%	20.3%	42.7%	100.0%
		"您有引领或帮助村民使用现代化产品吗"中的占比	15.8%	13.8%	17.7%	19.5%	19.9%	18.5%
		总数的占比	0.4%	1.5%	4.9%	3.8%	7.9%	18.5%
	省城	计数	5	25	49	33	85	197
		"高中或中专就读的学校所在地区域"中的占比	2.5%	12.7%	24.9%	16.8%	43.1%	100.0%
		"您有引领或帮助村民使用现代化产品吗"中的占比	2.3%	2.4%	1.9%	1.8%	2.3%	2.1%
		总数的占比	0.1%	0.3%	0.5%	0.3%	0.9%	2.1%
合计		计数	221	1 048	2 644	1 825	3 746	9 484
		"高中或中专就读的学校所在地区域"中的占比	2.3%	11.1%	27.9%	19.2%	39.5%	100.0%
		"您有引领或帮助村民使用现代化产品吗"中的占比	100.0%	100.0%	100.0%	100.0%	100.0%	100.0%
		总数的占比	2.3%	11.1%	27.9%	19.2%	39.5%	100.0%

表6-2-16 高中或中专就读的学校所在地区域×您有引领或帮助村民使用现代化产品吗卡方检验

	值	df	渐进 Sig.（双侧）
Pearson 卡方	58.410[a]	16	0.000
似然比	53.855	16	0.000
线性和线性组合	6.045	1	0.014
有效案例中的 N	9 484		

a. 2 单元格(8.0%)的期望计数少于 5。最小期望计数为 3.05。

六 乡村教师性别年龄学历职称与引领或帮助村民使用现代化产品相关分析

乡村教师引领或帮助村民使用现代化产品是乡村教师服务村民物质条件现代化建设能力的直接的现实指标,性别和年龄是影响人的一般能力的自然属性,学历职称是乡村教师学术专业水准的重要标志。本研究选择对乡村教师性别年龄学历职称与引领或帮助村民使用现代化产品分别作卡方检验。卡方检验结果发现,乡村教师性别年龄学历职称与引领或帮助村民使用现代化产品存在相关性。限于篇幅,以下以性别和年龄为例进行说明。

从表6-2-17和表6-2-19可见,乡村教师引领或帮助村民使用现代化产品的选项在"偶尔"和"没有"上的数量占乡村教师群体的比例分别为19.2%和39.5%,累计高达58.7%,即超过半数的乡村教师很少或没有引领或帮助村民使用现代化产品。

从表6-2-17性别来看,男教师和女教师在"非常多""比较多""一般""偶尔"和"没有"选项上的选择数量占各自性别群体的比例分布趋势一致,与总体分布趋势也一致。但是,男教师在"非常多"和"比较多"选项上的选择数量占乡村男教师群体的比例高于女教师。从表6-2-19年龄段来看,基本上,"25岁及以下"至"56岁及以上","非常多"和"比较多"两项选择数之和占各自年龄段群体的比例依次增加。

从表6-2-18和表6-2-20可见,Pearson卡方、似然比卡方以及线性和线性组合的渐进双侧显著性检验P值均小于0.01,达到极显著性水平。由此,从统计学上推断,乡村教师引领或帮助村民使用现代化产品的调查数据分布特征与乡村教师的性别和年龄段存在相关性,男教师比女教师参与程度高一些,随着年龄段增大,乡村教师在各自年龄段里边的参与比例依次增加,处于"56岁及以上"的乡村教师选择"非常多"和"比较多"两项数量之和比例最高,为21.2%。

根据以上分析,有理由认为多数年轻乡村教师和大部分女教师群体对引领或帮助村民使用现代化产品的实践机会较少,服务村民物质条件现代化建设能力可能不足。[①]

表6-2-17 性别×您有引领或帮助村民使用现代化产品吗交叉表

			您有引领或帮助村民使用现代化产品吗					合计
			非常多	比较多	一般	偶尔	没有	
性别	男	计数	124	648	1 475	1 004	1 348	4 599
		"性别"中的占比	2.7%	14.1%	32.1%	21.8%	29.3%	100.0%
		"您有引领或帮助村民使用现代化产品吗"中的占比	56.1%	61.8%	55.8%	55.0%	36.0%	48.5%
		总数的占比	1.3%	6.8%	15.6%	10.6%	14.2%	48.5%
	女	计数	97	400	1 169	821	2 398	4 885
		"性别"中的占比	2.0%	8.2%	23.9%	16.8%	49.1%	100.0%
		"您有引领或帮助村民使用现代化产品吗"中的占比	43.9%	38.2%	44.2%	45.0%	64.0%	51.5%
		总数的占比	1.0%	4.2%	12.3%	8.7%	25.3%	51.5%
合计		计数	221	1 048	2 644	1 825	3 746	9 484
		"性别"中的占比	2.3%	11.1%	27.9%	19.2%	39.5%	100.0%
		"您有引领或帮助村民使用现代化产品吗"中的占比	100.0%	100.0%	100.0%	100.0%	100.0%	100.0%
		总数的占比	2.3%	11.1%	27.9%	19.2%	39.5%	100.0%

表6-2-18 性别×您有引领或帮助村民使用现代化产品吗卡方检验

	值	df	渐进 Sig.(双侧)
Pearson 卡方	401.805[a]	4	0.000
似然比	406.098	4	0.000
线性和线性组合	320.427	1	0.000
有效案例中的 N	9 484		

a. 0 单元格(0.0%)的期望计数少于5。最小期望计数为107.17。

[①] 卢尚建.乡村教师服务乡村振兴战略的能力结构问题调查研究[J].当代教育文化,2021,13(3).

表6-2-19 年龄×您有引领或帮助村民使用现代化产品吗交叉表

年龄			您有引领或帮助村民使用现代化产品吗					合计
			非常多	比较多	一般	偶尔	没有	
	25岁及以下	计数	16	63	190	96	280	645
		"年龄"中的占比	2.5%	9.8%	29.5%	14.9%	43.4%	100.0%
		"您有引领或帮助村民使用现代化产品吗"中的占比	7.2%	6.0%	7.2%	5.3%	7.5%	6.8%
		总数的占比	0.2%	0.7%	2.0%	1.0%	3.0%	6.8%
	26—35岁	计数	74	387	1070	610	1569	3710
		"年龄"中的占比	2.0%	10.4%	28.8%	16.4%	42.3%	100.0%
		"您有引领或帮助村民使用现代化产品吗"中的占比	33.5%	36.9%	40.5%	33.4%	41.9%	39.1%
		总数的占比	0.8%	4.1%	11.3%	6.4%	16.5%	39.1%
	36—45岁	计数	89	332	780	603	1150	2954
		"年龄"中的占比	3.0%	11.2%	26.4%	20.4%	38.9%	100.0%
		"您有引领或帮助村民使用现代化产品吗"中的占比	40.3%	31.7%	29.5%	33.0%	30.7%	31.1%
		总数的占比	0.9%	3.5%	8.2%	6.4%	12.1%	31.1%
	46—55岁	计数	32	204	501	429	670	1836
		"年龄"中的占比	1.7%	11.1%	27.3%	23.4%	36.5%	100.0%
		"您有引领或帮助村民使用现代化产品吗"中的占比	14.5%	19.5%	18.9%	23.5%	17.9%	19.4%
		总数的占比	0.3%	2.2%	5.3%	4.5%	7.1%	19.4%
	56岁及以上	计数	10	62	103	87	77	339
		"年龄"中的占比	2.9%	18.3%	30.4%	25.7%	22.7%	100.0%
		"您有引领或帮助村民使用现代化产品吗"中的占比	4.5%	5.9%	3.9%	4.8%	2.1%	3.6%
		总数的占比	0.1%	0.7%	1.1%	0.9%	0.8%	3.6%

(续表)

		您有引领或帮助村民使用现代化产品吗					合计
		非常多	比较多	一般	偶尔	没有	
合计	计数	221	1 048	2 644	1 825	3 746	9 484
	"年龄"中的占比	2.3%	11.1%	27.9%	19.2%	39.5%	100.0%
	"您有引领或帮助村民使用现代化产品吗"中的占比	100.0%	100.0%	100.0%	100.0%	100.0%	100.0%
	总数的占比	2.3%	11.1%	27.9%	19.2%	39.5%	100.0%

表 6-2-20 年龄×您有引领或帮助村民使用现代化产品吗卡方检验

	值	df	渐进 Sig.（双侧）
Pearson 卡方	120.092[a]	16	0.000
似然比	121.113	16	0.000
线性和线性组合	18.854	1	0.000
有效案例中的 N	9 484		

a. 0 单元格(0.0%)的期望计数少于 5。最小期望计数为 7.90。

第三节　乡村教师服务村民信息素养建设能力调查结果分析

乡村教师服务村民信息素养建设能力是乡村教师服务村民生活改造能力一级指标下面的二级指标之一，可分解为两个三级指标：了解本地村民的信息素养现状和参与提升村民信息素养的培训活动。两个三级指标下面分别设计是否了解本地村民的信息素养、是否对本地村民的信息素养感兴趣以及参与提升村民信息素养的培训活动等调查问题，对回收的问卷数据分析后发现，乡村教师的性别、年龄、学历、职称、家庭住址所在区域、工作学校类型、任教学科、青少年时期就读学校所在地等要素与乡村教师服务村民信息素养建设能力指标的上述设计的问题存在不同程度的相关性。限于篇幅,以下选取了六个角度进行分析:乡村教师性别年龄与是否了解村民信息素养相关分析、乡村教师任教学科与了解村民信息素养相关分析、乡村教师工作学校类型与了解本地村民的信息素养相关分析、乡村教师家庭住址所在区域与参与提升村民信息素养培训活动频度相关分析、乡村教师青少年时期就读学校与参与提升村民信息素养培训活动频度相关分析、乡村教师性别年龄学历职称与参与提升村民信息素养培训活动频度相关分析。

一 乡村教师性别年龄与是否了解村民信息素养相关分析

乡村教师了解村民信息素养是乡村教师服务村民信息素养建设能力的先决条件,性别和年龄是影响人的一般能力的自然属性,本研究选择对乡村教师性别年龄与是否了解村民信息素养分别作卡方检验。

从表6-3-1、表6-3-3可见,乡村教师是否了解村民信息素养的调查问题选项在"不了解"和"不太了解"上的选择数量占乡村教师被调查群体总数量的比例分别为16.8%和24.6%,即相当比例的乡村教师对村民信息素养不太了解。

从表6-3-1性别来看,男教师和女教师在"不了解"选项上的选择数量占各自性别群体的比例分别为11.5%和21.8%。男教师在"不了解"选项上的选择数量占乡村男教师群体的比例低于女教师。

从表6-3-3年龄段来看,"25岁及以下"至"56岁及以上",选择"不了解"的数量占各自年龄段群体的比例依次下降。

从表6-3-2和表6-3-4可见,Pearson卡方、似然比卡方以及线性和线性组合的双侧显著性检验P值均小于0.01,达到极显著性水平。由此,从统计学上推断,乡村教师是否了解村民信息素养的调查数据分布特征与乡村教师的性别和年龄段存在相关性,男教师比女教师对村民信息素养了解数量比例高一些。随着年龄段增大,乡村教师在各自年龄段里对村民信息素养了解比例依次增加。处于"46—55岁"和"56岁及以上"的乡村教师选择"非常了解"和"比较了解"的数量之和占各自群体的比例分别为 24.7% 和 40.7%。

根据以上分析,有理由认为乡村教师对村民信息素养有一定的认知基础,尤其是处于"46—55岁"和"56岁及以上"的乡村教师对村民信息素养了解程度最高。然而,存在相当比例的乡村教师不太了解村民信息素养,假如让不了解村民信息素养的乡村教师去服务村民信息素养建设,显然是难以胜任的。换言之,乡村教师服务村民信息素养建设能力不足。

表6-3-1 性别×您了解本地村民的信息素养吗交叉表

			您了解本地村民的信息素养吗					合计
			非常了解	比较了解	一般	不太了解	不了解	
性别	男	计数	172	1 059	1 902	937	529	4 599
		"性别"中的占比	3.7%	23.0%	41.4%	20.4%	11.5%	100.0%
		"您了解本地村民的信息素养吗"中的占比	60.8%	63.5%	52.7%	40.2%	33.2%	48.5%
		总数的占比	1.8%	11.2%	20.1%	9.9%	5.6%	48.5%
	女	计数	111	609	1 707	1 392	1 066	4 885
		"性别"中的占比	2.3%	12.5%	34.9%	28.5%	21.8%	100.0%
		"您了解本地村民的信息素养吗"中的占比	39.2%	36.5%	47.3%	59.8%	66.8%	51.5%
		总数的占比	1.2%	6.4%	18.0%	14.7%	11.2%	51.5%
合计		计数	283	1 668	3 609	2 329	1 595	9 484
		"性别"中的占比	3.0%	17.6%	38.1%	24.6%	16.8%	100.0%
		"您了解本地村民的信息素养吗"中的占比	100.0%	100.0%	100.0%	100.0%	100.0%	100.0%
		总数的占比	3.0%	17.6%	38.1%	24.6%	16.8%	100.0%

第六章 乡村教师服务村民生活改造能力调查结果分析

表6-3-2 性别×您了解本地村民的信息素养吗卡方检验

	值	df	渐进Sig.（双侧）
Pearson 卡方	406.518a	4	0.000
似然比	411.928	4	0.000
线性和线性组合	386.743	1	0.000
有效案例中的N	9 484		

a. 0 单元格(0.0%)的期望计数少于5。最小期望计数为137.23。

表6-3-3 年龄×您了解本地村民的信息素养吗交叉表

		您了解本地村民的信息素养吗					合计
		非常了解	比较了解	一般	不太了解	不了解	
年龄	25岁及以下						
	计数	16	90	239	157	143	645
	"年龄"中的占比	2.5%	14.0%	37.1%	24.3%	22.2%	100.0%
	"您了解本地村民的信息素养吗"中的占比	5.7%	5.4%	6.6%	6.7%	9.0%	6.8%
	总数的占比	0.2%	0.9%	2.5%	1.7%	1.5%	6.8%
	26—35岁						
	计数	98	524	1 358	953	777	3 710
	"年龄"中的占比	2.6%	14.1%	36.6%	25.7%	20.9%	100.0%
	"您了解本地村民的信息素养吗"中的占比	34.6%	31.4%	37.6%	40.9%	48.7%	39.1%
	总数的占比	1.0%	5.5%	14.3%	10.0%	8.2%	39.1%
	36—45岁						
	计数	102	531	1 156	728	437	2 954
	"年龄"中的占比	3.5%	18.0%	39.1%	24.6%	14.8%	100.0%
	"您了解本地村民的信息素养吗"中的占比	36.0%	31.8%	32.0%	31.3%	27.4%	31.1%
	总数的占比	1.1%	5.6%	12.2%	7.7%	4.6%	31.1%
	46—55岁						
	计数	47	405	725	438	221	1 836
	"年龄"中的占比	2.6%	22.1%	39.5%	23.9%	12.0%	100.0%

(续表)

			您了解本地村民的信息素养吗					合计
			非常了解	比较了解	一般	不太了解	不了解	
年龄	46—55岁	"您了解本地村民的信息素养吗"中的占比	16.6%	24.3%	20.1%	18.8%	13.9%	19.4%
		总数的占比	0.5%	4.3%	7.6%	4.6%	2.3%	19.4%
	56岁及以上	计数	20	118	131	53	17	339
		"年龄"中的占比	5.9%	34.8%	38.6%	15.6%	5.0%	100.0%
		"您了解本地村民的信息素养吗"中的占比	7.1%	7.1%	3.6%	2.3%	1.1%	3.6%
		总数的占比	0.2%	1.2%	1.4%	0.6%	0.2%	3.6%
合计		计数	283	1668	3609	2329	1595	9484
		"年龄"中的占比	3.0%	17.6%	38.1%	24.6%	16.8%	100.0%
		"您了解本地村民的信息素养吗"中的占比	100.0%	100.0%	100.0%	100.0%	100.0%	100.0%
		总数的占比	3.0%	17.6%	38.1%	24.6%	16.8%	100.0%

表6-3-4 年龄×您了解本地村民的信息素养吗卡方检验

	值	df	渐进 Sig.(双侧)
Pearson 卡方	249.604[a]	16	0.000
似然比	247.077	16	0.000
线性和线性组合	182.867	1	0.000
有效案例中的 N	9484		

a. 0 单元格(0.0%)的期望计数少于5。最小期望计数为10.12。

二 乡村教师任教学科与了解村民信息素养相关分析

乡村教师了解村民信息素养是乡村教师服务村民信息素养建设能力的先决条件，乡村教师任教学科是影响乡村教师选择性注意或兴趣倾向的重要因素之一。本研究选择对乡村教师任教学科与了解村民信息素养作卡方检验。

按照我国中小学、职业高中及社区学校开设的课程情况，乡村教师任教学科背景有：语文、数学、英语、科学、社会思政、音乐或美术、体育、职业技术类及其他。卡方检验统计结果发现是否任教音乐或美术以及其他学科的乡村教师与了解村民信息素养没有达到显著性差异；是否任教职业技术类学科的乡村教师与了解村民信息素养达到显著性差异；是否任教语文、数学、英语、科学、社会思政以及体育学科的乡村教师与了解村民信息素养达到极显著性差异。限于篇幅，以下以语文学科为例进行说明。从表6-3-5可见，乡村教师选择了解村民信息素养"非常了解""比较了解""一般""不太了解""不了解"的数量占乡村教师被调查群体总数量的比例分别为3.0％、17.6％、38.1％、24.6％、16.8％，即将近五分之二的乡村教师不太了解甚至于不了解村民信息素养。

从表6-3-5可见，乡村教师对了解村民信息素养"非常了解""比较了解""一般""不太了解""不了解"选项上的数量占语文学科背景上的比例分别为3.5％、19.7％、36.7％、23.8％、16.3％；乡村教师对了解村民信息素养"非常了解""比较了解""一般""不太了解""不了解"选项上的数量占非语文学科背景上的比例分别为2.7％、16.3％、38.9％、25.0％、17.1％。从表6-3-6可见，Pearson卡方、似然比卡方以及线性和线性组合的渐进双侧显著性检验P值均小于0.01，达到极显著性水平。由此，从统计学上推断，乡村教师是否任教语文学科背景与了解村民信息素养存在相关性。任教语文学科的乡村教师群体比非任教语文学科的乡村教师更了解村民信息素养的状况。

根据以上分析，将近五分之二的乡村教师不太了解甚至于不了解村民信息素养。由此可见，乡村教师服务村民信息素养建设能力有待提高。

表6-3-5 是否任教语文学科×您了解本地村民的信息素养吗交叉表

			您了解本地村民的信息素养吗					合计
			非常了解	比较了解	一般	不太了解	不了解	
是否任教语文学科	是	计数	126	710	1 325	857	588	3 606
		"是否任教语文学科"中的占比	3.5%	19.7%	36.7%	23.8%	16.3%	100.0%
		"您了解本地村民的信息素养吗"中的占比	44.5%	42.6%	36.7%	36.8%	36.9%	38.0%
		总数的占比	1.3%	7.5%	14.0%	9.0%	6.2%	38.0%
	否	计数	157	958	2 284	1 472	1 007	5 878
		"是否任教语文学科"中的占比	2.7%	16.3%	38.9%	25.0%	17.1%	100.0%
		"您了解本地村民的信息素养吗"中的占比	55.5%	57.4%	63.3%	63.2%	63.1%	62.0%
		总数的占比	1.7%	10.1%	24.1%	15.5%	10.6%	62.0%
合计		计数	283	1 668	3 609	2 329	1 595	9 484
		"是否任教语文学科"中的占比	3.0%	17.6%	38.1%	24.6%	16.8%	100.0%
		"您了解本地村民的信息素养吗"中的占比	100.0%	100.0%	100.0%	100.0%	100.0%	100.0%
		总数的占比	3.0%	17.6%	38.1%	24.6%	16.8%	100.0%

表6-3-6 是否任教语文学科×您了解本地村民的信息素养吗卡方检验

	值	df	渐进 Sig.（双侧）
Pearson 卡方	24.700[a]	4	0.000
似然比	24.428	4	0.000
线性和线性组合	12.966	1	0.000
有效案例中的 N	9 484		

a. 0 单元格(0.0%)的期望计数少于 5。最小期望计数为 107.60。

三 乡村教师工作学校类型与了解本地村民的信息素养相关分析

乡村教师了解本地村民的信息素养是乡村教师服务村民信息素养建设能力的关键条件,由于我国不同的乡村学校类型承担着不同的教育任务和职能以及面对着不同的教育对象,进而教育的内容和性质也有所不同,因此,乡村教师工作学校类型不同是影响乡村教师选择性注意或兴趣倾向的重要因素之一。乡村教师工作学校类型有:小学、初中、普通高中、职业高中、社区成人学校及其他类型学校。本研究对乡村教师工作学校类型与了解本地村民的信息素养作卡方检验。

从表6-3-7可见,乡村教师选择了解本地村民的信息素养"非常了解""比较了解""一般""不太了解"和"不了解"占相同工作学校类型群体中小学的比例分别为3.3%、18.5%、37.6%、24.4%、16.1%;乡村教师选择了解本地村民的信息素养"非常了解""比较了解""一般""不太了解"和"不了解"占相同工作学校类型群体中初中的比例分别为2.7%、17.1%、38.7%、24.2%、17.4%;乡村教师选择了解本地村民的信息素养"非常了解""比较了解""一般""不太了解"和"不了解"占相同工作学校类型群体中普通高中的比例分别为1.1%、16.1%、38.1%、27.5%、17.2%;乡村教师选择了解本地村民的信息素养"非常了解""比较了解""一般""不太了解"和"不了解"占相同工作学校类型群体中职业高中的比例分别为3.9%、14.1%、44.0%、22.5%、15.6%;乡村教师择了解本地村民的信息素养"非常了解""比较了解""一般""不太了解"和"不了解"占相同工作学校类型群体中社区成人学校的比例分别为0.0%、54.5%、36.4%、9.1%、0.0%;乡村教师选择了解本地村民的信息素养"非常了解""比较了解""一般""不太了解"和"不了解"占相同工作学校类型群体中其他类型学校的比例分别为3.4%、14.9%、35.6%、26.0%、20.2%。其中社区成人学校教师选择"非常了解""比较了解"的比例最高,总计为54.5%;其次是小学教师,总计为21.8%。

从表6-3-8可见,Pearson卡方、似然比卡方及线性和线性组合的渐进双侧显著性检验P值均小于0.01,达到极显著水平。由此,从统计学上推断,乡村教师了解本地村民的信息素养的调查数据分布特征与乡村教师工作学校类型存在相关性。选择"不了解"的比例从低到高依次为：社区成人学校 0.0%、职业高中 15.6%、小学 16.1%、普通高中 17.2%、初中 17.4%、其他类型学校 20.2%。

根据以上分析，有理由认为在学校类型中占比较高的普通高中和初中学校里的部分乡村教师不太了解本地村民的信息素养。同时，占一定比例的其他类型学校里边的大多数乡村教师也不太了解本地村民的信息素养。由此，就有比较充分的理由推测乡村教师服务村民信息素养建设的能力是不够的。

表6-3-7 工作的学校类型×您了解本地村民的信息素养吗交叉表

			您了解本地村民的信息素养吗					合计
			非常了解	比较了解	一般	不太了解	不了解	
工作的学校类型	小学	计数	168	951	1 933	1 255	829	5 136
		"工作的学校类型"中的占比	3.3%	18.5%	37.6%	24.4%	16.1%	100.0%
		"您了解本地村民的信息素养吗"中的占比	59.4%	57.0%	53.6%	53.9%	52.0%	54.2%
		总数的占比	1.8%	10.0%	20.4%	13.2%	8.7%	54.2%
	初中	计数	75	479	1 086	679	490	2 809
		"工作的学校类型"中的占比	2.7%	17.1%	38.7%	24.2%	17.4%	100.0%
		"您了解本地村民的信息素养吗"中的占比	26.5%	28.7%	30.1%	29.2%	30.7%	29.6%
		总数的占比	0.8%	5.1%	11.5%	7.2%	5.2%	29.6%
	普通高中	计数	6	92	217	157	98	570
		"工作的学校类型"中的占比	1.1%	16.1%	38.1%	27.5%	17.2%	100.0%
		"您了解本地村民的信息素养吗"中的占比	2.1%	5.5%	6.0%	6.7%	6.1%	6.0%
		总数的占比	0.1%	1.0%	2.3%	1.7%	1.0%	6.0%

(续表)

			您了解本地村民的信息素养吗					合计
			非常了解	比较了解	一般	不太了解	不了解	
工作的学校类型	职业高中	计数	13	47	147	75	52	334
		"工作的学校类型"中的占比	3.9%	14.1%	44.0%	22.5%	15.6%	100.0%
		"您了解本地村民的信息素养吗"中的占比	4.6%	2.8%	4.1%	3.2%	3.3%	3.5%
		总数的占比	0.1%	0.5%	1.5%	0.8%	0.5%	3.5%
	社区成人学校	计数	0	6	4	1	0	11
		"工作的学校类型"中的占比	0.0%	54.5%	36.4%	9.1%	0.0%	100.0%
		"您了解本地村民的信息素养吗"中的占比	0.0%	0.4%	0.1%	0.0%	0.0%	0.1%
		总数的占比	0.0%	0.1%	0.0%	0.0%	0.0%	0.1%
	其他类型学校	计数	21	93	222	162	126	624
		"工作的学校类型"中的占比	3.4%	14.9%	35.6%	26.0%	20.2%	100.0%
		"您了解本地村民的信息素养吗"中的占比	7.4%	5.6%	6.2%	7.0%	7.9%	6.6%
		总数的占比	0.2%	1.0%	2.3%	1.7%	1.3%	6.6%
合计		计数	283	1668	3609	2329	1595	9484
		"工作的学校类型"中的占比	3.0%	17.6%	38.1%	24.6%	16.8%	100.0%
		"您了解本地村民的信息素养吗"中的占比	100.0%	100.0%	100.0%	100.0%	100.0%	100.0%
		总数的占比	3.0%	17.6%	38.1%	24.6%	16.8%	100.0%

表 6-3-8 工作的学校类型×您了解本地村民的信息素养吗卡方检验

	值	df	渐进 Sig.（双侧）
Pearson 卡方	45.697[a]	20	0.001
似然比	47.272	20	0.001
线性和线性组合	9.088	1	0.003
有效案例中的 N	9 484		

a. 5 单元格(16.7%)的期望计数少于 5。最小期望计数为 0.33。

四 乡村教师家庭住址所在区域与参与提升村民信息素养培训活动频度相关分析

乡村教师参与提升村民信息素养培训活动是乡村教师服务村民信息素养建设能力的直接的现实指标，乡村教师家庭住址所在区域是乡村教师基本的生活环境要素之一。本研究选择对乡村教师家庭住址所在区域与参与提升村民信息素养培训活动频度作卡方检验。

从表 6-3-9 可见，乡村教师参与提升村民信息素养培训活动的选项在"偶尔"和"没有"上的数量占乡村教师群体的比例分别为 16.5%和 51.9%，累计高达 67.4%，即超过半数的乡村教师很少或没有参与提升村民信息素养培训活动。选择参与提升村民信息素养培训活动的乡村教师在家庭住址所在区域为"本乡（镇）""外乡（镇）""县城""地级市"和"省城"选择项上的数量占乡村教师被调查群体总数量的比例分别为 14.4%、8.2%、20.8%、4.4%和 0.2%，在本乡与县城的教师参与较为积极。乡村教师家庭住址所在区域在"本乡（镇）"和"外乡（镇）"的数量占乡村教师被调查群体总数量的比例分别为 29.9%和 17.0%，两者总和为 46.9%，即乡村教师家庭住址所在区域在乡村的总数量不到一半。

乡村教师参与提升村民信息素养培训活动的数量在家庭住址所在区域为"本乡

(镇)""外乡(镇)""县城""地级市"和"省城"选择项上占各自家庭住址所在区域群体的比例依次为48.3%、48.0%、48.4%、47.1%和37.7%,其中"本乡(镇)"选择项上的群体比例相对比较高。

从表6-3-10可见,Pearson卡方、似然比卡方以及线性和线性组合的渐进双侧显著性检验P值依次为0.147、0.119、0.569均大于0.05,没有达到显著性差异。由此,从统计学上推断,乡村教师参与提升村民信息素养培训活动的数据分布特征与乡村教师的家庭住址所在区域无相关性。但是,选择"偶尔"和"没有"的比例高达16.5%和51.9%,让人不得不怀疑乡村教师服务村民信息素养建设能力不足。

表6-3-9 家庭住址所在区域×您有参与提升村民信息素养的培训活动吗交叉表

			您有参与提升村民信息素养的培训活动吗					合计
			非常多	比较多	一般	偶尔	没有	
家庭住址所在区域	本乡(镇)	计数	68	208	583	511	1 469	2 839
		"家庭住址所在区域"中的占比	2.4%	7.3%	20.5%	18.0%	51.7%	100.0%
		"您有参与提升村民信息素养的培训活动吗"中的占比	31.5%	29.3%	28.1%	32.7%	29.8%	29.9%
		总数的占比	0.7%	2.2%	6.1%	5.4%	15.5%	29.9%
	外乡(镇)	计数	28	116	362	269	838	1 613
		"家庭住址所在区域"中的占比	1.7%	7.2%	22.4%	16.7%	52.0%	100.0%
		"您有参与提升村民信息素养的培训活动吗"中的占比	13.0%	16.4%	17.5%	17.2%	17.0%	17.0%
		总数的占比	0.3%	1.2%	3.8%	2.8%	8.8%	17.0%
	县城	计数	102	312	917	643	2 108	4 082
		"家庭住址所在区域"中的占比	2.5%	7.6%	22.5%	15.8%	51.6%	100.0%
		"您有参与提升村民信息素养的培训活动吗"中的占比	47.2%	44.0%	44.3%	41.1%	42.8%	43.0%
		总数的占比	1.1%	3.3%	9.7%	6.8%	22.2%	43.0%

(续表)

			您有参与提升村民信息素养的培训活动吗					合计
			非常多	比较多	一般	偶尔	没有	
家庭住址所在区域	地级市	计数	16	65	199	135	466	881
		"家庭住址所在区域"中的占比	1.8%	7.4%	22.6%	15.3%	52.9%	100.0%
		"您有参与提升村民信息素养的培训活动吗"中的占比	7.4%	9.2%	9.6%	8.6%	9.5%	9.3%
		总数的占比	0.2%	0.7%	2.1%	1.4%	4.9%	9.3%
	省城	计数	2	8	11	5	43	69
		"家庭住址所在区域"中的占比	2.9%	11.6%	15.9%	7.2%	62.3%	100.0%
		"您有参与提升村民信息素养的培训活动吗"中的占比	0.9%	1.1%	0.5%	0.3%	0.9%	0.7%
		总数的占比	0.0%	0.1%	0.1%	0.1%	0.5%	0.7%
合计		计数	216	709	2 072	1 563	4 924	9 484
		"家庭住址所在区域"中的占比	2.3%	7.5%	21.8%	16.5%	51.9%	100.0%
		"您有参与提升村民信息素养的培训活动吗"中的占比	100.0%	100.0%	100.0%	100.0%	100.0%	100.0%
		总数的占比	2.3%	7.5%	21.8%	16.5%	51.9%	100.0%

表6-3-10 家庭住址所在区域×您有参与提升村民信息素养的培训活动吗卡方检验

	值	df	渐进 Sig.（双侧）
Pearson 卡方	21.877[a]	16	0.147
似然比	22.800	16	0.119
线性和线性组合	0.324	1	0.569
有效案例中的 N	9 484		

a. 1 单元格（4.0%）的期望计数少于5。最小期望计数为1.57。

五 乡村教师青少年时期就读学校与参与提升村民信息素养培训活动频度相关分析

乡村教师参与提升村民信息素养培训活动频度是乡村教师服务村民信息素养建设能力的直接的现实指标,乡村教师青少年时期就读学校所在区域是乡村教师从孩童到成人的成长历程中的重要环境,是乡村教师成长史当中的重要的社会因素。乡村教师青少年读书时期可以划分为三个阶段:小学、初中、高中或中专。乡村教师青少年时期就读学校所在区域有:村庄、乡/镇政府所在地、县城、地级市、省城。本研究选择对乡村教师青少年时期就读学校与参与提升村民信息素养培训活动频度分别作卡方检验。卡方检验结果发现,乡村教师青少年时期就读学校与参与提升村民信息素养培训活动频度存在相关性。

从表6-3-11、表6-3-13、表6-3-15可见,乡村教师小学、初中、高中或中专阶段参与提升村民信息素养培训活动频度的选项在"非常多"上选择总数量占各自就读学校所在区域类型群体的比例总体分布趋势一致,即就读学校在"村庄""乡/镇政府所在地""县城""地级市""省城"不同的地理空间,乡村教师选择"非常多"的比例基本上都是在10%以下。以小学就读学校所在区域为例,在"村庄""乡/镇政府所在地""县城""地级市""省城"类型的群体里边选择"非常多"的比例分别为:2.0%、2.7%、2.8%、0.8%、5.3%。

从表6-1-12、表6-1-14、表6-1-16可见,由于是分类变量,Pearson卡方、似然比卡方检验P值均小于0.05,达到显著性水平。由此,从统计学上推断,乡村教师参与提升村民信息素养培训活动频度的调查数据分布特征与青少年时期就读学校所在区域存在相关性。选择"没有"参与提升村民信息素养培训活动的乡村教师比例基本上随着青少年时期就读学校所在区域行政级别的升高而升高。

根据以上分析,乡村教师参与提升村民信息素养培训活动的频度选择"偶尔"或"没有"的比例之和超过50%。由此,就有比较充分的理由推测乡村教师服务村民信息素养建设能力是不足的。

表6-3-11 小学就读的学校所在地区域×您有参与提升村民信息素养的培训活动吗交叉表

			您有参与提升村民信息素养的培训活动吗					合计
			非常多	比较多	一般	偶尔	没有	
小学就读的学校所在地区域	村庄	计数	114	426	1 170	997	2 965	5 672
		"小学就读的学校所在地区域"中的占比	2.0%	7.5%	20.6%	17.6%	52.3%	100.0%
		"您有参与提升村民信息素养的培训活动吗"中的占比	52.8%	60.1%	56.5%	63.8%	60.2%	59.8%
		总数的占比	1.2%	4.5%	12.3%	10.5%	31.3%	59.8%
	乡/镇政府所在地	计数	64	164	567	365	1 181	2 341
		"小学就读的学校所在地区域"中的占比	2.7%	7.0%	24.2%	15.6%	50.4%	100.0%
		"您有参与提升村民信息素养的培训活动吗"中的占比	29.6%	23.1%	27.4%	23.4%	24.0%	24.7%
		总数的占比	0.7%	1.7%	6.0%	3.8%	12.5%	24.7%
	县城	计数	34	103	277	163	620	1 197
		"小学就读的学校所在地区域"中的占比	2.8%	8.6%	23.1%	13.6%	51.8%	100.0%
		"您有参与提升村民信息素养的培训活动吗"中的占比	15.7%	14.5%	13.4%	10.4%	12.6%	12.6%
		总数的占比	0.4%	1.1%	2.9%	1.7%	6.5%	12.6%
	地级市	计数	2	16	50	32	136	236
		"小学就读的学校所在地区域"中的占比	0.8%	6.8%	21.2%	13.6%	57.6%	100.0%
		"您有参与提升村民信息素养的培训活动吗"中的占比	0.9%	2.3%	2.4%	2.0%	2.8%	2.5%
		总数的占比	0.0%	0.2%	0.5%	0.3%	1.4%	2.5%

(续表)

			您有参与提升村民信息素养的培训活动吗					合计
			非常多	比较多	一般	偶尔	没有	
小学就读的学校所在地区域	省城	计数	2	0	8	6	22	38
		"小学就读的学校所在地区域"中的占比	5.3%	0.0%	21.1%	15.8%	57.9%	100.0%
		"您有参与提升村民信息素养的培训活动吗"中的占比	0.9%	0.0%	0.4%	0.4%	0.4%	0.4%
		总数的占比	0.0%	0.0%	0.1%	0.1%	0.2%	0.4%
合计		计数	216	709	2 072	1 563	4 924	9 484
		"小学就读的学校所在地区域"中的占比	2.3%	7.5%	21.8%	16.5%	51.9%	100.0%
		"您有参与提升村民信息素养的培训活动吗"中的占比	100.0%	100.0%	100.0%	100.0%	100.0%	100.0%
		总数的占比	2.3%	7.5%	21.8%	16.5%	51.9%	100.0%

表6-3-12 小学就读的学校所在地区域×您有参与提升村民信息素养的培训活动吗卡方检验

	值	df	渐进 Sig.（双侧）
Pearson 卡方	41.115[a]	16	0.001
似然比	44.160	16	0.000
线性和线性组合	1.889	1	0.169
有效案例中的 N	9 484		

a. 2 单元格(8.0%)的期望计数少于5。最小期望计数为0.87。

表6-3-13 初中就读的学校所在地区域×您有参与提升村民信息素养的培训活动吗交叉表

			您有参与提升村民信息素养的培训活动吗					合计
			非常多	比较多	一般	偶尔	没有	
初中就读的学校所在地区域	村庄	计数	31	98	281	224	755	1 389
		"初中就读的学校所在地区域"中的占比	2.2%	7.1%	20.2%	16.1%	54.4%	100.0%

(续表)

			您有参与提升村民信息素养的培训活动吗					合计
			非常多	比较多	一般	偶尔	没有	
初中就读的学校所在地区域	村庄	"您有参与提升村民信息素养的培训活动吗"中的占比	14.4%	13.8%	13.6%	14.3%	15.3%	14.6%
		总数的占比	0.3%	1.0%	3.0%	2.4%	8.0%	14.6%
	乡/镇政府所在地	计数	122	441	1 262	982	2 940	5 747
		"初中就读的学校所在地区域"中的占比	2.1%	7.7%	22.0%	17.1%	51.2%	100.0%
		"您有参与提升村民信息素养的培训活动吗"中的占比	56.5%	62.2%	60.9%	62.8%	59.7%	60.6%
		总数的占比	1.3%	4.6%	13.3%	10.4%	31.0%	60.6%
	县城	计数	56	147	447	313	1 028	1 991
		"初中就读的学校所在地区域"中的占比	2.8%	7.4%	22.5%	15.7%	51.6%	100.0%
		"您有参与提升村民信息素养的培训活动吗"中的占比	25.9%	20.7%	21.6%	20.0%	20.9%	21.0%
		总数的占比	0.6%	1.5%	4.7%	3.3%	10.8%	21.0%
	地级市	计数	3	22	70	35	174	304
		"初中就读的学校所在地区域"中的占比	1.0%	7.2%	23.0%	11.5%	57.2%	100.0%
		"您有参与提升村民信息素养的培训活动吗"中的占比	1.4%	3.1%	3.4%	2.2%	3.5%	3.2%
		总数的占比	0.0%	0.2%	0.7%	0.4%	1.8%	3.2%
	省城	计数	4	1	12	9	27	53
		"初中就读的学校所在地区域"中的占比	7.5%	1.9%	22.6%	17.0%	50.9%	100.0%
		"您有参与提升村民信息素养的培训活动吗"中的占比	1.9%	0.1%	0.6%	0.6%	0.5%	0.6%
		总数的占比	0.0%	0.0%	0.1%	0.1%	0.3%	0.6%

(续表)

		您有参与提升村民信息素养的培训活动吗					合计
		非常多	比较多	一般	偶尔	没有	
合计	计数	216	709	2 072	1 563	4 924	9 484
	"初中就读的学校所在地区域"中的占比	2.3%	7.5%	21.8%	16.5%	51.9%	100.0%
	"您有参与提升村民信息素养的培训活动吗"中的占比	100.0%	100.0%	100.0%	100.0%	100.0%	100.0%
	总数的占比	2.3%	7.5%	21.8%	16.5%	51.9%	100.0%

表6-3-14 初中就读的学校所在地区域×您有参与提升村民信息素养的培训活动吗卡方检验

	值	df	渐进 Sig.(双侧)
Pearson 卡方	27.505[a]	16	0.036
似然比	26.945	16	0.042
线性和线性组合	0.921	1	0.337
有效案例中的 N	9 484		

a. 2 单元格(8.0%)的期望计数少于 5。最小期望计数为 1.21。

表6-3-15 高中或中专就读的学校所在地区域×您有参与提升村民信息素养的培训活动吗交叉表

			您有参与提升村民信息素养的培训活动吗					合计
			非常多	比较多	一般	偶尔	没有	
高中或中专就读的学校所在地区域	村庄	计数	10	8	31	14	68	131
		"高中或中专就读的学校所在地区域"中的占比	7.6%	6.1%	23.7%	10.7%	51.9%	100.0%
		"您有参与提升村民信息素养的培训活动吗"中的占比	4.6%	1.1%	1.5%	0.9%	1.4%	1.4%
		总数的占比	0.1%	0.1%	0.3%	0.1%	0.7%	1.4%

(续表)

			您有参与提升村民信息素养的培训活动吗					合计
			非常多	比较多	一般	偶尔	没有	
高中或中专就读的学校所在地区域	乡/镇政府所在地	计数	41	145	405	344	1 139	2 074
		"高中或中专就读的学校所在地区域"中的占比	2.0%	7.0%	19.5%	16.6%	54.9%	100.0%
		"您有参与提升村民信息素养的培训活动吗"中的占比	19.0%	20.5%	19.5%	22.0%	23.1%	21.9%
		总数的占比	0.4%	1.5%	4.3%	3.6%	12.0%	21.9%
	县城	计数	127	425	1 197	919	2 664	5 332
		"高中或中专就读的学校所在地区域"中的占比	2.4%	8.0%	22.4%	17.2%	50.0%	100.0%
		"您有参与提升村民信息素养的培训活动吗"中的占比	58.8%	59.9%	57.8%	58.8%	54.1%	56.2%
		总数的占比	1.3%	4.5%	12.6%	9.7%	28.1%	56.2%
	地级市	计数	31	114	398	264	943	1 750
		"高中或中专就读的学校所在地区域"中的占比	1.8%	6.5%	22.7%	15.1%	53.9%	100.0%
		"您有参与提升村民信息素养的培训活动吗"中的占比	14.4%	16.1%	19.2%	16.9%	19.2%	18.5%
		总数的占比	0.3%	1.2%	4.2%	2.8%	9.9%	18.5%
	省城	计数	7	17	41	22	110	197
		"高中或中专就读的学校所在地区域"中的占比	3.6%	8.6%	20.8%	11.2%	55.8%	100.0%
		"您有参与提升村民信息素养的培训活动吗"中的占比	3.2%	2.4%	2.0%	1.4%	2.2%	2.1%
		总数的占比	0.1%	0.2%	0.4%	0.2%	1.2%	2.1%

(续表)

		您有参与提升村民信息素养的培训活动吗					合计
		非常多	比较多	一般	偶尔	没有	
合计	计数	216	709	2 072	1 563	4 924	9 484
	"高中或中专就读的学校所在地区域"中的占比	2.3%	7.5%	21.8%	16.5%	51.9%	100.0%
	"您有参与提升村民信息素养的培训活动吗"中的占比	100.0%	100.0%	100.0%	100.0%	100.0%	100.0%
	总数的占比	2.3%	7.5%	21.8%	16.5%	51.9%	100.0%

表6-3-16 高中或中专就读的学校所在地区域×您有参与提升村民信息素养的培训活动吗卡方检验

	值	df	渐进 Sig.（双侧）
Pearson 卡方	52.504[a]	16	0.000
似然比	47.209	16	0.000
线性和线性组合	0.194	1	0.659
有效案例中的 N	9 484		

a. 2 单元格(8.0%)的期望计数少于 5。最小期望计数为 2.98。

乡村教师性别年龄学历职称与参与提升村民信息素养培训活动频度相关分析

　　乡村教师参与提升村民信息素养培训活动是乡村教师服务村民信息素养建设能力的直接的现实指标,性别和年龄是影响人的一般能力的自然属性,学历职称是乡村教师学术专业水准的重要标志。本研究选择对乡村教师性别年龄学历职称与参与提升村民信息素养培训活动频度分别作卡方检验。卡方检验结果发现,乡村教师性别和年龄与参与提升村民信息素养培训活动频度存在相关性,乡村教师学历职称与参与提升村民信息素养培训活动频度没有相关性。限于篇幅,以下以性别和年龄为例进行说明。

从表6-3-17和表6-3-19可见,乡村教师参与提升村民信息素养培训活动频度的选项在"偶尔"和"没有"上的数量占乡村教师群体的比例分别为16.5%和51.9%,累计高达68.4%,即超过半数的乡村教师很少或没有参与提升村民信息素养培训活动频度。

从表6-3-17性别来看,男教师和女教师在"非常多""比较多""一般""偶尔"和"没有"选项上的选择数量占各自性别群体的比例分布趋势一致,与总体分布趋势也一致。但是,男教师在"非常多"和"比较多"选项上的选择数量占乡村男教师群体的比例高于女教师。从表6-3-18可见,Pearson卡方、似然比卡方以及线性和线性组合的渐进双侧显著性检验P值均小于0.01,达到极显著性水平。由此,从统计学上推断,乡村教师参与提升村民信息素养培训活动频度的调查数据分布特征与乡村教师的性别存在相关性,男教师比女教师参与程度高一些。

从表6-3-20可见,由于是分类变量,Pearson卡方以及似然比的渐进双侧显著性检验P值均小于0.01,达到极显著性水平。由此,从统计学上推断,乡村教师参与提升村民信息素养培训活动频度的调查数据分布特征与乡村教师的年龄段存在相关性。

根据以上分析,有理由认为多数乡村女教师和年长教师因自身信息化应用水平和实践指导经验不足,服务村民信息素养建设能力有待提高。

表6-3-17 性别×您有参与提升村民信息素养的培训活动吗交叉表

			您有参与提升村民信息素养的培训活动吗					合计
			非常多	比较多	一般	偶尔	没有	
性别	男	计数	114	438	1 098	823	2 126	4 599
		"性别"中的占比	2.5%	9.5%	23.9%	17.9%	46.2%	100.0%
		"您有参与提升村民信息素养的培训活动吗"中的占比	52.8%	61.8%	53.0%	52.7%	43.2%	48.5%
		总数的占比	1.2%	4.6%	11.6%	8.7%	22.4%	48.5%

(续表)

		您有参与提升村民信息素养的培训活动吗					合计
		非常多	比较多	一般	偶尔	没有	
性别	女	计数	102	271	974	740	2 798	4 885
		"性别"中的占比	2.1%	5.5%	19.9%	15.1%	57.3%	100.0%
		"您有参与提升村民信息素养的培训活动吗"中的占比	47.2%	38.2%	47.0%	47.3%	56.8%	51.5%
		总数的占比	1.1%	2.9%	10.3%	7.8%	29.5%	51.5%
合计		计数	216	709	2 072	1 563	4 924	9 484
		"性别"中的占比	2.3%	7.5%	21.8%	16.5%	51.9%	100.0%
		"您有参与提升村民信息素养的培训活动吗"中的占比	100.0%	100.0%	100.0%	100.0%	100.0%	100.0%
		总数的占比	2.3%	7.5%	21.8%	16.5%	51.9%	100.0%

表6-3-18 性别×您有参与提升村民信息素养的培训活动吗卡方检验

	值	df	渐进 Sig.（双侧）
Pearson 卡方	135.040[a]	4	0.000
似然比	135.581	4	0.000
线性和线性组合	111.511	1	0.000
有效案例中的 N	9 484		

a. 0 单元格(0.0%)的期望计数少于5。最小期望计数为104.74。

表6-3-19 年龄×您有参与提升村民信息素养的培训活动吗交叉表

			您有参与提升村民信息素养的培训活动吗					合计
			非常多	比较多	一般	偶尔	没有	
年龄	25岁及以下	计数	17	51	178	84	315	645
		"年龄"中的占比	2.6%	7.9%	27.6%	13.0%	48.8%	100.0%
		"您有参与提升村民信息素养的培训活动吗"中的占比	7.9%	7.2%	8.6%	5.4%	6.4%	6.8%
		总数的占比	0.2%	0.5%	1.9%	0.9%	3.3%	6.8%

(续表)

			您有参与提升村民信息素养的培训活动吗					合计
			非常多	比较多	一般	偶尔	没有	
年龄	26—35岁	计数	83	265	860	553	1 949	3 710
		"年龄"中的占比	2.2%	7.1%	23.2%	14.9%	52.5%	100.0%
		"您有参与提升村民信息素养的培训活动吗"中的占比	38.4%	37.4%	41.5%	35.4%	39.6%	39.1%
		总数的占比	0.9%	2.8%	9.1%	5.8%	20.6%	39.1%
	36—45岁	计数	78	221	607	483	1 565	2 954
		"年龄"中的占比	2.6%	7.5%	20.5%	16.4%	53.0%	100.0%
		"您有参与提升村民信息素养的培训活动吗"中的占比	36.1%	31.2%	29.3%	30.9%	31.8%	31.1%
		总数的占比	0.8%	2.3%	6.4%	5.1%	16.5%	31.1%
	46—55岁	计数	32	139	356	367	942	1 836
		"年龄"中的占比	1.7%	7.6%	19.4%	20.0%	51.3%	100.0%
		"您有参与提升村民信息素养的培训活动吗"中的占比	14.8%	19.6%	17.2%	23.5%	19.1%	19.4%
		总数的占比	0.3%	1.5%	3.8%	3.9%	9.9%	19.4%
	56岁及以上	计数	6	33	71	76	153	339
		"年龄"中的占比	1.8%	9.7%	20.9%	22.4%	45.1%	100.0%
		"您有参与提升村民信息素养的培训活动吗"中的占比	2.8%	4.7%	3.4%	4.9%	3.1%	3.6%
		总数的占比	0.1%	0.3%	0.7%	0.8%	1.6%	3.6%
合计		计数	216	709	2 072	1 563	4 924	9 484
		"年龄"中的占比	2.3%	7.5%	21.8%	16.5%	51.9%	100.0%
		"您有参与提升村民信息素养的培训活动吗"中的占比	100.0%	100.0%	100.0%	100.0%	100.0%	100.0%
		总数的占比	2.3%	7.5%	21.8%	16.5%	51.9%	100.0%

表6-3-20 年龄×您有参与提升村民信息素养的培训活动吗卡方检验

	值	df	渐进 Sig.（双侧）
Pearson 卡方	64.581[a]	16	0.000
似然比	63.040	16	0.000
线性和线性组合	1.697	1	0.193
有效案例中的 N	9484		

a. 0 单元格(0.0%)的期望计数少于5。最小期望计数为7.72。

第七章

乡村教师服务乡村振兴战略能力建设路径探索

《中共中央 国务院关于实施乡村振兴战略的意见》指出,"实施乡村振兴战略,优先发展乡村教育事业。高度重视发展乡村义务教育,推动建立以城带乡、整体推进、城乡一体、均衡发展的义务教育发展机制。统筹配置城乡师资,并向乡村倾斜,建好建强乡村教师队伍"。[①] 由此可见,乡村教师迎来了自身进一步发展的历史和时代机遇。在乡村振兴战略背景下,乡村教师应该成为推动乡村教育治理体系和治理能力现代化的引领者,也应该是助力乡村教育振兴和教育脱贫攻坚计划扎实推进的行动研究者,更应该是乡村振兴战略和科教兴国战略合力推进民族复兴道路上的中坚力量。因此,乡村教师不仅要能成为教育情怀深厚的高素质专业化创新型教师[②],还应该真正深入地走进乡村,服务于乡村,进而锻造出一批具有乡土乡情素养,具备服务乡村振兴战略能力的复合型乡村教师。

为实现全面建成社会主义现代化国家的宏伟目标,党的十九大提出乡村振兴战略,全面促进乡村社会发展,更好地实现中国梦。在实现中华民族伟大复兴的征程中,乡村教师应当在乡村振兴战略中扮演着什么样的角色,从何处汲取力量,自身又该如何习得服务乡村振兴战略的能力?下面将从乡村教师的角色意识定位、弘扬新乡土文化、本土化定向培养方式三个维度出发探索出乡村教师服务乡村振兴战略能力建设路径。

第一节 乡村教师服务乡村振兴能力建设之角色意识定位路径

当前乡村教师作为乡村社会的知识分子这一特殊身份正逐渐消亡殆尽,他们人为

---

① 中共中央,国务院.中共中央 国务院关于实施乡村振兴战略的意见[EB/OL].(2018-02-06)[2021-03-11]. http://www.gov.cn/xinwen/2018-02/06/content_5264358.htm.
② 教育部.关于实施卓越教师培养计划2.0的意见[EB/OL].(2018-10-10)[2021-02-28]. http://www.gov.cn/xinwen/2018-10/10/content_5329343.htm.

地远离乡村,局限于学校围墙内活动,成为游离于乡土社会的局外人,导致他们与乡土社会之间天然的联系纽带出现断裂。随着乡村社会城市化进程的加快,"村民化"教师逐渐被"市民化"教师所取代,导致乡村教师的身份焦虑与文化危机,乡村学校的文化趋向一元化。[①] 这从侧面反映出乡村教师自我角色意识定位淡薄,主要问题表现在乡村教师身份价值边缘化、责任意识淡薄、乡土情怀素养不足等方面。那么,乡村教师服务乡村振兴能力建设的首要之举是探索角色意识定位路径。

一 乡村教师理应成为乡村振兴战略的解读者和传达者

(一)乡村教师坚守家国一体的意识要求

乡村教师要秉持底线思维,对中国当前发展新阶段和新格局进行深刻思考和解读,提高自身政治思想觉悟,把国家命运、民族未来与个人的社会价值紧密联系起来,培养家国一体意识。

当前中国正面临西方发达国家单边主义挑战,为了应对这一挑战,我国正在着力构建以国内大循环为主体的国内国际双循环新发展格局,乡村教师要辩证地分析"练好内功,夯实基础"的新发展理念,深刻认识到乡村振兴战略是应对全球单边主义挑战的压舱石,这是乡村教师服务乡村教育事业和乡村社会的行动指南、强大动力和时代机遇。同时,乡村教师也必须改变以往期盼乡村搭上城市化和全球化便车的思想,从最坏的国际局势环境着眼,往最好的乡村振兴发展方向努力。这是知识分子群体在思想意识发展过程中需要进行的自觉调整,也是乡村教师服务乡村社会所必须要具备的基本问题意识。

(二)乡村教师唤醒村民家国一体意识的途径

那么,乡村教师该如何将乡村振兴战略和当下我国严峻的国家安全形势准确地传

---

① 高小强.乡村教师阶层分化及其社会文化后果[J].中国教育学刊,2011,(12).

达给村民呢?首先,乡村教师得从自身的政治站位出发,融入村民群体中去,以自觉的"村民化"身份去跟村民们打交道,直接参与管理乡村事务,与基层自治组织群体进行深度交流,增强乡村社会"国家兴亡匹夫有责"的大局意识,形成一股强大的政治思想凝聚力。其次,乡村教师可以借助家校共育平台探讨有关乡村建设运动和共同富裕的话题,潜移默化地将村民们原有的小农思想和利己主义转化为团结协作精神和集体主义,以此唤醒和激发村民们的爱国热情。这不仅能够让他们在为乡村建设时自然而然地联系到国家命运和子孙后代的幸福,还可以营造出"每人迈进一小步,国家向前一大步"的乡村建设氛围,使其积极投身于乡村建设的大潮中。最后,乡村教师要扮演好乡村振兴战略的解读者和传达者的角色,将村民对乡村建设产生的普遍存在的思想问题和物质需求进行真实客观的记录,通过乡土实践和乡村行动研究等方式提炼乡村建设理论,提出乡村建设方案;通过唤醒村民家国一体意识,利用"取智于民,用智于民"的大智慧,探索出符合当地乡情特色的乡村建设路径。

二 乡村教师乐于成为乡土民风民俗文化的传承者和交流者

(一) 乡村教师乐学乡土文化的意识要求

乡村教师要秉持勤学乐学乡土文化的理念,认清自身乡土文化知识不足的现实,同时,有意识地改造乡土文化,剔除其中落后愚昧的思想观念,营造积极向好的乡土文化氛围,从而增强文化自觉和文化自信。这也是乡村教师职业认同和社会责任感形成的前提条件。2020 年《教育部等六部门关于加强新时代乡村教师队伍建设的意见》提出:"注重发挥乡村教师新乡贤示范引领作用,塑造新时代文明乡风,促进乡村文化振兴。"[1]这意味着乡村教师必须具备扎实的乡土文化知识和深厚的乡土教育情怀,扮演好新乡贤和乡土文化传播大使的角色。因此,对于乡村社会中离农性高的"市民化"

---

[1] 教育部,中央组织部,等.教育部等六部门关于加强新时代乡村教师队伍建设的意见[EB/OL].(2020-08-28)[2021-02-28]. http://www.moe.gov.cn/srcsite/A10/s3735/202009/t20200903_484941.html.

教师来说，要真正实现角色转变就必须从骨子里潜心向学乡土文化知识，厚植乡土教育情感，进而走上一条服务乡村振兴战略的"感知、勾勒和深描地方性知识的累积之路"，使争做新乡贤和乡土文化传播大使成为乡村教师服务乡村振兴战略的内生性力量。

(二) 乡师村民增强共学共建乡土文化意识的途径

当下，许多乡村教师缺乏与村民共学乡土文化的意识，大部分村民也缺乏与乡村教师探讨乡土知识的热情，这种双向的疏离性使得乡土文化失去可持续发展的活力。因此，乡师村民务必增强共学共建乡土文化的意识。

首先，乡村教师必须扩大原有的乡村教育活动范围，从乡村学校扩展到乡村村民社区，保持积极乐观的心态走进乡村社会，融入村民生活，认真记录思考实践体验过程中所产生的关于民风民俗和逸闻轶事，增强自己学习和改造乡土文化的自觉性。其次，乡村教师要"村民化"，将高深抽象的理论知识转化为通俗易懂的话语，与当地村民平等友好地探讨在服务乡村社会实践中所产生的困惑，增强乡师村民间的情感联结，形成"取道村民，传道村民"的社会服务通路。最后，乡村教师需要把所习得和内化的乡土文化知识进行整理和输出，指导乡村生活、改造乡土的实践，让自己真正享受到为乡服务的成果，体认乡师村民共学共建乡土文化知识的乐趣，从而在乡村生产生活场域中成为乡土民风民俗文化的传承者和交流者。

第二节　乡村教师服务乡村振兴能力建设之弘扬新乡土文化路径

任何时期乡土文化的建设和传承都根植于"日出而作，日落而息"的乡土生活和乡村实践。乡村教师受当地的乡土风情、文化价值观念以及伦理道德等影响，形成与城市教师不同的乡土文化品性和底色。费孝通先生曾说，"生活在一定文化中的人对其文化有'自知之明',明白它的来历,形成过程,所具的特色和它发展的趋向"①。因此,乡村教师应当坚守乡土文化自信和乡土文化自觉,选择、认同乡土文化,回归乡土社会,弘扬新乡土文化,积极习得服务乡村振兴战略的能力。

一 重拾耕读教育,实现乡土文化传承

(一) 重拾耕读教育的必要性

乡村教师服务乡村振兴战略的能力建设需厚植乡村教师知农爱农情怀,使其肩负起强农兴农的神圣使命。耕读教育恰恰是培养乡村振兴人才的重要途径。教育部应当不断拓宽耕读教育的服务对象,激发广大乡村教师学农兴趣,提升乡村教师知农爱农和服务乡村社会实践的能力,从而实现乡村教师从知农到爱农的成长,成为知农爱农型乡村振兴战略人才。

此外,耕读教育也是传承耕读传家文化的重要方式。数千年以来,"耕读"不仅可以培养乡村学子勤奋踏实和吃苦耐劳的优秀品质,还能实现乡村氏族一代又一代家风遗训的传承,这也是实现立德树人教育目标的有效途径。然而,当下多数的乡村教师崇尚城市文化,缺乏耕读传家的观念,成为游离于乡土文化之外的零余人,无法真正找寻到服务乡村振兴能力建设的精神动力。因此,重拾耕读教育是乡村教师传承乡土文化,真正成为新时代乡村建设者的必由之路。

(二) 体悟耕读教育,传承乡土文化

乡村教师可以体悟不同历史时期和地域的耕读传家文化。如客家人一方面通过堂联、族谱、谚语、童谣、竖楣,激励子弟勤奋好学、成才立业;另一方面设立族学、书院和新式学堂,继承"耕读传家、崇文重教"的优良传统。同时,要重点研学农史农俗、农

---

① 吴云鹏. 乡村振兴视野下乡村教师专业发展的困境与突围[J]. 华南师范大学学报(社会科学版),2021,(1).

事节气、农耕技术等内容;系统研读农业史和农业文明经典,如《农政全书》《齐民要术》等,充分感悟耕读教育中农耕经典的现实意义与价值,并积极开展综合性乡土文化传承的实践活动,真正形成以乡土文化重塑和传承为中心,统筹工作、学习、生活多方位的真实"耕读"场景,获得属于乡村教师独特的现代化耕读体验。

乡村教师传承乡土文化,就必须要把耕读教育纳入到自身的教育教学和社会服务实践中,重视含有地方性知识的耕读理念,深化对马克思主义劳动观的认识和理解。乡村教师要努力成为既能够胜任教育教学工作,又能进行劳动实践指导的"双师型"教师,依托乡镇建设的农业教育基地和涉农企业助力乡村教师开展耕读教育培训指导平台,不断积累乡土知识和耕读经验,增强其传承乡土文化的能力。

二 弘扬乡土精神,实现乡土文化创新

(一) 乡土文化建设的困境

新时期村民对美好生活的向往以及受城市文化和多元价值观的冲击,使其思想观念、理想信念等发生了深刻变化,从"传统人"向"现代人"嬗变。一方面,村民更加注重自身权益,发展出现代化独立意识、法制和道德观念。同时,也面临着个人主义、拜金主义、享乐主义等不良风气的腐蚀,产生以"官乡贤""富乡贤"为荣,忽视"德乡贤""文乡贤"的扭曲心理,甚至造成嫌贫爱富的畸形心态,导致乡土文化偏离传统良好风尚。另一方面,越来越多的乡村优质劳动力涌向城市,乡村滞留了大量的空巢老人和留守儿童,"空心村"现象严重,导致乡土社会中一批最有活力的为乡建设者消失殆尽。然而,这些人很难在竞争异常激烈的城市生活中谋求一席之地,成为游荡在城市中的外乡人和"空心人",使得弘扬和创新新乡土文化的有生力量遭到毁灭性打击。

此外,乡村内部群体的不平衡发展和治理缺失,导致乡村社会的内部矛盾和冲突日益升级。一些乡村基层干部长期占据村务管理要职,把为人民服务的初心变为替自己建设"后花园"的私心,一味追求政绩,把追求 GDP 总量和增量视为工作的第一目标,大搞面子工程、形象工程,攀比政绩而忽视加强村民思想政治教育和乡村文化建

设,缺乏服务乡村振兴战略的大局意识和建设能力,造成乡村文化事业的资金投入严重不足、教育人才和资源流失严重。更有甚者,官商联合盲目开发房地产,侵占大量的农舍良田,随意拆除具有地方历史文化特色的古建筑群,人为地使得乡土文化标识遭到城市文化的同化吞噬,使得弘扬新乡土文化创新的源头之水被无情截断。①

不同年龄阶段的乡村教师都面临着乡土文化缺失和盲目跟随城市文化潮流的困境:绝大多数年轻的乡村教师具有浓厚的城市文化情结,希望在乡村学校服务一定的年限后再次回归到城市生活,这样的职业期望降低其对乡土文化的认同感和乡土生活的归属感,成为他们服务乡村振兴道路上的心理障碍;中青年教师虽然已经在长期的乡土文化熏陶和乡情文化素养积淀下产生和形成对村民和乡土社会深厚的情感联结,却又在职位升迁调动中面临"离乡进城"和"留乡任教"的两难抉择;中老年教师虽然是坚守为乡信念和扎根乡村的忠实的乡村建设者,其身上的乡土文化烙印历久弥新,但他们的固化保守的思维已很难完全胜任乡土文化创新这一使命。这些困境束缚了乡村教师服务乡村振兴战略的"拳脚",使得弘扬和创新新乡土文化的中坚力量被分散消解。②

(二) 打破文化困境,弘扬新乡土文化

基于乡土文化建设面临的现实困境,乡村教师必须将知识主动运用于乡村文化建设的实践中,培养服务乡村振兴战略的信念,以"局内人"的社会角色,成为能够书写出具有新时代中国特色社会主义浓厚气息的乡土文化创新者,肩负起重构乡土文化的责任,并弘扬优秀传统文化和推广新乡土文化,讲好中国故事。

第一,弘扬新乡土文化,乡村教师可以走城乡文化统筹融合发展的路子,协调好城乡文化的碰撞与冲突,实现两者之间的良性互动,从而发掘出优秀乡土文化的特质,结合先进的城市文化,淬炼出具有中国特色的乡土文化,这也是新时代乡村教师的使命使然。

---

① 蒙象飞.农村社会主义精神文明建设现状探析[J].毛泽东邓小平理论研究,2021,(11).
② 孙兴华,马云鹏.乡村教师能力素质提升的检视与思考[J].教育研究,2015,36(5).

第二,弘扬新乡土文化,乡村教师需要辩证地看待城市文化同化乡土文化的合理性,需要培养综合乡土教育实践能力,具有探究乡土文化振兴的思维能力和探索精神,发挥其服务村民社会的协同能力、家校互动合作能力、乡土课程开发能力、"物联网+"乡土教育能力。①

第三,弘扬新乡土文化,乡村教师要主动做好城市文化和乡土文化的对接,改变传统乡土文化的附属地位和被动状态,促进城乡文化平等交流与有机融合。乡村教师要发动乡镇企业、社会能人和行业专家,打造乡土文化创新示范点,如浓厚历史文化古迹的特色小镇、创意农业为主导的田园综合体或文化建设示范强村,通过辐射效应带动乡镇村落的发展,促进城乡文化产业要素流动,吸引城市资金、技术、物流等要素的流入,以改善乡土文化流失的颓废之势。

第三节 乡村教师服务乡村振兴能力建设之本土化定向培养路径

建设一支真正扎根于乡村学校的"村民化"教师队伍,是培养乡村教师服务乡村振兴战略能力建设的基础和前提。然而,有研究者认为,"在当下乡村社会中,村民化的乡村教师将消失,市民化的教师日益成为乡村教师的主体。他们在接受整个城市化取向教育的过程中逐渐完成了'城市情结'对'乡土意识'的置换"。这也意味着乡村教师队伍所培养出来的相当一批人会以乡村作为跳板,通过岗内调动和职位晋升等方式去追逐城市生活,享受城市生活品质,这也使得乡村学校逐渐演化成为"城市学校教师培养基地"。

这种现状如不加以改变则将会让乡村师资长期处于"贫血"和"失血"状态,也就谈不上对乡村教师服务乡村振兴战略能力的培养了。那么,如何真正地吸引和更好地留

---

① 孙兴华,马云鹏.乡村教师能力素质提升的检视与思考[J].教育研究,2015,36(5).

住乡村教师服务乡村振兴的问题成为了当下我国需要迫切解决的难题。因此,要从乡村教师本土化职前培养和本土化职后培训两个方面出发,探索这一问题的解决之道,形成前后贯通的选才育才培养路径。

一、本土化培养录取方式

本土化定向培养的录取方式需要改善原有的师范生考核和高中生考核两种模式,选拔出具有服务乡村振兴战略职前意识的乡村教师队伍人才。

第一类的考核对象为全国本科及以上毕业的非定向师范生以及返乡就业的定向师范生,其考核的方式分为报考初审、笔试和面试三大环节。为了选拔出具有服务乡村振兴战略职前意识的乡村教师队伍人才,初审环节要考察师范生生源,优先关注报考者是否来源于乡村,有无乡村教育经历等,尤其是当地本土的生源要积极吸收到乡村教师队伍中去。笔试环节要增加当地的乡土人文知识、乡土地理知识和乡土生活知识等作为笔试的一部分内容,同时提前告知备考生所需研学的有关当地乡土文化的书籍(未成书的乡村地区需要发动乡村教师、村民和专家等智囊团进行研究和撰写),增加其入职前对当地乡土知识有一个较为系统的初步认知。面试环节也应增加一些考题来衡量师范生的乡土素养,如是否具备坚定的服务乡村振兴的信念,是否真正地将所学的乡土知识内化,是否真正愿意扎根乡村等。

第二类的考核对象为参加高考且成绩优秀的普通高中应届毕业生。为了选拔出具有服务乡村振兴战略职前意识的乡村教师队伍人才,各定点的含师范专业的院校按高考和面试成绩择优录取,面试考核的内容需适量增加考查考生是否有家国一体的意识萌芽,是否具有为乡服务的责任意识,以及是否能够自信地介绍自己家乡的乡土文化和民风民俗。鼓励通过者在大学入读前签订定向培养和享受毕业分配优惠政策的合同协议,确保其顺利毕业后返乡就业。[1]

---

[1] 苏鹏举,王海福.乡村教师乡情素养的构成及培育路径[J].伊犁师范学院学报,2021,39(2).

二　创新师范生课程——本土化职前培养

(一) 改革乡村教师职前培养模式，创新体验式职前培养

树立"基于乡土、为了乡土、回归乡土、服务乡土"的教育理念，培养师范生职前对乡土文化的认同感和归属感，需要提前融入乡村社会情感世界和乡土文化场域，为服务乡村振兴战略能力建设奠定实践基础。

在师范生"本土化"实践培养的知识层面，高校专家和乡村能人应联合开发具有"乡土、乡情、乡味"特色的乡土文化精品课程，引导师范生自发组织和展开多样化的乡土文化团建活动，体验做中学、学中乐。同时，定期开展多元化乡土教育专题研讨或讲座，为当下本土化师范生群体感知乡土知识、认同乡土文化，奠定乡土文化底蕴，坚定服务乡村振兴的信念。在师范生"本土化"实践培养的能力层面，由乡村教师和涉农企业引领他们进行乡土生产生活实践，如参与当地特色采茶、制茶产业活动或设计富有地方文化气息的创意农业工艺品。

(二) 增设师范生"本土化"教育实习和研习活动

地方高校应增加师范生集中入乡实习和研习的机会，依据乡村教育发展规律，深切感知乡村留守儿童和寄宿制学生生活学习境况，体悟乡土文化魅力和乡情民俗价值，为师范生将来真正做好乡村教育和服务乡村振兴增添乡情文化底色。

此外，地方高校和当地乡镇应该联合起来，通过开展高校对接乡村学校的乡村教育场域实习、研习等活动，鼓励和引导高校专家指导乡村教师投入乡土课程资源开发与利用，提升其乡情文化素养，形成地方师范大学—地方政府—乡村学校(U-G-S)精准化协同培养的模式。基于回归乡土和服务乡土的考核机制，将乡村实践调研和教研成果纳入师范生教育实习和研习考核的评价要求，增强师范生积极研究乡村教育文化的热情，力求达到对乡村教育规律和特征有一定的了解

与体悟。①

三 增强在职教师内生力——本土化职后培训

(一) 改革乡村教师职后培训理念,提倡参与研究式培训

原有的乡村教师职后培训理念落后,形式单调,内容枯燥,评价体系不完善,无法满足乡村教师服务乡村振兴战略的能力发展需求。因此,为了增强在职乡村教师内生力,必须要改革其培训理念,引入参与研究式培训模式。倡导"基于乡土、为了乡土、回归乡土、服务乡土"的教育理念,乡村教师在专家的指导下成为当地特色文化研究的设计者、策划者和执行者,参与和经历"乡土文化＋互联网"课题研究的方案设计、实施、数据收集和统计分析以及研究结论的得出等全过程,这使得他们既获得感性认识,又发展了理性认识,把感性认识和理性认识辩证地统一起来,构建自己独特的个体知识,创造新知识,使得乡村教师的学习积极性和主体性得以充分发挥。②

同时,为了增强在职乡村教师内生力,完善现有乡村教师职后评价体系也是有效举措。其关键在于要考查乡村教师对乡村教育发展规律的理解及其运用是否到位,是否能够积极践行新时代乡村教师乡土文化创新的使命并肩负起服务乡村振兴的责任担当,是否具有扎根乡村、反哺乡村和奉献乡村的志业追求,这些指标要素应纳入年度评优选模考核评价指标体系。

(二) 创新乡村教师职后培训内容,改善乡村教师职后培训方式

为了增强在职乡村教师内生力,在职后"本土化"培训内容的选择方面,高校专家和乡镇干部要研究不同地域的乡村教育实际,因地制宜,防止培训内容泛化,无法真正适应符合当地乡土文化发展的规律。同时,为了培养乡村教师具备为乡服务的理念,

---

① 苏鹏举,王海福.乡村教师乡情素养的构成及培育路径[J].伊犁师范学院学报,2021,39(2).
② 卢尚建,李清臣.农村教师"参与研究式"培训方式的探索[J].中小学教师培训,2018,(3).

厚植乡情文化素养,夯实乡土文化教育学识,提升服务乡村振兴能力,乡村教师的职后培训年度考核内容应将乡土性知识和乡土实践活动成果纳入考核范围。此外,还应增设乡土文化素养专题论坛,定期撰写入乡实践调研报告,内容可以涉及乡土传统文化知识、乡土地理风貌知识、乡土耕作农牧知识、乡土民俗乡情知识和村民心理健康教育知识等。

为了增强在职乡村教师内生力,在职后"本土化"培训方式和路径方面,应采取社会多方力量助力乡村教师服务乡村振兴战略能力的培训方式和路径。其一,应鼓励乡村教师在职进修、校本教研等方式和路径助力提升乡村教师服务乡村振兴能力。其二,涉农企业应积极引领乡村教师深入农业教育实践基地,在实地考察和实践中体会参与式研训的价值。其三,高校专家和地方乡镇要加大乡村教师和乡村社区的社会联系,构建村民乡师共享共建共学乡土文化的研训平台。通过这些方式和路径,可以弥合村民和乡村教师在心理层面的距离,提升乡村教师"本土化"培训的质量和水平。

第八章

乡村教师服务乡村振兴战略机制构建

第一节　乡村教师服务乡村振兴战略角色认同机制构建

农业乡村村民问题是关系国计民生的根本问题。以习近平同志为核心的党中央着眼党和国家事业全局在十九大提出乡村振兴战略,开拓了新时代"三农"工作的新局面,是建设现代化经济体系的重要基础和建设美丽新中国的关键举措,也是实现共同富裕的必然选择。因此,如何构建乡村振兴战略的人才保障机制就成为了首要问题。

教育部等六部门在2020年7月印发的《教育部等六部门关于加强新时代乡村教师队伍建设的意见》,指出"乡村教师是推进乡村振兴、建设社会主义现代化强国、实现中华民族伟大复兴的重要力量"。实现乡村教师队伍建设与乡村振兴战略的有效衔接及融合,其关键在于提升乡村教师服务乡村振兴战略的能力。这样,既可以增强乡村振兴战略队伍的力量,又能够实现乡村教师立德树人的根本任务和人生价值。

乡村教师服务乡村振兴战略需要突破其原有的角色意识,从三尺讲台的"教书匠"角色走向漫步田间农舍的"新乡贤"角色。这一突破是教师本身应当具备的社会服务功能的必然要求,也符合教育部等八部门于2022年4月印发的《新时代基础教育强师计划》中提出的"要建设高质量乡村教师培养支持服务体系"的文件精神。基于乡村教师角色认同理论构建服务乡村振兴战略角色认同机制,其目的在于梳理乡村教师与乡村振兴战略千丝万缕的关系,让乡村教师在意识层面明确"我是谁,成为谁",能够提升其服务乡村振兴战略的角色意识和工作积极性。

一 乡村教师角色认同机制构建的理论基础

教师角色是教师与他人和环境互动过程中生成的反思、判断,及对职业价值观、职业意义再建构的过程和结果。认同是一种标识与他人相似或相异的归属感和行为模式的心理过程。因而,教师角色认同是教师对所属群体的归属感知,以及所伴随的情感体验和行为整合模式。教师角色认同主要包括两个维度:自我角色认同维度和社会角色认同维度。

(一) 自我角色认同理论

自我角色认同主要是从个体发展的视角描述社会规范的内化过程。奥尔波特从自我发展的角度发现,自我状态是逐步从生理自我到社会自我,再到心理自我。儿童最开始通过对身体的认识发展出占有欲、支配欲和爱护欲。当学会走路和语言交流的技能后,通过游戏和学习建立自我意识,并逐步向社会规范靠拢,发展出社会自我。青春期之后,直至成年,随着认知水平的提高,心理自我趋于成熟。埃里克森则认为人的一生发展有八个主要阶段和相关的发展任务。其中,自我同一性的形成是青春期的核心任务,即进行自我定义,并从时间维度将过去、现在、将来的自我进行审视。综上可知,自我角色认同理论强调个体处于社会群体中,不断内化社会规范,最终形成角色认同,回答"我是谁"的问题。

(二) 社会角色认同理论

社会角色认同主要是描述内外群体的形成和意义,以及个体面对自我与社会认同冲突时的加工执行过程。泰弗尔认为社会认同由三个过程组成,包括社会类化、社会比较和积极区分,即归类对象、区分内外群体,并进行比较从而找到内群体的优势,提升自尊水平。伯克则从内部维度看待个体认同的自我确证倾向,即认同控制模型,包含认同标准、输入、比较和输出四个环节。该理论强调个体整合自我期望和社会期望后形成认同标准,输入自我评价和他人评价的反馈,找出输入信息与标准之间的差异比对,输出有效的行为决策。综上可知,社会角色认同理论是在内外群体间寻找一种平衡,找到群体内部的角色定位,最终回答"成为谁"的问题。

乡村教师角色认同是乡村教师处于乡村社会实践中形成的对教师角色的感知,包含着政治、教育、文化等社会属性。本研究主要从两个维度去描述乡村教师角色认同机制的构建过程。一是从自我角色认同维度去描述乡村教师是如何内化乡村的社会规范,回答"我是谁"的问题;二是从社会角色认同维度去描述乡村教师是如何与乡村社会其他群体沟通合作,回答"成为谁"的问题。

二 "我是谁"——乡村教师服务乡村振兴战略的自我角色认同机制

(一) 乡村教师寻根"我是谁":重构乡土文化

1. 乡土文化走向"荒漠化"

乡土文化是在乡村的生产生活中产生的一套行为规范和价值观念。它不仅涵盖特定区域的有形文化,如婚丧嫁娶的风俗、时令耕植的经验、丰富的民俗活动、典型的村落布局建筑等,也包括一些无形的文化,如"天人"生态观、"亲睦"伦理观以及"和合"宇宙观等。[①]

然而,互联网时代强势裹挟下的"信息化"和"城镇化"进程改变了"乡土中国"原有的文化生态。乡村在走向现代化的同时,也承受着城市文化土壤衍生下的"拜金主义""个人主义"和"功利主义"等思想所带来的巨大冲击[②]:一是现代工业的引进使得原有的田园风景消失,怡然美丽的环境被破坏;二是乡村人才摒弃安土重迁的传统思维,进城打工谋求城市的一席之地,使得乡村社区"空巢化";三是传统的乡土文化传承青黄不接,渐渐停留在老一辈人的记忆里,最终消失。处于乡村社会生态下的乡土文化日

[①] 王乐. 村落文化的传承与乡村学校的使命[J]. 湖南师范大学教育科学学报,2016,15(6).
[②] 纪德奎,赵晓丹. 文化认同视域下乡土文化教育的失落与重建[J]. 教育发展研究,2018,38(2).

渐式微,走向"荒漠化"[①]。

2. 重构乡土文化

乡村教师作为教育者,担负着传播文化知识和教书育人的使命。那么,这些文化知识应当从何而来呢?是否有其一脉相承的历史浸润?又向谁传播呢?谁是这些文化知识的最终获益者?从乡村教师到乡村学生及广大乡村环境,包含客观环境和精神环境,其构成了一个"教育场域"[②]。在这个客观关系网络内,文化知识的生产、传承、传播和消费这四个环节缺一不可。乡村教师承担文化知识传播者的角色,而乡村学生作为受教者,是未来乡村建设队伍的预备军。处于乡村教育场域下,选择乡土文化知识毋庸置疑,能够形成文化知识从生产、传承、传播到消费生生不息的有机生态,做到可持续、可再生。因此,从教育场域视角上看,乡土文化是乡村教师和乡村学生赖以生存发展的沃土,是实现乡村振兴战略的生态保障。

然而,乡土文化"荒漠化"导致乡村教师难以从乡村教育场域中汲取力量,也削弱了乡村学生与文化故土"根"的联结,势必严重影响乡村振兴战略的实现,最终使得乡村社会发展江河日下,变成如同西北戈壁荒漠一般的毫无生机之地。因此,重构乡土文化刻不容缓。

重构乡土文化需要"破""立"并举。一方面,重构乡土文化要破除乡土文化"无用"和"落后"的刻板印象。刻板印象是人们对于某些事物或群体形成的概括固定的认知观念,这些认知往往具有僵硬性,从而阻碍了人们对事物全面客观的认识。近年来,乡土文化就深受刻板印象的负面影响。由于乡村以前常常被人们视为"落后""愚昧"的代名词,乡村教师也往往被归类到"低收入""低能力""低地位"等带有偏见的群体中[③],认为只有能力不行的教师才会去乡村任教。因此,乡村教师对乡土文化和自我身份的认同度不高,努力逃避自身的乡土属性,试图逃离乡村社会。另一方面,重构乡土文化要挖掘其固有的"淳朴天然、具有生命力"的传统特征,并结合新时代社会主义

[①] 闫闯.走向"新乡贤":乡村教师公共身份的困境突破与角色重塑[J].教育科学,2019,35(4).
[②] 钱芳.地方性知识与乡村教师专业发展——教育场域的视角[J].教育学术月刊,2018,315(10).
[③] 马宽斌.新时代乡村教师乡土情怀认同的失落与回归[J].内蒙古社会科学,2020,41(5).

核心价值观引领下的文化理念,实现乡土文化的创新。乡土社会以血缘关系为纽带,具有高度的稳定性,给人一种家的归属感,生活在其中的村民们相亲相爱、相持相助,且具有勤俭节约、吃苦耐劳的品德。乡土文化则蕴藏着众多的民族文化精粹,是国风和民风的根脉。乡村教师以其对乡土社会的依恋感和对乡土文化的认同感服务乡村振兴战略,深入乡土社会,品味乡村之美,才能寻找到"我是谁"的根。

(二) 乡村教师定位"我是谁":重归新乡贤角色

1. 乡村教师沦为"异乡人"

在20世纪六七十年代,一方面,乡村教师因其自身的文化资源优势和经济收入尚可,获得乡土社会的尊崇;另一方面,乡村教师本身就具有村民性,在乡村社会中有广泛的氏族群体,因工作和个人生存需要,"亦耕亦教",活跃于耕种与教化之间,也参与乡村公共活动之中,使其身份角色具有公共性。然而,在1994年的全国教育工作会议上,制定了民办教师问题"关、招、转、辞、退"的方针,随即落实乡村学校"民转公"和"取缔代课教师"等教育政策,乡村教师半农身份的脱落和国家编制身份的确立使其与"具有农业户口的民众"逐渐划分开来。之后,随着"新生代乡村教师"进入乡村教师队伍,乡村教师"异乡人"的体验感达到顶峰。他们大都是出生在20世纪八十年代的师范大学本专科毕业的青年大学生,受过城市文明的洗礼,有着难以割舍的城市情结,工作生活圈层从繁华热闹的大都市转到积贫积弱、交通闭塞的乡村社会,这种失落感使其难以融入乡村社会。[①]

乡村教师是专业身份与公共身份的统一体。其中,乡村教师与乡村社会之间的良性互动关系体现了其公共身份的特性,但在当下社会以专业身份为主,以城市化为导向的教师教育发展模式中,乡村教师的"乡土意识"逐渐被"城市情结"所取代,逐渐丧失与乡村社会良性互动的公共身份,最终沦为物理空间处于乡村、心理空间却在城市的"异乡人"。

---

① 闫闯. 走向"新乡贤":乡村教师公共身份的困境突破与角色重塑[J]. 教育科学,2019,35(4).

2. 重归新乡贤角色

传统私塾里的乡村教师是"乡贤"队伍的重要成员,他们以"兼济天下"为立身之命,投身于乡村的政治文化精神文明建设,不仅于学堂里教书育人,也活跃于田野乡舍,承担村民礼治教化,主持乡村社会法治公道,协助村民建设乡村。因此,乡村教师服务乡村振兴战略是乡村教师公共身份的回归。

与传统社会中的乡贤相比,新乡贤"以乡情、乡愁、乡怀为纽带,直接或间接地参与乡村基层治理,包括典型或先进模范人物、专家学者、道德模范等榜样"①。乡村教师需要理直气壮地把自己定位为新时代的新乡贤,在乡村社会治理体系中成为积极的行为示范者和价值引领者,重拾和完善其公共身份角色。因此,乡村教师服务乡村振兴战略,成为新乡贤,是乡村教师新时代角色内涵的必要补充。

乡村教师在大部分时间里处于乡村这一物理空间,然而心灵空间却充斥着"异乡"感,其根源在于公共身份的丢失。长期游离于乡村社会的乡村教师正在迎来乡村振兴战略的时代机遇,为实现其个人价值,亟需重归新乡贤角色。这既是在乡村振兴战略背景下响应党和国家的号召——"突显教师职业的公共属性,强化教师承担的国家使命和公共教育服务的职责",是消除乡村教师异乡体验的根本途径,也是寻找服务乡村振兴战略中的自我角色定位的根本要求。

"成为谁"——乡村教师服务乡村振兴战略的社会角色认同机制

(一)构建乡村振兴战略共同体,成为中流砥柱

1. 乡村振兴战略的实现需要构建共同体

乡村振兴战略中的一个基本问题是"为谁而建,由谁来建"?答案自然是为村民而建,由村民来建。中国现代化进程中的一个焦点是关注乡村、关注村民。然而,村民作为乡村振兴战略的建设主体,其保守固化的思想和组织管理松散的现状使得自身在城

---

① 肖正德.乡村振兴战略中乡村教师新乡贤角色的现实问题与建设策略[J].教育科学研究,2021,321(12).

镇化发展和全球化挑战中处于弱势地位,这无疑是实现乡村振兴战略的巨大障碍。因此,乡村振兴战略的实现需要构建共同体来汇聚村民力量,在激烈的社会竞争中占据一席之地。

著名的社会学家和经济学家罗伯特·帕特南提出了社会资本理论:社会资本即能够推动合作,提高社会效率的社会组织特征,如信任、规范和社交网络。因此,乡村社会资本包括乡村居民之间普遍的信任、互惠规范和通过乡村组织所建立起来的紧密的社会参与网络。[①]

乡村社会恰恰是将朋友、家庭、村落、生产以及生活紧密联结起来的人情社会,这种社会结构下,信任与互惠规范能够解决村民之间的信任与承诺问题,从而更好地解决集体行动问题。乡村社会资本形成的关键在于促成良好合作,构建良好的关系网络,形成乡村振兴战略共同体。[②]

2. 乡村教师是乡村振兴战略共同体的中流砥柱

然而,乡村社会高学历高素质人才本就紧缺,本土化人才结构比例更是严重失调。同时,乡村产业结构单一、数量较少、规模较小的现状难以为青壮年劳动力提供充足的就业岗位,且现有岗位工资待遇和福利保障等远不如城市,使得大批有知识的青壮年村民离乡进城,导致乡村社会出现大量"留守儿童"和"空巢老人"的现象。以上因素导致乡村振兴战略共同体建设难以完成。

而解决这一难题的关键在于乡村教师。乡村教师凭借自身的文化素养和职业道德,有着教书育人和服务乡村社会的角色使命。著名教育家陶行知先生说:"乡村学校做改造乡村生活的中心,乡村教师做改造乡村的灵魂。"[③]由此可见,乡村振兴战略共同体的中心是乡村学校,而乡村教师则是其中的灵魂人物。在封建社会,乡村私塾先生就从泱泱中华文明中汲取文化力量,传播"仁义礼智信",而到了以"科学民主"为核心的社会主义新时代,乡村教师被赋予了"立德树人"的根本任务和传播现代文明的重

[①] 施雪华,林畅. 社会资本视角下的中国乡村治理研究[J]. 北京行政学院学报,2008,54(2).
[②] 吴光芸. 社会资本理论视角下的农村灌溉与乡村治理[J]. 学习论坛,2006(7).
[③] 赵霞. 传统乡村文化的秩序危机与价值重建[J]. 中国农村观察,2011,99(3).

要责任。由此可见,乡村教师从古至今都担负着礼治德育的重任。而乡村社会是一个以人伦关系为依托,以亲仁善邻为道德态度,以相邻和睦为价值目标,以相容相让为基本原则,以相扶相助为伦理义务的共同体,恰恰是礼治社会的小型缩影。乡村教师作为最了解乡村礼治社会的人,也是最能从人心教化上去组织和协调村民力量的人,从而在乡村振兴战略共同体中发挥着中流砥柱的作用。

(二) 以乡村教师为中心节点联结乡村社会时空网络

1. 空间结构模型中乡村教师的角色位置

空间结构模型是传播学中的重要概念,意指信息传播往往具备网络节点增加和网络节点连线增加等特点,基于模型内部演化的增长网络的度分布计算,通过改变特殊的参数调节网络的集聚系数,并观察信息传播的变化情况。其中,网络连接边数、连接时间是信息传播中极其重要的两个参数。

乡村教师是乡村教育的主体,乡村教师网络连接边数多,连接时间长。从连接边数上看,乡村教师联结了千家万户。乡村教育的主要对象是儿童和青少年,这个时期恰恰是他们形成世界观、人生观和价值观的关键期。一般来说,乡村教师面临的学生人数少则几十人,多则几百人,甚至更多,其背后是一个又一个的乡村家庭。从连接时间上看,乡村教师串联了乡村的过去、现在和未来。传统乡村家庭往往以孩子为中心,乡村少年承担了家族和乡村未来的兴衰荣辱,村民们自然而然地把乡村的未来交给了乡村教师。

"自然的法则决定了人类的未来永远属于青年一代,而教师恰恰担负着培育青年一代的任务,从这个意义上讲,教师名副其实是人类社会的建设者。"[①]加强中心节点信息收集以及输出管理,并提高网络传递的效率,有效疏通、控制和管理各类传播方式,扩大信息扩散的"涟漪效应"[②]。乡村教师用高尚的思想教育人、影响人、塑造人,培养一代又一代新人,而新一代人又对周围人群产生"思想涟漪",由此构成了一个庞

---

① 李帆. 乡村教师乡土文化自信提升研究[D]. 重庆:西南大学,2019.
② 孙华程. 公共危机信息传播系统的网络结构模式研究[J]. 情报科学,2009,27(4).

大的思想传播网络。小而言之,乡村教师影响了全村之兴衰,大而言之,全民族的发展都离不开乡村教师。因此,乡村教师是乡村社会结构模型中思想传播网络的中心节点,应当发挥其服务乡村振兴战略特殊的位置优势。

2. 乡村教师位应联结乡村社会时空网络

乡村教师处于乡村社会结构模型中心节点位置,为了发挥其重要的信息传播作用,应当构建以其为中心的乡村社会时空网络。

从空间维度上,乡村教师应当立足于学生,以学生为切入点深入学生家庭,从而接触到村民们。乡村教师一方面要注重师生关系的培养,关心学生的身心发展,夯实学生的文化知识,提高学生的学业成绩;另一方面要注重家校共育,通过家访、家长会等形式传播家庭教育的方法和策略。只有家长的教育理念更新换代,教育思想与时俱进,教育投入加大,学生的教育才会得到最根本的支持。

从时间维度上,乡村教师应当看到当下所培养的少年儿童对于乡村的意义,他们不仅仅是当下的小小少年,也是乡村过去文明的继承者,更是乡村社会未来现代化建设的主力军。"乡村教师是新时代乡村新生劳动力的培养者,他们以培养乡村新型劳动力为己任,为乡村学子创设舒适的学习环境,传授并建构人类先进的文化知识和科学技术成果,使一种潜在的劳动力转化为现实生产力成为可能。"[①]"乡村教师与其学生在乡村学校与乡村互动的环境里面,可以不断地进行知识创新、建构,开拓新的课程资源和新的生产力形式,引领乡村民众思维形式的进步与乡村社会物质生产的繁荣。"[②]因此,以乡村教师为中心节点构建乡村社会时空网络,发挥其服务乡村振兴战略特殊的功能优势,这是顺理成章的事情。

(三)在"师道尊严"传统下实现文化引领,创建"精神家园"

1. 乡村社会的"精神家园"岌岌可危

改革开放以来,城乡居民的收入和生活水平不断提高,但城乡收入的差距在绝对量

[①] 席红梅. 新中国成立 70 年乡村教师历史价值探析[J]. 当代中国史研究,2019,26(5).
[②] 黄白. 农村教师专业化概念的探讨[J]. 河池学院学报,2008,28(6).

上不断扩大。由于基础建设和生活环境的差距,城市和乡村在物理空间和思想观念上呈现割裂的状态,以工业文明和精英文化为核心的城市文明似乎象征着"富裕"和"文明",而乡村文明因其落后的经济和闭塞保守的思想,被打上了"贫穷"和"落后"的烙印。

乡村社会正处于巨大的变革动荡之中。面对多样化乃至相互冲突的价值观念,村民原有的价值判断受到了极大冲击。"以集体认同感为基础的乡村共同体逐渐弱化,基于农业生产而形成的互助合作关系逐渐解体。"[1]在此背景下,村民对乡村公共事务不关心、不参与、不作为,不考虑集体的利益,持"事不关己,高高挂起"的态度。[2] 由于传统农耕文明的经济基础格局发生变化,动摇了村民固有的观念和价值取向,致使乡村社会的"精神家园"岌岌可危。

2. "师道尊严"传统下的教师角色

荀子提出,"天地者,生之本也;先祖者,类之本也;君师者,治之本也",肯定了教师尊崇的地位。"师道"何以会如此"尊严"? 其一,教师是礼的化身,"礼者",所以正身也,师者,所以正礼也;其二,学生学习最有效的途径是亲师,近师,"学之经莫速乎好其人,隆礼次之""学莫便乎近其人"[3]。中国几千年的文化历程设定了教师角色,形成了"师道尊严"的文化传统观念。教师因其有着丰富的知识,成熟的社会生活经验,深谙道德规范和文化礼俗,被社会寄予殷切的角色期待,成为"知识的代言人""道德的化身"以及"社会要求的代表"。

"师道尊严"不仅仅体现在教师个体的尊严上,而且涵容了教师作为社会文明传承者这一形象的尊严。敬畏师道关乎学生的成才,关乎教育的发展,关乎文化的传承,关乎社会的进步。尊师重教,是我们社会的主旋律,也是社会主义核心价值观的重要体现。值得注意的是,"师道尊严"应当存在于师生话语体系平等的框架内,发挥教师"传道授业解惑"的作用,提高"科教兴国"战略在社会民众心目中的地位,形成"好学、乐学,尊师重教"的社会风气。

---

[1] 赵霞.传统乡村文化的秩序危机与价值重建[J].中国农村观察,2011,99(3).
[2] 邓玲,王芳.乡村振兴背景下农村生态的现代化转型[J].甘肃社会科学,2019,240(3).
[3] 刘素娟.论"师道尊严"的当代价值及其重塑[D].上海:华东师范大学,2010.

3. 乡村教师应发挥其文化符号的引领功能

乡村社会"精神家园"岌岌可危,乡村教师理应肩负起历史和时代赋予的神圣使命,发挥作为传统"师道尊严"文化符号的引领功能。自新中国成立以来,乡村教师在村民心目中的地位是崇高的,影响是举足轻重的,他们是乡村社会的文化精英,是传播、理解与发扬民族文化的先进代表,是国家与民族历史进程的见证者,是未来社会发展趋势的展望者。他们不仅能成为新型人才的发现者和促进者,更重要的是其服务乡土社会的精神能够感染到村民,使得村民在乡土中寻得自身的社会价值。相比于城市社会,乡村"师道尊严"的文化传统更浓厚、更丰富,这有利于乡村教师更好地发挥其文化符号的引领功能。

而在人际知觉中,由于存在着"晕轮效应",即对个体的整体知觉印象影响着对其具体特征的认知。乡村教师作为"师道尊严"的整体文化符号,因此也具有更强大的号召力和感染力。乡村教师应发挥其角色"晕轮效应"的积极作用,联结乡村社会,担负起乡村振兴战略的重要责任。乡村教师应基于社会主义核心价值体系引导村民形成现代价值观,引领村民的思想、行为和精神风尚,成为国家政策的解读者和传达者。乡村教师应当注重帮助村民克服依附心理,突破非理性的思维方式和保守心态,帮助其向具有独立性、开放性、平等性和创新性特征的现代人格转型,成为新型村民的培养者和引领者。乡村教师应当不断丰富村民的政治知识,提高他们的政治参与热情,增强其政治参与效能感,使其充分认同中国特色社会主义政治文化,成为国家政治文化的传播者和倡导者。①

第二节 乡村教师服务乡村振兴战略能力建设多方协同机制构建

当前乡村社会治理体系尚不健全,主要以基层群众性自治组织形式进行自我管

---

① 席红梅.新中国成立70年乡村教师历史价值探析[J].当代中国史研究,2019,26(5).

理、自我教育、自我服务,同时由于多数地区基层力量较为薄弱,又缺乏社会多方力量的有效参与,其治理效果往往不尽如人意,无法满足全面推进新时代乡村振兴战略的需要。这意味着社会治理体制需要全面升级,走向多元化治理,即吸引多方面的社会力量参与治理。① 因此,应当着力构建乡村治理多元主体有效参与的制度和程序,实现国家各级行政管理部门、各类乡村组织、社会团体和公民个体的多方协商、审议与合作。②

乡村振兴战略的落实最根本的因素是人,人是改造生活的关键因子。那么,在行动上,我们该如何激发乡村教师建设乡村的热情,引领乡村社会可持续发展,引导乡村产业转型升级,形成乡村有序治理格局呢?乡村教师作为乡村内部文化知识的储备代表,是乡村社会的智库与灵魂。乡村教师能够发挥引导乡村社会主流价值的作用,以乡村教师为切入点,构建多方协同机制,这不仅可以促进乡村教育的发展,也是落实乡村振兴战略的必然选择。③

一、乡村教师服务乡村振兴战略专家帮扶改善机制

(一) 乡村教师队伍内部帮扶机制

1. 乡村教师队伍内部存在异质性

乡村教师队伍内部人员包括:村、乡、镇中小学及幼儿教师;村、乡、镇职高教师;乡镇社区学校教师。乡村基础教育教师精通语数英等某一专业领域,了解儿童及青少年身心发展、认知发展和道德发展规律。而乡村职业教育教师则擅长特定领域的技术和技能,具备较强的动手实践能力。乡村社区学校教师则直接面向村民,了解乡村实际处境,了解村民根本需求,并建立了良好的乡村社会人际沟通网络。由于乡村教师所

---

① 李伟,李玲.社会力量参与乡村教育治理的价值、困境及建议[J].西南大学学报(社会科学版),2019,45(3).
② 李森,崔友兴.新型城镇化进程中乡村教育治理的困境与突破[J].西南大学学报(社会科学版),2016,42(2).
③ 袁利平,姜嘉伟.关于教育服务乡村振兴战略的思考[J].武汉大学学报(哲学社会科学版),2021,74(1).

处学校类型、教育对象、教育教学内容、教育教学具体要求以及教育教学目标等方面具有差异性,乡村教师队伍内部存在异质性。

2. 乡村教师队伍内部帮扶合作

乡村教师队伍内部的异质性是内部帮扶合作机制存在的前提,探索乡村教师内部人才培育途径,可以发挥不同乡村教师的特长,提升乡村教师的素质,充分履行乡村教师的社会服务职能。例如,乡村基础教育教师可以通过开设家长学校,推广家庭教育的方法策略及宣传家校共育的重要性;乡村职业教育教师可以采用学历教育、技能培训和实践锻炼等多种培养方式,建设以实践为导向的特定领域的技术技能型人才队伍;乡村社区学校教师可以发挥其组织协调方面的优势,提供教育服务场地,拓宽信息传播渠道,做好数据收集分析和评价反馈工作。各级各类乡村学校的乡村教师应在校内外发挥其"乡村智库"的作用,除了提升乡村教师自身的素质和探索乡村教师内部人才的培育途径以外,还应当走出校门,走入田间地头,走进千家万户,提高乡村劳动力的文化素养和道德素养,这在一定程度上可以缓解转型时期的社会矛盾。[1] 因此,为了共同促进乡村社会的振兴,可以构建以政府为主导的优势互补、协同合力服务乡村社会的常态化运行机制。

(二) 乡村能人内生动力机制

1. 乡村能人是新时代乡村治理的重要力量

乡村振兴关键在于人才的振兴,乡村社会内部人才资源不可忽视。在乡村社会中,一直都存在着两种不同性质和向度的力量:一是以国家强制力为后盾的自上而下的政治和行政控制力量;二是乡村自身的内生秩序控制力量。[2] 后者主要是指乡村精英。我国封建社会的乡村精英被称为"乡绅",主要由科举及第未仕或落第士子、当地较有文化的中小地主、退休回乡或长期赋闲居乡养病的中小官吏、宗族元老等一批在

---

[1] 袁利平,姜嘉伟.关于教育服务乡村振兴战略的思考[J].武汉大学学报(哲学社会科学版),2021,74(1).
[2] 付翠莲.我国乡村治理模式的变迁、困境与内生权威嵌入的新乡贤治理[J].地方治理研究,2016,69(1).

乡村社会有影响的人物构成。他们"近似于官而异于官,近似于民又在民之上",是乡村社会组织运作的管理者。自新中国成立以来,乡村精英被称为"乡村能人"①,特指在乡村社会生活中,基于智力、经历、分工和心理等方面的优势,对乡村政治、经济、文化和社会生活的管理具有重要影响力的人。

当前,乡村社区治理过程中主要存在两方面的矛盾:一方面,近年来乡村上访事件层出不穷,各种突发性事件和恶性事件也时常出现在社会新闻版面,引发群众舆情,影响了乡村社区的稳定,并使人们对乡村社会产生落后愚昧的刻板印象;另一方面,虽然乡村土地资源和劳动力资源充足,且有丰富的文化特色资源留待挖掘,但这些资源却无法得到有效整合和高效配置,其根源在于缺乏乡村能人的有效参与。

作为乡村内部重要的人力资源,乡村能人一方面可以凭借自身开阔的视野和相对丰富的经验,处理乡村事务和负面的公众舆情,弱化乡村社区治理矛盾,提升乡村美誉度。另一方面,乡村能人可以凭借自身的文化知识和人脉交情,整合乡村社会资源,借助公共政策、教育、资本和政府财政支持的倾斜力度,推进乡村能人服务乡村振兴战略的进程。因此,乡村能人必然能够成为新时代乡村治理的一股重要力量。②

2. 依托乡村人才体制激发乡村能人内生动力

大量乡村精英为了追求更好的个人发展、更高的生活品质而积极流向城市,这使得许多乡村成为"人才的净流出地",空心化现象愈演愈烈。因此,为了能够留住乡村人才以及吸引人才回流乡村,必须要建立科学的乡村人才体制,构建可持续的乡村能人内生动力机制。

第一,要创造宽松的乡村经济社会环境。各级政府应当制定乡村公共产品的财政支出计划,提供经济支撑,并加大乡村基础设施建设的投入,建设以生态文明为核心的乡村社区环境,提高村民生活幸福指数。

第二,建立乡村人才认定的评判标准。乡村人才首要任务是继承和秉持传统文化

---

① 吴晓燕,赵普兵. 回归与重塑:乡村振兴中的乡贤参与[J]. 理论探讨,2019,209(4).
② 钟静静,杨寅红. 乡村振兴视域下村庄内生力提升的理性思考[J]. 当代农村财经,2019,274(7).

中的孝悌、诚信、仁德、公允等优秀的个人品格。其次,需要行为示范和引领带动,以得到乡村社会认可,提高社会地位和威望。再者,需要为乡村创造实际价值,包括资源开发引入,产业发展升级,带动村民实现共同富裕。最后,乡村人才的社会活动要在现代法制的框架下,实现与德治的融合互补。目前,已有部分乡村进行了实践探索,比如江苏泗阳的乡贤"普查、评选、公示"制度,广泛邀请社会力量参与乡贤举荐普查,由相关文史专家、退休老干部等进行评选并进行公示,授予其乡贤资格。广东部分村落也设立了"乡贤理事会",积极吸纳有一定成就且积极建设参与村务的宗族长辈、老党员及村落退休公职人员等。①

第三,探索乡村能人内部支撑体系。乡村能人内部支撑体系主要由"评定、激励、管理"三个部分组成,其中评定部分主要是创设多种途径评定人才,如通过举办乡村技能大赛,委托相应层次的行业协会组织评鉴和组建专门的评鉴委员会评议等。而建立乡村人才的激励体系主要目的是通过给予社会荣誉和财政补贴等方式,提高乡村能人的社会参与积极性。最后成立管理机构和信息库统计整理乡村能人的人数和成就,并进行宣传推广,与其他地区进行经验交流和成果分享。

第四,搭建乡村能人外部输入途径。该途径主要是吸引外来人员投入乡村建设,如选派优秀大学毕业生到乡村基层锻炼,精心组织各种对乡村特别是落后、偏远乡村的智力扶贫、科技扶贫等活动。探索乡村能人体系需要内部外部两手抓,才能实现乡村能人源源不断涌入且各司其职的良好局面。②

最后,疏通乡村能人参与乡村公共事务管理的渠道。主要是将乡村精英纳入到乡村社区政治体系后,扩大其话语权,建立乡村精英的利益表达机制,增强其对乡村社区的认同度和归属感。除此之外,要为乡村能人提供合理的身份设定,使其顺理成章地参与乡村公共事务管理,并通过体系内部的升迁评价制度,形成乡村能人有效管理模式。

---

① 吴晓燕,赵普兵. 回归与重塑:乡村振兴中的乡贤参与[J]. 理论探讨,2019,209(4).
② 李强彬,向生丽. 转型社会中乡村精英的变迁与乡村社区治理[J]. 兰州学刊,2006(4).

(三) 高等教育乡村扶贫机制

1. 高等教育要通向乡村

潘懋元先生早在20世纪90年代便提出"高等教育要通向乡村"。然而,当下的高等教育助力乡村扶贫现状依旧堪忧。闵琴琴基于人口普查资料、中国乡村统计年鉴、中国住户调查年鉴、国家统计局和教育部统计数据及相关调查报告数据来分析乡村高等教育扶贫现状,发现:乡村受高等教育人口比例偏低;农科大学生服务乡村意愿偏低,相关人才供给不足;高等农林院校在专业设置上"离农"形势严峻。高等教育在发达地区或城镇地区已进入普及化阶段,然而乡村地区却远远未达标,因而面向全体国民均衡发展的普及化高等教育的目标还没有实现。乡村人口较少接受高等教育的现状使得乡村成为我国高等教育普及化的"塌陷区"[①]。

因此,十九大提出乡村振兴战略以及高等教育助力乡村脱贫的规划,强调发挥高等学校在人才扶贫、科技扶贫、智力扶贫、信息扶贫等方面的积极作用。例如,新时代的农业不再同过去那样注重体力型生产,生产效率的提高依赖于现代科技知识与网络信息化技术的融合。这意味着农业乡村现代化的实现势必需要培育现代化生产导向的新型村民,其中要借力于乡村教育,尤其是高等教育要通向乡村。这是实现乡村从脱贫走向振兴的时代背景所要求的。

2. 铺设高等教育扶贫乡村的通道

铺设高等教育扶贫乡村应该存在多种通道,其关键在于推进乡村产业升级转型,培育高科技农业技术型人才。这要求构建以政府为主导,以地方高校为主体,组织社会帮扶技能培训和教育培训的乡村智力资本保障系统,这有助于提升村民谋求富裕生活的能力,逐渐实现乡村个体脱贫、家庭脱贫和地域经济良性发展。[②] 主要通道如下:一是地方高校开办乡村特色专业和研究机构,培养高层次实用的乡村人才,重拾、传承、弘扬与创新优秀乡土文化,挖掘其独立的价值体系以及独特的社会意义和精神价

[①] 闵琴琴. 农村高等教育扶贫:缘起、困境和突围[J]. 高等教育研究,2018,39(5).

[②] 唐智松,高娅妮,王丽娟. 乡村教师如何助力乡村振兴——基于职业作用的调查与思考[J]. 现代远程教育研究,2020,32(3).

值。二是在县市扩充高校数量,定向培养本土化人才,既增加乡村人口接受高等教育的机会,又能够为乡村输送高层次人才,同时还产生了促进当地居民就业与创业的附带效应。三是制定优惠政策,以极低的入学门槛和低廉的学费来吸引村民报名入学,从而实现村民整体的人力资本增值。四是建立高等农林教育服务乡村振兴战略的互动机制,通过相应的优惠措施扩大农业科技人才的供给;结合可持续发展的理念调整学科专业结构,建设一批现代农业急需的新兴专业;引导和支持广大师生深入乡村农业生产一线,切实帮助村民解决最突出、最迫切的问题。

二 乡村教师服务乡村振兴战略区域化研修运行机制

(一) 以乡村教师为主体构建乡村振兴战略研修共同体

1. 打造以乡村教师为主体的乡村振兴战略共同体是解决研修困境的应然之举

我国当下的乡村教师基本上就是以校园内的教育教学任务为主要工作内容,主要服务的对象是乡村儿童。由于乡村教师日常工作任务繁重,在完成教育教学工作后服务乡村社会的可利用的空闲时间缺乏,支撑乡村教师服务乡村社会的教育资源缺乏,因而,乡村教师直接助力乡村社会振兴的氛围也缺乏。假如组织乡村教师一起学习服务乡村社会的知识、技能和策略,提升乡村教师服务乡村振兴战略的能力素养,也就是乡村教师通过参加研修,从而提高直接服务乡村社会的能力水平,则需要考虑研修工作开展的条件、保障机制和可预见的成效。显然,在现有条件下,要开展这项工作,难度是非常大的。其部分现实原因源于乡村学校工作条件相对艰苦,基础设施建设普遍落后,没有形成学习共同体,也没有建立科学高效的研修平台。另外,学校和各级教育培训机构为教师提供服务乡土文化建设的学习机会较少,三农专家和服务乡村振兴的带头人引领乡村教师参与服务乡村社会的研修缺乏,对这类特殊的研修内容和运行机制处于空白阶段,这导致乡村学校的研修活动仍以传统的教育教学活动类为主,无法

---

① 闵琴琴.农村高等教育扶贫:缘起、困境和突围[J].高等教育研究,2018,39(5).

充分提高乡村教师直接助力乡村振兴的能力素养。假如不考虑当下乡村学校开展这类研修的限制性因素,贸然启动乡村教师服务乡村社会的研修工作,则无法充分挖掘、激发和发挥乡村教师这支特殊的队伍服务乡村振兴战略的巨大力量,容易陷入研修困境。因此,打造以乡村教师为主体的乡村振兴战略共同体是解决乡村教师服务乡村社会研修困境的应然之举。以乡村教师为主体的乡村振兴战略共同体应该包括乡村能人、乡镇企业、高校专家、地方政府、教育行政部门以及国家乡村振兴局等多方力量。但是,这个共同体仍需要以乡村教师为主体,多方力量参与协助使其成为乡村振兴的中坚力量。这是因为,乡村教师队伍是一支基数大、素质高、有爱国情怀、有理想信念、有扎实学识的"志愿军"。以乡村场域为工作和建设的中心,创造条件让乡村教师到村民的生活生产当中去,融入乡村社会,这样,就可以将乡村教师服务乡村振兴战略的战斗力彻底释放出来,做出应有的贡献,让村民亲近和爱戴。

2. 以乡村教师为主体构建乡村振兴战略研修共同体运行机制

乡村振兴战略研修共同体运行机制应当有其具体的内在要素结构,如目标体系、研修内容、研修方式、组织管理等。

首先,乡村振兴战略研修共同体运行机制的目标体系由"教师个体研修目标"和"区域协同研修目标"两个层面构成。教师个体研修目标是教育部和乡村振兴战略局根据乡村教师现行的人才培养要求和乡村振兴战略建设规划所需的人才规格制定的一套适合于新时代乡村教师个体的研修目标。"区域协同研修目标"是旨在建立和健全区域性乡村教师、乡村能人、乡镇企业、高校专家等合力打磨各自区域的研修模式、组织网络和管理制度,形成跨部门、跨校际的区域性教师协同多方社会力量互动共享乡村振兴建设资源的协同运行机制。此外,按不同的属性划分,研修的具体目标也有所不同。例如,根据乡村教师所属专业与服务乡村振兴战略的相关度划分,可分为涉农型乡村教师和非农型乡村教师两类专项研修的目标;也可按服务乡村振兴能力等级划分为初、中、高三级教师研修的目标。这个目标体系的最终目的是实现乡村振兴。

其次,乡村振兴战略研修共同体的研修内容既要考虑到乡村振兴战略全面推进的统一要求,又要兼顾到不同地域、不同乡村教师群体服务乡村振兴战略的不同要求。

研修内容取向体现出乡村教师服务乡村振兴战略的五个能力：服务产业兴旺能力、服务生态宜居能力、服务乡风文明建设能力、服务乡村社会治理能力以及服务村民生活改造能力。

再者，作为一种旨在提升乡村教师服务乡村振兴战略的能力，乡村振兴战略研修共同体的研修方式是以乡村教师服务乡村振兴战略的人力资源开发和参与乡村社会活动为主，不是原有的校本研修的简单移植和内容替换，而是乡村教师的角色身份需要转变，参与研修方式需要创新。可以表现为乡村能人协助式研修、高校专家指导式研修、乡村教师内部互助式研修等。

此外，乡村振兴战略研修共同体运行机制的组织管理是跨部门、跨区域的，需要政府部门组织、决策和引领，进而形成一个精干有效的全国组织网络和管理制度及运行机制。为此，我们必须对这一共同体运行机制的组织管理进行创新：以政府部门为决策者和协调者，通过中央财政拨款和地方筹集社会资金等形式保障运行机制的经费，同时与各区域的乡镇企业、乡村能人、行业专家等社会力量共同协商研修具体内容和方式，结合当地实际，确立各区域的研修目标，建立服务乡村振兴战略的区域研修组织网；以乡村教师为负责人和实施者，实行项目制和负责制，加强社会多方力量协助和合作，建立服务乡村振兴战略的区域协作管理制度。这一组织管理体现出以乡村教师为主体，有多方力量参与的多重运行模式。因此，乡村振兴共同体研修运行机制的模式是灵活的。例如，乡村教师既可以直接作为负责人也可以作为参与者或实施者，研修对象不仅仅是乡村教师，还有社会群体，这样既可以帮助辅导乡村教师，也可以让乡村能人带领乡村教师一起服务乡村，乡村教师参与服务乡村社会研修，又在研修中提升自己的服务能力。

(二) 利用"互联网＋"构建乡村振兴战略共同体协助平台运行机制

1. 利用"互联网＋"技术构建"智能化"协助平台是兼顾研修质量和效率的必然选择

随着"互联网＋"等信息技术在教育实践中的广泛运用，智能化和精准化是新时代乡村教师服务乡村振兴战略区域研修的必然趋势。"互联网＋"支持下的区域研修运行方式可以做到支持自行设计多种混合式研修模式，汇聚研修过程性数据资源，提供多种智能化研修评价工具，实现研修时间和空间个性化，例如可以视频直播、回放及实时错时点评互动功能等。当前国内区域研修平台在研修资源汇聚、区域交互深度、研修管理和共享、研修内容实效性和实用性等方面存在严重不足，使得乡村地区的研修质量和效率大打折扣，甚至流于形式。而凭借"互联网+"、大数据和人工智能等技术优势构建乡村教师为主体服务乡村振兴战略的智能化协助平台恰恰能够极大地拓宽乡村教师的区域研修空间，为线上研修、线下实践相结合的混合式研修活动创建良好的环境和提供多样化的服务机会，促进乡村教师和社会多方力量更好地交互和反思，从而促进服务乡村振兴战略区域研修发展常态化。同时，这也可以逐步改善区域研修中研修活动流程不规范、过程性资源得不到有效管理和利用，以及研修资源难以共享等现状，突破不同区域间乡村教师进行信息交互时的时空限制，实现大规模资源整合性的移动研修，从而真正做到"时时可研，处处可研"。因此，利用"互联网+"构建区域研修的智能化协助平台是保证乡村教师研修共同体运行质量和效率的必然选择。

2. 以"互联网+"技术为核心构建"智能化"协助平台运行机制

以"互联网+"技术为核心的智能化协助平台运行机制是乡村振兴战略共同体运行机制的支撑性补充机制，其目标在于利用"互联网+"技术打造出的协助平台能够全面高效服务乡村振兴战略研修共同体，对社会多方力量和国家力量进行系统性协同整合。智能化协助平台运行机制的组织管理分成两条主线：一是国家乡村振兴局垂直管理各地方乡村振兴战略共同体；二是地方区域性乡镇企业、社会能人、高校专家等社会力量平行参与协助各自地区的共同体研修诸多领域。中央统一协助平台的管理制度，放宽制定研修内容和模式的自主权，因地制宜，体现乡村振兴全面推进的统一要求，又要兼顾到不同地域、不同乡村教师群体服务乡村振兴战略的不同要求。基于这样的顶层设计思路，发挥以国家为主导力量助力乡村振兴战略研修共同体和社会多方力量为补充力量参与地方性区域研修建设，构建一个全国性的服务研修共同体的协助平台，形成多层级、垂直和平行兼顾的管理和运行模式。其运行模式的创新体现在：国家教育行政部门和乡村振兴局联合专设指导小组统筹研究全国性的研修云平台，定期召集参与研修的各地区专家和乡村教师优秀代表召开全国乡村振兴战略研修共同体大会,将地方性成效和问题形成报告提到会议上进行讨论和研究,并将会议中总结形成的理论和实践成果在教育资源条件允许的区域继续试点研究,力求形成可复制、可推广的乡村振兴战略区域研修示范样例;同时,探索建设全国大型研修实践云库和应用乡村教师大数据,建立区域化研修共同体的发展测评系统,支持信息云共享,精准推送研修资源,优化研修效果反馈评价,助推乡村振兴战略研修共同体运行机制朝智能研修和精准研修方向前进,推动人工智能支持下的乡村振兴战略共同体区域研修高速发展。

乡村教师服务乡村振兴战略制度保障机制

(一) 乡村教师常规教学与协助乡村社会"双师型"机制

为全面推进乡村教师服务乡村振兴战略的进程,需要从国家层面出发赋予新时代乡村教师的特殊地位,他们是常规教学与协助乡村社会的"双师型"多面手,既保证自身教育教学的能力发展,又统筹兼顾服务乡村振兴战略的能力建设。为更好地确立乡村教师的"双师型"地位,必须从中央和人社部、教育部等层面出台有关明确乡村教师常规教学与协助乡村社会的政策和意见来指导乡村教师开展服务乡村振兴战略的活动。同时,全国各省市政府要积极响应国家政策和各部门意见,制定出符合本省、本市教育发展情况和乡村社会建设进程的具体配套政策和实施意见,本省各地区市县级部门要积极督查和调研乡镇区域的乡村教师能力发展现状,设计适合本县市和乡镇地区乡村教师能力发展规划,既体现国家政策的一致性,又体现各县市政策的个性,力求充分发挥出乡村教师在乡村振兴战略中"双师型"角色的力量。

(二) 乡村教师人事编制实施独立核编机制

现阶段我国实施乡村教师服务乡村振兴战略面临的主要困难是人事制度问题,即乡村教师人力资源保障问题。一是在义务教育阶段,城乡学校教师编制政策倾向城市学校,中央编办、财政部和教育部关于中小学教职工编制标准规定,城市、县镇、乡村三级学校的初中师生比分别为 1∶13.5、1∶16、1∶18,小学的师生比分别为 1∶19、1∶21、1∶23。二是我国实行的重点中小学制度导致重点学校与非重点学校人事政策不均衡,政策明显偏向重点学校,各级行政部门往往优先满足重点学校师资数量和质量要求,因此,从政策层面解决乡村教师服务乡村振兴战略的人力资源不足的困境就成为首要考虑的问题。

因此,中共中央国务院和人社部、教育部应充分认识新时代"双师型"乡村教师综合素质提升和队伍壮大的迫切性,出台多项配套乡村教师服务乡村振兴战略共同体运行机制的人力资源保障政策,对乡村地区教师队伍编制进行扩充。但现行的关于中小学教职工编制标准规定无法满足当下乡村地区教师编制扩充和服务乡村振兴战略的需求,这需要中央编办、人社部及财政部等多部门联合实行独立的乡村教师核算机制,增加额外的财政预算投入到各地区的乡村教师队伍人才资源保障中去,同时调整中小学师生比,例如初中由原来的 1∶18 变为 1∶12,增加乡村地区三分之一的编制数额,使乡村学校的教师编制数和教师进行教育教学时间具备一定的宽裕度,将扩编后整体宽裕的一部分时间转换为提高自身直接服务乡村振兴战略能力建设上去,从而更好地助力乡村振兴战略的实施。

(三)创新乡村教师服务乡村振兴战略评价机制

对乡村教师服务乡村振兴战略能力建设活动的评价是协调与促进乡村教师服务乡村振兴战略专家帮扶机制、区域研修运行机制、制度保障机制等顺利进行的保障。教育部、人社部、乡村振兴局、乡村振兴战略研修共同体以及乡村学校和乡村教师是乡村教师服务乡村振兴战略能力建设活动的发起者、管理者和评价主体,要为乡村教师服务乡村振兴战略活动制定出一套与传统教育教学不同的评价机制,并且与专家帮扶机制、区域研修运行机制、制度保障机制的目标体系、内容建设和组织管理相匹配,强调在各项机制协同发展下的过程性评价,以求激发乡村教师服务乡村社会的积极性,这是评价主体所肩负着促使各项机制健康持续运行和激发乡村教师内生性动力的时代重任。同时,为了实现"中央—地方—乡村学校"垂直管理的公平性和科学性,评价主体对乡村教师要采用多元化的评价标准,考虑各省市地域间不同乡村教师群体的差异化现状和需求,制订不同阶段的发展目标。此外,根据乡村教师群体的特征差异和评价内容,制定符合地方特色发展的评价标准,邀请村民、村干部等社会多方群体参与评价,使评价机制更加完善。这样,才能从根本上实现对乡村教师全方位、全覆盖、多层级、多元化的评价与反馈。

在评价反馈的具体实施过程中,原则上要充分尊重参与服务乡村振兴战略活动的乡村教师,以鼓励性的评价为主导,遵循乡村教师发展乡村振兴战略能力的内在规律和乡村社会发展的实际情况,以乡村教师服务乡村振兴战略的各项运行机制为主要评价内容。同时,评价条例要富有弹性,要考虑各省市、各地区间乡村学校的特殊情况,评价的实施形式可以多样化,评价周期可以长短结合,与城市教师的评价相区别。在此前提下,适当增加服务乡村振兴战略引领性的评价内容,避免由于评价要求过高而挫伤乡村教师的积极性,影响乡村振兴战略共同体内部协同发展的进程。最后,对参与服务乡村振兴战略能力建设活动的乡村教师的评价反馈要彰显人文关怀,以师为本,体现与激发乡村教师的主体性和积极性。①

---

① 卢尚建.城乡教师教学交流互助机制的构架[J].教育评论,2016(3).

参考文献

一、中文论文部分

[1] 曾福生,蔡保忠.农村基础设施是实现乡村振兴战略的基础[J].农业经济问题,2018(7).

[2] 曾亿武,宋逸香,林夏珍,等.中国数字乡村建设若干问题刍议[J].中国农村经济,2021(4).

[3] 陈龙.新时代中国特色乡村振兴战略探究[J].西北农林科技大学学报(社会科学版),2018,18(3).

[4] 陈秧分,刘玉,李裕瑞.中国乡村振兴背景下的农业发展状态与产业兴旺途径[J].地理研究,2019,38(3).

[5] 董磊明,郭俊霞.乡土社会中的面子观与乡村治理[J].中国社会科学,2017(8).

[6] 蒋永穆.基于社会主要矛盾变化的乡村振兴战略:内涵及路径[J].社会科学辑刊,2018(2).

[7] 孔祥智.产业兴旺是乡村振兴的基础[J].农村金融研究,2018(2).

[8] 李金奇.农村教师的身份认同状况及其思考[J].教育研究,2011,32(11).

[9] 刘三朵,张冬胜.论实践能力的内涵与结构[J].当代教育论坛,2004(9).

[10] 刘长江.乡村振兴战略视域下美丽乡村建设对策研究——以四川革命老区D市为例[J].四川理工学院学报(社会科学版),2019,34(1).

[11] 龙花楼,屠爽爽.土地利用转型与乡村振兴[J].中国土地科学,2018,32(7).

[12] 卢正芝,洪松舟.我国教师能力研究三十年历程之述评[J].教育发展研究,2007(2).

[13] 罗必良.明确发展思路,实施乡村振兴战略[J].南方经济,2017(10).

[14] 马红梅,钟宇平.农村教师对"贫困"的经济价值评估及其公共财政学意义[J].教育发展研究,2019,39(2).

[15] 慕宝龙.论教师专业自主能力的内涵结构[J].教师教育研究,2017,29(3).

[16] 宁虹.教师能力标准理论模型[J].教育研究,2010,31(11).

[17] 秦玉友.农村教师素质提升的现实困境与破解思路[J].教育研究,2008(3).

[18] 邱泽奇,黄诗曼.熟人社会、外部市场和乡村电商创业的模仿与创新[J].社会学研究,2021,36(4).

[19] 石娟,巫娜,刘义兵.加拿大偏远地区乡村教师队伍建设及其借鉴[J].比较教育研究,2017,39(2).

[20] 石磊.寻求"另类"发展的范式——韩国新村运动与中国乡村建设[J].社会学研究,2004(4).

[21] 石连海,田晓苗.我国乡村教师队伍建设政策的发展与创新[J].教育研究,2018,39(9).

[22] 石鸥,周美云.试论乡土教材在乡村振兴战略中的意义与价值[J].华东师范大学学报(教育科学版),2019,37(1).

[23] 时伟.乡村教师核心素养与教师教育课程重构[J].课程·教材·教法,2019,39(3).

[24] 宋保胜,刘保国.科技创新助推乡村振兴的有效供给与对接[J].甘肃社会科学,2020(6).

[25] 唐智彬,王池名.高职教育融入乡村产业的基本框架与现实路径[J].教育发展研究,2021,41(19).

[26] 田毅鹏.乡村振兴中的城乡交流类型及其限制[J].社会科学战线,2019(11).

[27] 万俊毅,曾丽军,周文良.乡村振兴与现代农业产业发展的理论与实践探索——"乡村振兴与现代农业产业体系构建"学术研讨会综述[J].中国农村经济,2018(3).

[28] 王春光.乡村建设与全面小康社会的实践逻辑[J].中国社会科学,2020(10).

[29] 王夫艳.教师专业实践能力的三维构成[J].高等教育研究,2012,33(4).

[30] 王红霞.创新和完善农村教师补充机制[J].教育发展研究,2010,30(6).

[31] 王辉,张辉华.大学生创业能力的内涵与结构——案例与实证研究[J].国家教育行政学院学报,2012(2).

[32] 王金华,谢琼.新型城镇化与乡村振兴协同发展的路径选择与地方经验——全国新型城镇化与乡村振兴高峰研讨会暨第十七届全国社科农经协作网络大会会议综述[J].中国农村经济,2021(12).

[33] 王露璐.中国式现代化进程中的乡村振兴与伦理重建[J].中国社会科学,2021(12).

[34] 王强.我国K-12教师胜任力深层结构实证研究[J].教育研究,2012,33(10).

[35] 王玉国.乡村教育的现实困境与未来之路[J].教育发展研究,2009(17).

[36] 魏薇,陈旭远,贾大光.教师专业决策能力:内涵、价值与发展路径[J].中国教育学刊,2011(8).

[37] 吴飞.梁漱溟的"新礼俗"——读梁漱溟的《乡村建设理论》[J].社会学研究,2005(5).

[38] 吴云鹏.乡村振兴视野下乡村教师专业发展的困境与突围[J].华南师范大学学报(社会科学版),2021(1).

[39] 吴重庆,张慧鹏.小农与乡村振兴——现代农业产业分工体系中小农户的结构性困境与出路[J].南京农业大学学报(社会科学版),2019,19(1).

[40] 伍远岳,谢伟琦.问题解决能力:内涵、结构及其培养[J].教育研究与实验,2013(4).

[41] 向德平,苏海."社会治理"的理论内涵和实践路径[J].新疆师范大学学报(哲学社会科学版),2014,35(6).

[42] 向琳,郑长德.乡村振兴与民族地区高质量发展[J].广西民族研究,2021(1).

[43] 向延平.乡村旅游驱动乡村振兴内在机理与动力机制研究[J].湖南社会科学,2021(2).

[44] 项贤明.中国西部农村教师社会责任的功能性扩展[J].教育研究,2004(10).

[45] 萧子扬.社会组织参与乡村振兴的现状、经验及路径研究——以一个西部留守型村庄为例[J].四川轻化工大学学报(社会科学版),2020,35(1).

[46] 肖凤翔,张弛."双师型"教师的内涵解读[J].中国职业技术教育,2012(15).

[47] 肖幸,杨春和.生态宜居:职业教育"生态+"教育的逻辑框架[J].国家教育行政学院学报,2020(11).

[48] 肖正德,邵晶晶.农村初中教师的闲暇生活境遇及闲暇教育路径[J].教育研究,2016,37(1).

[49] 肖正德.传统乡村塾师的乡贤角色及当代启示[J].社会科学战线,2020(11).

[50] 肖正德.乡村教师新乡贤角色担当支持条件的问题考察与系统构建[J].教育发展研究,2021,41(8).

[51] 肖正德.乡村教师学习文化的问题与重构[J].教育发展研究,2013,33(4).

[52] 肖正德.乡村振兴战略中乡村教师新乡贤角色的现实问题与建设策略[J].教育科学研究,2021(12).

[53] 谢芬.新时代中国"三农"问题演变及破解思路[J].农村经济,2019(6).

[54] 谢君君.从文化自救到文化复兴:梁漱溟乡村建设思想的现代价值[J].社会科学战线,2021(12).

[55] 谢培松,刘志敏.六年一贯制:培养本科学历农村小学教师的新模式[J].湖南师范大学教育科学学报,2011,10(3).

[56] 辛翔飞,王济民.乡村振兴下农业振兴的机遇、挑战与对策[J].宏观经济管理,2020(1).

[57] 熊晴,朱德全.民族地区职业教育服务乡村振兴的教育逻辑:耦合机理与价值路向[J].教育与经济,2021,37(3).

[58] 徐国兴,方兴,谢安邦.我国乡村教师队伍建设的战略转型及可能经路探索[J].教师教育研究,2016,28(5).

[59] 徐和清,胡祖光.论人才培养模式可以成为高校核心竞争力[J].浙江社会科学,2008(12).

[60] 徐红,董泽芳.发达国家乡村教师研究的特点及启示[J].教育科学,2020,36(1).

[61] 徐小容,李炯光,苟淋.产业振兴:职业教育与乡村产业的融合机理及旨归[J].民族教育研究,2020,31(3).

[62] 徐学庆.新乡贤的特征及其在乡村振兴中的作用[J].中州学刊,2021(6).

[63] 许汉泽,张文,李天忠,等.农业院校研究生服务社会的内容及教师的责任[J].高等农业教育,2014(1).

[64] 闫德明,黄云鹏.试论中小学数学教师教育技术的内涵[J].数学教育学报,2012,21(2).

[65] 严瑾.日本的六次产业发展及其对我国乡村振兴的启示[J].华中农业大学学报(社会科学版),2021(5).

[66] 颜德如,张玉强.脱贫攻坚与乡村振兴的逻辑关系及其衔接[J].社会科学战线,2021(8).

[67] 演克武,陈瑾,陈晓雪.乡村振兴战略下田园综合体与旅居养老产业的对接融合[J].企业经济,2018,37(8).

[68] 杨道宇.学生实践能力的三维内涵[J].现代大学教育,2012(4).

[69] 杨洪林.文化产业视角下乡村振兴与民族地区城乡关系重构[J].云南师范大学学报(哲学社会科学版),2020,52(3).

[70] 杨磊,朱德全.民族地区职业教育与乡村振兴耦合机制研究[J].西南大学学报(社会科学版),2021,47(5).

[71] 杨其坤,胡恒钊,朱圣兰.农村教师乡土情怀的缺失与重塑[J].老区建设,2022(1).

[72] 杨瑞.近代中国乡村改造之社会转向[J].中国社会科学,2017(2).

[73] 杨世义,尹聪平.新时代背景下乡风文明建设的现状及发展路径研究[J].农业经济问题,2021(10).

[74] 杨挺,李伟.城乡义务教育治理40年[J].教育研究,2018,39(12).

[75] 杨晓华.基于新农村建设的高职教育五大转变[J].安徽农业科学,2008(11).

[76] 杨学儒,韩剑,徐峰.乡村振兴背景下休闲农业产业升级:一个创业机会视角的实证研究[J].学术研究,2019(6).

[77] 杨旸.乡村人才是乡村振兴的重要力量[J].人民论坛,2021(16).

[78] 杨远根.国内大循环、乡村振兴与财政政策优化[J].改革,2021(8).

[79] 叶宝华.有效教研机制与农村教师专业化成长[J].教育发展研究,2008(2).

[80] 叶敬忠,张明皓,豆书龙.乡村振兴的多元理论视角[J].社会科学战线,2019(11).

[81] 叶林.文化产业推动中国民族地区乡村振兴的比较优势和多维机制[J].理论月刊,2021(5).

[82] 尹黎明.坚持生态优先践行绿色发展奋力推进"美丽广安·宜居乡村"建设[J].环境保护,2019,47(7).

[83] 游旭群.重塑教师教育培养体系着力打造优秀乡村教师[J].教育研究,2021,42(6).

[84] 于海洪,王殿东.大数据时代地方师范院校培养乡村教师的供给侧改革[J].大学教育科学,2017(2).

[85] 于建嵘.乡村产业振兴要因地制宜[J].人民论坛,2018(17).

[86] 于莎,刘奉越.城乡关系视域下乡村教育的演进图景与发展展望[J].教育发展研究,2021,

41(24).

[87] 袁桂林.农村学校教师队伍建设需要制度保障和体制创新[J].华东师范大学学报(教育科学版),2018,36(4).

[88] 袁利平,丁雅施.教育扶贫政策实施效果评估指标体系构建[J].教育研究,2019,40(8).

[89] 袁树卓,刘沐洋,彭徽.乡村产业振兴及其对产业扶贫的发展启示[J].当代经济管理,2019,41(1).

[90] 袁银传,康兰心.论新时代乡村振兴的产业发展及人才支撑[J].西安财经大学学报,2022,35(1).

[91] 袁月.乡村振兴战略下乡村教师队伍建设的理性思考[J].教学与管理,2019(21).

[92] 岳国芳.脱贫攻坚与乡村振兴的衔接机制构建[J].经济问题,2020(8).

[93] 张丙宣,华逸婕.激励结构、内生能力与乡村振兴[J].浙江社会科学,2018(5).

[94] 张海珠,贾旭霞,靳琪,等."互联网+"时代乡村教师班级管理能力及素养的提升探究——基于乡村教师班级管理能力检核模型的构建[J].远程教育杂志,2019,37(2).

[95] 张慧泽,高启杰.新农人现象与乡村人才振兴机制构建——基于社会与产业双重网络视角[J].现代经济探讨,2021(2).

[96] 张家军,靳玉乐.论教师一般育人能力的内涵与价值向度[J].中国教育学刊,2020(7).

[97] 张进清,温荣.新中国70年民族地区教师研究的逻辑演进及发展趋向[J].民族教育研究,2020,31(1).

[98] 张立平,王德洋.师范生乡土情怀培养的思考[J].山东高等教育,2020,8(2).

[99] 张丽君,李臻.民族地区乡村振兴的元思考[J].中央民族大学学报(哲学社会科学版),2021,48(5).

[100] 张利库,罗千峰,王艺诺.乡村产业振兴实施路径研究——以山东益客现代农业产业园为例[J].教学与研究,2019(1).

[101] 张明海.论新时代文明实践中心的功能及其拓展[J].理论视野,2021(12).

[102] 张鹏,杨涛,刘艳娜.新时代全民健身促进乡风文明建设的发展路径研究[J].沈阳体育学院学报,2021,40(5).

[103] 张挺,李闽榕,徐艳梅.乡村振兴评价指标体系构建与实证研究[J].管理世界,2018,34(8).

[104] 张文武.农业人口转移、投入要素替代与乡村产业振兴[J].审计与经济研究,2019,34(5).

[105] 张晓山.推动乡村产业振兴的供给侧结构性改革研究[J].财经问题研究,2019(1).

[106] 张晓文,张旭.从颁布到落地:32份《乡村教师支持计划》文本分析[J].现代教育管理,2017(2).

[107] 张宇,于海英.城乡教育一体化进程中农村义务教育教师质量问题与对策[J].教育发展研究,2012,32(24).

[108] 张元洁,田云刚.马克思的产业理论对乡村产业振兴的指导意义[J].中国农村经济,2020(10).

[109] 赵成伟,许竹青.高质量发展视阈下数字乡村建设的机理、问题与策略[J].求是学刊,2021,48(5).

[110] 赵东.乡村振兴战略下文化产业发展的几个基本概念[J].学术交流,2019(2).

[111] 赵东.乡村振兴中特色文化产业链构建及其实践[J].学术交流,2021(7).

[112] 赵海峰.专业实践能力的内涵及其培养途径[J].武汉职业技术学院学报,2009,8(2).

[113] 赵慧峰.改善人居环境、建设美丽宜居乡村是乡村振兴的关键——评《河北省实施乡村振兴战略推进美丽宜居乡村建设研究》[J].农业经济问题,2018(5).

[114] 赵廷阳,张颖,李怡欣.乡村振兴背景下的乡风文明建设——基于全国村级"乡风文明建设"典型案例分析[J].西北农林科技大学学报(社会科学版),2021,21(3).

[115] 赵鑫.民族地区乡村教师职业吸引力提升的理念与路径[J].教育研究,2019,40(1).

[116] 赵旭东.费孝通对于中国农民生活的认识与文化自觉[J].社会科学,2008(4).

[117] 赵延君,林辉山.高职"双师型"师资队伍内涵解析[J].中国科技信息,2009(22).

[118] 赵燕菁,宋涛.地权分置、资本下乡与乡村振兴——基于公共服务的视角[J].社会科学战线,2022(1).

[119] 赵毅,张飞,李瑞勤.快速城镇化地区乡村振兴路径探析——以江苏苏南地区为例[J].城市规划学刊,2018(2).

[120] 赵永勤.教育经验改造视域下的乡村教师专业发展路径研究[J].教育发展研究,2018,38(20).

[121] 郑爱翔,刘轩.新型城镇化进程中新生代农民工职业能力提升路径——基于江苏省的实证调查[J].职业技术教育,2016,37(28).

[122] 郑杭生,李迎生.中国早期社会学中的乡村建设学派[J].社会科学战线,2000(3).

[123] 郑雁玲,田宇.乡村振兴背景下农村创业面临的问题与对策[J].宏观经济管理,2021(7).

[124] 郑永扣,钟科代.加强农村社会主义核心价值观建设是实施乡村振兴战略的重要任务[J].社会主义核心价值观研究,2021,7(4).

[125] 周波,叶顺.以知识转移促进后脱贫时代乡村旅游产业与人才双振兴[J].旅游学刊,2021,36(4).

[126] 周大众.乡村定向师范生卓越潜质提升:内涵、价值与路径[J].当代教育论坛,2019(5).

[127] 周德义,于发友,李敏强,等.农村中小学教师培训的实践探索——以湖南省为例[J].教育

研究,2012,33(7).

[128] 周芳名.乡村振兴的几个关键点[J].人民论坛,2018(12).

[129] 周飞舟.从脱贫攻坚到乡村振兴:迈向"家国一体"的国家与农民关系[J].社会学研究, 2021,36(6).

[130] 周锦.数字文化产业赋能乡村振兴战略的机理和路径[J].农村经济,2021(11).

[131] 周立,李彦岩,王彩虹,等.乡村振兴战略中的产业融合和六次产业发展[J].新疆师范大学学报(哲学社会科学版),2018,39(3).

[132] 周立,王彩虹.由双重脱嵌到双重回嵌:乡村振兴中的产业融合分析[J].行政管理改革, 2019(6).

[133] 周立.乡村振兴的核心机制与产业融合研究[J].行政管理改革,2018(8).

[134] 周守军,袁小鹏.农村教师的社会资本及其社会地位[J].教育发展研究,2010,30(23).

[135] 周晓娇,张天雪.乡村优秀教师留任的博弈分析与长效机制探讨[J].教育发展研究,2020, 40(2).

[136] 朱德全.乡村"五大振兴"与职业教育融合发展[J].民族教育研究,2020,31(3).

[137] 朱定贵.对我国农业高职院校继续教育服务新农村建设的思考[J].教育与职业, 2008(23).

[138] 朱海波,聂凤英.深度贫困地区脱贫攻坚与乡村振兴有效衔接的逻辑与路径——产业发展的视角[J].南京农业大学学报(社会科学版),2020,20(3).

[139] 朱启臻.乡村振兴背景下的乡村产业——产业兴旺的一种社会学解释[J].中国农业大学学报(社会科学版),2018,35(3).

[140] 朱永新.农民教育和农村教师队伍建设[J].教育研究,2006(5).

[141] 朱兆伟,徐祥临.乡村产业振兴如何起步[J].人民论坛,2019(18).

[142] 祝怀新.外赋动能与内生潜能弥合城乡在线教育的数字鸿沟[J].人民论坛,2020(27).

[143] 邹小玲,叶龙.成长型可雇佣能力的内涵、结构及其变化趋势[J].云南社会科学,2013(1).

[144] 邓玲,王芳.乡村振兴背景下农村生态的现代化转型[J].甘肃社会科学,2019,240(3).

[145] 付翠莲.我国乡村治理模式的变迁、困境与内生权威嵌入的新乡贤治理[J].地方治理研究,2016,69(1).

[146] 高小强.乡村教师阶层分化及其社会文化后果[J].中国教育学刊,2011(12).

[147] 黄白.农村教师专业化概念的探讨[J].河池学院学报,2008,28(6).

[148] 纪德奎,赵晓丹.文化认同视域下乡土文化教育的失落与重建[J].教育发展研究,2018, 38(2).

[149] 李帆.乡村教师乡土文化自信提升研究[D].重庆:西南大学,2019.

[150] 李强彬,向生丽.转型社会中乡村精英的变迁与乡村社区治理[J].兰州学刊,2006(4).

[151] 李森,崔友兴.新型城镇化进程中乡村教育治理的困境与突破[J].西南大学学报(社会科学版),2016,42(2).

[152] 李伟,李玲.社会力量参与乡村教育治理的价值、困境及建议[J].西南大学学报(社会科学版),2019,45(3).

[153] 刘素娟.论"师道尊严"的当代价值及其重塑[D].上海:华东师范大学,2010.

[154] 卢尚建,李清臣.农村教师"参与研究式"培训方式的探索[J].中小学教师培训,2018(3).

[155] 卢尚建.城乡教师教学交流互助机制的构架[J].教育评论,2016(3).

[156] 卢尚建.乡村教师服务乡村振兴能力现状实证研究[J].成都师范学院学报,2021,37(5).

[157] 卢尚建.乡村教师服务乡村振兴战略的能力结构问题调查研究[J].当代教育文化,2021,13(3).

[158] 马宽斌.新时代乡村教师乡土情怀认同的失落与回归[J].内蒙古社会科学,2020,41(5).

[159] 蒙象飞.农村社会主义精神文明建设现状探析[J].毛泽东邓小平理论研究,2021(11).

[160] 闵琴琴.农村高等教育扶贫:缘起、困境和突围[J].高等教育研究,2018,39(5).

[161] 戚万学,王夫艳.教师专业实践能力——内涵与特征[J].教育研究,2012,33(2).

[162] 钱芳.地方性知识与乡村教师专业发展——教育场域的视角[J].教育学术月刊,2018,315(10).

[163] 施雪华,林畅.社会资本视角下的中国乡村治理研究[J].北京行政学院学报,2008,54(2).

[164] 苏鹏举,王海福.乡村教师乡情素养的构成及培育路径[J].伊犁师范学院学报,2021,39(2).

[165] 孙华程.公共危机信息传播系统的网络结构模式研究[J].情报科学,2009,27(4).

[166] 孙兴华,马云鹏.乡村教师能力素质提升的检视与思考[J].教育研究,2015,36(5).

[167] 唐智松,高娅妮,王丽娟.乡村教师如何助力乡村振兴——基于职业作用的调查与思考[J].现代远程教育研究,2020,32(3).

[168] 王君普.心理学视野下的职业能力内涵再分析——概念辨析[J].商场现代化,2006(21).

[169] 王乐.村落文化的传承与乡村学校的使命[J].湖南师范大学教育科学学报,2016,15(6).

[170] 吴光芸.社会资本理论视角下的农村灌溉与乡村治理[J].学习论坛,2006(7).

[171] 吴晓燕,赵普兵.回归与重塑:乡村振兴中的乡贤参与[J].理论探讨,2019,209(4).

[172] 吴云鹏.乡村振兴视野下乡村教师专业发展的困境与突围[J].华南师范大学学报(社会科学版),2021(1).

[173] 席红梅.新中国成立70年乡村教师历史价值探析[J].当代中国史研究,2019,26(5).

[174] 闫闯.走向"新乡贤":乡村教师公共身份的困境突破与角色重塑[J].教育科学,2019,

35(4).

[175] 袁利平,姜嘉伟.关于教育服务乡村振兴战略的思考[J].武汉大学学报(哲学社会科学版),2021,74(1).

[176] 张金运,程良宏.走向文化政治工作者——新时代乡村教师的角色定位[J].当代教育与文化,2021,13(3).

[177] 张强,张怀超,刘占芳.乡村振兴:从衰落走向复兴的战略选择[J].经济与管理,2018,32(1).

[178] 赵霞.传统乡村文化的秩序危机与价值重建[J].中国农村观察,2011,99(3).

[179] 钟静静,杨寅红.乡村振兴视域下村庄内生力提升的理性思考[J].当代农村财经,2019,274(7).

二、中文专著部分

[180] [德]恩斯特·卡西尔.人论[M].甘阳,译.上海:上海译文出版社,1985.

[181] 陈向明.质的研究方法与社会科学研究[M].北京:教育科学出版社,2000.

[182] 陈学飞.教育政策研究基础[M].北京:人民教育出版社,2011.

[183] 褚宏启.教育政策学[M].北京:北京师范大学出版社,2011.

[184] 单中惠.教师专业发展的国际比较[M].北京:教育科学出版社,2010.

[185] 邓大才.中国乡村治理[M].北京:中国社会科学出版社,2020.

[186] 范国睿.教育政策的理论与实践[M].上海:上海教育出版社,2011.

[187] 邰锦强.教师教育改革研究与实践[M].合肥:安徽大学出版社,2007.

[188] 顾明远,石中英.国家中长期教育改革和发展规划纲要(2010—2020)解读[M].北京:北京师范大学出版社,2010.

[189] 贺雪峰.乡村治理与农业发展[M].武汉:华中科技大学出版社,2017.

[190] 胡晓风,等.陶行知教育文集[M].成都:四川教育出版社,2005.

[191] 胡永新.教师人力资源管理[M].杭州:浙江大学出版社,2008.

[192] 黄涛,朱悦蘅.农村产权制度变革与乡村治理研究[M].北京:商务印书馆,2018.

[193] 黄崴.教师教育体制:国际比较研究[M].广州:广东高等教育出版社,2002.

[194] 黄郁成.城市化与乡村振兴[M].上海:上海人民出版社,2019.

[195] 蒋高明.乡村振兴选择与实践[M].北京:中国科学技术出版社,2019.

[196] 李金奇.资本与地位:农村教师社会地位的社会学考察[M].北京:中央编译出版社,2012.

[197] 李玲,等.构建城乡一体化的教育机制体制研究[M].北京:经济科学出版社,2015.

[198] 李清臣.教师精神文化研究[M].北京:高等教育出版社,2010.

[199] 梁军峰.乡村治理模式创新研究[M].石家庄:河北人民出版社,2015.
[200] 林正范,肖正德.教师学习新视野——生态取向的理论与实践[M].北京:教育科学出版社,2013.
[201] 刘豪兴.农村社会学[M].北京:中国人民大学出版社,2015.
[202] 刘艳军,刘晓青.基于传统家训文化视角的现代乡村治理与农民社会主义核心价值观培育研究[M].北京:光明日报出版社,2016.
[203] 权丽华.国家治理能力现代化背景下的乡村治理研究[M].北京:光明日报出版社,2016.
[204] 饶静.农村组织和乡村治理现代化[M].北京:中国农业大学出版社,2019.
[205] 申继亮.教师人力资源开发与管理[M].北京:北京师范大学出版社,2006.
[206] 沈小碚,周绍英.教师均衡流动的理论与实践[M].北京:光明日报出版社,2011.
[207] 宋广文.教师教育发展研究[M].济南:山东人民出版社,2004.
[208] 孙伟.乡村振兴——农村电子商务模式运营案例[M].北京:中国市场出版社,2021.
[209] 唐松林.中国农村教师发展研究[M].杭州:浙江大学出版社,2005.
[210] 吴康宁.教育社会学[M].北京:人民教育出版社,1998.
[211] 吴文胜.教师发展与政治文化研究——基于教师政策演变的分析[M].杭州:浙江大学出版社,2013.
[212] 习近平.习近平谈治国理政(第二卷)[M].北京:外文出版社,2017.
[213] 习近平.习近平谈治国理政(第三卷)[M].北京:外文出版社,2020.
[214] 肖正德,等.农村教师的发展状况和保障机制研究[M].杭州:浙江大学出版社,2014.
[215] 徐辉,辛治洋.现代外国教育思潮研究[M].北京:人民教育出版社,2008.
[216] 徐辉.中外农村教育发展与改革[M].重庆:西南师范大学出版社,2003.
[217] 杨巧利,马艳红,贾天惠.美丽乡村建设[M].北京:中国农业科学技术出版社,2018.
[218] 杨跃."教师教育"的诞生:教师培养权变迁的社会学研究[M].桂林:广西师范大学出版社,2011.
[219] 叶澜,等.教师角色与教师发展新探[M].北京:教育科学出版社,2001.
[220] 余永德.农村教育论[M].北京:人民教育出版社,2001.
[221] 张晓山.乡村振兴战略[M].广州:广东经济出版社,2020.
[222] 赵先超,周跃云.乡村治理与乡村建设[M].北京:中国建材工业出版社,2019.
[223] 周三多,陈传明,鲁明泓.管理学——原理与方法(第四版)[M].上海:复旦大学出版社,2003.
[224] 周险峰,谭长富.教师流动问题研究[M].武汉:华中科技大学出版社,2013.

三、英文部分

[225] Na Wei. The Status Quoand Strategies of Public-funded Normal Students' Identity of Rural Teachers' Profession [J]. Advances in Educational Technology and Psychology, 2021, 5(9).

[226] Yuefei Gao. Research On the Development Mechanism of Individualized Profession of Rural Teachers In The Internet + Era [J]. International Journal of Social Sciencesin Universities, 2021, 4(4).

[227] Ahmed Qazi Waqas, Rönkä Anna, Perälä Littunen Satu. Parental Involvement or Interference? Rural Teachers' Perceptions [J]. Education Research International, 2021.

[228] Fornauf Beth S., Mascio Bryan. Extending Dis Crit: Acase of Universaldesign for Learning and Equity in Arural Teacher Residency [J]. Race Ethnicity and Education, 2021, 24(5).

[229] Abraham J. Wallin, Julie M. Amador. Supporting Secondary Rural Teachers' Development of Noticing and Pedagogical Design Capacity Through Video Clubs [J]. Journal of Mathematics Teacher Education, 2019, 22(5).

[230] Rashmi Paliwal. Book Review: Developing Support Systems for Rural Teachers' Continuing Professional Development [J]. Contemporary Education Dialogue, 2016, 13(2).

[231] Toni Gennrich. 'I got content with who I was': Rural teachers' encounters with new ways of practicing literacy [J]. Reading & Writing, 2016, 7(2).

[232] Leslie Molina, Mary Ann Demchak. The Righttoa Better Life: Using an After-School Work Camp to Create Customized Employment Opportunities for Rural High School Students with Severe Disabilities [J]. Rural Special Education Quarterly, 2016, 35(2).

[233] White Simone. Extending the Knowledge Base for (Rural) Teacher Educators [J]. Australian and International Journal of Rural Education, 2015, 25(3).

[234] Svetlana Guseva, Valerijs Dombrovskis, Sergejs Capulis. Does a Rural Teacher'sWork Dissatisfaction and Work Experience Influence Burnout Syndrome Formation? [J]. The International Journal of Educational Organization and Leadership, 2015, 22(4).

[235] Jill M Olthouse. Improving Rural Teachers' Attitudes Towards Acceleration [J]. Gifted Education International, 2015, 31(2).

[236] Carly Lassig, Catherine Ann Doherty, Keith Moore. The Private Problem with Public Service: Rural Teachers in Educational Markets [J]. Journal of Educational Administration and History, 2015, 47(2).

后记

本书是教育部2019年立项的人文社会科学研究一般项目"乡村振兴战略中的乡村教师能力建设研究"(19YJA880041)成果之一。乡村振兴是国之大事,乡村教师能够为乡村振兴全力以赴贡献自己的力量是历史和时代赋予的重任,是乡村教师无限荣光的事。因此,乡村教师服务乡村社会振兴之能力就成为十分迫切的时代主题。

该项研究从立项至今,已历经三个春秋,本人作为项目负责人,研究期间得到了许多人的支持、指导和帮助,在此特别感谢台州学院的周瑶、杜才平、赵校民、王少非、吴银银、林辉杰、朱卫平等领导和同事们给予我的倾力相助和热情鼓励!

该项研究的重要成果即将成书,在此出版之际,我感慨万千,因为研究和成书过程历经了诸多艰辛和困难。首先,本研究的问卷编制、发放和全书的框架形成得到了杭州师范大学肖正德教授的鼎力相助,尤其是对框架的几番商讨和修改,写作的内容、思路和方法的确定等,都凝结了肖正德教授的汗水和智慧。肖正德教授是我学术生涯中可遇不可求的"战友",这份弥足珍贵的"战友之情",我无以言表。

其次,在全书的撰写过程中,我的同事叶佩霞老师和我的学生潘渠鲸、郑家睿、吴丽艳以及我在浙江师范大学所带的硕士生梅景辉、李航同学不遗余力地帮助我,他(她)们心地善良、聪颖勤勉,具有深刻的洞察力和很强的质疑分析能力,协助我做了大量的文献检索、收集、梳理工作,帮助我认真细致地处理了两万多个研究数据,我和他(她)们一起就全书的很多内容细节如何处理讨论了很多个日日夜夜,他(她)们花费了大量的时间和精力,提出了许多宝贵的建设性意见。在此,非常感谢他(她)们的辛勤付出!

此外,特别感谢书中所有参考和引用过的文献作者!特别感谢华东师范大学出版社的彭呈军先生在本书出版过程中给予的支持和帮助!最后,特别感谢台州学院教师教育学院为本书出版给予的经费资助!

由于我水平有限,书中肯定存在着不少纰漏或错误,恳请国内外学者和读者们批评指正!

卢尚建

2022年7月25日